饥饿的盛世

乾隆时代的得与失

第2版

张宏杰——著

重庆出版集团 重庆出版社

图书在版编目（CIP）数据

饥饿的盛世：乾隆时代的得与失 / 张宏杰著. -- 2版. -- 重庆：重庆出版社, 2022.6
ISBN 978-7-229-16712-7

Ⅰ.①饥… Ⅱ.①张… Ⅲ.①中国历史－清前期－通俗读物 Ⅳ.①K249.309

中国版本图书馆CIP数据核字(2022)第056501号

饥饿的盛世：乾隆时代的得与失（第2版）
JI'E DE SHENGSHI：QIANLONG SHIDAI DE DE YU SHI (DI ER BAN)

张宏杰 著

出　　品：华章同人
出版监制：徐宪江　秦　琥
责任编辑：李　翔
责任印制：杨　宁
营销编辑：史青苗　刘晓艳
装帧设计：別境Lab

重庆出版集团 重庆出版社 出版

（重庆市南岸区南滨路162号1幢）
北 京 华 联 印 刷 有 限 公 司　印刷
重庆出版集团图书发行有限公司　发行
邮购电话：010-85869375
全国新华书店经销

开本：787mm×1092mm　1/16　印张：27　字数：354千
2022年8月第2版　2025年11月第18次印刷
定价：58.00元

如有印装质量问题，请致电023-61520678

序

得不偿失的盛世

一

1793 年，也就是乾隆五十八年夏天，英国派出的第一个访华使团到达中国。

英国人对这个神秘的国度充满好奇。他们相信，中国就像《马可·波罗游记》中所写的那样，黄金遍地，人人都身穿绫罗绸缎。

然而，一登上中国的土地，他们马上发现了触目惊心的贫困。清王朝雇用了许多老百姓来到英使团的船上，为英国人端茶倒水、扫地做饭。英国人注意到这些人“都如此消瘦”，“在普通中国人中间，人们很难找到类似英国公民的啤酒肚或英国农夫喜气洋洋的脸”。这些普通中国人“每次接到我们的残羹剩饭，都要千恩万谢。对我们用过的茶叶，他们总是贪婪地争抢，然后煮水泡着喝”。

使团成员约翰·巴罗在《我看乾隆盛世》中说:“不管是在舟山还是在溯白河而上去京城的三天里,没有看到任何人民丰衣足食、农村富饶繁荣的证明……除了村庄周围,难得有树,且形状丑陋。房屋通常都是泥墙平房,茅草盖顶。偶尔有一幢独立的小楼,但是决无一幢像绅士的府第,或者称得上舒适的农舍……不管是房屋还是河道,都不能跟雷德里夫和瓦平(英国泰晤士河边的两个城镇)两岸的相提并论。事实上,触目所及无非是贫困落后的景象。”

· 二 ·

毫无疑问,乾隆皇帝是中国历史上最伟大的皇帝之一。有的评论者甚至还去掉“之一”二字。

确实,乾隆统治下的中国,纵向比,是中国几千年历史中人口最多、国力最盛的时期。横向比,是当时世界上最强大、最富庶的国家。何以我们五千年文化得出的这个集大成的盛世在英国人眼中如此黯淡?

原因是,乾隆时代中国人和欧洲人的生活水平差距实在太大了。

14 世纪,欧洲人并不比中国人富裕多少。他们的食物中肉食比重并不算高,一大块面包加一碗浓汤就已经让辛苦了一天的英国农夫心满意足。但是随着社会的发展,欧洲人的生活水平不断提升。

18 世纪工业革命前期,英国汉普郡农场的一个普通雇工,一日三餐的食谱如下:早餐是牛奶、面包和前一天剩下的咸猪肉;午饭是面包、奶酪、少量的啤酒、腌猪肉、马铃薯、白菜或萝卜;晚饭是面包和奶酪。星期天,可以吃上鲜猪肉。工业革命后,英国人的生活水平更是蒸蒸日上。1808 年,英国普通农民家庭的消费清单上还要加上 2.3 加仑脱脂牛奶、1 磅奶酪、17 品脱淡啤酒、黄油和糖各半磅,还有 1 英两茶。

而乾隆年间的中国人吃的是什么呢?

几千年来,中国农民的主要食物一直是粗粮和青菜,肉、蛋、奶都少得可怜，通常情况下，在春荒之际，还要采摘野菜才能度日。乾隆时代，民众吃糠咽菜的记载比比皆是。据《18世纪的中国与世界·农民卷》介绍，普通英国农户一年消费后，可剩余11镑，约合33～44两白银。而一个中等中国农户一年全部收入不过32两，而年支出为35两，也就是说，辛苦一年，还要负债3两，才能过活。所以一旦遇到饥荒，普通人家会立刻破产，卖儿卖女的情况十分普遍。

·三·

乾隆盛世的贫困，不仅仅体现在物质上，更主要的是体现在精神上。

到达浙江沿海后，因为不熟悉中国航线，英国人请求当地总兵帮他们找一个领航员。总兵痛快地答应了。

英国人看到了意想不到的一幕。总兵的办法是派出士兵，把所有从海路去过天津的百姓都找来。使团成员巴罗说："他们派出的兵丁很快就带回了一群人。他们是我平生所见神情最悲惨的家伙了，一个个双膝跪地，接受询问……他们徒劳地哀告道，离家远行会坏了他们的生意，给妻子儿女和家庭带来痛苦。总兵不为所动，命令他们一小时后准备妥当。"

这一幕在欧洲是不可想象的。英国人说："总兵的专断反映了该朝廷的法制或给予百姓的保护都不怎么美妙。迫使一个诚实而勤劳的公民、事业有成的商人抛家离子，从事于己有害无益的劳役，是不公正和暴虐的行为。"

这仅仅是英国人一连串吃惊的开始，比这更让他们震惊的事还在后面。

在船只行驶于内河时，英国人注意到，官员们强征大批百姓来拉纤，拉一天"约有六便士的工资"，但是不给回家的路费。这显然是不合算的，许多人并不想要这份工资，不断有逃亡的情况发生。"为了找到替手，官员们派手下的兵丁去附近的村庄，出其不意地把一些村民从床上拉起来加入船队。兵丁鞭打试图逃跑或以年老体弱为由要求免役的民夫的事，几乎没有一夜不发生。看到他们当中一些人的悲惨状况，真令人痛苦。他们明显地缺衣少食，瘦弱不堪……他们还总是被兵丁或什么小官吏的随从监督着。监工们手中的长鞭会毫不犹豫地抽向他们的身子，仿佛他们就是一队马匹似的。”

乾隆盛世的秩序原来是这样建立起来的。

而同时代的欧洲，人权观念已经深入人心。一个人不管地位多高，都不能任意将另一个人置于脚下。

1747 年，也就是乾隆十二年，普鲁士国王弗里德里希二世建了一座夏宫，叫无忧宫。没想到这个无忧宫却给他带来了麻烦。原来他的这个王宫选在了一个平民百姓的风磨坊边上。在修建期间，磨坊主向法院起诉国王，说新建的王宫挡了风，不利于风磨转动。最后国王不得不屈尊让步，同意对磨坊主赔偿。

这个民间故事有助于我们理解英国人何以对乾隆年间中国老百姓的生存状况如此吃惊。

· 四 ·

乾隆盛世的出现，有赖于乾隆皇帝最大限度地调动了传统人治明君的所有技术资源。如果这一盛世出现在汉朝或者唐朝，当然无愧于“伟大”二字。

然而不幸的是，在乾隆出生约二百年以前的 1522 年，麦哲伦就已经完成了环球航行。接着，葡萄牙、西班牙、荷兰、英国相继来到中国南面的海域，全球化进程从此开始。任何国家想永远闭关自守，已经不可能。

而乾隆所处的 18 世纪，更是人类历史伟大的转折点。在这以前，人类进步的脚步一直是迟缓的。而从这个世纪起，历史开始跑步前进。戴逸先生在他的《论乾隆》文中说：“乾隆在位六十年，正好是英国经历了产业革命的全过程。”戴逸先生又在他的著作《18 世纪的中国与世界》一书中提及：“在此之前……地球的底层蕴含着庞大的资源和能量，人们一直在探求而少收获。18 世纪，一下子得到了打开宝库的钥匙，新的生产力像蛰伏地下的泉水，突然地喷涌迸射出来。工农业产值几百倍、成千倍的增加，物质财富滚滚而来，源源不绝。”

而这个世纪政治文明的进步并不慢于物质文明。乾隆十三年（1748 年），孟德斯鸠发表了名著《论法的精神》。乾隆四十一年（1776 年），美国宣布独立。乾隆五十四年（1789 年），法国爆发资产阶级大革命，提出了“主权在民原则”。乾隆皇帝退位后的第二年（1797 年），华盛顿宣布拒绝担任第三任总统，完善了美国的民主政体。18 世纪，世界文明大潮的主流是通过立宪制和代议制“实现了对统治者的驯化，把他们关到法律的笼子里”。

· 五 ·

而在地球的另一端，乾隆皇帝却在做着相反的事情。虽然乾隆的爷爷康熙皇帝已经知道地球是圆的，知道世界上有五大洲，知道有人环绕航行过整个地球。虽然乾隆年间西方传教士已经向他介绍了日心说，虽然英国使团给他带来了天体运行仪、地球仪、赫歇耳望远镜、帕克透镜、巨型战舰“君王”号舰艇模型，甚至还有热气球和复滑车表演，但他对世界大势的变化没有丝毫敏感。他视民间社会的活力和自发精神为大清江山永固的最大敌人，积六十余年努力，完成了中国历史上最缜密、最完善、最牢固的专制统治，把民众关进了更严密的专制统治的笼子里。

大清社会各个层面都处于他的强力控制之下：

他通过胡萝卜加大棒的手段，杜绝了皇族、外戚干政的可能，使他们只能老老实实地安享俸禄，不敢乱说乱动一下。他以高明的权术和超常的政治恐怖把大臣们牢牢控制在自己的股掌之间，以确保君主的意志在任何时候、任何领域都畅通无阻。

对敢于反抗的“刁民”，他的态度是一味镇压。在他眼中，皇帝、官员和百姓，是父亲、儿子和孙子的关系。不管父亲如何虐待儿子，儿子也不许有丝毫反抗。因此，老百姓无论被贪官污吏如何压榨剥削，走投无路，也只能听天由命，不得“越级上访”。对于群众聚众抗议，维护自己的权利，他总是视如大敌，一再强调要“严加处置”，甚至“不分首从，即行正法”。

对于知识分子，他更如临大敌。他以超级恐怖的手段，扫除一切可能危及统治的思想萌芽。乾隆年间仅大的文字狱就出现了一百三十件。三十余年的文字狱运动，如同把整个社会放入一个高压锅里进行灭菌处理，完成了从外到里的全面清洁，消灭了一切异端思想萌芽，打造了一个他自认为万代无虞的铁打江山。

· 六 ·

乾隆盛世的功绩是创造了空前的政治稳定，养活了数量空前的人口，奠定了中国今天的版图。

然而乾隆时代给中华民族精神上造成的永久性创伤，远大于这一时的成就。

横向对比 18 世纪世界文明的发展，乾隆时代是一个只有生存权没有发展权的盛世。纵向对比中国历史，乾隆时代也是中国历史上民众权利被剥夺得最干净、意志被压制得最靡弱的时代。乾隆盛世是一个饥饿的盛世、恐怖的盛世、僵化的盛世，是基于少数统治者利益最大化而设计出来的盛世。乾隆时代的中国人，是“做稳了的奴隶”，只许有胃肠，不许有头脑。只有这样，大清江山才能亿万斯年。

乾隆的“盛世监狱”精心塑造出来的国民，固然是驯服、听话、忍耐力极强，却无法挺起腰板，擦亮眼睛，迎接扑面而来的世界大潮。

英国人在世界上其他地方也接触过中国人。在菲律宾群岛、巴达维亚（今雅加达）、槟榔屿，“和其他我们东印度公司属地”，中国移民的“诚实跟他们的温顺和勤奋一样出色……在那些地方，他们的发明创造和聪敏似乎也跟学习模仿的精确一样出色”。然而来到中国，他们却发现生活在自己国家里的中国人远没有海外中国人那样活泼自然，也缺乏创造力。他们比世界上其他国家的人更胆小，也普遍缺乏自尊心，自私、冷漠、对公众事务漠不关心。

使团的船经过运河时，一伙看热闹的人压翻了河中的一艘小船，许多人掉进河中。巴罗说：“虽然这一带有不少船只在行驶，却没有一艘船前去救援在水中挣扎的人……劝说我们船上的人开过去援救也得不到响应。不错，我们当时船速是 1 小时 7 英里，这居然就成了他们不肯停船的理由。我确信这些不幸的家伙中有几个一定是丧命了。”

英国人分析说，这种畸形的民族性格是中国统治者精心塑造的结果：“就现政权（清廷）而言，有充足的证据表明，其高压手段完全驯服了这个民族，并按自己的模式塑造了这个民族的性格。他们的道德观念和行为完全由朝廷的意识形态所左右，几乎完全处在朝廷的控制之下。”

马戛尔尼对中国政权的结论更广为人知：“这个政府正如它目前的存在状况，严格地说是一小撮鞑靼人对亿万汉人的专制统治。”这种专制统治有着灾难性的影响。“自从北方或满洲鞑靼征服以来，至少在过去的一百年里没有改善，没有前进，或者更确切地说反而倒退了；当我们每天都在艺术和科学领域前进时，他们实际上正在成为半野蛮人。”

· 七 ·

虽然登峰造极，但乾隆的统治并没有任何新意。乾隆盛世不过是文景之治、贞观之治和开元盛世的大总结和大重复。不幸的是，这个盛世出现在不应该出现的时候，因此其成就如烛火遇到了太阳，一下子暗淡无光。

面对几千年未有之世界大变局，如果专制统治不那么密不透风，中国社会不那么铁板一块，西方涌来的文明新潮就有可能自然地浸润这片古老的土地。可惜，中国恰逢了一个执政能力空前提高的“盛世”。以乾隆为代表的专制精神造成的中华民族精神上的孱弱、保守、僵化，不但是鸦片战争中中国失败的原因，更是鸦片战争以来中国在现代化道路上走得如此跌跌撞撞、艰难曲折的原因之一。然而，在乾隆死去两百多年后，仍然有许多人坚定地认为，只有乾隆的风格和方法才适合这片独特的土地。

只有透彻了解了乾隆时代的另一面，对这个时代的得与失进行一个全面准确的评估，我们这个民族才算没有白白经历“乾隆盛世”。

目录

Contents

第一章

帝国遗产的继承人

乾隆皇帝的基因，得自他父亲的那一半非常优秀自不待言。爱新觉罗家族的出色素质在此前历代皇帝身上已经体现无余。极高的智商、强大的自制力、无穷的精力、无比精明的头脑、难以扼制的进取精神，乾隆身上这些素质主要应该都是得自父系。

一 被八字决定的历史

·1·

康熙六十一年（1722年），爱新觉罗家族中两个最伟大的人物，康熙皇帝和后来的乾隆皇帝，在圆明园首次见面了。不过弘历当时年仅十二岁，他不可能了解这次偶然的会面对自己乃至对国家将会产生多么重大的影响。

那是康熙生命中最后一个春天，圆明园牡丹台前数百盆牡丹开得正艳。雍亲王（胤禛）提出请父皇来家中赏牡丹，老皇帝欣然应允。

老皇帝愿意到胤禛家里来坐坐，因为在十几个如狼似虎的儿子当中，只有这个四阿哥从来没有表现出对皇位的特别渴望，也似乎没有参与任何与竞争储位有关的阴谋。这个貌不惊人的老四，擅长草书，精研佛法，在别的皇子为皇位打破头的时候，他却坐在书斋中修身养性，一派闲云野鹤之姿。不过，四十四岁的雍亲王也并非平庸之辈。皇帝偶尔交给他一些临时任务，比如安排太后丧事、清查仓米发放弊端等，他都完成得迅速周到，给皇帝留下了颇深的印象。（冯尔康《雍正传》）

康熙晚年，经常到四阿哥的赐园中去散心游玩。据《清圣祖实录》统计，皇帝晚年共幸临胤禛的赐园圆明园 11 次。除了胤禛外，其他皇子从来没有享受过这样的恩荣。原因当然是四阿哥的家让他感到安全和放松。

三月十二日傍晚，皇帝驾临牡丹台，把酒临风，心情愉快。

很多历史学家都说，把弘历介绍给康熙，是雍亲王精心策划的一个步骤。不过康熙并没有察觉到这一点。在父子闲聊之际，胤禛闲闲地提起：“您的两个孙子打生下来还没机会见到圣颜呢。”

老皇帝随口答道：“好啊！上次我听侍卫说你有个儿子书读得很好。把他们俩叫出来我看看。”

长到十多岁，孙子才有机会见到祖父，这在爱新觉罗家中并不是什么奇怪的事情。因为康熙皇帝的孙子实在太多了，一共 97 名，政务缠身的老皇帝只见过不到其中的一半。

一见到这两个孩子，老皇帝不觉放下了手中的酒杯。

弟弟弘昼没有给皇帝留下太深的印象，但哥哥弘历却让康熙过目难忘。这孩子相当与众不同。

他身材颀长，容貌清秀，特别是两只秋水般澄澈的眼睛里流动着不同寻常的灵气与沉静。刚才行礼的时候，皇帝注意到他一举一动既敏捷得体，又不慌不忙，一点也没有这个年龄段孩子常有的紧张局促。跟在他身后的同岁弟弟弘昼就明显拘束很多。

凭着丰富的阅人经验，老皇帝确信这个孩子与众不同。他慈爱地招招手，让弘历站到自己面前，询问起他的功课。弘历落落大方地背了几段经书，从头到尾清晰地讲解了一遍。

一阵喜悦攫住了康熙的心。在他见过的所有孙子当中，这个无疑是最出色的。

过了几天，老皇帝派太监来到圆明园，命雍亲王写下弘历的八字，呈皇帝亲阅。

又过了几天，康熙再次驾临圆明园，吃了一顿饭后，宣布了一个不同寻常的决定：要将弘历带回宫中养育。(综见《清圣祖实录》《乐善堂全集定本》)

· 2 ·

在康熙众多孙子中，弘历本来是极不起眼的一个。他于康熙五十年（1711年）诞生于北京城内的雍亲王府。母亲是二十岁的普通格格钮祜禄氏。

曾经有许多历史学家误以为乾隆的生母是大家闺秀，是因为她姓“钮祜禄”。确实，有清一代“钮祜禄氏”被列为“八大家”，是最有名的姓氏之一。这个姓氏名臣辈出，也出过许多后妃。

然而，“八大家”之中的“钮祜禄氏”，确切地说，是指开国元勋额亦都一支。而乾隆的母亲之先祖，只是额亦都的一个命运平庸的叔伯兄弟，叫额亦腾。这一支开国以来没出过什么大人物，到了乾隆母亲的祖父一代，甚至沦落成了一介白丁。乾隆的外祖父凌柱，最高官职也不过是“四品典仪”，估计是父随女贵而取得的闲职。

从种种迹象推断，十三岁的钮祜禄氏进入雍亲王府时，只是一个普通的丫头，干些端茶倒水之类的杂活。直到康熙四十九年（1710年）的某一天，精力十足而又无所事事的雍亲王不经意间突然发现这个入府六年的丫头已经长大成人，十九岁的她高大健壮，虽然面貌不过中人以上，但是身材异常丰腴饱满，一举一动，波涛汹涌，青春光彩难以掩抑。三十二岁的亲王感觉自己身体里突然腾起一股犀利的欲望。

土地很肥沃，第二年就结果了。乾隆皇帝属兔，生于康熙五十年八月十三日子时。（《玉牒》）因为母亲身份太低，这个孩子的出生并没有引起人们的多大关注。

但是这孩子的八字却有些不同寻常。

传统的中国人大抵终生生活在迷信的氛围之中。康熙皇帝虽然喜爱钻研西方科学，并且颇有造诣，但这并没有怎么妨碍他对算卦占卜的热衷。

清代档案中有这样一个细节。康熙六十年（1721年）六月，四川总督年羹尧入京办事，皇帝命他找京城的“名算”罗瞎子推算某事。年氏听说这个罗瞎子常四处招摇，且有病在身，就没去找他算。皇帝在他汇报此事的折子上批道：

> 此人原有不老诚，但占得还算他好。（《掌故丛编·年羹尧折》）

可见，皇帝是这个瞎子的老主顾兼粉丝。

八字推命即是以一个人出生时间的年月日时，来推断人生发展的结果。在今天来看，这当然是彻头彻尾的迷信。可是，在过去，这些迷信往往在偶然中决定了历史之车的走向。乾隆的八字即是如此。

1929 年，故宫博物院文献馆首批公布的内阁大库档案中，有乾隆生辰八字及康熙六十一年时人批语。内容如下：

> 乾隆八字：
>
> 辛卯（康熙五十年）
>
> 丁酉（八月）
>
> 庚午（十三日）
>
> 丙子（子时）。
>
> 批语：庚金生于仲秋，阳刃之格，金遇旺乡，重重带劫，用火为奇最美，时干透煞，乃为火焰秋金，铸作剑锋之器。格局清奇，生成富贵福禄天然。地支子、午、卯、酉，身居沐浴，最喜逢冲，又美伤官，驾煞反成大格。
>
> 书云：子午酉卯成大格，文武经邦，为人聪秀，作事能为。连运行乙未。甲午，癸巳身旺，泄制为奇，俱以为美。
>
> 此命贵富天然，这是不用说。占得性情异常，聪明秀气出众，为人仁孝，学必文武精微。幼岁总见浮灾，并不妨碍。运交十六岁为之得运，该当身健，诸事遂心，志向更佳。命中看得妻星最贤最

能，子息极多，寿元高厚。柱中四正成格祯祥，别的不用问。

很明显，这个批语是算命先生写的，几乎每个字都是夸赞之词。中国古代的命相之理，有一套固定的推算方法。按命相理论，乾隆八字，天干庚辛丙丁，火焰秋金，是天赋甚厚的强势命造，术语称为“身旺”；地支子午卯酉，局全四正，男命得之，为驷马乘风，主大富贵。

也许正是这与众不同的八字让康熙做出了将弘历养育宫中的决定。

“养育宫中”对于康熙时代的皇孙来讲确实是极大的“恩遇”。在弘历之前，近百个孙子中，只有太子长子弘皙曾经被康熙“养育宫中”。这个皇孙极为康熙所喜爱，以至于在康熙晚年太子两立两废的过程中，一个重要的考虑因素是割舍不了这个弘皙。朝鲜使臣回国后向国王汇报说：“皇长孙颇贤，难于废立云。”又说：“或云太子之子甚贤，故不忍立他子而尚尔贬处云矣。”也就是说，因为希望这个孙子将来能登上皇位，康熙才在废太子问题上迟迟下不了决心。（《朝鲜李朝实录》）

从这个角度来讲，有人认为，喜欢弘历，是康熙传位给雍正的一个理由。我们很难说，胤禛把自己的儿子介绍给父亲，不是老谋深算的一步。对于胤禛来说，这一举动从哪方面来说都没有坏处。首先，这是试探老皇帝态度的一个机会。如果老皇帝把自己列入继位的候选人行列，那么必然会关心自己的子息。因为一个政治家必须多算几步。退一步来讲，即使老皇帝不打算把自己列入候选人行列，那么使祖孙建立起良好的关系，对自己的政治安全，无疑也大有好处。

对于弘历会受到老皇帝的喜爱，胤禛有充分的自信。因为这个孩子自幼聪颖异常。

特别是，他少年老成，十分懂事，很善于与人相处。雍正充分相信他会成为老皇帝和自己之间的一个良好沟通渠道。

事情的发展甚至超过了雍亲王的期望。

· 3 ·

康熙六十一年夏秋两季五个多月里，避暑山庄中祖孙两人几乎天天在一起，形影不离。康熙批阅奏章的时候，小弘历就在旁边磨墨写字。老皇帝时常站起来，走到孙子身边，手把手教他写字。吃饭的时候，祖孙俩坐在一桌，爷爷不断给孙子夹菜。甚至接见大臣讨论军国大事，康熙也特批弘历可以留在身边。弘历此时总是懂事地“屏息而侍”，大气都不敢出。乖巧的孙子给康熙一生中的最后岁月带来了巨大的欢乐，短短半年之中，祖孙俩建立起了深厚的感情。

夏天的一个中午，康熙泛舟避暑山庄湖上，弘历正在山上玩耍。远远望见御舟驶来，就满心欢喜地跑下山来。老皇帝见了，生怕孙子跌倒，急忙跑到船头，朝弘历大喊：“慢点跑，别摔了！”祖父焦急的声音深深印在弘历的脑海里，六十年后还在御制诗《晴碧亭忆旧》中提及此事。

在这半年之中，弘历的体育天分也给康熙留下了深刻的印象。虽然才12岁，但是他反应之敏捷，举止之精确，非常人可比。康熙亲自教弘历射箭，弘历也真争气，首次习射就连中五矢，康熙喜出望外，赐给他一件黄马褂。“或命步射，以示群臣，持满连中，皇祖必为之色喜”。（乾隆《避暑山庄纪恩堂记》）

弘历初次练习用火枪，教师把一只羊捆在百步之外，他初次试射，就“一发毙羊”。康熙十分高兴。

八月之初，秋高马肥，康熙带着弘历开始行围打猎。在围场，康熙用火枪击中一熊。大熊倒地良久，毫无动静。康熙以为熊已经毫无威胁，遂命弘历上前补射一箭，以让这个孩子博得“初围获熊”的美名。弘历上马之后，不知为何，迟迟不动。康熙心中有些不高兴，这个孩子一直胆子很大，今天见到熊之后怎么害怕起来？康熙在马上高喊：“弘历，怎么不进？”

弘历这才像醒过神来，催马欲进。不料此时那倒地的大熊忽然一个翻身，直立起来，嘴里发出一声怒吼，直奔弘历的坐骑而来。众人刹那间都惊呆了，只有康熙反应及时，举枪便射，子弹从熊耳射入，大熊如同半堵墙一样应声仆地，彻底死去。所有人都惊出一身冷汗。

这件事给康熙留下了极深的印象。似乎冥冥中有天意，保佑这个不同寻常的孙子。晚上回到帐中，他对随驾的诸妃嫔说："弘历这孩子的命真是贵重！如果他早一点催马过去，熊起马惊，不知道会出多大的事啊！这孩子将来福气比我还大啊！"（《啸亭杂录》）

这次行围之后，皇帝特意去了四阿哥的热河赐园狮子园，指名要看看乾隆的生母。不知何故的钮祜禄氏跪在皇帝面前，心中充满疑惑。老皇帝命她抬起头来，细细观看，足足看了半分钟之久，边看边说："果是有福之人，有福之人！"（《清高宗实录》）

在这次晋见公公之前，钮祜禄氏从来没有引人注目过。生了这个孩子也没能帮助她完全扭转命运。直到雍正登上皇位前的十多年时间，她仍然被人们习惯地称为"格格"，即满语中的"小姐"。

然而康熙却发现了这个媳妇的"异相"，这个普普通通的格格，日后确实如康熙所说，成为中国历史上最有福气的太后之一，长寿而且境遇顺遂，享尽尊荣富贵。康熙皇帝的相面功夫，确实有独到之处。

· 4 ·

乾隆皇帝的基因，得自他父亲的那一半非常优秀自不待言。爱新觉罗家族的出色素质在此前历代皇帝身上已经体现无余。极高的智商、强大的自制力、无穷的精力、无比精明的头脑、难以扼制的进取精神，乾隆身上这些素质主要都是得自父系。

从母亲身上得到的，是支撑这些精神因素的强大身体基础。乾隆皇帝体格之健壮，寿元之高厚，在中国历代皇帝中绝无仅有。在乾隆以前，五位皇帝平均寿命为五十四岁，而乾隆活到八十九岁，比其祖先的平均年龄高三十五岁。在兄弟当中，乾隆也最为长寿，其他兄弟最长寿者也不过六十岁，独乾隆皇帝一枝独秀，这不能不说与其母亲的遗传因素有关。

出身平民家庭的钮祜禄氏身上完整地保存了满洲人在白山黑水中陶铸起来的强壮和“皮实”。传世的清宫《慈宁燕喜图》中有老年钮祜禄氏的画像，画面上的老太太方面大耳，心宽体胖。与那些出生富贵人家的后妃比起来，钮祜禄氏身体强健，生性好玩好动。乾隆皇帝登基后，每次出巡，都要带老太太一起走：老太太生前赶上的四次南巡，她一次也没落下。老太太一生曾经三游五台，三登泰山，还到过嵩山。至于避暑山庄，那更是去了无数次。老太太去世前一年，以八十五岁高龄，仍然跟着乾隆登上了泰山，步履甚健。

庄练先生说：“出身富贵之家的妃嫔，不可能有十分强健的身体……乾隆之生母并非一般出生于富贵之家的妃嫔，乾隆得天独厚之处，就在这里。”（《中国历史上最具特色的皇帝》）雍正弓马平常，中年后经常闹病。而乾隆天生擅长运动，敏捷性和平衡性极佳，各种兵器，上手很快，武功骑射，在清代诸帝中首屈一指。他终生好动，不乐安居，四处巡游，以至有马上皇帝之称。活到八十九岁，一生没有生过大病。掌握大权六十四年，天天处理奏章，日理万机，很少感觉疲倦。这都是得自母亲一系的遗传。

·5·

康熙六十一年十一月十三日，康熙皇帝从避暑山庄回京后两个月，猝然崩逝于畅春园。

《清高宗实录·卷一》说：乾隆继承皇位是“圣祖深爱神知，默定于前；世宗垂裕谷诒，周注于后”。乾隆也说，康熙当时之所以叫出他的生母来相相面，也是因为起了托付之意，“即今仰窥皇祖恩意，似已知予异日可以付

托，因欲豫观圣母福相也”。（《乾隆御制诗初集》）

这个说法也许有所夸大，不过在传位于胤禛的决定中，弘历肯定起了作用。对于这个儿子，雍正心底有一种特殊的感念之情。

当年十二月，朝鲜国大臣金演在与清王朝的外事交往中听到了这样的消息：

康熙皇帝在畅春园病重，知其不能起，召来阁老马齐，对他说：“我的第四子最贤，我死后立为嗣皇。胤禛第二子弘历有英雄气象，必封为太子。”乃以为君臣不易之道，平治天下之要，训诫胤禛。解脱其头项所挂念珠，对胤禛说：“此乃顺治皇帝临终时赐朕之物，今我赠尔，有意存焉，尔其知之……”言讫而逝。（《朝鲜李朝实录》）

有人说这个记载不尽可靠。不过，已经远传到朝鲜，可见这个传闻传播之广，也可见在雍正刚刚继位之际，未来乾隆皇帝的大名以及其与祖父的特殊关系就已经广为全国所知。从雍正登基之时，弘历就成为太子的第一人选，已经是不争的事实。雍正元年（1723年）正月十一，雍正皇帝即位后首次前往天坛，举行祈谷大典。还宫后，雍正把弘历召到养心殿，赐给他一块肉，让他吃掉，此外没再说一句话。弘历默默吃掉这块肉，味道十分鲜美，不过分辨不出是什么肉。乖巧的他吃完肉后，也没有多说话，就退了出来。不过此事给了他极深的印象。因为在此之前，不论什么事，父亲对他和弟弟弘昼都是同等对待。而这次只独独召见他一人，并且是在刚刚从天坛回来之后，显然是有深意的。从那时起，聪明的弘历就已经知道自己被父亲默定为太子了。（《乾隆御制诗五集》）

二　毫无心理准备的接班

·1·

不知道是不是因为特殊体质的遗传，清代帝王之死大多干脆利落，很少有拖泥带水缠绵病榻者。康熙、雍正、乾隆、嘉庆这四代皇帝，死前都没有什么征兆。从“偶染微恙”到撒手人寰，短则三天，长不过一周。因此，嗣皇帝的诏书中往往有“忽遭大故”“闻之惊恸”之语。

不过，雍正的死相比其他人，还是更为突然了些。

雍正十三年（1735年）八月二十二日晚上十点左右，大学士张廷玉刚刚就寝，突然被一阵急剧的敲门声惊醒。

圆明园的太监前来传旨，召他火速入宫。

张廷玉一边向圆明园“疾趋”，一边心中惶惶不安。白天刚刚见过皇帝，怎么这么晚又宣召？

从西南门进入圆明园来到寝宫，他惊讶地看到，雍正皇帝躺在大床上，已经两目紧闭，呼吸微弱，不认识人了。

张廷玉在回忆录中说自己当时的反应是“惊骇欲绝”。雍正今年不过五十八岁，年龄并不算老。前两天，也就是八月二十日，皇帝身体确实有些不爽快，不过仍然办事如常。虽然二十二日，病情加重了些，但仍然能接见大臣，处理政务，何以这么快就陷入弥留状态？

太医进药无效，拖到二十三日子时，在大家惶惶无措中，雍正去世了。（《张廷玉年谱·雍正十三年》）

对于雍正的去世，后人产生了种种推测，其中最荒诞不经的说法当然是吕四娘飞剑取首级。不过当代史学家比较一致的结论是，雍正的暴亡是服用丹药所致。

作为清代帝王中最有个性的一个，雍正的为人行事多有离经叛道之处。

他精研佛法又迷信方术，对道教的丹药理论十分感兴趣，平时爱吃丹药“即济丹”，还经常把它赐给自己的亲信大臣。他在后宫之中养了几位道士，他们的任务就是为雍正提炼能令他增强精力、延年益寿的“仙丹”。（《雍正传》）虽然正史不敢记载，但考究诸多种史料档案，原本没有致命大病的他，应该确系病急乱投医，在道士的劝说下服用了含有剧毒的“丹药”而提前离开了人世。最有力的证据是雍正死后第三天，嗣皇帝就将宫中那些炼丹的道士全部扫地出门。（《清高宗实录》）

·2·

雍正去世如此仓促，以至于没来得及留下任何遗诏。谁都知道在此情况下，最重要的事当然是确定新君。弘历和弘昼此时忙于大声哭号，宣布谁是新君这件事必须由大臣们来完成。

为了避免康熙晚年的悲剧，雍正发明了“秘密立储”之制。早在雍正元年（1723年）八月十七日，他就亲书密旨，藏于“正大光明”匾之后。群龙无首之际，还是德高望重的张廷玉先镇定下来。作为雍正帝的亲信，他知道雍正秘密立储的全过程。在年谱中，他回忆说：“我和鄂尔泰对聚集在寝宫的王公大臣们说：‘大行皇帝（刚刚死去的皇帝）生前写有传位密诏，曾让我们二人看过。现在最紧要的事就是要找到密诏。’大家说是。于是命令总管太监去找。总管太监说：‘这件事皇上没有和我们说过，不知道密诏藏在哪儿。’我说：‘大行皇帝当日密封的文件，应该也不会多。你就找外面用黄纸封着，背后写一个‘封’字的小盒，应该就是。’”（《张廷玉年谱·雍正十三年》）

一小会儿，太监把密诏找到了。王公大臣们共同捧到灯下宣读。

雍正的遗诏原文如下：

> 宝亲王皇四子弘历秉性仁慈，居心孝友，圣祖皇考于诸孙之中最为钟爱，抚养宫中，恩逾常格。雍正元年八月间，朕于乾清宫召诸王满汉大臣入见，面谕以建储一事，亲书谕旨，加以密封，收藏于乾清宫最高之处，即立弘历为皇太子之旨也。其后仍封亲王者，盖令备位藩封，谙习政事，以增广识见，今既遭大事，著继朕登极，即皇帝位。(《清世宗实录》)

·3·

张廷玉在《年谱》中回忆说："新皇帝乾隆听到是自己继承大位后，立刻伏地大哭良久，王公大臣再三劝解，新皇帝仍不起来。"

弘历的痛哭是真情实意，痛快淋漓。虽然早就猜到自己将是大清帝国的继承人，但对父亲的死他确实毫无准备。他早已作好四十岁甚至五十岁继位的心理准备，因为看起来他的储君生涯将是一场无比漫长的耐力竞赛。没想到父亲的寿命比祖父短了十一年，去世时年仅五十八岁，使自己得以在二十五岁的盛年位登大宝。

弘历不能不为自己的幸运庆幸。回顾整个中国历史，在帝位交接那一刻，曾经出现过多少云谲波诡，明枪暗箭。大清开国以来，5位皇帝登位，都经过了激烈的斗争，几乎每一代都是剑拔弩张，甚至腥风血雨。只有自己的继位过程，光明正大，水到渠成，没有一丝波澜。命运对自己实在是太慷慨了。

不过作为一个情商极高的人，弘历绝不会泄露心中的任何一丝兴奋。他迅速调动起全部精神，投入到"孝子"角色中去。

大行皇帝的丧事进行得迅速而周到。

《清高宗实录》记载，新君对于丧礼上孝子的所有规定动作，都演出得十分尽力，十分到位，十分令人感动：大殓之际，他"痛哭失声，擗踊无数”，就是说无数次挣扎跳跃，拦着不让人盖上棺材。“从头一天夜半到第二天日暮，皇上哀恸深切，哭不停声，一整天水浆不进，群臣伏地环跪，恳请皇上节哀，皇上悲不自胜，左右都感动哭泣，弗敢仰视。”

按礼制要求，大行皇帝皇舆回紫禁城时，嗣皇帝应该在乾清门内迎接。然而弘历不同意这样做，他坚持要亲自全程护送皇舆回宫。大臣们当然不能同意这有违成例的做法，为此弘历宣谕大臣说：“若在乾清门内迎接，心实不忍，王大臣等不必固请，俾得稍尽此心。”（《清高宗实录》）

《清高宗实录》记载，在护送大行皇帝皇舆回宫的一路之上，弘历“哭不停声”。进入乾清门前一刻，他又传谕，不以新皇帝身份直接由乾清门入，而要由内右门入，以示对刚刚死去的老皇帝的尊重。其他任何一个孝子也不可能把这些细节做得更到位了。

三　转变帝国的航向

·1·

尽管对“孝子”的角色表演尽心尽力，乾隆对雍正的真实感情却十分可疑。

从很小的时候起，乾隆就对这个严厉苛刻的父亲绝少亲近之感。在乾隆漫长的一生中，他最尊敬也最常提起的男性亲人是祖父康熙。对共同生活了二十五年的雍正，乾隆很少提起，偶尔提到，也口气平淡。

康熙和雍正气质性格迥然不同。祖父康熙在中国历代皇帝中以“人情味浓”闻名。他为人真诚坦率，待人和蔼可亲，处事宽厚大度。小弘历从见到他的第一面开始就产生了莫大的亲切感和信任感。而对自己的父亲，他感受更多的是恐惧。因为父亲雍正的个性与祖父几乎截然相反。

经常有人说：“历史是最公正的。”其实，历史通常不很公正。许多历史人物，仅仅因为其个性上的某些缺陷而承受后世无穷无尽的恶评。雍正皇帝就是典型代表。

雍正统治的十三年，是大清王朝发展史上一个十分关键的时段。康熙晚年诸事宽纵，且为太子之事耗尽心血，国家政务几近废弛，腐败贪污蔓延，乱象层出不穷。

在这种情况下，如果继位之君是一个性格软弱之人，大清必然迅速堕入乱世。历史上已经有过无数的先例。幸运的是，康熙选择了雍正。出于对大清王朝的责任感，也基于眼里揉不得沙子的刚介个性，雍正向他反感的种种现象举起了屠刀，解决了大清王朝政治深层的一些问题。

历史上没有哪位皇帝像雍正一样委屈：他为大清王朝的根本利益拼命工作十三年，结果换来的却是几乎所有社会阶层的反感。虽然为了政治需要，雍正也会压抑自己的本性，对某些心腹大臣们极表亲热关怀，然而他生硬做作的表演很难真的打动人。终雍正一朝，虽然大臣们对他唯命是从，却很少有人从内心里爱戴这个“喜怒不定”的主子。

引起大家反感的原因有三：第一，他刻薄的个性让人不敢亲近；第二，他继位之后对自己手足兄弟和心腹大臣的薄情残忍，让所有人触目惊心；第三，也是最主要的原因，他为政过于严猛。凡事过犹不及，虽然他一系列酷烈的政治措施巩固了大清王朝的基础，却也得罪了几乎社会的所有阶层：他对官员们过于严厉，在反贪过程中，对所有贪污侵占行为都不宽容，动不动就抄家罚银，使无数官员倾家荡产，获得了“抄家皇帝”的恶名。他对老百姓同样严厉，相信严刑峻法是改善社会治安的最佳途径，宣称“朕治天下，原不肯以妇人之仁，弛三尺之法”（《大义觉迷录》）。上有所好，下必甚焉，一时间大清天下狱案四起，酷刑滥施，轻罪时被重治，冤枉入狱之人也为数不少。他为政刚猛，一往无前，屡有兴革。有些改革，比如养廉银制度，效果良好。也有一些兴革措施在执行中走了样，加重了百姓的负担。

深肖父亲的儿子往往对自己的父亲最有看法。青少年时代的乾隆没有意识到自己的性格深处与父亲的共同点，他只意识到了自己内心深处对父亲的深刻反感。在懂事之后，弘历一直在为父亲惋惜，惋惜他吃力不讨好，不会做人。他相信，自己当皇帝，绝不会像父亲这样偏执愚蠢。

·2·

不知道是不是因为那个神奇的八字，乾隆皇帝一生的运势确实极佳。他不但在最佳年龄登上了帝位，而且所继承的基业又令所有皇帝羡慕：经过康熙和雍正七十三年的治理，大清天下国泰民安，一派升平之象。正所谓“国家继绪百年，累洽重熙，至于今日，可谓承平无事”。政治清明，八方无警。内无起义和灾荒，外无战争和威胁，乾隆的帝位，可谓磐石之安。

历史留给乾隆的任务，就是“继父祖之余烈”，把大清盛世推上最高点。

他有这个能力，更有这个雄心。

乾隆所受的教育在大清开国以来的历代皇帝当中，是最完整、最系统、最严格的。雍正对皇子们的教育抓得很紧，从六岁到二十五岁，弘历在书房中整整度过了十九年的光阴，每天的学习时间长达十个小时。他天资聪颖，与弟弟弘昼同时开蒙读书，却处处胜过弟弟。每次背书，他都过目不忘，弟弟却迟迟背不下来，先生不得不给他多加功课。他读书非常勤奋。“已乃精研《易》《春秋》《戴氏礼》、宋儒性理诸书，旁及《通鉴纲目》、史汉八家之文，莫不穷其旨趣，探其精蕴。”（《乐善堂全集》）学生时代，他写作了大量的作文。翻阅这些文章，我们发现学生时代的乾隆是一个非常正统的儒家信徒，对未来的设计具有浓厚的理想主义色彩。在他眼中，一个完美的君主，应该是用“仁义”来陶冶教化天下，而不是以强力来推行自己的政策。他说：“治理天下，应该以德而不以力。所以德行高尚的人成功，德行不佳者

失败。”（《乐善堂全集》）

在一篇名为《宽则得众论》的文章中，他鲜明地表达了与父亲相异的政治倾向：“如果能宽以待人，宽容他人的小过，成就自己的大德，那么人人都感其恩德，心悦诚服。如若不然，以褊急为念，以刻薄为务，虽然为政勤奋，如秦始皇那样每天批阅无数奏折，像隋文帝那样亲自替百官治事，又有什么用处？”

在学生时代，他系统地研究过中国历史上所有著名的帝王。心高气盛的他“睥睨千古，无足当意者”。在他眼中，合格的皇帝只有三个：汉文帝、唐太宗和宋仁宗。然而汉文帝虽贤，却不善于挑选人才来辅佐自己；宋仁宗虽仁，能力却有所不足。令他真正钦服的，只有唐太宗一人而已。青年的特权就是不需要成本的许诺、不需要证据的自信、可以无限透支的未来。他对自己的未来，充满了绚丽的想象。登上帝位的第一天，他就把唐太宗树为自己的楷模，直追唐太宗，超越唐太宗，成为中国历史上的“第一人”。要做到这一点，首先就要否定自己的父亲。

· 3 ·

虽然“三年无改父之道，可谓孝矣”，但真正伟大的政治家绝不会让任何一个空洞的道德字眼束缚住自己的手脚。雍正的丧礼办得无比盛大，接下来，乾隆却毫不犹豫地与父亲唱起了反调。

就在雍正驾崩后第三天，乾隆就把父亲十分信任、供养宫中的道士张太虚、王定乾等人赶出了皇宫。乾隆发布谕旨说：

> 皇考万机余暇，闻外省有炉火修炼之说，圣心虽知其非，聊欲试观其术，以为游戏消闲之具。因将张太虚、王定乾等数人置于西苑空闲之地。圣心视之，如俳优人等耳，未曾听其一言，未曾用其

一药，且深知其为市井无赖之徒，最好造言生事。皇考向朕与和亲王面谕者屡矣！今朕将伊等驱出，各回本籍……若伊等因内廷行走数年，捏称在大行皇帝御前一言一字，以及在外招摇煽惑，断无不败露之理。一经访闻，定严行拿究，立即正法，决不宽贷。（《清高宗实录》）

就是说，雍正于日理万机的闲暇之时，闻听外省有祛病延寿的炼丹之术，虽明知其非，却抱着游戏消闲、看看到底是怎么回事的想法，聊且让张太虚、王定乾等数人于西苑空闲之地竖炉炼丹。雍正不过将张太虚、王定乾等当作排遣取乐的优伶小丑，未曾听其一言，未曾用其一药。且多次当面向乾隆及各亲王说过，这些人是市井无赖，最好造谣生事。所以，乾隆下此谕旨，命将这些人逐回本籍。

正所谓此地无银三百两，这道谕旨，正向天下公布了雍正皇帝的真正死因。如此迫不及待，可见乾隆对雍正信用术士这种背离传统帝王之道行为的鄙夷与反感。雍正时期，大肆崇佛尚道，他曾经亲自在宫中举行法会，自称“释主”，法号“破尘居士”。他请和尚文觉禅师住在宫中，参与国家机密的事务，“倚之如左右手”，甚至亲自撰写《拣魔辨异录》，介入宗教学术斗争。在他的大力支持下，雍正一朝佛道两教人数众多，未免泥沙俱下。

乾隆皇帝信奉儒家正统思想，对异端之教不感兴趣，对父亲崇佛信道更是腹诽不已。借驱赶道士的契机，乾隆宣布，今后出家，必须由官方给予度牒，以此来控制僧尼数量的过度增长。

雍正皇帝一生酷好祥瑞。在他统治期间，中国历史上所有的祥瑞品种差不多都出齐了，什么嘉禾、瑞茧、蓍草、灵芝、麒麟、凤鸟、甘露、五星连珠、黄河清、卿云现，一样接一样出现在官员的奏折里，雍正说这是自己“敬诚所感，仁者所孚”，证明自己统治合法，治理有成。这自然是对篡位说

的一种变相回应。(《清世宗实录》)

在乾隆看来，搞这一套太小儿科并且太可笑了。他一上任就下旨说，如果百姓安居乐业，虽无祥瑞，“亦无损于太平之象”。相反，国家治理不好，“即使休嘉叠告”，也毫无用处。他还告诫臣工，应该以“实心实政保守承平大业，切不可务瑞应之虚名，致启颂扬之饰说也”。因此他在继位当年九月宣布：“凡庆云、嘉谷一切祥瑞之事，皆不许陈奏。”(《清高宗实录》)

雍正时期，一项惹人议论的政策是“奏开垦”。雍正鼓励百姓开荒田地，以各地开荒亩数来衡量地方官政绩。结果各地官员纷纷虚报开荒数字，他们升官发财走了，但留下的却是赋税随亩数同步增长的局面，变相增加了百姓的负担。乾隆即位后马上诏谕各省督抚：“凡造报开垦亩数，务必详加查核，实系垦荒，然后具奏，不得丝毫假饰，以正闾阎之优异。”对以前捏报的数字，要求一一“据实题请开除”。

乾隆即位不久，基于国家财政状况良好，下令免于征收百姓在雍正十二年(1734年)以前所欠的赋税银。这是货真价实的惠民措施，一下子大面积减轻了底层贫困百姓的生活负担。(《清高宗实录》)

· 4 ·

当然，在雍正的所有作为里，最为人诟病的，是对手足兄弟的残酷无情。

“阿其那”“塞思黑”之狱，是爱新觉罗家族史上最大的隐痛和尴尬。在雍正以前，满洲皇族内部虽然也纷争不断，但从来也没有撕破脸到亲兄弟相杀、相囚，把亲兄弟连同其子孙后代一起开除出族籍的程度。雍正上台后的手足相残，不管有多少必要性，手段确实过于残忍，处理方式确实过于骇人耳目。大哥、二哥都在雍正任内被监禁至死，老八、老九被禁锢削籍，秘密处死。三哥和老十、老十四也永远囚禁。其他宗室被杀、被关、被流放的更是不计其数。这不仅是雍正的耻辱，也是整个爱新觉罗家族的耻辱，甚至是整个大清王朝的耻辱。在崇尚孝悌的宗法社会，无论雍正有多少苦衷，这些行为都是无法让人原谅的。十三年来，虽然无人敢对此提出指责，但乾隆非常清楚这一过分的举动反而使雍正的政敌赢得了几乎所有人的同情，包括乾隆自己。为了理顺政治高端的关系，赢得皇室内部和中上层王公对自己的支持，他必须改正父亲的这个错误。

在即位一个多月后，乾隆发出了一道震动天下的谕旨：

> 阿其那（允禩）、塞思黑（允禟）孽由自作，万无可矜，而其子若孙实圣祖仁皇帝之支派也，若俱屏除宗牒之外，则将来子孙，与庶民无异。当初办理此事，乃诸王大臣再三固请，实非我皇考本意。其作何处理之处，著诸王满汉文武大臣……各抒己见，确议具奏。（《清高宗实录》）

意思是说，允禩、允禟等人，虽然孽由自作，已经死去，但是他们的子孙的血管里流的毕竟是爱新觉罗的血。如果继续把他们开除于宗籍之外，与普通百姓一样，实在不妥。之所以当初开除他们的宗籍，是出于办理这件事的王公大臣再三固请，而非我皇考雍正的本意。这件事到底如何处理为好，请诸王满汉文武大臣各抒己见，拿出一个方案来报给我。

允禩、允禟，即雍正当日所称的“阿其那”“塞思黑”。这道谕旨一下，分明是要给雍正的这些政敌平反，一时之间，朝野上下对新皇帝的胆魄无不惊讶。

皇帝旨意一下，大臣们当然知道应该怎么做。他们建议皇帝恢复这些人的宗室身份。不久，几乎所有因为储位斗争而被摒出宗籍之外的人又恢复了天潢贵胄的身份，那些被圈禁高墙的宗室王公重见了天日。皇帝下令，给“阿其那”“塞思黑”的子孙拨付相当丰厚的产业，以资生活。就连最重要的案犯，父亲当日最大的竞争对手前十四阿哥允禵，也被放了出来，并且赐给公爵，给予优越的生活待遇，以让他安养晚年。据朝鲜史料记载，乾隆还想把允禵被囚十三年的俸禄一一给还，因允禵坚辞不受而作罢。（《朝鲜李朝实录》）

这一重大举动一下子扫除了皇室王公之中对雍正乾隆一支的怨恨之情，新皇帝的"宽仁"确实如春风一样，让他们重获新生。

· 5 ·

下一个举动就要争取官僚集团对自己的效忠了。

帝位更替之际，新皇帝的为人和作风当然是全天下关注的焦点。令大家欣喜的是，新皇帝的性格温文尔雅，与老皇帝明显不同。

雍正时期的君臣关系，是典型的猫鼠关系。雍正皇帝总是以恶意去忖度自己的臣子，对他们一举一动都苛刻明察，一丝错误也不放过。

新皇帝却让人一望就感觉即之也温。

一般来说一朝天子一朝臣，每代君主即位之初，都要罢黜一批旧臣，起用一批新人，以推行自己的执政理念。乾隆却没有这样做。他十分尊重父皇时期留下的张廷玉、鄂尔泰等老臣，即位之初对他们称呼"先生""卿"而不名，并且动不动就施恩赏赐，"恩逾常格"。在政治上他毕竟是一个新手，在很多问题上缺乏经验。他处处效仿唐太宗面对谏臣的优美风度，凡有自己拿不准的事，他无不向老臣虚心请教；自己有事外出，日常国务即由他们处理和转达。

他效仿祖父，以宽大待下，每每从大臣的角度出发替他们考虑问题，解决困难。在雍正的严刑峻法之下，一大批官员待罪狱中，更有很多官员因为要追赔贪污款项而倾家荡产四处流离。从"宽则得众"的原则出发，乾隆对那些受罚过重的官员都予开释，比如著名将领傅尔丹、岳钟琪都因贻误军机被判死刑，乾隆给予释放。查嗣庭、汪景祺这样令人同情的文字狱要犯，已经被雍正处决，乾隆放回了他们被流放的家属。雍正去世时正因追赔赃款而倾家荡产甚至家破人亡的官员一律获得宽大，赔款到此为止，不许株连亲友。他即位三个月，一次就免除了 69 名官员的欠款。他下令清查历年的亏空案，“其情罪有一线可宽者，悉予豁免，即已经入官之房产，未曾变价者，亦令该管衙门查奏给还”。总计乾隆初年，从轻处理的官员，多达 2100 多名。（《清高宗实录》）

这个举动，一下子赢得了官僚阶层的欢心。雍正皇帝统治时期，每个官员成天都提心吊胆，惴惴不安。这下，官僚集团终于放下了紧张了十三年的心。

· 6 ·

大清王朝这艘巨轮，迅速改变了航向，由“严”一下子转向了“宽”。

乾隆这样做，有多重理由。

第一，新君即位，要做的第一件事是赢得人心。要有效赢得人心，最直接的手段无疑是让他们马上得到眼前利益。

第二，作为一位立志“行仁义”，做“有道明君”的儒家信徒，自然会以“宽仁”为基本施政纲领。

第三，也是非常重要的一点，经过父亲十三年风霜之治，大清社会政治纪律严明，贪污腐败得到有效控制，百姓在王纲之下战战兢兢，已无犯上作乱之念，已经没有进一步高压统治的必要。此时当化严为宽，既可享受父亲严治的成果，又可享受百姓对自己的感恩戴德，何乐而不为?

宽仁政策取得了明显效果。经雍正十三年的风霜之治，所有人对乾隆的感觉都是春风拂面，情怀畅怡。《啸亭杂录》说：“乾隆皇帝即位时，正是雍正皇帝严厉治理之后，他凡事皆以宽大为政，罢开荒，停捐纳，重视农业，限制僧尼。万民欢悦，颂声如雷。江南出现了‘乾隆宝，增寿考；乾隆钱，万万年’这样的歌谣。”《郎潜纪闻二笔》中说：“乾隆皇帝即位，所颁布的诏令，善政不绝，四海之内，无不欢呼雀跃。”全国臣民对乾隆的印象极佳，认为他是一位仁慈善良，甚至有点柔弱的贤君。连当时在北京的朝鲜使臣也一再称赞乾隆的初政。一个使臣说：“新主政令无大疵，或以柔弱为病，边境姑无忧。”另一位则说：“雍正有苛刻之名，而乾隆行宽大之政。以求言诏观之，不以论寡躬缺失，大臣是非，至于罪台谏，可谓贤君矣。”（《朝鲜李朝实录》）

第二章

盛世的保障

中国式皇权，一言以蔽之，就是剥削天下的权力，其自私性决定了它终日处于被觊觎和窥伺之中。“皇帝轮流做，明年到我家”，所有有能力的人无不对这一权力垂涎不已。因此皇权权力的性质天生是高压的、排他的、敌视一切异己力量的，它必须建立在严格的等级秩序之上。

一　政治改革的牺牲品

·1·

康熙皇帝“有福之人”四个字的评价应验得很快。在康熙说完这句话的第二年，乾隆生母钮祜禄氏就因为雍正即位而被封为熹妃，后来又晋为熹贵妃。乾隆即位之后，她又成了太后，尊号为“孝圣宪皇后”。

更令她感觉有福气的是儿子乾隆是中国历史上著名的“孝子皇帝”。他对母亲感情深挚，发自天性。登基之后，国务繁忙，他仍坚持像以前那样“三天问安，五天侍膳，对母亲的生活起居，关怀备至”。(《乾隆帝及其时代》)

刚刚登上帝位的乾隆平时生活中十分注意节俭，甚至拒绝臣子过年过节给自己进献贡品。但每一次母亲过生日，他都大操大办，绝不心疼钱。特别是乾隆六年 (1741 年)，太后五十岁整生日，皇帝效法康熙五十大寿时的做法，在太后由圆明园返回宫中那天，组织许多六十岁以上的老人在路边“瞻仰跪接”，一天下来，仅赏赐这些跪接之人，就花了银子十万两、绸缎七万多匹。至于六十大寿及以后的整生日，为了讨太后的欢心，乾隆更是花钱如流水，极尽铺张之能事。(《清高宗实录》)

老太太身体硬朗，喜欢活动。乾隆每次出巡，都要带上老太太一起观光，叫作“奉太后安舆出巡”。老太太也“乐此不疲，不顾年龄已大，路途遥远，总是高高兴兴地出外旅游。一路上供应侍候，自然十分周到、殷勤，但风尘仆仆比在宫中园中无事静养，总要辛苦得多。也许正因为她不喜欢宫廷中寂寞刻板的生活节奏，她宁愿跟着儿子到处奔走，游山玩水”。（《乾隆帝及其时代》）乾隆“纯孝”之名，赫然史册。

但有一点，乾隆从来没有掉以轻心，那就是绝不许太后稍稍碰一下他的权柄。

雍正十三年（1735年）八月二十六日，也就是他即位后的第三天，他就发出一道谕旨，告诫宫中太监宫女：

> 凡国家政事，关系重大，不许闻风妄行传说，恐皇太后闻之心烦。皇太后仁慈，抚爱朕躬，圣心切至，凡有所知，母子之间，岂有不告之理？但朕与诸王大臣所办政务，外人何由而知？其应奏闻母后者，早已奏闻矣。宫禁之中，凡有外言，不过太监等。得之市井传闻，多有舛误。设或妄传至皇太后前，向朕说知其事，如合皇考之心，朕自然遵行；若少有违，关系甚巨，重劳皇太后圣心，于事无益。尔等严行传谕，嗣后凡外间闲话，无故向内廷传说者，即为背法之人，终难逃朕之觉察，或查出，或犯出，定行正法。陈福、张保，系派出侍奉皇太后之人，乃其专责，并令知之。（《清高宗实录》）

说明白点，就是要让太后与政治绝缘，清除她干预朝政的任何可能。

事实证明皇帝是有先见之明的。虽然已经采取了预防措施，但不愉快仍然不可避免。有一次，太后在和乾隆聊天时提到，顺天府东面有座庙宇很灵验，不过年久失修，已经快要倒塌，要乾隆拨点钱修修。乾隆闻听，当即满面笑容地应承下来。但是转过脸来，他就降下严旨，严厉斥责太后身边的太监张保和陈福：“张保糊涂不知事务，陈福随侍圣祖多年，理合深知体统，几曾见宁寿宫太后当日令圣祖修盖多少庙宇？朕礼隆养尊，宫闱以内事务，一切仰承懿旨，岂有以顺从盖庙修寺为尽孝之理？”虽然看在太后的面子上对他们不予严惩，但声明下不为例：“嗣后如遇此等事务，陈福等不行奏止，轻意举动，多生事端，朕断不轻恕。”（《清高宗实录》）

这道严旨，表面上是颁给太监的，实际上是说给太后的。聪明的老太太从此长了记性，再也不敢做任何有违祖宗法度的事了，乾隆朝的母子关系得以以“母慈子孝”的理想境界完美结局。

· 2 ·

不是乾隆对母亲过于苛刻，而是少年老成的他深知防微杜渐的重要性。从第一个专权的太后吕雉到乾隆皇帝的祖奶奶孝庄皇后，历史上母后专权和外戚乱政之事几乎每代都有。千里之堤，毁于蚁穴；人无远虑，必有近忧。乾隆很清楚，太后也许本身并没有干政之心，但是如果开启了太后影响国政的先例，必然就会有很多人伺机而入。自己“隆养”太后，尊礼倍加，也很可能使得太后的亲戚们趾高气扬，胡作非为。一旦太后和外戚形成一定的政治势力，那时候再想处理，难度就大了。

贯穿乾隆政治生涯的第一条原则是大权独揽。他说：“盖权者，上之所操，不可太阿倒持。”

中国式皇权一言以蔽之，就是剥削天下的权力，其自私性决定了它终日处于被觊觎和窥伺之中。“皇帝轮流做，明年到我家”，所有有能力的人无不对这一权力垂涎不已。因此皇权权力的性质天生是高压的、排他的、敌视一切异己力量的，它必须建立在严格的等级秩序之上。如果统治者能牢牢掌握权柄，做到君君臣臣父父子子，也就是说，保持权力链上严格的分享顺序，天下才能长治久安。一旦把不住印把子，最高权力被侵夺或者分裂，利益分享次序出现混乱，那么国家必然陷入无序，各种势力杀成一团。换句话，如果一块肥肉被头狼紧紧咬住，狼群通常是安静的，每条狼都会按地位高低依次进食。相反，如果头狼不够强壮，咬得不够紧，那么狼群必然会炸了窝。

所以专制政治的第一条要求是统治者必须“咬紧肥肉”，大权独揽，有效消灭任何反对势力和权力觊觎者。

要真正做到大权独揽，谈何容易。在中国历史上，由于皇帝年龄过小或者过老、个人能力不足、身体状况异常、对某些政治势力过于信任，导致皇权被盗用、“太阿倒持”、天下大乱的状况，岂止出现过千百次。

为了做到大权独揽，乾隆采取了所有能够采取的措施。

除了母亲和外戚之外，皇族也是皇帝必须防范的重点。历代以来，皇族都是最容易左右朝纲，也是最容易引发政治战争的敏感人物。这一弊端清代尤甚。清王朝的崛起过程中，最倚重的就是家族力量。打仗亲兄弟，上阵父子兵，从努尔哈赤到皇太极，那些如狼似虎的兄弟和儿子在为皇帝打天下的过程中争相卖命，也形成了亲贵手握重权的政治传统。爱新觉罗氏皇室宗族内部几乎每一代都有激烈的斗争，严重影响政治稳定。在关外有努尔哈赤和舒尔哈齐、褚英的兄弟父子之间的火并，有皇太极与四大贝勒的冲突。进关后，则有顺治与多尔衮之间的斗争，雍正与兄弟们的相互残杀。

刚刚登上皇位，乾隆就做出一个长远的决定，彻底改变清王朝的贵族政治传统，把任何皇族人物都排斥在权力核心之外。

乾隆兄弟十人，登基之时，大部分已经早逝，只剩下弘昼和弘瞻两个弟弟。

前文已经提到，乾隆与弘昼年龄相同，二人从小生活在一起，同吃同住，同师读书，手足之情甚笃。乾隆曾说：“（弘昼）与吾自孩提以至于今，且孺且耽，怡怡如也。”（《乐善堂全集定本》）弘昼也说：“同气之欢，岂语言文字所能尽载乎？”（《乐善堂文钞序》）在弘历被康熙带入宫中的那半年，两兄弟彼此思念，“迹虽两地，心则相通”，可见感情之深。

但一旦乾隆登上了皇位，兄弟关系马上发生了变化。君臣之分压倒了兄弟之情，提防之意压倒了亲爱之心。和想做“孝子”的愿望一样强烈，乾隆希望他以一个仁爱的“皇帝哥哥”的形象被载入史册，但是，这一点并不容易做到。

乾隆平日对两个弟弟在金钱、爵位上绝不吝啬，日常交往中也和蔼有加，“上即位后，优待和、果二王（即弘昼、弘瞻），每陪膳赐宴，赋诗饮酒，殆无虚日”，一副宽厚仁慈的兄长风度。但是政治权力，丝毫不让他们染指，并且经常提醒他们不要干政：“时加训迪，不许干预政事，保全名誉。”（《啸亭杂录》）

在帝王家中，“兄弟怡怡”事实上是不可能的。天潢贵胄身上往往都有许多天生的毛病，容易触犯森严的礼法。对于自己一起同吃同住同玩耍的哥哥一下子成了遥不可攀的“上位”，弘昼一时半会儿不太习惯。有一次，皇帝命他在宫中给八旗子弟监考，考试开始了，皇帝坐在那里迟迟不退席。弘昼大大咧咧地请皇帝回宫吃饭，说这里有我就行了。皇帝怕八旗子弟们顽劣胆大，有人敢打小抄，所以点了点头，但还是坐在那里想再观察一会儿。弘昼见他的话不起作用，不高兴了，对皇帝发脾气说：“你难道连我也不相信，怕我被他们买通了吗？”

兄弟之间说这样的话，在今天看来十分正常，但是在专制时代，对皇帝这样说话却已经是大逆不道。涵养极好的皇帝听了这话，一言不发，退朝而去。

皇帝走了，弘昼才明白过味儿来，知道自己犯了大错。第二天，他前去向皇帝请罪。乾隆对他说：“昨天，如果我答复一句，双方顶撞起来，你就该粉身碎骨了。你的话虽然不好听，但我知道你内心友爱，故而原谅了你，今后要谨慎，不要再说这种话了。”弘昼这才知道自己逃过了一劫，不免冷汗直流。（《乾隆帝及其时代》）

作为前皇子现皇弟，弘昼性格骄亢，盛气凌人。有一次，他和军机大臣讷亲闹意见，竟然拔拳当众殴打讷亲。乾隆深知弘昼性格中的缺点，所以他不断借事加以敲打，以防微杜渐，使他认清君臣名分，以免犯更大的错误。一次，弘昼与弘瞻到宫中给太后请安，母子闲聊之际，一不小心，跪在了太后宝座旁边的藤席上。这件小事却犯了皇帝的大忌，因为这个藤席是乾隆平日跪坐的地方。乾隆责备他们“仪节僭妄”，“于皇太后前跪坐无状”。因为这一点点小事，弘昼就被罚俸三年。（《清高宗实录》）

生为御弟，在专制时代表面上荣幸，实际上却是天生不可触摸政治权力的“政治贱民”。他们虽然精力充沛，不乏才干，一生的任务却只有“混吃等死”。弘昼经此挫折，对政治畏如猛虎，以青春盛年，在王府中终日无所事事，醉生梦死，逐渐心理变态。他常玩一种特殊的游戏，即演习自己的丧事。他高坐院中假扮死人，由王府的护卫侍从等陈设好各种冥器，供上祭品哭奠，而他自己则一边吃着供品，一边观赏家人侍从的哭相，以此为娱，玩到六十多岁老死，算是落得个善终。

另一个幼弟弘瞻就不这么幸运了。乾隆即位时，这个弟弟年仅两岁。对于这个幼小的弟弟，乾隆很是关照。果亲王允礼家产丰厚但没有后人，皇帝特意令弘瞻出继，以继承他的财产。但自幼娇生惯养的弘瞻性格缺陷很多，特别是他的任性贪财，屡为乾隆所不喜。因为那次给太后请安跪错了地方，弘瞻被皇帝诸过并罚，革去亲王，降为贝勒，并解去了一切差事，永远停俸。弘瞻经过如此挫辱，心生抑郁，居然因此身患重病，很快不治身亡，年仅三十二岁。（《清高宗实录》）

· 3 ·

对兄弟都如此严峻，对其他皇族，皇帝当然更不假辞色。雍正刚刚去世时，乾隆遵奉遗命，以自己的叔父庄亲王允禄、果亲王允礼及大学士鄂尔泰、张廷玉为顾命大臣，组成御前临时机构“总理事务处”。结束居丧期后，乾隆撤掉了这一临时机构，恢复军机处，以鄂尔泰、张廷玉等人为军机大臣，庄亲王允禄、果亲王允礼却被排除在外，从此形成了亲王宗室不入军机处的制度，自此历经乾、嘉、道三朝一百二十多年，直到慈禧时期才被打破。

皇室贵族对乾隆的印象本来极好，因为他为雍正政敌恢复名誉的做法轻易赢得了整个皇族的支持。但突然中断亲贵干政的传统，却让他们认为新皇帝比老皇帝更为薄情。从努尔哈赤时期起，亲贵们已经习惯手握重权，如今突然让他们无所事事，不免要说说怪话，发发牢骚。

康熙时的废太子之子弘皙及其平辈的几个叔伯兄弟，经常来到赋闲家居的庄亲王家，谈论朝政，发泄不满。耳目众多的乾隆很快捕捉到了这一消息。观察了一段时间之后，他决定提前加以打击，以防他们酿成大患。乾隆四年（1739 年）十月，他宣布以“结党营私，行动诡秘”为由革去庄亲王的亲王双俸。前太子之子弘皙被革去亲王，永远软禁，罪名之一是“胸中自以是旧日东宫嫡子，居心甚不可问，即如本月八日，遇皇帝诞辰，制一鹅黄肩舆进呈，似欲待皇上不要，自己留用”；罪名之二是他曾经找人算命，算当今皇帝能活到多大岁数。其他几个叔伯兄弟，也分别受到圈革处罚。（《清高宗实录》《乾隆帝起居注》）此举彻底熄灭了皇族对皇帝的反抗之心。

为了彻底贯彻禁止亲贵干政的原则，乾隆不光牺牲过亲情，也付出过友谊的代价。

青年时代的乾隆有一个最好的朋友，也是他在学生时代最好的同学，叫作福彭。此人是曹雪芹的亲表哥，也就是《红楼梦》中北静王水溶的原型，是清初八家铁帽子王之一岳托的后代，世袭平郡王。

此人髫年早慧，聪明绝顶，很小的时候就被康熙所喜欢，带入宫中读书。对于皇孙来说，这都是异常恩遇，何况其他普通王孙。弘历上学之时，他又被雍正选中，做了皇子的同学。雍正对他极为欣赏，雍正十一年（1733 年）年仅二十五岁时，福彭就被任命为“在办理军机处行走”，为有史以来最年轻的军机大臣。当时清军与准噶尔蒙古作战大败，急需一位大将去收拾残局。满朝文武雍正都没看上，偏偏看上了二十五岁的福彭，命他为定边大将军，驰往边关。此人之才，可见一斑。

英雄相惜。同窗六年，弘历与这位同学关系极好，称他为“知音”。年青时代，他写过许多诗文，表达对这位同学的赞赏、钦佩和想念。说他“年虽少而器识深沉”，“与言政事，则若贯骊珠而析鸿毛”。

乾隆继位之后，立即召福彭回京，协办总理事务处。看来，皇帝非常赏识和倚重这位老同学，他的政治前途不可限量。

但随着皇帝下定决心铲除宗室干政的旧习，福彭的命运也就被意外地决定了。后来他只管理过正黄旗、正白旗事务，一直不曾被大用。

作为一个男子，在传统社会，献身政治是最光荣的追求。但福彭却成为他最好的朋友政治改革的牺牲品，断送了一生的政治前程。乾隆十三年（1748年）十一月，福彭在郁郁寡欢中病逝，年仅四十岁。皇帝谕旨称：“平郡王宣力有年，恪勤素著。今闻患病薨逝，朕心深为轸悼。特遣大阿哥携茶酒往奠，并辍朝二日。”（《清高宗实录》）

对于一个郡王来说，这是特殊的礼遇，说明皇帝对这位昔日同学心中存有一丝难言的内疚。

· 4 ·

在中国历史上，乾隆也是防范太监干政最成功的皇帝之一。太监是最容易破坏政治秩序的特殊群体，尤以汉代、唐代、明代为甚。雍正十三年（1735年）十月十一日，刚刚登上皇位两个月的乾隆就迫不及待地开始敲打太监。他发布上谕，提及雍正时期，一些太监不遵守既定礼制，妄自尊大。他举例说，雍正驾前的四品太监苏培盛，“以前在朕弟兄面前，或半跪请安，或执手问询，甚至与庄亲王并坐接谈，毫无礼节”，“前朕与和亲王等在九州清宴瞻礼时，值苏培盛等在彼饮食，伊等不但不行回避，且复延坐共食，而阿哥等亦有贪其口腹，与之同餐者。朕躬后至，稍坐而出，嗣是朕即不复在九州清宴用饭。”

乾隆在这道上谕中严厉地说："太监等乃乡野愚民，至微极贱，得入宫闱，叨赐品秩，已属非分隆恩……尔等当自揣分量，敬谨小心，常怀畏惧，庶几永受皇恩，得免罪戾……嗣后尔太监等各自凛遵制度，恪守名分……寻常以公事接见王公大臣时，礼貌必恭，言语必谨，不可稍涉骄纵，以失尊卑大体。即在街市行走，不可出言詈人父母……许被詈之人，即行重责。至接奉内廷阿哥等事件，必当庄重敬谨，不可曲意顺从。"（《清高宗实录》）

清朝初期，宫廷典制并不完备，为有效管理太监，乾隆总结了积累近百年的管理经验，下令编纂"宫廷法典"——《钦定宫中现行则例》和《国朝宫史》。除了详细规定太监的等级、职掌和待遇外，还对太监的管理及处分做了详细而严格的规定。根据规定：太监口角斗殴、酗酒闹事、聚众赌博以及不慎火烛、大声喧哗、贪睡误班、失误损物直至请假逾期、当班迟到，都要被体罚重责，从二十板到六十板不等。太监稍有小错，经常被打得血肉模糊。

虽然天生重感情的乾隆也与许多太监建立了不错的个人关系，但是太监一旦犯错，他决不宽假。乾隆十六年（1751年）夏，他在更换夏衣时，由于太监未曾认真检查，被藏在袖口处的一根缝衣针划了一下手臂，于是龙颜大怒，立将太监张玉、蔡勋枷号一个月、鞭一百，刑满之后罚做苦役。乾隆四十三年（1778年）的一个夜晚，皇帝在睡梦中醒来询问时刻，发现在寝宫内值夜坐更的小太监常宁、霍集撒徕由于困倦正在打瞌睡，立即下令将他们拖出去重责四十板。类似的事例不胜枚举。

对于太监干政的苗头，乾隆打击起来更是毫不手软。乾隆三十九年（1774年），奏事处太监高云从向当朝大臣们泄露了职官任免档案，乾隆皇帝异常震怒，牵涉此案的大学士于敏中、军机大臣舒赫德、尚书蔡新、总管内务府大臣英廉等高官都受到了严厉申斥，左都御史观保及侍郎蒋赐棨、吴坛受到了革职处分，而太监高云从则立即被处斩。

由于时刻提防，坚持不懈，所以终乾隆朝六十年，太监们始终没有对皇权构成任何干扰和威胁。

二 驭臣之术

·1·

相对以上几种政治势力，防范权臣和朋党的难度更大。因为皇帝行政，离得开家人、亲戚和太监，却离不开大臣。乾隆年间，全国约有两万名文官、七万名武官。管理和操纵如此庞大的官员队伍，对任何一个皇帝来说，都是绝大的难题。

只有亲自坐到皇帝宝座上，你才会明白为什么那么多男人为了这个位置不惜一切。坐在世界之巅的感觉是语言无法形容的，那几乎就是成为上帝的感觉。从父亲咽气的那一刻起，乾隆就发觉周围所有官员面对他时的神情都变了。他们不敢正眼看他，似乎他的脸上散发出特殊的光辉，让他们睁不开眼睛。他明白这是因为从那一刻起，他手里握住了他们的一切：从官爵荣辱到身家性命。他成了他们的“主子”，他和他们的关系，就是主人和狗的关系。

正如戴逸先生所说的那样：“新皇帝一旦从前一代统治者手中接过权力，他立即会发现自己置身于变幻莫测的官僚政治的旋涡中。周围充满着欢呼和赞美，欺骗和谣言，摇尾作态的献媚乞恩，诚惶诚恐的畏惧战栗。这一切往往会使一个不够老练的统治者头晕眼花。”（《乾隆帝及其时代》）

乾隆没有头晕眼花。他深知，这些官员绝对不像狗那样忠诚和简单。这些在宦海惊涛中一路摸爬滚打上来的成功者，个个身怀绝技。在他们驯顺的外表下，掩藏着无穷无尽的野心、欲望和算计。这些人既是他的政治工具，又是他的政治天敌。历代王朝最大的敌人，不是起义者，不是异族，不是灾荒，而是官僚集团。中国历史上寿命较长的大王朝，几乎无一例外地丧命于这些衣冠楚楚、举止高雅的人之手。

这话听起来骇人听闻，事实上却千真万确。作为个体，再狡猾、再有实力的官员在皇帝面前也往往不是对手。但是，一旦这些官员结合成官僚集团，形势就发生了逆转。本来，官僚体系是皇帝亲手建立起来的，但是，一旦建立和运转起来，它就成了一个难以控制的庞然大物，有了自己的生命、性格和利益关切。就像弗兰肯斯坦似的怪物，虽然是主人所创造，却非主人所能控制。

皇帝关心的是天下长治久安，一家一姓的统治永远不变；官员们的考虑却没有这么长远。归根结底，天下是皇帝的天下，官员们只是挣份工资。他们更关心的是如何利用政策空子，占皇帝的便宜，为自己和亲人朋友捞取最大好处。官僚集团运转的规律是：在没有利益驱动时，官员们执行皇帝的政策，总是倾向于被动应付，只求形式上能交代，由此导致敷衍塞责、形式主义，甚至弄虚作假。而当他们发现政策的空子时，通常会把个人利益伪装于国家利益之中，刻意把经念歪。基于利益最大化的原理，官员们热衷于编织关系网，相互通风报信，十分默契地协调行动。在他们的集体努力下，国家政治很快会陷入腐败的泥淖，每一位官员都会成为中饱私囊的“硕鼠”，本来属于皇帝或者说国家的“民脂民膏”被大量消耗，国家的治理成本大幅上升，最终出现“官逼民反”这个命定的结局。

作为熟读历史，对人情世故领会颇深的青年政治家，乾隆的“宽”并不是毫无尺度的。在软的一手背后，他还有硬的一手。在彬彬有礼的同时，他认真观察着官员们的每一个表现，细心谛听着官僚机器的每一丝异常响动，一旦发现问题，他绝不放过。

乾隆四年（1739年），工部奏报，为修理太庙里面的“庆成灯”，申请领银三百两，并二百串钱。区区几百两银子，对于费用浩繁的皇家来说，不过是九牛一毛。并且，这件小事夹杂在工部上报的几十件大事当中，谁也想不到会被皇帝注意。孰料乾隆精力过人，虽然每天要阅读上万字的奏折，从头到尾却不会忽略一字。看到这个数字，皇帝感觉这笔钱用于“粘补”灯具，似乎稍多了些，其中似有弊端，遂朱批询问，此灯不过是小小粘补修理，怎至于用银如此之多?

工部勾结内务府，在皇家工程中滥支滥报，已经成了习惯。多支个百十两银子，工部自己都没有当回事。工部官员不知年轻皇帝的厉害，只含糊其辞地回奏说这是预支银，将来按实用金额再行报销，余下的银两自会交回。他们的如意算盘是皇帝日理万机，此刻支吾过去，第二天皇帝就会忘了。岂料乾隆登基以来，日夜提防的就是臣下的欺骗，他说“万几待理，而甘受人欺，弊将百出”，更何况工部欺骗得如此明目张胆。他下旨说，凡有工程，都是先估后领，并不交还，查遍工部档案，历来也没有交还余钱的记录。“该堂官等竟以朕为不谙事务，任意饰词蒙混，甚属乖谬。”

一番话说得工部官员哑口无言，就为太庙一灯几百两银子的小事，乾隆小题大做，杀一儆百，整个工部衙门全堂都被降罪。尚书来保、赵殿最，侍郎阿克敦、韩光基等或遭降级，或被调用，最轻的也受到罚俸处理。此事一出，满朝大臣都震悚一时，对年轻皇帝刮目相看。(《清高宗实录》)

乾隆登基不久，因为他人举报，以“因循不振，不求进取”的罪名罢黜了一名叫魏廷珍的大臣。这事过去几年之后，皇帝因事召见大理寺卿陶正靖，谈完正事，又问他最近朝政有没有什么不当之处，陶正靖就以一副仗义执言的表情说，几年前被罢黜的魏廷珍其实为人清正，没有大过，丢官罢职，处理不当。陶氏所举数条理由都十分光明正大，皇帝当即首肯，表扬了陶正靖的直言精神。

然而回过头来，皇帝就开始琢磨陶正靖的动机是否像他表现出的那么纯正。他开始暗暗调查陶正靖与魏廷珍是不是科举同年，或者同乡。一番摸底，皇帝发现魏廷珍与礼部尚书任兰枝同年(同一年考中进士)，而陶正靖正是任兰枝的门生。皇帝由此认定，一定是任兰枝为了袒护同年，指使门生代为奏请。于是任兰枝被革职，陶正靖被降级。(《清史稿·魏廷珍、任兰枝传》)。

一旦心存警惕，官僚们欺骗的种种伎俩，就逃不过乾隆的法眼。有一次在阅读一份奏折时，一个大臣奏道，他发现了地方上的一件坏事，要报告皇上："正在缮疏间，据两司道府揭报前来，与臣所访无异。"也就是说，正在写报告，布政使和按察使也恰好向他汇报了此事，与他所了解的情况一样。

乾隆会心一笑。这就是地方大臣的"会做人"之处，也是他们"取巧欺君"之处。如果单单报告这件坏事，这位官员固然是立了功了，不过同为大吏的同省布政使和按察使却有了失职失察的嫌疑。为什么人家发现了这件坏事，而你们没有发现？所以，这位大员笔头一转，这样一提，既保住了自己首先发现的"头功"，又为布政使和按察使推卸了失察的责任，何其工巧，又何其隐蔽！乾隆不觉轻轻叹息，挥笔在奏折上批道：这种事，千百件中或者有一两次，怎么会次次那么巧？（《叫魂——1768年中国妖术大恐慌》）

乾隆皇帝的智商、情商都是寻常帝王所难及。那些让其他统治者看起来头晕眼花的官场诡计，根本逃不过他的法眼，更何况他越来越心存警惕。几次交锋之后，皇帝的精明就给官员们留下了深刻的印象，以至于有的官员对他做出了"自古人主患不明，惟皇上患明之太过。自古人主患不断，惟皇上患断之太速"的评价。

· 2 ·

人们因为不同的利益和见解而分成不同的团体，是政治生活中的常见现象。从这一点来说，中国古代的朋党之争与西方的政党政治有着相同的起源。但是，西方政党政治的前提是君权的虚化或者消亡，运作方式是竞争双方按明确的规则光明正大地较量。而在专制制度之下大臣们分裂成不同的派别，则意味着统治效能的下降。因为政党政治是公开的、合法的、专心致志的，而朋党政治则是隐蔽的、非法的、别有用心的。一旦形成不同的朋党，大臣们的政治行为就处处掺杂进党同伐异的动机。荐举人才，推行政策，表面上一出大公，实际上无不会首先从小集团的利益出发。这种窝里斗的起源是因为利益，最终却几乎演变成了一种生存方式和生活乐趣，他们斗得如此津津有味，斗到了最后，他们简直就是为斗而斗。在这种毒化的政治环境之中，每一个人都必须依附某一门派才能在官场中立足，个别想有所作为的精英人物在这种情况下也无可奈何："群小必掣其肘、绊其足，毛举鸷击，俾任事之念不胜救过之念。跋前疐后而忧患多，左方右圆而才智诎，不过出叹于朝、入叹于室，中宵彷徨。"(《明季遗闻》)

还是在未登基之前，乾隆就已经通过史书，对朋党政治的历史和危害有了深入了解。他说："明季科目，官官相护，甚至分门植党，偾事误公，恶习牢不可破，乃朕所深恶而痛斥者。"然而，他深恶痛绝的这一政治危害又实在是中国政治中最难根除的痼疾之一。

乾隆执政的六十多年中，如何处理朋党一直是他苦心思考的问题。

雍正皇帝留给乾隆最重要的政治遗产就是两位重量级政治人物：鄂尔泰和张廷玉。这两位大臣，都是位高权重，才干出群。鄂尔泰，满洲镶蓝旗人，雍正后期的内阁首辅，是雍正最信任的满族大臣。雍正皇帝甚至曾经说过："朕有时自信不如信鄂尔泰之专。"张廷玉则是雍正最倚重的汉族大臣，任文渊阁大学士，军国大事，多与参决，被雍正称为"第一宣力大臣"。

如前所述，乾隆即位之初，继续任用雍正的旧臣。自己有事外出，日常国务即由鄂、张二人留京处理。二人权势，一时远远超过雍正时期。但是能人之间总是难于相容。鄂尔泰与张廷玉二人地位相当，性格不同，凡事都不肯居于对方之下。科名早、资历深的张廷玉有点看不起后来居上的火箭式干部鄂尔泰，性格倨傲、排序又居张廷玉之前的鄂尔泰也不买张的账，因此二人关系十分冷淡，"同事十余年，往往竟日不交一语"。(《啸亭杂录》)这种状况，正是开启朋党政治的最佳条件。虽然鄂、张二人并无植党的企图，大臣们却各怀揣度攀附之意，满族大臣逐渐开始投奔鄂氏门下以求提拔，汉族大臣渐渐聚集在张氏之门互通声气。朋党之雏形，渐渐出现。就像《啸亭杂录》中所说："上之初年，鄂、张二相国秉政，嗜好不齐，门下士互相推奉，渐至分朋引类，阴为角斗。"雍正皇帝一生以打击朋党为务，他一生打掉了诸王党、年羹尧党、隆科多党，没想到晚年却在自己眼皮底下培育了鄂、张两党的苗头。这正是专制政治的自我嘲讽之一例。

在登基后处理的第一个重要问题“苗疆事务”中，乾隆一下子就嗅出了朋党的味道。

鄂尔泰在政治上起家，得益于在云贵总督任上大力推行“改土归流”政策。但是凡事都易有反复，雍正十三年（1735年）五月，改土归流后的贵州苗民因为官府剥削过重再次反叛。雍正皇帝因此对鄂尔泰相当不满，认为是他“改土归流”中措施不当所致。遂任命刑部尚书张照为“抚定苗疆大臣”，前去讨伐。

雍正皇帝选择张照，有些不妥。因为张照与张廷玉关系颇深，素来是鄂尔泰的反对派。张照到了贵州之后，不在平叛上下功夫，反而花大量时间搜集鄂尔泰在云贵总督任上的“错误”，不断汇报给皇帝，意图借这个机会，使鄂尔泰身败名裂。乾隆继位之初，接到张照的汇报后，一眼就看出了这一貌似公允的汇报背后的朋党背景。他在张照的奏折上批道：“张照以私意揣度，过甚其词。”

而且由于一意寻找鄂尔泰的把柄，无心军事，平叛战争一再失误。乾隆一怒之下，以“挟诈怀私，扰乱军机，罪过多端”为名，把张照调回京师，革职下狱，同时派张广泗代替张照去贵州平叛。

鄂尔泰的朋友故旧闻此消息大为兴奋。因为张广泗与鄂家关系良好，被认为是“鄂党”之人。他们认为这是反攻“张党”的绝好机会，许多“鄂党”人物纷纷上疏，揭发张照的种种错误，企图制造大狱，把张照置于死地。特别是张广泗，他到了贵州后，不断汇报张照在贵州军事行动中犯下的种种“大罪”。

乾隆对此早有预料。他在派出张广泗时明确警告说：“人臣事君之道，唯有据实秉公，无偏无党”，“张广泗不可以为新主之重待（鄂尔泰）而有迎合之心。”虽然张广泗一再攻击，乾隆却没有按鄂党所希望的那样重治张照，而是出人意料地将张照宽免释放，仅仅罢官。第二年又授给他内阁学士，入值南书房。及至乾隆六年（1741年），又使他官复原职，使鄂党人员大失所望。

乾隆此举，也是无奈。在没有形成自己的班子之前，他只能沿用雍正遗留下来的官僚机器。为了使这部庞大的国家机器继续正常运转，他只能小心翼翼地维护两党的平衡，缓和他们的相互斗争，采取“既不使一成一败，亦不使两败俱伤”的平衡策略。因为一旦两派中不管哪一派彻底失势，必然会兴起大狱，杀掉大批官员，造成人才资源的重大损失和朝廷政局的重大失衡。

为了维持这种平衡，乾隆真是煞费苦心。他在用人行政上，特别注意对鄂、张二人一视同仁，不偏不倚。他阅读奏折时，提高警惕，努力甄别他们的建议和施政中的个人目的。他努力使全国官员知道，自己绝不会受朋党因素的操纵。有一年内蒙古额驸（附马）策凌到京，在陛见中向皇帝奏陈大臣忒古尔德尔年纪已老，身体衰弱，请求皇上召他回京，还向皇帝夸奖法敏、富德、常安等人，说他们能力出群，应该重用，特别是富德应该补为随印侍读。乾隆察言观色，以策凌与鄂尔泰友善，判定策凌的这番言论是鄂尔泰主使的。“此必鄂尔泰曾向伊言之，故伊如此陈奏也”。乾隆遂直接质问鄂尔泰。鄂氏奏辩说并没有嘱咐策凌说这些事。皇帝并不相信，说：“夫向伊言之而奏，固属不可，若未向伊言，而伊揣摩鄂尔泰之意，即行陈奏，则势力更重！”提醒鄂氏有则改之，无则加勉。（《清稗类钞》《清高宗实录》）

乾隆五年（1740年），刑部侍郎职位出现空缺，乾隆本来想批示被罢官的张照担当此职。但那一段时间鄂尔泰因事没能上朝办事，只有张廷玉一人在皇帝身边，而张照平素又被归为张廷玉一党。皇帝“恐人疑为张廷玉荐引，是以另用杨嗣璟”，以后又找了一个适当的机会，才起用张照。他之防范朋党，小心到如此程度。

· 3 ·

乾隆五年，皇帝已经出色地结束了政治实习期。他不再是对繁杂诡谲的政治局面一头雾水的政治新人。上手很快的他对大清帝国这架机器的性能有了深入了解，对每一个零件都了然于胸。

皇帝对鄂尔泰和张廷玉不再那么须臾离不开了，对他们的政治建议不再像以前那样言听计从，在用人行政中越来越多地表现出自主性。坐稳了宝座的皇帝觉得自己可以深入解决朋党问题了。

乾隆五年四月，乾隆皇帝降下长谕，公开指出目前的局势有党争的危险。他历数了鄂尔泰为人不谨之处，要求全体大臣们小心警惕，不要再结党。他举例说，永州总兵崔超潜获罪交于刑部处理，鄂尔泰认为崔氏有可谅之处，密奏为崔氏求情，乾隆听从了鄂尔泰的意见予以从宽处理。事情过后，外面大臣纷纷谈论鄂尔泰的功德。乾隆十分不悦，以为鄂尔泰既然密奏获准，则应恪守秘密，怎么能漏泄于人，向被宽之人示恩？这并非中枢大臣所当为，而是植党树私的开始。由此他评价“是鄂尔泰缜密之处不如张廷玉矣”。他公开以此告诫鄂“嗣后言语之间，当谨之又谨”。

他直言不讳地说：

从来臣工之弊，莫大于逢迎揣度。大学士鄂尔泰、张廷玉，乃皇考简用之大臣，为朕所倚任，自当思所以保全之，伊等谅亦不敢存党援庇护之念。而无知之辈，妄行揣摩，如满洲则思依附鄂尔泰，汉人则思依附张廷玉……若如众人揣摩之见，则是二臣为大有权势之人，可以操用舍之柄，其视朕为何如主乎？……鄂尔泰、张廷玉乃皇考与朕久用之好大臣，众人当成全之，使之完名全节，永受国恩，岂不甚善。若必欲依附逢迎，日积月累，实所以陷害之也。（《清高宗实录》）

这道谕旨是乾隆即位以来首次正面触及朋党问题，语重心长，有些辞锋暗含杀机。然而，官场上的人际关系，盘根错节，根深蒂固。皇帝的一道诏旨，当然不可能使大臣们之间的恩怨情仇一朝烟消云散。特别是鄂尔泰为人素来倨傲张扬，乾隆帝此谕虽当时使他不寒而栗，但过后又置于脑后。

黄廷桂是乾隆器重的一名大臣，却与鄂尔泰素来不合，乾隆六年（1741年），鄂尔泰趁乾隆出巡之机，抓黄的小辫子，以黄举荐的一名官员出了问题为由，说黄“滥举非人”，深入追究。为了确保对黄的打击成功，鄂尔泰特意关照刑部官员，以最快的速度，最短的时间，赶在乾隆回京前，审理结案，并提出建议对此人“降二级调用”的处理意见，上奏给乾隆。在鄂尔泰看来，乾隆远在古北口外，批阅奏章应该不会太仔细，定能蒙混过关。

心细如发的乾隆却从不会草率对待任何一份奏折。在古北口外的行宫里，他一眼就看出了其中的问题。回京之后，他直截了当地对大臣们指出：“此议甚属错谬。明系与黄平时不睦之人必欲致黄于罪。”并指明是鄂尔泰假公济私：“此案审理甚速，乘朕回京之前题复，希图蒙混批准。这样居心行事，竟出于朕信任之头等大臣，朕用以自愧。伊等将视朕为何如主耶？”因此下令“将办理此案之大学士鄂尔泰等人严行申饬”。这是乾隆即位以来鄂尔泰受到的最严厉的一次处罚。这重重的一击使鄂氏清醒了一些，从此谨言慎行，不敢再大肆为自己的党徒办事营私。

树欲静而风不止。就在鄂氏敛手之后，他的党徒却犯了事。言官仲永檀是鄂尔泰的门生，作为一名御史，他专门找张廷玉一派的毛病。乾隆一时不明内中奥妙，还以为他为人耿直，颇加提拔。乾隆七年（1742年）十二月，仲永檀的动机败露了，原来他弹劾张派大臣时，经常找鄂尔泰的长子鄂容安秘密商量，被人揭发。乾隆帝赫然震怒，他痛斥鄂尔泰：“仲永檀如此不端之人，而鄂尔泰于朕前屡奏其‘端正直率’，明显系党庇门生……鄂尔泰应该自思：朕从前能用你，今日能宽你，难道将来独不能重治你的罪么？”

鄂尔泰闻旨以为大祸临头，惶惶不可终日。好在皇帝不想让表面上完美的君臣关系在鄂尔泰晚年破裂，也不想让鄂氏一派一败涂地。他仅命鄂容安退出南书房，在谕旨中说："若将鄂尔泰革职拿问，而国家少一能办事之大臣。"同时却严办仲永檀，以其"依附师门，暗结党援"，抓入大牢，使其瘐毙狱中。在这个案子之后，鄂党人物很长时间之内藏身敛迹，不敢再有任何举动。张党亦鉴前车之覆，谨小慎微，处处提防。朝廷之上一时风平浪静，乾隆治理朋党终于取得了初步成果。（《乾隆帝起居注》《清高宗实录》）

按照乾隆朝政局演变趋势，以鄂尔泰的脾气性格，如果活到乾隆十三年（1748年）以后，肯定不能得到善终，雍正帝生时为他打下的"朕可保其始终不渝"的包票势必会被乾隆撕破。因为乾隆十三年之后的乾隆已经不再是即位初期那个凡事宽大的"仁慈"皇帝。好在鄂尔泰还算个有福之人，于乾隆十年（1745年）"幸运地"病死，总算基本上保全了名节，成为历史上为数不多的得了善终的名臣。

第三章

统治风格剧变——孝贤皇后之殇

乾隆早就酝酿着对官僚机器来一次大震动，让他们从浑浑噩噩中清醒过来，认清他并非一个懦弱可欺的庸主。今天，这个日子终于来了，来得如此出人意料。一向宽和仁义的皇帝突然玩了一个大变脸，变成了一头疯狂暴怒的狮子。一时之间，大清帝国内重新刮起了恐怖之风。

一　长恨歌

·1·

乾隆的诸多世界第一中，有一个很有意思：他是世界上产量最多的诗人。他一生作诗41863首，而《全唐诗》作者2200多位，一共才48000余首。乾隆寿命89岁，折合成天是32000多天，除去童年，能用来写诗的不到30000天，平均每天写诗超过一首。世界第一，当之无愧。

作为中国历史上最多产的诗人，乾隆作诗，确实“下笔千言，倚马可待”，有时一天可以写十几首。比如乾隆三十六年（1771年）游览昆明湖，他不到一小时就写了8首诗，平均7分钟一首。他专门写了一首诗记载这个小小纪录的出现：“舟行十里诗八首，却未曾消四刻时。”（《御制诗二集》）然而艺术作品的质与量往往成反比，从血管里流出来的是诗，从自来水管里一拧就出来的，只能是自来水。由于平均每天写两首诗，乾隆皇帝一生的大部分诗作不过是“分行的日记”，随手记心情、记风景、记事件而已。电视连续剧《宰相刘罗锅》中有这样一个片断：乾隆率大臣们游园，诗兴大发，顺口吟道：“一片两片三四片，五片六片七八片，九片十片十一片……”吟到这里，突然卡壳了。幸好刘罗锅在侧，继上一句“飞入草丛都不见”，才完成了一首御制诗。事虽夸张，却惟妙惟肖地摹写出乾隆许多“御制诗”的“创作”过程。事实上，为了记日记方便，乾隆皇帝什么时间都可以写诗，什么事都可以入诗，为了押韵对称，任意增词减字，创作出了不少中国诗歌史上最没有诗味的“诗歌”。比如乾隆四十一年（1776年），他曾经写下了这样一首一般人无法读懂的“诗”：

> 阁报例应隔日至，均称二寸雨欣滋。
> 然斯乃谓十八彼，料彼未知旬九斯。

头两句，对历史特别熟悉的读者也许能猜出大概意思：在巡幸路上，内阁每隔一天送给皇帝一次阁报，通报国家大事小情。今天的阁报上说，十八日北京下了二寸的雨。可是后两句如果不看诗注，任您知识多么渊博，也不可能读懂：过几小时，皇帝又接到了河北地方官的报告，说十九日河北下了四寸的雨。北京所报是十八日的事情，看来当时他们还不知道第二天的雨势更加喜人啊！

当然，任何事情总归会有例外，在写作四万多首平庸作品的过程中，乾隆皇帝也捎带着写出了一些情真意切的感人之作。不过，这些作品大多围绕一个主题，那就是“悼亡”。比如下面一首：

> 其来不告去无词，两字平安报我知。
> 只有叮咛思圣母，更教顾复惜诸儿。
> 醒看泪雨犹沾枕，静觉悲风乍拂帷。
> 似昔慧贤曾入梦，尚余慰者到今谁？（《御制诗二集》）

一个独眠之夜，皇帝突然梦到了死去的妻子。悄然而来，蓦然而去，只是告诉皇帝，她在那个世界里过得很平安，嘱咐皇帝不要惦记。除此之外，就是打听婆婆和孩子的情况，叮咛他用心照料。一觉醒来，皇帝已经泪透枕巾，只听到风吹帷幔的声音，更衬托出子夜宫殿的寂寞悲凉。皇帝不禁悲问：当初慧贤皇妃去世后也曾入我梦，不过好在梦中哭醒后，还有你在身边温柔地劝慰。如今，再也没有你这样的人可以安慰我，我只能一个人在漫漫长夜承担痛苦……

这首哀婉动人的诗，真切朴实，不输于苏轼的“十年生死两茫茫”。其中透露的情味，更像是愚夫愚妇相濡以沫的平淡至真，而不像拥有三千粉黛的皇帝所作。这首诗证明，乾隆确系一深情之人。

这首诗，就是写给他的结发妻子孝贤皇后的。

· 2 ·

爱情是突如其来的。

雍正五年（1727年），雍正心中未来的继承人弘历虚岁已满十七。如果生活在今天，不过是高中，然而在清代，这正是皇子结婚的最佳年龄。为弘历立福晋，其实就是为大清挑选未来的皇后，雍正煞费苦心。

理所当然，新娘出身名门。她比乾隆小一岁，姓富察氏，在汉语里又被译作“傅察”“富尔察”，女真最古老的姓氏之一。有清一代，这个姓氏名臣辈出，为清王朝的建立和繁荣立下了不朽的功勋。富察氏的远祖旺吉努追随努尔哈赤，在统一战争中颇有战绩，曾祖哈什屯是顺治皇帝的亲近大臣，深得皇帝信任。祖父米思翰在康熙朝主掌一朝财政，父辈兄弟四人皆身居高位：二伯父马齐一度是康熙朝最有权势的满族大臣，大伯父马斯喀也曾任平北大将军，屡立战功。只有官至察哈尔总管的父亲李荣保在兄弟当中官位最低。

至于富察氏本人，郎世宁为她所绘的油画大像存留至今。从画像上我们可以看到，她皮肤白皙，目光清澈，算不上妖艳夺目的国色天香，可称得上平正端凝的中上之姿。画像上的她神态温婉平和，毫无张扬骄矜之气，显示出良好的风度和修养。

她独一无二，仅仅是因为她是第一个。第一次永远是最美好的，它不可复制。即使富察氏只是一个平凡的女子，然而由于她与乾隆携手经历了人生的那么多新鲜，她也注定会成为乾隆心中的唯一，永远无人可以取代。就像小王子的那朵花确实是独一无二的，虽然事实上她处于五千株和她一模一样的花儿之中。原因就是因为她是他的第一朵：“她比你们所有的花朵合起来还要重要得多。因为我给她浇水。因为我把她罩在玻璃罩子里面。因为我用屏风把她保护起来。因为我是为了她才杀死那些毛毛虫的。因为是我在谛听她倾诉哀愁，或是自夸自赞，或是有时甚至一声不吭。因为她是我的玫瑰。”（《小王子》）

更何况，富察氏绝非一个平凡的女子。她是草丛中的玫瑰，鸡群中的凤凰，她的出类拔萃一目了然。正像八字所说，“占得妻星最贤最能”，乾隆确实是古往今来难得的幸运之人。

作为一个有深度的男人，乾隆对女人的要求当然不仅是外表，他更在乎的是内涵和性格。在门第、外表和性格这三大因素中，富察氏最为突出的就是性格。富察氏是一位既聪明透顶，又天真烂漫；既精明过人，又大气温柔；既识大体，又重小节；既善解人意，又有原则；既含蓄婉约，又可以笑唾檀郎的女人。在乾隆忙于事业时，她以自己的精明协调管理后宫，安排照顾皇子的生活和教育，让他不致分心。在他遇到困扰情绪烦躁之际，她如同一朵解语花，迅速读懂他的内心，恰到好处的轻轻一握手，亲手递过来的一片小吃，不声不响在他颈后的一个深吻，能给他极大的安慰，让他的心境迅速走出阴郁。当他心情极佳，精力无处发泄时，她又能陪他纵情玩嬉，陪他在围场纵马奔驰，甚至偶尔也一试挽弓射箭。

史书关于富察氏的生平细节记载极少。因为体例所限，《清史稿》只为她留出了数百字的位置。幸运的是，就在寥寥无几的刻板文字当中，我们依然能读出她的特别：富察氏虽然是大家闺秀，却从来不爱在自己的脸上精耕细作，也厌恶金银珠宝之类的华丽恶俗，成为皇后后仍然如此。《清史稿》说，皇后母仪天下十三载，平居恭俭，不过以通草绒花为饰，不御珠翠。

皇后非常善于体会皇帝的心情。一年秋天，在塞外行围，皇帝无意间和皇后聊起，祖宗们在关外之时，艰难创业，非常节俭，衣袖上用鹿尾绒毛缘个边就算很好的装饰了，哪像今天这些八旗子弟争相夸奢竞富，镶金戴银。皇帝顺口说了这么几句话，没想到皇后却记在心里，回京后，特意亲手做了一个用鹿尾毛缘边的放火石的小囊送给皇上，以示与皇帝相互勉励，不忘俭朴本色。皇帝十分喜爱，一直带在身边。

皇后为人大度，处事公平，办事有条有理。庞大的后宫，被她处理得安宁静谧，上上下下的宫人对她都心悦诚服。

对皇帝的生活起居，皇后更是关怀备至，事必躬亲。有一次乾隆身上长了个疖子，经医治初愈，百日之内须经常换药。富察氏特意把寝具搬到皇帝寝宫侧室，每天亲自奉茶倒水，照料皇帝换药，从无懈怠。直到皇帝完全康复，才回本宫。（《清史稿·后妃传》）

最能体现皇后贤惠的，就数她对待皇太后的态度了。众所周知，太后出身卑贱，一开始不过是个粗使丫头，年纪虽长，仍然终日大说大笑，不改本色。而皇后出身名门，知书识礼，一举一动，都透出骨子里的高雅。这娘俩气质风度迥异，按理说相处起来有点难度。可是皇后从心里把婆婆当成妈妈，关心照顾无微不至。正因为太后出身低微，所以她在太后面前特别注重礼貌，遇到太后吃饭更衣，她都亲自照顾，不让别的宫女伸手。太后微有不适，她彻夜不眠，在跟前伺候。想不到大家闺秀出身的皇后能吃得了这份苦，后宫上下对此都十分佩服。因此，婆媳关系处得异常融洽，老太太一日也离不了媳妇。对于以孝为天的乾隆，这一点确实给了他极大的安慰。

在茫茫人海中，找到一个真正适合自己的人并不容易，对每个人来说，这都是一个小概率事件，得之我幸，不得我命，即使对于皇帝来说也是如此。弘历为人，既志大心雄，才华横溢，又自命不凡，不自觉地高己卑人，是一个极度挑剔的完美主义者，能被他看得上眼的人没有几个。然而对这个结发妻子，他却几乎挑不出任何毛病。

登基之后，进入后宫的年轻妃子越来越多。在皇后容貌褪色的同时，她们如同一朵朵含露的花朵，竞相绽放。然而皇后却依然深深地吸引着皇帝。皇后的魅力，随着时间的流逝而日益增加，就像一坛芬芳的酒，岁月越老，就越醇香。富察氏是他永远的大后方、大本营，永远的温柔港湾。随着岁月流逝，皇帝日渐觉得皇后的娴静、温柔、持重，不急不躁不妒，像一块贴身的玉石，时刻调适着他的政治体温。共同生活的时间越久，他们相处得越谐和，相互能读懂对方每一个细微的表情和动作，知道彼此的内心需要。正是因为有她在，他才能精力充沛地处理国务，把大清推到一个前所未有的强盛时期。

· 3 ·

然而，“天道忌全”，特别完美的事物，总有特别不完美的一面相随。

传统社会中，女人幸福与否，一半决定于她有没有儿子。

有人说，一个男人真爱一个女人的标志，是特别想和她生一个孩子。

弘历就是这样，从结婚的第一天起，他就盼着富察氏能给他生一个儿子。一方面，他深知只有儿子才是女人根本的依靠；另一方面，他坚信他和她的结晶一定是天底下最完美、最聪慧、最有福气的孩子。

结婚一年又三个月后，富察氏顺利地生育了长女。虽然是女儿，皇室上下也兴奋异常，因为这证明富察氏生育能力正常。

可惜的是，这个女孩只活了十四个月。虽然那是一个婴儿死亡率极高的时代，此事还是给了弘历夫妇十分沉重的打击。令人感到安慰的是，此时富察氏已经再次怀孕，对下一个孩子的期盼冲淡了人们的悲伤。

雍正八年（1730年）六月二十六日，弘历的嫡长子出生。这是一件特大喜事，连雍正皇帝都为之喜形于色，亲自为之命名为永琏。琏者，宗庙之器也。古代祭祀时盛黍稷的尊贵器皿，夏朝叫“瑚”，殷朝叫“琏”。在敏感的弘历看来，这显然暗寓承继宗庙之意。

更何况这个孩子太惹人喜爱了。他正如人们所期望的，综合了父亲和母亲的优点：脸形轮廓和嘴巴像父亲，而黑白分明的大眼睛和秀挺的鼻子则像母亲。随着一天天长大，这个孩子的聪明可爱也越来越引人注目，才三四岁，弘历就开始教他读书识字，他居然过目不忘，不到五岁，就认识了数百个字。乾隆后来说，这个孩子“为人聪明贵重，气宇不凡”。

也许是永琏这个名字带来的运气，仅仅十个月后，皇后又生下了第二个女儿。儿女双全。

乾隆元年（1736年）七月初二，刚刚即位不久的皇帝迫不及待地办理了立储大事。他召集重臣，宣布仿照皇考成式，秘密建储，将皇储之名亲手密书，藏于乾清宫“正大光明”匾额之后。

斯时皇帝年纪不过二十又六，这样早就建储，显然是因为太钟爱某个儿子了。虽说是秘密建储，储君为谁，却是个公开的秘密。

一旦一个人感觉自己太幸福了，那么灭顶之灾就可能从天而降。就在初登皇位的乾隆踌躇满志，觉得一切都在掌握之际，乾隆三年（1738年）九月月底，九岁的嫡子永琏患上了感冒。一开始谁也没有注意，孰料几天之后病情转重，高烧不退，竟于十月二日死去。

这完全是一个晴天霹雳。

第一个女儿去世，乾隆和富察氏虽然悲痛，却并不致命。这个儿子的去世，却几乎摧垮了富察氏。她大病一场，体重骤减，几天之内，形销骨立。皇帝十分担心，天天过来探视。然而富察氏的与众不同就在此时显露出来，在皇帝面前，她从不流露内心的悲伤，反而没话找话，和皇帝聊东聊西，以减轻皇帝内心的痛苦。为了不让婆婆担心，刚刚能下床，她就一如往日，日日到婆婆处问安。体力刚刚恢复，她又担当起管理后宫的大任。

皇帝只能通过办好孩子后事的方式，给自己和皇后以安慰。他宣布，这个孩子的丧事，要按皇太子之礼，高规格办理。他传谕大臣们说：二阿哥永琏乃是皇后所生的嫡子，为人聪明贵重，气宇不凡。当日有幸蒙我父皇亲自命名为永琏，已经暗示他将来会继承宗器，接续大统。我登基之后，已经密

立为太子。如今丧亡，著俱照皇太子仪注进行。（《清高宗实录》）

永琏去世后，皇帝和皇后同寝的次数比以前更加稠密了。皇帝很清楚，只有让皇后再生一个儿子，才是对她的最大安慰。然而，由于生了一场大病，体气变更，一转眼七年过去了，皇后仍然没能怀孕。皇帝、皇后百般许愿祈祷，仍是无用。

在经受七年折磨之后，上天终于再次降恩。乾隆十一年（1746年）四月，皇后在千盼万盼之后，生下了一个儿子，名永琮。虽然此时乾隆已经有了好几个儿子，但他对此子仍然爱如珍宝，也许是父亲的偏心，他觉得这个孩子是他所有孩子中最漂亮、最可爱、最聪明的一个，“性成夙慧，歧嶷表异，出自正嫡，聪颖殊常”。虽然没有亲书密旨，但人们普遍认定，这个孩子将来毫无疑问会成为大清国的继承人。

灿烂的笑容又一次出现在富察氏脸上。这个孩子所得到的关心照顾，可谓无以复加。皇后几乎把全部心血，都放在他身上，日日不离。

正因如此，再一次的打击才显得更深重。乾隆十二年（1747年）除夕之夜，年仅两岁的永琮又因天花而亡。

乾隆一时回不过神来，他不明白发生了什么事。上天为什么要这么惩罚他。

定下神来之后，他发了一封谕旨：皇七子永琮，天生有异相。太后因为他是正嫡，又聪明异常，所以最为钟爱。我也想以他为继承人。我即位以来，敬天勤民，自问并未得罪天地祖宗，然而为什么正嫡子嗣一再早亡？难道是因为我朝自定鼎中原以来，历代皇帝都非正嫡继统，而我必欲以嫡子继统，获得先人没能获得的福分，因此一线妄求之心，遂启如此之祸？（《清高宗实录》）

这个解释，今人听起来有些可笑，然而当时乾隆是深信的。否则深信天命的他无法理解上天为什么会一再给他以如此沉重的打击。

虽然生前没有被立为太子，永琮的丧事仍然办得远优于普通皇子。皇帝的解释是“但念皇后出身名门，作为儿媳，在父皇生时，虽然没能伺候多长时间，但这些年侍奉太后，承欢致孝，备极恭顺，无微不至。作为皇后，则恭俭宽仁，可称得上贤后。她诞育佳儿，再遭夭折，殊难为怀。皇七子丧仪，应视皇子从优”。（《清高宗实录》）

这道谕旨怎能真正安慰皇后？然而皇帝所能做到的只有如此了。幸运的是，皇后这次没有像上一次那么大病一场。她默默地把悲伤藏在心中，表现得异常冷静坚强。在皇子丧过后，她即一如常态，言笑如初，令皇帝惊讶不已。

· 4 ·

永琮去世后两个月，乾隆十三年（1748 年）二月，乾隆皇帝准备开始他即位之后的第一次东巡，这是上年六月份就确定而且布告天下的。

即位以来，除了祭祖和热河秋狝外，皇帝一直忙于朝政，还没有巡视过国土的其他地方。辛苦了十三年后，国势平稳，百姓安定，他终于有时间到曲阜拜祭至圣先师孔子了。这是他早已计划好的一个重大举动。

还有一个秘而不宣的重要原因，太后一直有一个梦想，想登一回泰山。

准备工作进行了半年，耗资巨大，按期完成。现在只剩下一个问题让皇帝有点犹豫不决：带不带上皇后？以前皇帝出门，皇后总是陪在身边，更何况这次太后要去。皇上一路要主持许多仪式，照顾太后的任务非皇后莫属了，因此皇后坚持要求参加。

爱子夭折后，皇后表面上虽然一如平常，皇帝却很清楚她表面的坚强下内心的憔悴。皇后虽未大病，却是小病不断，身体相当虚弱。在没有现代交通工具的古代，从北京到山东转一圈，体力稍差些是很难坚持下来的。

而且，就在出发前一个月，钦天监官员奏陈：“客星见离宫，占属中宫有眚。”

“离宫”，是天上名为离宫的六颗星。乾隆十二三年之交，一颗忽明忽暗、时隐时现的所谓“客星”出现在离宫六星之中，是为天象异常，占星家们以为它预示中宫皇后将有祸殃临头。

阅读历代中国史书，你会发现许多诸如此类的超自然现象。中国古人相信天人合一，对于那些年代久远的“行星合月”“五星连珠”预兆了人间政治之类的离奇传说，我们一概可以以迷信视之，然而乾隆十三年年初钦天监的这个奏陈，却被历史档案证明是千真万确的事实。对天命颇为迷信的乾隆十分重视这一事件，然而稍一转念，他以为这是因为“皇后新丧爱子”而已，并不预示皇后本身将有什么大碍。

上路后，皇帝感觉到带皇后出来是一个正确的选择。一路上春风浩荡，一家人心情都极好。皇后那失去光彩已久的眼睛明亮起来，一路笑声不断。皇帝心情也跟着更加明亮。祭礼结束，一家人又前往泰山，皇帝、皇后一同侍候老太太登上了玉皇顶。

三月初三日，新雪初晴，皇帝诗兴大发，作了一首难得的清新之作：

> 又值佳辰三月三，春光马上好吟探。
> 云中隐约山含黛，雪后熹微天蔚蓝。
> 花屋菜畦围郭外，竹篱茅舍学江南。
> 兰亭即景思临本，肥瘦诸家未易谙。

不过乐极生悲，这场令皇帝兴奋不已的新雪，却让皇后感冒了。皇帝急忙在济南安顿下来，让皇后安心养病。在济南一待就是三天，皇后却不见好转，发烧不止。皇帝一时不知如何是好。

皇后一再劝皇帝回京。皇后深知，皇帝出行，每一站都有详细的计划，打破计划，在济南多住一天，就意味着给济南地方增添无数压力。况且东巡计划已经完成，让皇太后和众多王公大臣仅仅因为等自己而长住济南，无论如何说不过去。她反复催皇帝起程，说反正到了德州就能上船，水程回京也很安稳，怕什么呢？毕竟不过是一场感冒而已。

皇帝反复权衡，终于同意了皇后的请求。好在从七日到十一日，从济南到德州，皇后的病情一直平稳，经受住了陆路的颠簸。坐上了船，皇帝长出了一口气，终于有心情观赏窗外的景色了。皇帝记得，刚出京时，德州柳树刚染了一点新绿，而今河岸已经是绿云红雨，春色纵横。不料，就在皇帝欣赏运河春色，打算作诗的时候，太监神色不安地来到皇帝身边，通报皇后身体又觉不适了。

皇帝一惊，立刻起身，来到皇后的画舫。皇后脸色苍白，浑身冰冷，见了皇帝勉强一笑，说："你怎么又来了，我没什么大事。"一语未了，人已经昏了过去。

皇帝立足不稳，险些跌倒。十多名御医一齐被召上青雀舫。黄昏时分，皇后在皇帝的凝视中去世了。

·5·

乾隆毕竟是乾隆。作为皇帝，他没有时间来心怀悲痛。有无数事情需要他安排：他要安排庄亲王允禄、和亲王弘昼护送太后御舟先行回程，他要安排皇后葬礼，他要亲自起草宣布皇后之丧的明发谕旨……等这一切都忙完，已经是第二天的凌晨，众大臣都散去，只剩下皇帝一个人。陪伴皇帝的，只有船外运河哗哗的水声。皇帝一分钟也睡不着，他拿起纸笔，写下三首挽诗：

恩情廿二载，内治十三年。（夫妻恩情二十二载，治理后宫共十三年）

忽作春风梦，偏于旅岸边。（一切突然都化成春风一梦，飘散于运河河岸边）

圣慈深忆孝，宫壸尽钦贤。（太后平日总称你孝顺，嫔妃也无人不钦服你的贤惠）

忍诵关雎什，朱琴已断弦。（从此不忍再读《诗经》中的《关雎篇》，因为朱琴已断弦）

夏日冬之夜，归于纵有期。（往年冬夏时节，也会暂时分别）
半生成永诀，一见定何时？（这回成了永诀，相见不再有期）
帏服惊空设，兰帷此尚垂。（你的衣服还挂在床边，帷帐里却空寂无人）
回思想对坐，忍泪惜娇儿。（就在不久前我们还对坐在这里，共同回忆去世不久的娇儿）

愁喜惟予共，寒暄无刻忘。（喜则同喜，忧则共忧，对我你永远是那么体贴温柔）
绝伦轶巾帼，遗泽感嫔嫱。（巾帼之中你是那么出类拔萃，后宫无人不追念你的遗泽）
一女悲何恃，双男痛早亡。（两个男孩都不幸夭折，今天一个女儿又失去了母亲）
不堪重忆旧，掷笔黯神伤！（这一切实在让人不愿回忆，掷笔长叹，黯然神伤！）

（《御制诗二集》）

皇帝方寸已乱，挽诗只是实述，文笔未见出色。然而多少总算是宣泄了一点内心的悲楚。草草写罢，皇帝才朦胧睡了半个时辰。

事实上，皇后刚刚去世之时，皇帝感到更多的是震惊。真正彻骨的悲痛，在以后的岁月中一次比一次猛烈地袭来。

结发二十二年，他和皇后如同两棵相互依靠交织成长的大树，早已你中有我，我中有你，彼此成了对方的一部分。在皇后离去的半年之内，表面上，皇帝仍然在全力处理国务，然而悲悼之情像潮水一样经常突然袭上心头，悲痛的巨流频频卷起，让皇帝怎么也坐不下去，经常处理不下去任何事务。一连数月，皇帝都睡不实觉，动不动就觉得皇后还在身边，频频惊醒。太监注意到，一向严谨精明的皇帝变得迟钝了，无目的的活动增多，工作没什么效率，常常走到一处，却忘了自己是要寻找哪个奏折。有时刚说过的话，转眼就忘得一干二净。后宫上下都提心吊胆，因为已经有太多人让皇帝莫名其妙地发火。

唯一能真正舒缓一下火辣辣疼痛的，只有诗歌了。在皇后丧满之日，他写下了一首长诗《述悲赋》：

> 嗟予命之不辰兮，痛元嫡之连弃。
> 致黯然以内伤兮，遂邈尔而长逝。
> ……
> 尚强欢以相慰兮，每禁情而制泪。
> 制泪兮，泪滴襟，强欢兮，欢匪心。
> ……
> 影与形兮离去一，居忽忽兮如有失。
> 对嫔嫱兮想芳型，顾和敬兮怜弱质。
> ……
> 惊时序之代谢兮，届十旬而迅如。
> ……
> 信人生之如梦兮，了万世之皆虚。
> 呜呼！悲莫悲兮生别离，失内佐兮孰予随？
> 入椒房兮阒寂，披凤幄兮空垂。
> 春风秋月兮尽于此矣，夏日冬夜兮知复何时？

长春宫是皇后的寝宫，皇帝命令照原样保留长春宫的所有陈设，一丝不得更动。他把皇后生前所用的东珠顶冠和东珠朝珠放在那里，每年忌辰，他都要到这里凭吊。这种做法保留了四十多年，直到乾隆六十年（1795年）要退位做太上皇了，他才下令撤掉。

皇后去世时所乘的青雀舫是她最后生活过的地方。皇帝命令把这艘大船运进北京城。这在当时几乎是不可能完成的任务。因为船舶体积十分庞大，而城门门洞狭窄，在没有起重机械的古代根本无法进城。为了保留这艘船舶，皇帝想把城门楼拆掉。还是礼部尚书海望最后想出了一个方法，他命人搭起木架从城墙垛口通过，上设木轨，木轨上满铺鲜菜叶，使之润滑，千余名人工推扶拉拽，费尽力气，终于将御舟运进了城内。

乾隆十三年（1748年）三月二十二日，乾隆帝发出了一道赐谥大行皇后为"孝贤皇后"的谕旨，他在谕旨中，对皇后的一生做了全面总结和高度评价，讲了赐谥"孝贤"的理由：

> 皇后富察氏，德钟勋族，教秉名宗。作配朕躬，二十二年，正位中宫，一十三载。逮事皇考，克尽孝忱，上奉圣母，深蒙慈爱。问安兰殿，极愉婉以承欢；敷化椒涂，佐忧勤而出治。性符坤顺，宫廷肃敬慎之仪；德懋恒贞，图史协贤明之颂。覃宽仁以逮下，崇节俭以褆躬。此宫中府中所习知，亦亿人兆人所共仰者。兹于乾隆十三年三月十一日崩逝。睠惟内佐，久借赞襄。追念懿规，良深痛悼。宜加称谥，昭茂典于千秋；永著徽音，播遗芬于奕禩。从来知臣者莫如君，知子者莫如父，则知妻者莫如夫。朕昨赋皇后挽诗，有"圣慈深忆孝，宫壸尽钦贤"之句。思惟孝贤二字之嘉名，实该皇后一生之淑德。应谥为孝贤皇后。所有应行典礼，尔部照例奏闻。（《清高宗实录》）

依例，赐皇后谥号，先由皇帝发出谕旨，然后由礼臣们拟出几个字上奏，由皇帝挑选钦定。而孝贤皇后的谥号，直接由皇帝赐给，未由大臣拟定，实无先例。

· 6 ·

乾隆对皇后的悼念，持续了整整一生。

在富察氏之后，后宫不能久虚。在太后的多次催促之下，乾隆十五年（1750年），皇帝册命另一位妃子乌拉那拉氏为皇后。

然而，对于那拉皇后，皇帝一直谈不上喜欢。她与富察氏一样在他登基前就成了他的妃子，她也称得上端庄秀美，性情贤淑，皇帝很难确切指出她有什么不好。可是，皇帝在心里却再也找不到爱意。

乾隆十六年（1751年）三月，在富察氏去世三周年忌日，皇帝写了这样一首诗，分析自己为什么不爱新皇后：

> 独旦歌来三忌周，心惊岁月信如流。（时光迅速，一转眼已经过去三年）
>
> 断魂恰值清明节，饮恨难忘齐鲁游。（又值断魂清明时节，不由得想起那次不幸的东巡）
>
> 岂必新琴终不及，究输旧剑久相投。（难道是新人真的不如旧人吗？其实是因为与旧人相投日久）
>
> 圣湖桃柳方明媚，怪底今朝只益愁。（湖水澄澈，春光明媚，我为什么却这样忧愁？）

虽然皇帝一再调动自己的爱意，无奈真情不能勉强，新皇后始终有名无实。乾隆三十年（1765年），一直备受冷落而心情抑郁的皇后终于与皇帝发生了冲突，被打入冷宫。从此，乾隆再也没有立过皇后。

对富察氏的思念一直纠缠着乾隆。随着时光的流逝，他对她的怀念从来没有变淡。任何一个与她有关的场合，都会引发他的悲痛。

在为第二个嫡子永琮办理迁葬之时，他又想到了这对母子的不幸命运，写下了这样一首挽诗：

一纾愤懑酹金卮，柳翣行将发引时。（在为你迁葬的时候，禁不住又悲从中来）

此去想应兄待弟，都来何致母随儿。（你嫡亲的哥哥正在等你。如果你们兄弟不死，你们的母亲也不会这么早离我而去）

试言邂逅谁能受，叠遇乖张命实奇。（我的命运实在出奇的不幸，这种遭遇谁能承受）

不忍抚棺寄余恨，孩提莫道未全知。（不敢在你棺前待得太久，你虽然幼小，想必也能知道我的悲伤）

乾隆十九年（1754年）五月，皇帝东谒盛京，途经科尔沁草原时，探访了嫁到蒙古的女儿固伦和敬公主。富察氏生了四个孩子，只有此女存活下来，嫁给了蒙古达汗亲王之孙色布腾巴尔珠尔。面对着24岁的女儿，皇帝不由得又想到了她的生母，心里又是一阵酸楚：“同来侍宴承欢处，为忆前弦转鼻辛。”

乾隆三十年（1765年），皇帝第四次南巡，又一次经过山东。与前三次一样，皇帝都没有进济南城。皇帝赋诗一首，说明不进济南的原因：

四度济南不入城，恐防一入百悲生。

春三月昔分偏剧，十七年过恨未平。

十七年前的三月，皇后在这里病倒，皇帝不愿勾起对往事的痛苦回忆，所以才匆匆而过。

这样的挽诗，皇帝做了不下百首。凡是看到皇后生前用过的物品，去到与皇后共同待过的地方，逢到节日，甚至看到南飞的大雁，都会引起他对富察氏的思念。每次皇帝谒东陵，必到裕陵为孝贤皇后酹酒，祭祀亡妻。

乾隆五十五年（1790年），八十岁的老皇帝在陵前写下这样一首诗：

三秋别忽尔，一晌奠酸然。
追忆居中闻，深宜称孝贤。
平生难尽述，百岁妄希延。
夏日冬之夜，远期只廿年。

80岁的皇帝对地下的妻子说，年龄越来越大，唯一的安慰是可以早日见到你。自己不想活到一百岁，与你相会之期最长不会超过二十年了！

乾隆六十年（1795年），他仍亲往皇后陵前酹酒三爵，自称身体天下第一的老皇帝已经明显呈老态，需要别人处处搀扶着。他在坟前坐了良久，赋诗一首道：

本欲驱车过，矫情亦未安。（本想不到你坟前来了，想一想不来心中还是不安）

三杯不防酹，四岁又云寒。（还是给你酹上三杯酒吧，一晃又是四年没来你坟上看看）

松种老鳞长，云开碧宇宽。（当年的小松树已经长得参天了，大地无语，天高云淡）

齐年率归室，乔寿有何欢？（你先走了，剩下我一个人，活得再长，又有什么快乐可言？）

第二年，八十六岁的老人再一次，也是最后一次来到陵前，望着陵前高矗入云的松树，他写下了这样的诗句：

吉地临旋跸，种松茂入云。

暮春中浣忆，四十八年分。

在“四十八年分”句下，太上皇自注：孝贤皇后于戊辰大故，偕老愿虚，不堪追忆！

这一年，乾隆帝与孝贤皇后已分离四十八年。三年后，也就是富察氏去世五十一年后，老皇帝终于撒手人寰，完成了和富察氏地下相聚的愿望。

二　乾隆十三年的风暴

·1·

也许是因为父亲在位恰好13年，所以乾隆登基之初，就对13这个数字抱有不祥的预期。他说：“朕御极之初，尝意至十三年时，国家必有拂意之事，非计料所及者。”（《清高宗实录》）

历史有时候就是这么巧合。乾隆这个奇怪的预感竟然丝毫不差地实现了。这一年，乾隆遇到了两件“大不称心”的事，一件是金川战争进行到最困难的时候，面对小小顽敌清军骑虎难下，清朝政府面子丢尽；另一件是孝贤皇后去世。

表面上看，皇帝起居仍按常度，似乎皇后的去世没有影响大清帝国的运转。事实上，古往今来，几乎没有哪个皇后之丧引起过国家这样大的变故。

在乾隆皇帝看来，要有效寄托他的哀思，唯一的方式就是为皇后办理一个风光盛大的葬礼，这样才能配得上皇后在他心目中的地位。

然而，皇后的去世，对皇帝和对别人具有完全不同的意义，其他人很难感同身受皇帝的悲痛。对朝中大臣们来说，皇后的丧事对他们不过意味着例行公事地完成丧礼礼仪，对各地疆臣来说，也不过是给皇帝写一封表达悲痛的奏折而已。这是国朝百余年来的定例，谁也没有料到这一事件会演变成一场全国官场的灾难。

在葬礼办理过程中，懒惰懈怠的官僚体系一再出现一些心不在焉的错误。皇后去世一个月后，皇帝阅看翰林院所制的皇后册文，发现满文译文中将“皇妣”一词不小心译成了“先太后”，这一小小过失让皇帝勃然大怒，命令把管理翰林院的刑部尚书阿克敦交刑部治罪。刑部见皇帝盛怒，揣度皇帝心理，从重判为绞监候。不料暴怒的皇帝居然认为判得还不够重，甚至因此认为刑部官员庇护原尚书，将刑部所有官员都一律革职，将阿克敦判为斩监候，秋后处决。消息传出，全国官员都大惊失色。

然而大家的震惊刚刚开了个头。丧偶悲痛中的皇帝事事横挑鼻子竖挑眼。五月间，因为皇帝认为皇后的册宝制造得不够精良，“甚属粗陋”，配不上皇后的尊贵，把工部全堂问罪。又因为祭礼所用的桌子不够干净，把光禄寺主要官员一律降职。因为册谥皇后时礼仪出现小小纰漏，礼部尚书也被降级。

事情到此远远没有停止。清制辫发，十天半月就要剃头一次。按满族旧习，帝后之丧，官员们在一百天内不能剃发，以表示自己专心悲痛，顾不上收拾自己的仪表。不过，这只是一种不成文的风俗，大清会典中并无记载，开国日久，一些满族官员对此也已不甚清楚。十多年前，雍正皇帝去世时，许多官员百日内剃发，朝廷并没有追究责任。因此，皇后之丧中，许多人也剃了头。皇帝发现之后，大动肝火，认为这一是证明官员们对已故皇后“大不敬”，心中无哀痛之情；二是证明朝廷纲纪不振，百年成法开始被破坏。一开始，他想把几个剃头官员一律处死，最后深入调查之下，他发现剃头的人实在太多，几乎无省不有，才不得不轻判。但对于江南河道总督周学健这样的一品高官居然也剃头，他却无法容忍。震怒之下，他赐周学健及另一个违制剃头的湖广总督塞楞额自尽，湖南巡抚、湖北巡抚因此革职。

对于自己的孩子他也看不顺眼。当他发现皇长子永璜和皇三子永璋在皇后的丧礼上表现得不够悲痛时，立刻大发雷霆指责说：“今遇此大事，大阿哥竟茫然无措，于孝道礼仪，未克尽处甚多。”皇三子“于人子之道毫不能尽”。为此他甚至公然宣布：“此二人断不可承继大统……伊等如此不孝，朕以父子之情，不忍杀伊等，伊等当知保全之恩，安分度日！”并请诸王、大臣共鉴，他绝不食言。

永璜与永璋因为这次事件，失去了竞争皇位的机会。

对两个小孩子如此狗血喷头地痛骂，显示出皇帝正处于某种心理失常的状态。他希望所有人都理解他的痛苦，他不明白天都塌下来了，为什么还有那么多人平静无事?

皇后之丧风波中受处分的官员，从大学士、总督、尚书、巡抚到基层官员，不下百名。官场莫名其妙刮起了一场破坏力巨大的风暴。所有的官员都对皇帝刮目相看：原来在他们心目中一个温和儒雅、宽厚仁慈、自制力极强的君主，竟然还有这样喜怒无常、任性纵情、残酷冷漠的一面，看来他们对皇帝实在是太不了解了。看来这个人毕竟是雍正皇帝的儿了，雍正的酷烈无情，他一丝不少地继承下来了。

后人回顾历史，发现乾隆十三年是乾隆一生政治的一大转折点。“乾隆十三、十四年间，为高宗生平的第一变，由寅畏小心，一切务从宽大而一变为生杀予夺，逞情而为。”(高阳《清朝的皇帝》)

· 2 ·

从表面上看，这是一个鳏夫因为丧偶而导致的心理失常事件。心理学家说，处于丧偶期的人，最容易出现人际关系不协调，常无故指责别人。他们希望所有人都能体会理解他的痛苦，总觉得别人对他的关心同情不够。当人们不能理解或感到厌烦时，他们的情绪就会出现强烈的波动。皇帝在极度悲痛中，无法控制自己，不加节制地释放自己内心的狂暴和仇恨，才造成了这样的局面。

但是从另一个角度看，这场风暴实际上也是皇帝对官僚集团压抑多年的不满的一次总爆发。

即位之初，乾隆的政治生涯顺风顺水，宽大之政赢得了“万民欢悦，颂声如雷”。

但是，宽大必然有宽大的弊端。官僚集团具有深刻的奴性。作为一个整体，这个集团的性格是“蹬鼻子上脸”“给脸不要脸”。你对他们越宽纵礼貌，他们对你就越不客气。从风霜严肃的雍正时期跨入宽大温和的乾隆时代，一开始他们确实如沐春风，感激涕零，可是一转脸，他们就开始故态复萌。乾隆皇帝希望他们以勤奋的工作来辅佐自己的“宽大之政”，可是他们却迅速陷入懈怠之中。许多地方，所谓勤奋的官员“不过是按时上班，循规蹈矩地处理文件后，早早下班，回家闭门不见一客”。（《乾隆帝起居注》）至于懒惰的官员所作所为更不像话。乾隆元年（1736年）至十一年（1746年），安徽省未能侦破的重大盗案多达116起，已经破获的，也多是拖延着没有判决。乾隆生气地说：“可见从前的封疆大吏全未留心处理，以致积案如此之多。如此懈怠废弛，盗风何时能息？”（《清高宗实录》）

更为严重的是，雍正年间基本刹住了的贪污之风又开始抬头了。乾隆六年（1741年）前后，先后发生了布政使萨哈谅贪污税款、提督鄂善贪赃受贿、学政喀尔钦贿卖生童等贪污案件，让乾隆十分震惊。

乾隆六年（1741年）三月，山西巡抚喀尔吉善举报自己属下的官员贪污不法。举报信说，山西布政使萨哈谅“收取钱粮税款时，提高税率，平时则擅作威福，纵容家人，宣淫部民”。并且举报学政“贿卖文武生员，赃证昭彰，并买有夫之妇为妾，声名狼藉，廉耻荡然，请旨革职”。

乾隆帝看过这份举报信后，十分气愤。他说：“朕自登基以来，信任各位大臣，体恤官员们的辛苦，增加俸禄，厚给养廉，恩情可谓优渥了。朕以为天下臣工，自然会感激奋勉，实心尽职，断不致有贪污腐败以犯国法者。不料竟然有山西布政使萨哈谅、学政喀尔钦如此秽迹昭彰，赃私累累，实在是朕梦想之所不到。朕以至诚待天下，而这些人敢于狼藉至此，岂竟视朕为无能而可欺之主乎？”

官员腐败案不断发生，又牵连出各地政府存在巨额财政赤字的问题，其中不少是因官员贪污挪用所致。乾隆总结说：“我看近年来亏空案渐多……其原因是他们的主管官员见我办理诸事往往从宽，遂以纵弛为得体。”

在“宽大原则”下，社会治安也出现恶化现象。雍正实行严刑峻法，对私盐查得很严，那些偷运私盐的小民往往被治以重罪。乾隆上任之初，大发慈悲，允许老百姓少量贩运食盐。他颁布命令说：“贫穷的老少男妇，背盐四十斤以下者，概不许追究。”（《清高宗实录》）不料命令颁布不久，天津就出现了大批农民，“以奉旨为名”，大规模贩运食盐，每人所负不超过四十斤，然而架不住人多势众，数十百人纠集到一起，一次贩运上万斤，严重影响了盐业专卖。乾隆慨叹说：“我自登基以来，时时以父皇爱民之心为心……即如私盐一事，我本想稍宽其禁，以周济那些特别贫穷的百姓。然而那么多奸民却乘机钻空子，公然违背食盐专卖，无所畏惧。看来则奸顽之民，不容我行宽大之政也！”

· 3 ·

各种因素推动着乾隆逐渐对自己的“宽大之政”展开反思。乾隆五年（1740年），他写了这样一首诗：

念予志学时，所慕君子儒。
诗亦尊李杜，文亦宗韩苏。
要归践履实，圣言非我诬。
即今持治柄，岂不慕唐虞。

措行始知艰，虑为空言徒。

裁诗铭座右，庶几日警吾。（《御制诗初集》）

就是说，当初他上学时，学习的是中规中矩的儒家治道，信服圣人的思想，并要付诸实践。做了皇帝，本来也想学尧舜，可是实行一段时间之后，才知道世事的艰难，也才明白儒家理想有相当一部分不过是“空言”。

在政治高端摸爬滚打了几年，他终于掌握了专制权力运作的真谛：在专制政治中，皇帝一个人是“主”，其他所有臣民都是“客”。想委托客人治理好家庭是不可能的。寄希望于官员们的责任心和荣誉感，期望君臣共治，是政治不成熟的表现。他回顾康、雍、乾三代的统治，总结说：“由此观之，数十年来，国家全依靠我们三代皇帝以一人之力竭力主持，小心把握权柄，才使国家政治一直在轨道上运行。或者遇到是庸常之主，精神力量不能总揽国政，那么国家必然陷入混乱之中。”

即位十余年来，乾隆皇帝给官僚集团的整体打分越来越低。他认定，从整体上看，官员们行为的基本出发点都是自私的。他曾说：“诸臣之趋承惟谨者，多出自私自利之念。”他们遇事毫无定见，只知做表面文章，迎合讨好皇帝。乾隆皇帝之政治原则是宽严相济，然而到了官员那里，则变成了要么宽要么严，毫无原则，“朕于事之应宽者，宽一二事，则诸臣遂相率而争趋于宽。朕于事之应严者，严一二事，则诸臣遂相率而争趋于严”，并不问宽严之由，“一人未改面貌，两事迥异后先，人心不古，何至于兹！”

随着经受的挫折越来越多，乾隆皇帝越来越理解了父亲的选择。他发现，并不是父亲不愿意宽大，而实在是官僚集团不容他宽大。他过高地估计了官僚集团的品格。经过元代蒙古人的高压，明代太祖皇帝的挫辱，清代开国过程中的屠杀，中国官僚集团的素质和心态已经大大不同于唐宋时代的士人，他们整体上放弃了人格尊严，放弃了社会理想，蜕变成了唯利是图的“奴才”。乾隆发现，一旦他把这些饱读诗书的“大人先生”们准确定位为奴才，在他们面前悬起官爵和财富，同时收紧绳索，举起皮鞭，以“法”“术”“势”来统驭他们，一切就迎刃而解了。

· 4 ·

乾隆十三年的政治风暴，确实并非偶然，乾隆已经给出过多次警示。早在即位不久，他就说过：“若视朕之宽而一任属员欺蒙，百弊丛生，激朕将来不得不严之势，恐非汝等大员及天下臣民之福。”乾隆四年（1739年）他又说过：“姑容于此日者，朕必综核于将来。”

乾隆早就酝酿着对官僚机器来一次大震动，让他们从浑浑噩噩中清醒过来，认清他并非一个懦弱可欺的庸主。今天，这个日子终于来了，来得如此出人意料。一向宽和仁义的皇帝突然玩了一个大变脸，变成了一头疯狂暴怒的狮子。一时之间，大清帝国内重新刮起了恐怖之风。

皇后之丧中那几个掉脑袋的官员并不是乾隆十三年全部的不幸者。

乾隆十年（1745年）四月，川陕总督庆复等人奏报，四川金川、瞻对等地一些村寨的藏人劫掠行旅商人，甚至抢劫官兵银物，“实非用兵不可”。乾隆于是派兵征剿。

圣旨一下，两万大军齐集川北。乾隆要求将领们“歼灭根株，为一劳永逸之计”，彻底打掉这个为患多年的匪区。

不料战争的进展远远超出乾隆的意料。清军严重缺乏高海拔地区作战的经验，表现也存在许多不尽如人意的地方。瞻对一战后，清军又出兵与瞻对相邻的金川。一直到乾隆十三年，用兵二十多万，耗银两千万两，还是屡屡失利。在倒霉的乾隆十三年，连剃个头都成了死罪，更何况兵败失地！这两次战争前后三任统兵大臣庆复、张广泗、讷亲都在劫难逃。按理说，这三个大臣以前都是深得乾隆皇帝信任的有功之臣，特别是讷亲，他是康熙皇后的亲侄子，乾隆皇帝亲手提拔的首席军机大臣，乾隆曾说他“为第一受恩之人”。然而，在这不祥的乾隆十三年，乾隆把这些都忘了，在他眼前，不再有什么“功臣”“皇亲”“朋友”，只有一个个“辜恩枉法”、办事不力的“奴才”。张广泗被处斩。讷亲被赐了一把“遏必隆刀”，在四川军中自己抹了脖子。庆复则被赐了条白练，悬梁自尽。

从乾隆十三年起，乾隆由儒入法，抛开了宽大仁慈的面具，抛弃了“以礼治天下”的梦想，拿起了父亲留下的屠刀和鞭子。

乾隆十三年之前，皇帝对于全国的死刑犯一直网开一面，能不处死的，尽量不处死。乾隆十四年（1749年）秋审朝审，皇帝一反以前的做法，不留情面，大批勾决，均即处死。以前多次批准缓刑的老犯也不免归于一死。乾隆十五年（1750年）、十六年（1751年），正好是乾隆和皇太后四十、六十大寿，按常规，这两年死缓犯一律不处决。然而乾隆宣布，贪污挪用公款的官员不在不处决之列，宁可破坏大庆的气氛，他也要置贪官于死地。

对于贪污官员，他拿起了雍正皇帝用过的老武器，命令他们自填亏空，他的要求甚至比雍正还要苛刻。乾隆十二年（1747年），他规定，凡是因为贪污挪用导致公款亏空而被判死缓的，都要用自家资产赔补亏空。没能赔补上的，挪用者如果所欠额超过一千两，贪污者超过八十两，就要执行死刑。这一道命令，要了许多贪官的命。

对待民众反抗事件，他的处理也分外严厉。乾隆十三年（1748年），福建发生老官斋教案，乾隆说：“此案务须……痛绝根株，以绝后患。不但首恶，不可漏网，但奸匪余孽，有一二人存留，即如遗蝗蝻种，深为地方之害……其余逆党，即多戮数人，亦使奸徒，知所畏惧。”乾隆二十年（1755年），成都发生民众骚乱，他指示说：“所获的要犯杖毙数人示警足矣，不必具题”，使自己的统治加入了明显的恐怖色彩。

他大力整顿军纪。鉴于金川战争的不利，乾隆特别宣布，凡关系军务的犯人，更要从重处理，“不少假借”。凡武职官员，临阵畏葸者，一律不得保全首级。金川战争进展不利，使乾隆充分认识到清朝武装力量的废弛，因而

力图整顿。他特别在香山建立了健锐营，训练强兵劲卒，自己经常前去检阅训练。（《清高宗实录》）

·5·

从这一年开始，乾隆回到了雍正的老路上。乾隆朝的君臣关系，从此变成了刁钻刻薄的主子与屏息而侍的奴才间的关系，或者说严厉的班主任与小学生的关系。下面的小学生稍有小动作，额头上就会遭到老师的粉笔头。诛杀和折磨大臣，越来越成为乾隆发泄自己不良情绪的主要渠道。他动不动斥责官员们“妇寺之仁”，强调“水弱易玩”，无论是在语言风格，还是思想方式上，都是对雍正当年的重复。在实践中，他的严猛程度则超过了雍正。“他之所以后来名声远较雍正为好，一是因为初期刻意树立的宽仁形象不会立刻被人们忘掉，另一个，是在君臣关系上，他并没有像雍正那样大搞阴谋欺骗，大搞神道设教，使臣民产生强烈的逆反心理。”（《康雍乾三帝统治思想研究》）

进入中年之后，皇帝对大臣们的观察越来越细，批评和警告越来越多，越来越不留情面。乾隆十七年（1752年），皇帝因为伪稿案办理不顺，指责外省大臣说：“外省办事习气，多涉虚伪”，“朕于各督抚所办事件，虽欲深信，而不可得矣。”乾隆十三年（1748年）十二月，大学士陈世倌在山东置买了一批田地。陈世倌是三朝老臣，在朝中可谓德高望重。他和曲阜孔家是儿女亲家，在山东买地，是为了在曲阜更建一窟，使自己的家族势力永远不衰。不料此事被乾隆皇帝侦知，皇帝十分恼火，不顾陈氏为爱新觉罗家族办了一辈子的事，对他大加折辱，说：“他本是浙江人，而在山东置私产，想分孔氏余润，这岂是国之大臣所为？”陈世倌立刻被革职，乾隆还特别嘱咐：“今既革职，传谕山东巡抚，不许他到山东居住。”语言和措施之刻薄到骨，与其父一般无二。

乾隆十七年（1752年），他在批评官场中调和模棱风气时，评价了所有的现任总督，并且指出，现在他对全国主要官员的脾气性格都已经有所了解，不会再受他们欺骗了。他说："近日督抚办事，有所谓上和下睦，两面见好之秘匙。貌为勇往任事，以求取信，而阴市私惠，谓有旋乾转坤之力，使属员心感。尹继善（两江总督）惯用此术，方观承（直隶总督）及巡抚中一二能事者，趋而效之。惟策楞（四川总督）、喀尔吉善（闽浙总督）、黄廷桂尚存本色。阿里衮（两广总督）亦不至此，硕色（云贵总督）更复不能……诸臣心术才具，日熟复于朕胸中，任术取巧者，皆洞见肺腑……大臣中有以取巧得利益者乎？"

乾隆三十五年（1770年），他训斥贵州巡抚宫兆麟时，居然当众提及了他的外号："看来宫兆麟之为人，应对是其所长，而于办事殊少实际，是以外间竟有铁嘴之号。"丝毫不顾这位大员的正省级级别。

有时候，臭骂一顿还不能出气，乾隆干脆用恶作剧来折磨那些不听话的人。乾隆十八年（1753年），黄河在铜山决口，皇帝令河道总督高斌与张师载治理。高、张二人完成任务不力，属下李屯、张宾二人贪污公款，导致河工未成。乾隆皇帝大怒，他命令立刻将李屯、张宾二人拉到刑场处死，同时又因为痛恨两位大臣"负恩徇纵"，命令把河道总督高斌与张师载捆起来，一同押赴刑场。乾隆特意嘱咐行刑官员，造成要将高、张二人也一并斩首的假象。高斌乃是皇贵妃的父亲，也就是乾隆的岳丈，当时年过七旬，眼见李、张等先遭行刑，吓得心胆俱裂，全身瘫痪，不支倒地。负责监斩的钦差大臣，此时才说出高斌、张师载二人此行只是陪斩，实际上死罪已免，还要问他们的回话。二人醒来之后，有如死过更生，当即奏道："我二人悔之莫及，此时除感恩图报，心中并无他想。"乾隆对自己这种折磨大臣的方式很自得，他认为这样既可以儆效尤，又收到使其俯首帖耳、感恩戴德的效果。其后，高斌果然日夜住在工地上，一刻不敢休息地监工，结果活活累死在大堤上。

由于皇帝明察秋毫，洞悉情伪，所以乾隆统治的中期，大臣们不敢不谨言慎行，唯命是从，吏治一时颇为整饬。

第四章

权臣的结局

由于中国古代专制制度的自私本性，君权表现出强烈的排他性和防范心理。这就决定了君臣关系，尤其是君相关系的脆弱性和暂时性。俗话说，“伴君如伴虎”。确实，生活在专制政治的高层，处处都是陷阱，步步都是危机。

一 张廷玉的过人之处

·1·

乾隆十三年（1748年），入仕已四十七年的老臣张廷玉在漫长仕途上第一次遭遇到了处分。

这年九月，“皇家出版社”文颖馆修成了皇帝的《御制诗集》，进呈御览。皇帝翻阅一遍，发现了几处错别字，勃然大怒，遂命将大学士、文颖馆总裁官张廷玉等三人“交部议处”。这是张廷玉有生以来第一次被“议处”，虽然处分不重，已足使他惊心。

这一年冬至那一天，翰林院按惯例，为去世不久的孝贤皇后写祭文，文中用了“泉台”二字。尚未从丧妻之痛中解脱出来的皇帝又吹毛求疵，认为这两个字不够“尊贵”，用于常人尚可，“岂可加之皇后之尊”，以大学士张廷玉为首的管理翰林院官员以“全不留心检点，草率塞责，殊失敬谨之义”的罪名，罚俸一年。此诏一下，张廷玉更是心胆欲碎。

·2·

张廷玉本来是中国历史上最幸运的大臣之一。

虽然高处不胜寒，但张廷玉却有本事在政治中枢这一高危区域如履平地，步步高升，走出一波惊人漫长的大牛曲线，成为清代文臣最成功的代表之一。

张廷玉，安徽桐城人。他出身书香门第，二十九岁高中进士，并被点为翰林。三十三岁那年，他获得了一次与康熙交谈的机会，给皇帝留下了极为良好的印象，康熙认为他持重得体，遂"奉旨侍值南书房"，成为皇帝贴身低等小秘书。由于服务出色，四十五岁时升为"副部级"的礼部侍郎。

康熙去世，雍正登基，见他"气度端凝，应对明晰"，迅速升他为礼部尚书，参与机密。雍正是中国历史上有名的难伺候的皇帝，对科举出身的汉族大臣尤其缺乏好感，对他却一见如故，欣赏至极。不论大事小情都要和他商量，凡有谕旨均由他缮写。雍正与他君臣相得十三年，感情至好，甚至一天也不能分离。雍正五年（1727 年）五月，张廷玉生了一段时间病，病好后进宫，雍正说："我前两天对近侍们说，我连日臂痛，你们知道吗？他们惊问其故。我说，大学士张廷玉患病，此人如朕手臂，这不就是我臂痛吗？"此事传开，成为一时佳话。雍正末年，张廷玉回家省亲，皇帝写信给他说："朕即位十一年来，朝廷之上近亲大臣中，只和你一天也没有分离过。我和你义固君臣，情同密友。如今相隔月余，未免每每思念。"（《张廷玉年谱》）

雍正累次升迁张廷玉为大学士、首席军机大臣兼管吏户两部，权倾朝野。为了表达对张廷玉的欣赏，雍正特别立下遗嘱，要以最信任的两位大臣——鄂尔泰和张廷玉在身后配享太庙，也就是死后与他一起到阴间做伴。这是一项极高的政治荣誉，整个清朝二百余年，他是唯一享受到这个待遇的汉人。

乾隆即位后，对这位三朝老臣更是优礼备至，继续奉为汉臣之首。他平时和张廷玉说话，从来都是和颜悦色。张廷玉上朝时，皇帝从来不忘提醒身边太监上前搀扶，生怕老人家有什么闪失。乾隆二年（1737 年），皇帝特封张廷玉为三等伯爵，开了有清一代文臣封伯的先例，恩遇可谓至渥。在此之后，屡有奖励。为了表示信任，皇帝多次赐诗给他，诗中有云："喉舌专司历有年，两朝望重志逾坚。魏公令德光闾里，山甫柔嘉耀简编。”另一首诗中更说：“潞国晚年尤矍铄，吕端大事不糊涂。”把他比作周宣王时的贤臣仲山甫、后世名臣文彦博与吕端，足见尊重之至意。汉大臣中，张廷玉的地位、恩遇在有清一代，堪称空前。

· 3 ·

在传统政治中，做皇帝近臣，特别是位高权重的近臣，绝不是一件轻松愉快的事。

由于中国古代专制制度的自私本性，君权表现出强烈的排他性和防范心理。这就决定了君臣关系，尤其是君相关系的脆弱性和暂时性。俗话说，“伴君如伴虎”。确实，生活在专制政治的高层，处处都是陷阱，步步都是危机。一个人想始终得到君主的信任，更是难上加难。

中国历史上那些声名显赫的文臣武将，大多数下场不佳。特别是曾经居大位、享大名者，几乎没有一个人是完满收场的。比干被掏心而死，李斯易主则亡，韩信功成被灭，周亚夫绝食以终，岳飞血洒风波亭，于谦上了断头台，袁崇焕则惨遭凌迟。以魏徵之忠直，生前也被李世民怀疑有结党之嫌，死后更是被唐太宗“亲仆其碑”。以寇准之功绩，一生的结局却是罢相遭贬，死在谪戍的路上。虽然许多君主为了让臣下放心，向他们颁赐铁券，但最终还是没有几个人逃得过猛虎之口。即以清代而论，清代中前期的几位权倾朝野的权臣，其中除了明珠属于善终外，其余都死于非命：鳌拜、年羹尧、和珅都被勒令自尽，索额图于拘禁地饿死，隆科多死于监狱。事实上，清以前的几千年历史中，立有巨大功勋而得到善终的，只有郭子仪一人。后来的名臣曾国藩对此体认极深，他说：“吾通阅古今人物，似此名位权势，能保全善终者极少。”（《曾国藩家书》）“立不世之勋而终保令名者，千古唯郭汾阳一人而已”。这就说明，君主与权臣之间这种潜在的紧张是专制制度的本质使然，并不以个人意志为转移。

截至乾隆十三年（1748 年）前，张廷玉在政治最高层一直稳如泰山，四十多年从没有犯过任何错误，这在整个中国历史上是十分罕见的。不能不说，这个人身上确有过人之处。

首先，张廷玉有过人的才华。张廷玉自康熙四十三年（1704 年）入值南书房，为皇帝起草文件起，就充分表现了出色的秘书天才。雍正即位之初，屡有诏命，皇帝“口授大意，（张廷玉）或于御前伏地以书，或隔帘授几，稿就即呈御览。每日不下十数次，皆称旨”。每次雍正口述后不过片刻，张廷玉即可拟就，每日十数次从未出过差错，其文思之敏捷实非常人所及。

其次，张廷玉办事非常勤勉，为皇帝服务不惜心力。史载他晚上退朝后还要点双烛治事，即使已经就寝，还经常在枕上思索所拟之文，或觉不妥，立即披衣起身改正。他心思缜密，记忆力极强，能将各部院大臣、全国疆吏的出身、经历，以及各司员府县甚至胥吏的姓名、籍贯丝毫不差地说出来，就像一个活档案库。对其办事能力，雍正帝曾这样称赞：“尔一日所办，在他人十日所不能也。”（《澄怀园语》卷一）

当然，这只是他仕途成功的一半原因，另一半则与才华无关。

张廷玉是康熙时期的大学士张英的儿子，这是他人所不能及的先天优越之处。张英是清代著名大臣，因为“缜密恪勤”，深得康熙欣赏，被提拔为一朝“宰辅”，在政治高层数十年如鱼得水。为了让张廷玉继续光大家门，张英言传身教，传授给他大量做官的独门心法，所以刚刚进入仕途的张廷玉就将成熟老练的风姿展现在朝廷之上，引起了康熙皇帝的特别注意，年纪轻轻，却已深通“为臣之道”与“保身之术”。

熟读经史而又得到父亲独门秘传的张廷玉早就认识到，为臣之道不外两个重点：一方面要能从君主那里成功地猎取功名富贵，另一方面又要不为皇帝这只猛虎所伤。

这就好比火中取栗，实在是一个高难度动作。

张廷玉深知，皇帝最防备的，是大臣的私心。在明主面前，只有以退为进，以无求为求，以无私来营私，才能得到自己想要的东西。所以他为官数十年，处处事事都从皇帝的角度出发去考虑和判断，从不露骨主动地为自己牟取私利。朝廷上下公认他为人淡泊宁静，气质和平。乾隆皇帝夸奖他“风度如九龄”。他平日生活无声色之嗜，办事出于公心，从来没有贪渎指控。他做主考官时，有人欲通关节，以微词试探，他赋诗以辞道：“帘前月色明如昼，莫作人间幕夜看。”

当然，越是这样皇帝越不会让他吃亏。因为他清廉，雍正皇帝先后多次对他进行赏赐，赐银动辄上万两，还给了一所当铺，让他补贴生活。因为他从不主动为自己的亲人牟取私利，所以皇帝对于他的子弟亲戚的仕进也多有照顾。但皇帝越施恩，他就越谦退，皇帝每有奖赏，他必尽力逊让。雍正十一年（1733年），其长子张若霭高中一甲三名探花，张廷玉闻知“惊惧失措”，立刻面见皇帝，“免冠叩首”，以自己家世受皇恩，科举很盛，请求皇帝降低其子的名次。张廷玉说，“天下人才众多，三年大比，莫不望为鼎甲，官宦之子不应占天下寒士之先”。雍正大为感动，经他恳请，特将张若霭改为二甲一名，并把此事前后情由在谕旨中加以公布，表扬张氏的公忠体国。（《张廷玉年谱》）

· 4 ·

除了以上这些原因，张廷玉身上还有一个突出特点，就是“柔”与“顺”。

张廷玉对历代大臣得祸之由深有研究。他认为，做高级大臣最忌讳的有以下几点：

一是性格过于刚直，比如比干和海瑞。他们不讲方式方法地与天子作对，下场当然悲惨。

二是做事过于讲原则，比如岳飞。他只从国家民族角度去考虑问题，却不顾及帝王个人心理隐私以社会正义去挑战帝王的一己之私，终至非死不可。

三是权力过大，不知谨慎。历史上倒霉的权臣多是由此。皇帝与大臣考虑问题的出发点不同，性格气质思维方式及个人偏好不同，不可能事事都想到一起。与皇帝意见相左之事既多，不免日久生怨，积隙成仇。

第四点则比较有清朝特色，那就是由于大臣们因为“好名”而获罪。专制主义发展到清代，连儒学的人格追求，也成了专制极度扩张的妨碍。原因很简单。儒学固然有维护“纲常”的一面，同时也有追求自我完善，要求人格独立的一面。儒学一方面要求其信徒尽力为皇帝服务，同时也要求他们不能放弃对自己人格尊严的坚持和精神价值的追求。

清代前期帝王皆雄才大略，在统治术上大有创新。他们认为，一个大臣如果过于注重自身修养，也会妨碍他们不打折扣地为皇帝服务。为了彻底把大臣改造成奴才，雍正帝提出一个重要观点，那就是大臣们不但不能图利，也不能“好名”。他说：“为臣不惟不可好利，亦不可好名。名之与利，虽清浊不同，总是私心。”雍正朝和乾隆朝，都有大臣因为“好名”而被皇帝严厉打击。比如雍正朝的杨名时，是一个有操守的政治家，在一些问题如打击科甲朋党上与皇帝意见不同。他做了很多减轻农民负担的好事，却忘了推功给皇上，遂引起雍正帝的恶感。雍正说他“性喜沽名钓誉”“欲以君父成己之名”，寻故将其抓入大牢。（郭成康《政治冲突与文化隔阂：杨名时案透视》）

张廷玉在政治生涯中，全力避免犯以上错误。他的政治信条是绝不要因为政治思路的差异而与君主产生冲突。因此他不做政治家，而只做大秘书。不做思想者，只做执行人。

张廷玉有一句名言，叫“万言万当，不如一默”。他一生为人，谨慎小心，缄默持重。这一特点直接遗传自父亲张英。《清史稿》称“英性和易，不务表襮，有所荐举，终不使其人知。所居无赫赫名”。专制政治是充满风险的绞肉机，稍有不慎，就会危及生命。每天退朝回到家里，张廷玉都要把一天的大事小情细细梳理一遍，看看有没有说错的话、做错的事。他从不留片稿于私室，也不让家人子弟得知。他很少交接外官，在朝中为官多年“无一字与督抚外吏接”。雍正对他极为信任，人事决策多向他咨询，他却从来不会透漏任何一丝风声。他以皇帝之心为心，以皇帝之意为意，凡事默默去做，不事张扬。许多人经他推荐而受重用，却终生不知道自己被起用的背景。在雍正这样一只“喜怒不定”的猛虎身边，张廷玉恰如一个走钢丝的演员，全神贯注，始终紧张，没有一分钟松懈过。

他襄赞雍正十三年，几乎雍正朝的每一项重要决策他都参与过，但是《清史稿》的列传提及他的功绩却只有三件微不足道的小事，比如建议对守节十五年妇女加以表彰之类。对此，他的学生汪由敦有这样的解释，他说张廷玉主掌枢府二十四年，“凡军国大政，他都承旨商度，经常与皇帝促膝密谈，一商量就是很长时间。至于他所筹划者，我们却举不出一件事可以具体归到他名下，他为国操劳一生，却没有留下什么明显的记载”。他又说：“雍正以来数十年间，吏治肃清，人民安乐……张氏从容坐而论道，享极盛之世……那么张氏的缜密周详，略可想见也。”（《张公墓志铭》）那意思就是说，雍正以来的治绩，多赖张廷玉的襄助。皇帝的军功章里，没有张廷玉的一半，也有张廷玉的一块。只不过张氏自己不提而已，这正可见张氏的缜密周详。

从康熙开始，三代皇帝都对他这点极为赞赏。乾隆描写他这一特点时说：“不茹还不吐，既哲亦既明。”

二　被皇帝玩弄于股掌之间

·1·

虽然把臣术练得如此炉火纯青，进入乾隆时代，张廷玉还是感到了一丝丝凉意。他的第一感觉是，这个年轻皇帝太精明了，比他的父亲实在是有过之而无不及。

如前所述，掌握了驾驭清帝国这艘航船的高难技巧的乾隆，开始越来越注意打击朋党。而打击朋党的要诀是最大限度地防止大臣之间的组织性和联系性，千方百计地造成他们的孤立化、分散化、“原子化”，使每一位官僚，都以孤立无援的姿态面对强大的君权。

而所谓“擒贼先擒王”，打击朋党就必须从打击朋党的核心人物入手。就如同要阻止珍珠的形成，就必须从贝壳中取出那粒沙子一样。只有让大臣们认识到他们所依靠攀附的人物靠不住，朋党才能不攻自散。

乾隆五年（1740年）开始，皇帝就不断地打击性格傲慢、行事张扬的鄂尔泰。同时，皇帝一刻也没有放松对张廷玉的观察和挑剔。幸亏张廷玉平时对于朋党嫌疑懔如临渊。作为官场中人，人际往来谁也无法避免，特别是作为“相国”，他的家是京城人际交往的中心。“薄暮还寓，则宾客门生，车驾杂沓，守候于外舍者如鲫矣。”（《清稗类钞》）但张廷玉绝不轻易帮人说话，也绝不轻易介入人事纠纷，而是听从花开花落。他的名言是：“予在仕途久，每见升迁罢斥，众必惊相告曰：此中必有缘故。余笑曰：天下事，安得有许多缘故。”（《郎潜纪闻》）他从政原则是事不关己，则谨守本分绝不发言。有人因此指责他说：“如张文和（张廷玉）之察弊，亦中人之才所易及。乃画喏坐啸，目击狐鼠之横行，而噤不一语。”（《郎潜纪闻》）连乾隆皇帝都说他过于谦抑，说“张廷玉则善自谨而近于懦者”。在与鄂尔泰的斗争中，他始终处于下风，也始终不争不怒，打太极拳。正因为如此谨慎，所以在鄂尔泰连连受到指责和处理时，他却安然无恙。

然而，鄂尔泰死后，皇帝的注意力必然完全集中到他身上。树欲静而风不止，虽然他不想成为朋党领袖，但是身处如此高位，想不被攀附是不可能的。主动要投靠他的人如蝇之附，驱而不走。同时，身处官僚政治的利益场中，他再摆出一副正大至公的神态，也无法完全掩饰自己手中巨大权力的偏向。几十年间，他私下办的事，偷偷送出的好处也车载斗量，虽然手腕高明，毕竟不是完全没有形迹。所以，虽然皇帝的大棒一直没有落下，张廷玉心中却无时不处于紧张之中。他知道，统治者是从来不讲什么恩义的。虽然自己给乾隆的父祖卖了几十年的命，但如果政治需要，皇帝打击起自己来并不会手软。

· 2 ·

张廷玉感觉，自己退出政治舞台的时间到了。

在乾隆即位之初，张廷玉确实是大清帝国不可或缺的政治元老。他头脑中装着大清帝国官僚体系中每一个零件的说明书和使用记录。那个时候的乾隆一天也离不开他。不过，乾隆七年（1742年）以后，皇帝对他的倚重却越来越少了，不再事事向他咨询。皇帝已经不再那么需要这样一个活档案。雄心炽烈的皇帝急于进取，而张氏“稳重和平”“八面玲珑”的个性已经不太适合一个大刀阔斧、除旧布新的时代。

乾隆十年（1745年），鄂尔泰去世，皇帝起用三十多岁的讷亲为军机大臣。讷亲是青年权贵，初获任用，就位列于张廷玉之前，成为首席军机大臣，这让张廷玉心中有些不舒服。乾隆十一年（1746年）十月，皇帝说：“大学士张廷玉服官数十年。今年逾古稀，每日晨兴赴阙，未免过劳，朕心轸念。嗣后可仿此意，不必向早入朝。”这实际上是宣布，张廷玉不再参与核心机密，讷亲将独自面承圣旨。很显然，张廷玉在大清朝廷中的实际地位大大降低了。

皇帝的这个决定不是没有理由。自然规律是不能抗拒的，虽然一直以精力充沛著称，但从乾隆三年（1738年）起，张廷玉已明显感觉自己有些老了。乾隆三年他在给乾隆请辞兼摄吏部的奏折中说：“今犬马之齿六十有七，自觉精神思虑迥不如前，事多遗亡，食渐减少。”不但眼睛花得看文件越来越吃力，写字时手也开始打颤。年龄的增长使他在政治钢丝上走得越来越费力了。乾隆十一年（1746年），他的长子内阁学士张若霭病故，这对他又是一个意外的打击。白发人送黑发人，他备觉伤悼，身体一下子大不如前。各种老年性疾病，慢慢都找上身来。这种身体状况显然已经不适于承担帝国政治中枢的繁重工作了。

在这种情形下，皇帝对朋党政治的大力打击，就如同在张廷玉头上悬起了一把沉重的达摩克利斯剑，随时有可能落下来，让一辈子没有犯过错误的他陷于大戾。一是自己门下任何一个官员出了事，都有可能把自己牵扯进去；二是人一老，就容易糊涂，“错误耽延，在所不免”，让皇帝抓到自己的辫子。

凡事过犹不及。张廷玉的官已经做到了极致了：身仕三朝，功名利禄达到极致，张家一门也都安排得妥妥当当。两个弟弟张廷璐、张廷缘分别官至礼部侍郎和内阁学士，两个儿子张若霭和张若澄也都入值南书房和军机处，参与机要。“一门之内，朝绅命服，辉映闾里，天下荣之。”为官如此，夫复何求?

臣术中最重要的一条，是平安降落。没有这一条，那么其他方面再成功，也不过是一场春秋大梦而已。因此，退休的念头越来越强烈地出现在张廷玉心中。

· 3 ·

乾隆十三年（1748年）正月，张廷玉进宫出席皇帝为近臣举行的一次新年宴会，宴会后他得到与皇帝私下谈话的机会。乾隆十一年以后，这样的机会越来越少了。机不可失，他趁皇帝情绪不错，提出自己“年近八旬，请得荣归故里”。

张廷玉有充分的理由认为，皇帝会痛快地批准他的这个请求。

没想到，皇帝拒绝了他。乾隆从来没有想到一贯勤勤恳恳的张廷玉会提出退休的要求。虽然张廷玉已经不能承担繁巨的工作，但毕竟他的政治经验还是十分丰富的，在朝中作为顾问，对大清政治不无裨益。因此，皇帝回答说：“卿受两朝厚恩，并且奉了皇考的遗命，将来要配享太庙，岂有从祀元臣，归田终老之理？”就是说，你死后享受配享太庙，和皇帝一起吃冷猪肉的最高荣誉，生前怎么能贪图逸乐呢？

只有功高盖世、纯无瑕疵的名臣，才能“配享”太庙。一旦得到“配享”之荣，必然永载史册。因此，获得这项殊荣的人就应该死而后已，为国家贡献出全部力量。

素来缜密的张廷玉对皇帝的这个问题已有所准备。他叩了一个头，引经据典回答说：“七十悬车，古今通义。”老子曰：“知足不辱，知止不殆。”只有及时退步，才能保此身荣。况且宋明两朝也有享受配享荣誉的大臣退休回家的，比如明太祖就允许刘基回了老家。

这句话，让皇帝一下子不高兴了。

乾隆是中国历史上对“臣节”要求最严的皇帝。作为一个完美主义者，乾隆希望自己成为历史上最伟大的君主。同时，他也认为每个大臣都应该以最高标准来要求自己。

乾隆皇帝与雍正皇帝的性格颇为不同，对张廷玉的观感也大为不同。

雍正皇帝为人虽然阴鸷多谋，但是性格中却有天真淋漓的一面，经常有冲动急躁之举，与周密细致、耐心极好的张廷玉性格互补，因此君臣相得之感极强。雍正对张廷玉，不仅有才华上的利用，还有性格及人格上的欣赏，在他看来，张廷玉算得上是历史上少有的忠心赤胆的纯臣。所以，他才在遗嘱中给了张廷玉以有清一代汉族大臣从来没有得到过的殊荣：

> 大学士张廷玉，器量纯全，抒诚供职……其功甚巨。大学士鄂尔泰，志秉忠贞，才优经济……洵为不世出之名臣。此二人者，朕可保其始终不渝。将来二臣，著配享太庙，以昭恩礼。

这是雍正对张廷玉情谊深厚的最好证明。

然而乾隆皇帝对张廷玉的印象与雍正相当不同。俗话说惺惺相惜，但精明人有时最排斥的就是和自己差不多精明的人。乾隆和张廷玉一样，都是极为世故的玲珑多窍之人。所以对于张廷玉，乾隆一眼就看出了他身上的“巧”和“滑”。

在清代帝王中，乾隆是对满汉之分看得很重的一个。在他看来，满族大臣虽然身上会有种种缺点，但是毕竟“淳朴正直”，与皇帝一心一德，对主子死心塌地。而汉族人则心眼太多，居心巧伪，“习尚浇漓”，他们太会做官，太会做人。凡事都从自己出发考虑问题，总是把个人利益置于君主和国家利益之前，因此让人不能完全放心。张廷玉就是一个典型代表。

张廷玉的应对进退，表面上淡泊大公，背后却心机极深。他虽然勤勉尽责，功劳不小，但一举一动，一言一行，毕竟是出于自身利益最大化的考虑，只不过这种动机被极高的手腕消弭得无形无色而已，因此算不上“纯臣”。主动向皇帝请求退休这件事，就再分明不过地说明了这一点。

就像对父亲的许多做法都不以为然一样，对于父亲给张廷玉如此高的政治荣誉，乾隆一直有些不舒服。乾隆表面上对父亲的每一项遗命都奉之必谨，因此对鄂、张二人刻意加以尊重。但是儿子和父亲常存在着一种莫名其妙的竞争心理，父亲在遗嘱中公然为张廷玉背书“可保其始终不渝”。而在下意识里，乾隆一直在抓张廷玉的小辫子，以向父亲的在天之灵证明，您老人家看走眼了。

· 4 ·

乾隆认为张廷玉的这句话说明他对自己的忠诚度和个人感情，远不及对雍正皇帝。正是因为把自己当成不可依靠之主，担心会在乾隆朝落得“不测之局”，所以才要抽身退步，离皇帝而去。

这让皇帝很不痛快。天生好辩的乾隆开始拿大道理压人：“刘基并非主动求退，而是被明太祖罢斥回乡。为人臣者，当法始终如一的荩臣。比如诸葛亮，就为皇帝效忠一生，这才是大臣的最高境界。”

张廷玉奏对之际，总是思维敏捷。他立刻说：“诸葛亮遇到了战争时代，鞠躬尽瘁，死而后已，也是不得已。自己则幸遇到太平明主，不可同日而语。希望在太平时代，能享受到林下之乐。”

张廷玉一贯温文尔雅，惜言如金，今日这样坚持己见，引经据典，让乾隆觉得十分意外，也一下把他的辩兴提起来了。乾隆又犀利地说：“真正忠君之大臣，不论什么境遇，都会一心不变。比如皋夔、稷契得遇盛世贤君，龙逄、比干则遭逢乱世暴君，处境不同，然忠诚之心相同。”

张廷玉立刻听出了乾隆的弦外之音，这不分明是说自己不够忠诚吗？皇帝出言如此之重，他不敢再接话茬儿了，于是“免冠叩首”，“呜咽不能自胜”。

乾隆看他这个样子，也不忍心再说什么了，招呼小太监：“把张先生扶出去休息吧。”

· 5 ·

张廷玉没想到自己的请求遭到了皇帝如此明确的拒绝。他更没想到的是，皇帝不仅仅当面拒绝了他，还在第二天，将君臣间的这一番争论公布于天下。

乾隆为人极其好胜。张廷玉一哭，让皇帝准备好的滔滔辩词卡在喉咙，不吐不快。第二天，他遂降下长篇谕旨，向全体大臣详细讲述了此事，并将这件事提到了“臣节”的高度。

皇帝说，作为得到了配享荣誉的大臣，自然应该为国家鞠躬尽瘁，死而后已，不应该有任何私心杂念。如果把做官作为获得个人利益的工具，时势对自己有利，就全力营求；时势不利于自己，就主动求去，以保荣避祸，这就是典型的巧宦行为，而不是纯臣心术。

乾隆暗指张廷玉对自己感情不深："日日同堂共处的朋友，一旦远离，尚有不忍。何况君臣的情谊这么多年，更应该不忍离去。张廷玉精采不衰，应务周敏，不减少壮。如果一心想以泉石徜徉为乐，怎么对得起诸葛亮鞠躬尽瘁之训耶！"

在这篇谕旨的最后，乾隆把这件事提到了君臣大义的高度：

> 如果卿恐怕有人议论你恋栈，因有此奏，还可以理解。如果说人臣事君之义，就当如此，则大不可……为人臣者，断不可存此心。
>
> 如果预以此存心，必将漠视一切。泛泛如秦越人之相视，年至则奉身以退耳！谁复出力为国家图庶务者？此所系于国体官方人心世道者甚大。

这篇上谕，含量非轻。前代君臣，或有师友之谊，而到了清代，只剩主奴之义。作为奴才，只有干到咽气的那一天，怎么能提前获得自由权？朱元璋以一篇"寰中士大夫不为所用诏"取消了士人们不做官的权利。而乾隆则通过这篇谕旨取消了大臣的"退休权"。

张廷玉万万没想到，自己为爱新觉罗家族祖孙三代服务五十年，换来的是这样一个评价。

· 6 ·

受到如此严厉的批评，张廷玉心惊胆战，只好打点精神，继续到朝中点卯。不久之后，就遇到了乾隆十三年（1748年）的政治风暴。

从乾隆十三年的官场风暴开始，乾隆对大臣的态度从"以礼待之"渐渐变成了颐气指使，呼来喝去，动辄痛骂训斥，任意挫辱。只有对张廷玉，他还竭力维持着表面上的最后一丝礼貌。不过，乾隆十三年的两次处分已经使张廷玉吓破了胆。这两次处分对别人来讲，可能不算什么，但是对做了四十多年官保持着未犯过一次错误纪录的张廷玉来说，精神打击却分外沉重。他日夜提心，时时吊胆，健康大减，老态更增。年近八旬的他牙齿掉得差不多了，老年斑已经遍布面颊。没有人搀扶，已经无法长距离走路了。

张廷玉的身体变化，乾隆当然看在眼里。他发现张廷玉这一年老得太快了，思维明显不如以前清楚，说话有时也颠三倒四。乾隆皇帝看着张廷玉从警敏周密、精力超人的中年能臣变成眼前这个老态龙钟、几近废物的老臣，心中也不免感叹岁月无情。乾隆十四年（1749年）十一月，在一次君臣谈话中，皇帝关心地问起张廷玉的身体。张廷玉趁这个机会，详细陈说衰疲之状，再次试探着提出了退休。

乾隆沉吟了一下，说，我再想想，你先退下吧。

恻隐之心使皇帝破例改变了以前的决定。这个张廷玉，固然为人有取巧的一面，但是四十多年勤奋敬业始终如一，为爱新觉罗家的家业如此不惜心血，在史上也确实罕见。如今春蚕丝尽，不如放他归去享几年清福吧。于是皇帝发布谕旨："（张廷玉）乃自今年秋冬以来，精采矍铄，视前大减，盖人至高年，阅岁经时，辄非曩比。召见之顷，细加体察，良用恻然……强留转似不情，而去之一字，实又不忍出诸口"，因为"座右鼎彝古器，尚欲久陈几席，何况庙堂元老，谊切股肱？"皇帝派人把这道谕旨送到张府，说是否真要退休，听他自行抉择。

这道谕旨典型地体现了乾隆的风格，即把所有的道理都把握在自己手中，让自己处于永远正确的进退自如之地，而置他人于极难应对的地步。文字中他既表现了对张廷玉身体的关心，又说"去之一字，实不忍出诸口"，表明了皇帝对臣子依依不舍。他想考验一下张廷玉如何回复。

按乾隆的设想，老练过人的张廷玉接到这道谕旨之后，应该善加揣摩，写上一道奏折，一方面详述自己确实老病，难于支持；另一方面又深切表达自己犬马般依恋主人的心情，说自己也实在不忍离开皇帝，虽然身体衰弱如此，也决心守在皇帝身边，直至死去。

如果这样，乾隆就可以再发谕旨，说他读了张的奏折，十分感动。张的忠心可为天下人臣之表，而皇帝关爱有功老臣，特命张荣归故里，享泉林之乐。这样，君臣一场，彼此应对都十分精彩漂亮，足以为天下后世所法，载入史册，也是一段佳话。

怎奈张廷玉太老了，已经不复当年的精明。他见到皇帝的谕旨，以为皇帝已经默许了他的请求，大喜过望，当即上奏谢恩，说准备明年春天起程。

看到张廷玉的回复，皇帝叹了一口气。这老头是老糊涂了，还是对自己真的没有一点感情？不过皇帝还是表现出难得的宽容和善意。他想与张廷玉有始有终。因此，皇帝优诏褒答了张廷玉，赐给他许多珍宝器物，准许他以“原官致仕”。在上谕中，皇帝还充满感情地期待十年以后，“朕五十正寿，大学士亦将九十，轻舟北来，扶鸠入觐”，君臣重新见面叙旧。

· 7 ·

截至这个时刻，张廷玉的一生可以说无可挑剔，享过荣华富贵，及时平安降落，死后名垂千古。这是几千年来大臣能做到的最高境界。

可惜，人生往往就是那么难以捉摸。

在鄂尔泰死后，张廷玉在朝中并非一枝独秀，而是又出现了一位势均力敌的政治对手——大学士史贻直。此人与张是同年进士，但前期仕途远没有张氏顺利，嫉妒之心使他转投鄂尔泰门下。鄂尔泰去世后，群龙无首的鄂党中的许多人聚集在他的身边，一时之间他成了鄂党的隐形领袖，终日以编排指摘张廷玉为事。自乾隆十三年（1748 年）张廷玉请求退休时起，他就开始大肆在朝中宣扬张廷玉并没有什么丰功伟绩，没有资格配享太庙，并多次在乾隆面前陈说其辞。

申请退休成功后，一块大石头落地的张廷玉又想起了另一个问题：皇帝上一道谕旨说过，“从祀元臣，岂有归田终老之理？”史贻直又一直鼓动皇帝取消自己的配享资格，那么，自己这次回到江南之后，身后还能不能得到配享的荣誉呢？

从皇帝对自己的亲切态度看，应该没有大问题。可是皇帝谕旨中毕竟没有明确宣布这一点。如果自己退居林下，在朝廷中没有了影响力，史贻直在皇帝面前再进谗言，乾隆耳朵根子一软，那么自己可就没法吃到太庙的冷猪肉了。

想到这里，他开始辗转反侧起来。

在家中犹豫了多日，他终于下定决心，豁出老脸，进宫面见皇帝，请求皇帝给一个明确的表示，以杜绝史贻直等人的奸谋。

在以前，这样的举动张廷玉绝对是做不出来的。以“淡泊”“谦退”闻名的他一生从来没有为自己请求过任何恩荣。做出这个决定，可见人到老年，智力结构确实会发生很大变化。

冒着深冬的严寒，张廷玉由儿子搀扶着，颤颤巍巍地再一次进入紫禁城，跪倒在皇帝面前，说明了自己的忧虑，“免冠呜咽，请一辞以为券”。

听完了张廷玉的哀哀请求，乾隆十分诧异，也十分不快。他从没想到这位老臣会提出这样的要求。自己从来没有说过不准他配享，他提出这个要求，明摆着是信不过自己。

不过，送佛送到西，为与父亲留下的这位三朝元老有始有终，创造君臣相得的一段佳话，他就破例再开一次恩，给他写个保证书吧！

皇帝同意发布恩准张廷玉配享的诏书。但回头越想，心里越不是滋味，他写了一首意味深长的诗给张廷玉：

造膝陈情乞一辞，动予矜恻动予悲。

先皇遗诏惟钦此，去国余思或过之。
可例青田原侑庙，漫愁郑国竟摧碑。
吾非尧舜谁皋契？汗简评论且听伊。

这首诗大有深意。大意是说：你到我面前，跪地陈情，请我给你一个保证。这一举动，令我不免起了恻隐之悲心。先皇的遗诏，我当然会遵守，原本没有什么疑问。你离开京城，回到老家，也许会心有所思。我特准你像刘伯温那样，既退休，又可配享。你是否怕我会像唐太宗那样，亲手给魏徵写了碑文，又亲手砸了它。我并非尧舜之君，不知道谁可配得上皋夔之臣？将来历史怎么评价我们君臣，还是随它的便吧！

这首诗语气相当不祥。结尾那两句分明是说，你的功绩原非皋夔那样盛大，父皇让你配享，是对是错，我也说不清楚。这纯粹是负气之语。

得到了荣誉保证书的张廷玉兴奋之下没有因皇帝的这首诗太影响心情。他心中所有的石头都落了地，终于可以睡个安稳觉了。皇帝破例施恩，按例第二天他应该亲自进宫谢恩。只是近八旬之人，昨天为进宫，已经折腾了一天，在皇帝面前又应对良久，消耗干净了积攒了几十天的精神。回来后头晕眼花，身上已经没有一丝力气。因此第二天他没能起来，因命其子张若澄代他到宫门谢恩。

没想到这个小小的疏忽惹来了大祸。

· 8 ·

张廷玉一生，对于君臣之礼，恪守极严。四十多年日日伴随在皇帝身边，从来没有在礼数上犯过一次错误。因此，乾隆原以为，张廷玉第二天一早一定会早早来面见谢恩。谁料前来的只是张的儿子。本来已经对张廷玉不满到了临界点的乾隆皇帝勃然大怒。

张廷玉没有亲来，乾隆认为这一事实证明了他的设想：张廷玉对皇帝并没有真情实感，或者说，没有丝毫感情。在其所有要求一一得遂之后，就视皇帝为陌路，连见皇帝一面都不愿意了。

积累已久的怒火在这一瞬间被点燃。当天下午，皇帝命军机大臣写旨，令张廷玉“明白回奏”是怎么回事！

当日在军机处办事的大臣是傅恒和汪由敦二人。汪由敦是张廷玉的门生，与张廷玉关系极深。他明白皇帝这次发火非同小可，连忙派小厮到张府，把这一消息传递过去，让张廷玉有所准备。

张廷玉不知是老糊涂了还是吓糊涂了，他做出了一个小孩子才能做出来的举动：第二天一大早，天还没亮，他就强撑着跑到了宫中，叩头请罪。这真是一个再愚蠢不过的举动。因为此时皇帝命他明白回奏的谕旨还没有发到张家。此举明白地告诉了皇帝，有人向他传递了皇帝发怒的消息。

军机大臣向张廷玉泄露消息，此举无疑是朋党积习的一大暴露。没想到自己打击朋党十多年，居然还有人如此大胆，做出这样明显的党护之举。皇帝的怒火升腾到了极点。他当面把张廷玉痛骂了一顿，把张赶走之后，他仍不解气，花了一天时间，亲自缮写了一篇上谕，公布天下。上谕中说：

> 今日黎明，张廷玉即来内廷，此必军机处泄露消息之故。不然，今日既可来，何以昨日不来？
>
> ……张廷玉立朝数十年，身居极品，受三朝厚恩，而当此桑榆晚景，辗转图维，惟知自便。未得归则求归自逸，既得归则求配享叨荣，及两愿俱遂，则又视若固有。意谓朕言既出，自无反汗，已足满其素愿，而此后更无可觊之恩，亦无复加之罪，遂可恝然置君臣大义于不问耳。朕前旨原谓配享大臣不当归田终老，今朕怜其老而赐之归，是乃特恩也。既赐归而又曲从伊请，许其配享，是特恩

外之特恩也。乃在朕则有请必从，而彼则恬不知感，则朕又何为屡加此格外之恩，且又何以示在朝之群臣也乎？试问其愿归老乎？愿承受配享恩典乎？令其明白回奏。

……今日张廷玉之早来，则其情显然，朕为天下主，而令在廷大臣，因师生而成门户，在朝则倚恃眷注，事事要被恩典，及去位而又有得意门生，留星替月，此可姑容乎？

……朕尝谓大臣承受恩典，非可滥邀，若居心稍有不实，则得罪于天地鬼神，必致败露。张廷玉一生蒙被异数，即使诈伪亦可谓始终能保。乃至将去之时，加恩愈重，而其所行有出于情理之外，虽欲曲为包容，于理有所不可，岂非居心不实之明效大验耶？天道之显著如此，为人臣者，其可不知所儆惕乎？可不知所改悔乎？

这道上谕讲了这样几层意思。

一、既批准退休，又配享太庙，这是非常隆重的恩典。张廷玉理当亲自前来谢恩，即使衰病不堪，也应该强撑病体而来。张之不来，明显是视此“莫大之恩”为他应得的，是先皇许下的，与当今皇上没有关系。当今皇上既然下了保证，那么今后必无反汗之理，自己从当今皇上处所得到的好处也就到此为止，今后彼此漠不相关了。

二、张廷玉要求皇帝下保证书，明显是信不过皇帝。这是皇帝生气的最主要原因：“夫张廷玉之罪，固在于不亲至谢恩，尤在于面请配享。”

三、张廷玉急于求归，是对新皇帝没有感情，“恝然置君臣大义于不问”。张廷玉之请求退休，在没有龙钟之前。可见他视自己的进退出处比朝政重要，对皇帝不够忠诚。在为官一世，“赀产足赡身家”的情况下，以“容默保位为得计”。

四、张廷玉头一天不能亲来谢恩，第二天却早早跑来，“此必军机处泄露消息之故”。由此他想到汪由敦是张廷玉举荐来代替自己任大学士之位的，汪因此加以回报，这是明显的结党营私行为。他说，张临走前在皇帝身边安插亲信，“留星替月”，实在阴险。

这道谕旨彻底撕破了乾隆对张廷玉“优容”的面纱，露出了隐藏多时的獠牙。张廷玉吓得六神无主，在回奏的折子中极尽自责地说：“臣福薄神迷，事皆错谬，致干严谴，请交部严加议处。”

· 9 ·

按照皇帝所列四条大罪，不但张氏被罢官丢爵在所难免，身系牢狱加以穷追也未可知。一旦兴起大狱，则牵连张党众人，完全有可能掀起一场席卷天下的政治风潮。不过皇帝不想在此时搞一个全国性运动。

接到张廷玉言辞卑切的回奏，怒气有所发泄之后，乾隆又发布上谕说，自己一直努力包容张廷玉，这次严旨斥责张廷玉，主要为打击结党之习，并不是真要打倒他个人：“（张廷玉与军机大臣通消息之事）如果严讯，一定水落石出。但朕即位以来，一直包容张廷玉至此，何必因此兴起大狱。但是此事不可不辩明，为何？因这关系到植党营私的大问题……朕是何如主而能容大臣们如此植党树私？此等伎俩竟然敢在我面前摆弄？张氏马上就要退休，我再包容他一次也不难，但是我不把这件事讲明白，他不但不知我保全他的深恩，还一定以为我中了他的计谋……如今张廷玉既然已经认错，我念他毕竟是三朝老臣，不想加以大罪。”

不过，既然撕破了脸皮，皇帝索性把十几年来对张廷玉忍住没说的话都说了出来，他直截了当地指出，张廷玉实不当配享太庙：“试思太庙配享，皆佐命元勋，张廷玉有何功绩勋猷而与之比肩乎？”……张廷玉所长不过是勤快谨慎，当了一个好秘书。鄂尔泰尚有平定苗疆之功，张廷玉实在没有什么能拿出手的记录。

把张廷玉弄得灰头土脸、名誉丧尽之后，皇帝笔锋一转，又说，虽然张廷玉不配配享，但是自己做皇帝，向来仁至义尽，只许别人对不住自己，自己决不会对不住别人，所以并不剥夺张氏配享之资格，因为配享是先皇所赐。但伯爵是自己所赐的，张廷玉对自己既然没有感情，何必要给他，因此要削去张的伯爵，以示惩罚。“朕不云乎：张廷玉忍于负朕，朕不忍负张廷玉。朕之许张廷玉予告，原系优老特恩，明纶甫降，朕不食言。其大学士由皇考时简用，至今二十余载，朕亦不忍加之削夺。配享，恭奉皇考遗诏，朕终不忍罢斥。至于伯爵，则朕所特加，今彼既不知朕，而朕仍令带归田里，且将来或又贪得无厌，以致求予其子者皆所必有，朕亦何能曲从至是。著削去伯爵，以大学士原衔休致，身后仍准配享太庙。”

这篇奇文，把对父亲遗命和张氏的不屑表达尽致，却又理直气壮，回旋往复，三复其说，尽逞辩才。

· 10 ·

张廷玉一生的脸面，付之东流。辛苦一生，希望的是平安收场，没想到最终却弄得这样尴尬难堪。志灰神丧，心惊胆战之余，他只想赶快回乡，远离这个是非之地。乾隆十五年（1750年）春天，他便遵乾隆“明春回乡”之旨，收拾打点京城的一切，应该送人的送人，应该变卖的变卖，准备早早登上返乡之程。

不料越着急，事情越有意外。乾隆十五年三月，就在张廷玉已经写好了给皇帝的奏折马上要起程之时，遇到了皇长子永璜去世。

张廷玉曾经做过永璜的师傅，有师生之谊，因此必须参加丧礼。在一次又一次行礼如仪之后，好容易熬过了初祭，丧礼算是告了一个段落。张廷玉于是向皇帝上奏，要马上起程。

不料这道奏折又一次令皇帝勃然大怒。乾隆对这个长子很重视，长子之丧令皇帝十分伤心。皇帝心情不好，就要拿大臣出气。张廷玉很清楚乾隆的这个脾气。只不过他没有想到，这一次是自己撞在了枪口上。心情失常的皇帝说，皇长子才过初祭，丧服未除，张廷玉就要南还，可见其人内心并不悲痛，也可见对皇室并不忠诚。

乾隆又一次降下谕旨，旧事重提，认为毫无忠心的张廷玉不够配享资格。皇帝说，张廷玉在雍正年间，不过是一个称职的秘书；在乾隆年间，也不过是旅进旅退，毫无建白，毫无赞襄。朕之对他一再姑容，不过是因为他资格老，所以把他像父亲传下来的“鼎彝古器”那样摆在朝堂之上，做做样子而已。

在这篇谕旨之后，乾隆还把历代配享之臣开了个名单，送给张廷玉阅看，并让他明白回奏，自己配不配得上配享之荣？这个配享的资格自己还想不想要？

皇帝忽晴忽雨，忽左忽右，将八十岁的老臣玩弄于股掌之上，使他求生不能，求死不得。饱尝羞辱的张廷玉只好回奏说：

> 臣老耄神昏，不自度量，于太庙配享大典，妄行陈奏。皇上详加训示，如梦方觉，惶惧难安。复蒙示配享诸臣名单，臣捧诵再三，惭悚无地。念臣既无开疆汗马之力，又无经国赞襄之益，纵身后忝邀俎豆，死而有知，益当增愧。况臣年衰识瞀，衍咎日滋。世宗宪皇帝在天之灵，鉴臣如此负恩，必加严谴，岂容更侍庙廷？
>
> 敢恳明示廷臣，罢臣配享，并治臣罪，庶大典不致滥邀，臣亦得安愚分。

事件的结果当然一目了然：廷臣集议，大家一致认为张廷玉不应配享。于是张廷玉被皇帝明令取消配享资格，灰溜溜回到了老家。为了配享，张廷玉奋斗了一生，没想到最后还是栽在了这个上面。

· 11 ·

回到老家的张廷玉心神俱疲。从动了退休的念头开始，张廷玉就不断设想自己“衣锦还乡”的时刻。没想到，想象中风光的“衣锦还乡”到头来竟然变成了这样尴尬的场面。地方大员为了避嫌，无一人出面迎接，只有一位侄子率几位家人，把他接进了老屋。

少小离家老大回，再度踏上故乡的土地，他却只有挥不去的羞愧。辛苦工作了一辈子，最终却丢了伯爵和配享两项荣誉。他深闭家门，很少见客。在家中整整休息了一个月，才有心情扶了支竹杖，外出踏访。好在故乡的水土是对走到生命末路的老年人最好的安慰。几个月过去，他的精神渐渐恢复，心情也日见开朗起来。

然而，噩运却并不甘心到此为止。张廷玉精神刚刚好转，朝廷中又出了一件祸事：他的亲家四川学政朱荃，在母亲去世后，为了挣点“考试补贴”，居然隐瞒母丧消息，“匿丧赶考”，为御史储麟趾所参。

这件事发生得真不是时候。皇帝又一次想起了张廷玉，因为朱荃在仕途上起步，就是因为受了张廷玉的举荐，何况张后来又和他做了儿女亲家。这样一个品行卑污之人居然受了张的举荐，可见张廷玉并不像他自己所说那样“清白”，乾隆十四年间，张氏难保不曾在别的事上欺骗过皇帝。在处理了朱荃后，乾隆又发布谕旨，说张廷玉举荐此人，并与之结亲，是在乾隆年间，“在雍正年间，伊必不敢如此”。张氏平日谨慎，深通远祸之道，在雍正年间不会做出这样的事。而在乾隆年间，竟敢漫无忌惮至于如此，这不是明摆着是藐视朕躬吗？他命张廷玉老实交代，与这样的卑污小人“公然与为姻亲，是诚何心”？

连与人结为儿女亲家都成了罪过，这真是欲加之罪，何患无辞了。皇帝对张廷玉的嫌怨之情，溢于言表。

绝不容眼里掺一点沙子的皇帝决定，收回以往三代皇帝对张廷玉的一切赏赐，以示惩罚：

> 张廷玉深负三朝眷注之恩……岂容其冒叨宠赉。所有历来承受恩赐御笔、书籍，及寻常赉赏物件，俱著追缴。

皇帝派出自己信任的内务府大臣德保，去执行这个任务。在派出之际，特意把他召入宫内，秘密叮嘱了一番。

· 12 ·

乾隆十五年（1750年）八月，钦差大臣德保来到了张家。张廷玉率领全家，跪在门口迎接。他早早遵旨，把三朝皇帝赏赐给他的字画、珠宝、衣服器物收拾到一起，准备交给德保。谁也没有想到的是，德保不但带了十多名随从，还从知府那里，借来了二百名兵丁。这二百名军人事先显然准备充分，进了张家，不由分说，以查找是否还有遗漏的赏赐物为名，开箱砸锁，挖地三尺，居然抄了张廷玉的家。

好在张廷玉持身之谨并非虚言。抄家过程证明张廷玉持身清正，并无太多财产。

不过，德保却带走了抄家过程中翻出来的所有带文字的东西：书籍、文章、信件乃至便条。

原来，派德保出京之前，皇帝秘密嘱咐，到了张家，一定要借查找皇帝赏赐字画之名，严格检查张廷玉的私人文件及藏书，看看其中有没有对乾隆的怨望之词。

在细细审查后，德保一无所获，他对这位张阁老不禁佩服得五体投地。作为一个文臣，谁也保不住会用文字发泄发泄心情，在书信日记中品评品评人物，说几句牢骚话。特别是那些参与过中枢政务的大臣，回家之后，都爱写写回忆录，记录点高层政治的秘密。但是张廷玉却没有这样做。在他的数百封私人书信中，没有一字涉及政治。张廷玉确实编了一本年谱，记载了自己政治生涯中的大事。不过，这本年谱中，他只是详细记载了三朝皇帝对他的“恩遇”“赏赐”，虽然细到哪一天皇帝说过哪句赞赏他的话，哪一天赏了他什么食物，却没有一字对朝政的品评，也没有一字涉及政治机密。德保虽然素知张廷玉以谨慎闻名，不过他没有想到，张氏会谨慎到如此程度，这位三朝老臣真是成了精了。要知道，这次抄家，如果稍有把柄被抓住，张氏就必然要身首异处。

由收缴赏赐之物变成了抄家，这一举动引得举国惊疑。毫无收获的皇帝也觉得这事做得没有什么意思，后来不得不下了道谕旨，说是德保弄错了皇帝的旨意，他并没有命人抄家。不过，大家都心知肚明，抄家是何等大事，德保不弄清楚，怎么敢贸然行事？就算德保是真的糊涂弄错了，乾隆必加严谴，何能不追究责任？事实明摆着，就是皇帝想置张廷玉于死地。

虽然逃过了一死，但既经抄家，张廷玉名誉也就彻底扫地。皇帝命张廷玉交代与朱荃这样的卑污小人“公然与为姻亲，是诚何心”？除了服罪，他更复何说？于是他上奏皇帝说：“臣负罪滋深，天褫其魄，行事颠倒。自与朱荃结亲以至今日，如在梦昧之中，并无知觉。今伏读上谕，如梦方醒，恐惧惊惶，愧悔欲死，复有何言？乞将臣严加治罪。”

皇帝把张廷玉的奏折交给大臣们公议。大臣们一致认为，张廷玉犯了如此严重的错误，自然应该“革去职衔，交刑部定议，以为负恩玩法者戒”！

皇帝毕竟是“宽仁之主”，发布上谕，宽免张廷玉的“罪过”，但免不了借题发挥，对张廷玉又痛斥一顿：“张廷玉身负三朝重恩，遭遇之盛，罕有伦比，而且得到了配享太庙之荣誉，应该何如感激报效。即使年纪衰惫，也应该依恋阙廷，鞠躬尽瘁，不忍言去。不料他平时则容默保位，及其年老，不能再营私，就一再要求归荣乡里。对于君臣大义，并不在心上。以如此存心，不惟得罪于朕，并得罪于皇考。所以天地鬼神，显夺其魄，让他一生的居心行事，至此尽行败露。张廷玉罪过实属重大，即使罢了他的官爵，加以严谴，也不为过。至于他党援门生，及与吕留良案内之朱荃联为儿女姻亲之罪，在他反倒是小过了。不过既经罚款，并且令人追缴了赏赐给他的诸物件，已足以表示惩罚。如果按大臣们所议，将他革职治罪，我并不同意。在张廷玉忍于负朕，自所应得，而朕心仍有所不忍，著从宽免其革职治罪，以示朕始终矜宥之意。”

经过这场问罪，张党完全被击垮。张廷玉名誉丧尽，门生故吏各寻出路，如树倒猢狲散，连吴士功这样的死党也去投奔了史贻直。乾隆打击朋党，终于以全胜结局。

· 13 ·

修炼了一辈子臣术，最后还是一败涂地。经此打击，张廷玉彻底灰心丧魄。他日日兀坐家中，终日不发一语。乾隆二十年（1755年），在家中苟活了五年，张廷玉终于死了。

消息传来，乾隆也感到一丝悲痛。毕竟他们君臣相处了十四年，回想起张廷玉一生的所作所为，他感觉自己对张廷玉确实苛刻了点。毕竟，张廷玉为大清辛辛苦苦工作了近五十年。皇帝做出眷念老臣之姿态，宣布宽恕张廷玉的一切过失，仍然命他配享太庙。恤典如常，谥文和。太庙那块冷猪肉，皇帝恶作剧般反复折磨多次后，终于又摆到了张廷玉的嘴边。只不知张廷玉是否死后有知。

乾隆四十四年（1779年），皇帝写了一系列怀旧诗，怀念自己驾下的五位大学士。其中关于张廷玉的一首诗曰：

风度如九龄，禄位兼韦平，
承家有厚德，际主为名卿。

不茹还不吐，既哲亦既明，
述旨信无二，万言顷刻成。
缮皇祖实录，记注能尽诚，
以此蒙恩眷，顾命配享行。
及予之莅政，倚任原非轻，
时时有赞襄，休哉国之桢。
悬车回故里，乞言定后荣，
斯乃不信吾，此念讵宜萌。
臧武仲以防，要君圣所评，
薄惩理固当，以示臣道贞。
后原与配食，遗训敢或更，
求享彼过昭，仍享吾意精。
斯人而有知，犹应感九京。

在诗注中解释最后两句时，乾隆说：“张廷玉虽有过，余仍不加重谴，仍准以大学士衔休致。及其既卒，仍令配享太庙。余于廷玉曲示保全，使彼泉下有知，当如何衔感乎？”

翻译成白话文就是：张廷玉虽然犯了错误，我仍然没有严厉惩处，仍然准许他以大学士的官衔退休。及至他去世，我仍然令他配享了太庙。我对张廷玉如此优容保全，如果他地下有知，不知道会怎么感激涕零？

第五章

盛世之巅

除了驱敌拓土之外，平定新疆的另一个意义是它标志着乾隆盛世达到了“全盛”。中国古代历史上这最后一个盛世，人们通常称为“康乾盛世”。事实上，康熙和雍正的统治还称不上完美。直到平准战争之后，清王朝在各个方面实现了对历史的超越，进入无可挑剔的“全盛”。

一 “以民为本”

·1·

虽然对官员严酷苛刻，但乾隆对平民百姓却十分仁慈。这一点与朱元璋非常相似。

乾隆的天性中，有继承自母亲的善良。小时候宫中小动物死亡，他经常会泪流不止。雍正在遗诏中称乾隆“秉性仁慈”，并非虚誉。雍正甚至因此一度担心乾隆是否过于仁柔，以至于不能胜任皇帝这个职务。

从小接受的帝王教育，把“重农”“悯农”思想牢牢地刻进了乾隆的脑海里。虽然生长于深宫之中，他却对农民生计之艰辛有颇多了解。学生时代，他写过许多首以“爱民”为主题的诗歌。严冬之夜，他倚坐在紫禁城暖阁的炉火边，听着窗外北风呼啸，蓦然想起城外茅屋里的穷人会怎么熬过这个寒夜：“地炉燃炭暖气徐，俯仰丈室惭温饱。此时缅想饥寒人，茅屋唏嘘愁未了。”

随父亲外出谒陵打猎时，他看到农民正在地里秋收，挥汗如雨，遂写下了这样的诗句：“吾闻四民中，惟农苦莫若。有年谷价低，歉年委沟壑。即今丰稔收，租重主人索。益信为政者，仁民最先著。”

这些诗歌中的拳拳之意，较以写悯农诗著名的李绅等并不多让。虽然在学生期间形成的许多政治理念，在后来漫长的政治实践中被大幅修正，但悯农重农思想，却始终如一。直到乾隆五十三（1788 年）年，年逾古稀的皇帝还亲笔临摹了南宋画家李迪的《鸡雏待饲图》，然后命刻印多份，发给各地官员，让他们“勿忘小民嗷嗷待哺之情”。

因为对民生的关切，所以乾隆对水旱灾荒特别关注。各地的天气和收成时时牵系着乾隆的心。史料表明，乾隆一生多次因为灾情而流泪。

有一年，安徽太湖县受灾，灾民在野外掘野菜时掘得一种“黑米”，数量甚大，掺在其他粮食中，可以用来充饥。乾隆得知后，命地方官把这种“黑米”呈上一些，自己亲口尝试后，不禁潸然泪下：

> 挖蕨聊糊口，得米出不意。
>
> ……
>
> 并呈其米样，煮食亲尝试。
>
> 嗟我民食兹，我食先坠泪。
>
> ……
>
> 邮寄诸皇子，令皆知此味。

他把这些“黑米”分别寄给几位皇子，让他们了解民间疾苦。

乾隆多次说，救灾是“国家第一要务”，“赈恤一事，乃地方大吏第一要务”，告诫地方官员“第一应戒讳灾之念”。他当政几十年间，始终坚持这样的原则：“向来督抚中失察挂误处分，朕常加宽免。或有讳灾之事，朕必重治其罪。”他是这样说的，也是这样做的。乾隆元年（1736 年），他即位不久就因隐匿灾情不报，而罢了甘肃巡抚许容的官。乾隆七年（1742 年），两江总督那苏图也因汇报灾情不实而受到皇帝的严厉申饬。

乾隆二十六年（1761 年），山东德州发生大水。大雨一连下了七昼夜，德州居民扶老携幼，纷纷攀登城楼，在城墙上生活多日。由于城中乏粮，百姓饥困，哭声震天。

其时德州城中的最高官员山东督粮道颜希深出差到省城办事，城中没有主事之人。虽然官仓中有粮，也无人敢决定放赈。颜希深七十多岁的老母何太夫人在官署中听到饥民的啼哭之声，询问署中人员为什么不放粮。署员说，放粮乃是国家大政，必须等颜道员回来后奏请上级批准才行。否则擅动仓谷，处罚极严。不但要丢官，还需要补赔。

何老太太闻听，勃然大怒，说："此何时也！犹拘泥于常法乎？况德州距离省城甚远，如果等我儿子回来，再经详奏核复，那么数十万灾民都将成饿殍矣！你们无须忧虑，马上开仓放赈，以解倒悬。如果将来朝廷怪罪下来，一切由我儿子承担。如果要赔偿，我愿尽吾家所有，查封以抵偿。"

在老太太的力争下，仓库管理人员终于打开了粮仓，数十万饥民得以全活。

消息传到省府，山东巡抚非常震惊。他们以擅动仓谷，蔑视国家体制，加以举报。皇帝得知此事愤然批道："有这样的贤良母亲和好官，为国为民，权宜通变，巡抚不但不举荐，还要弹劾，怎么能鼓励那些为国考虑者！"皇帝降旨，已动用的仓谷，准许作为正项开销，无须赔补，并且特别赐给颜母三品封诰。从此，皇帝对颜希深母子留下了深刻的印象，颜氏也因此仕途通畅，一路飞黄腾达，很快高升到督抚之高位。（谢骥《论"颜氏文化"的三大亮点》）

正如同对颜氏母子的特殊处理一样，凡事斤斤计较、察察为明的皇帝，独独对赈灾中的跑冒滴漏"难得糊涂"。发生灾害时，他宁肯地方官报得严重一点、夸张一点，因而发生冒赈、滥赈之弊也不追究。他最怕的就是他们赈灾不力，因此他多次说"办赈理宜宁滥勿遗"。对于那些舍不得花钱救灾的地方官，乾隆深恶痛绝。乾隆十七年（1752年），山西部分地区受灾，巡抚阿思哈舍不得动用国库银两，就劝富户出钱救灾。皇帝十分生气，说："此奏实在卑鄙错谬之至，朕实骇闻。"不久就罢了他的官。

考察乾隆历年救灾，确实是认真从事，不惜巨款。乾隆七年（1742年）皖北大水，灾民达二百二十万。乾隆特批当时国家全年财政收入的十分之一，即白银二百九十万两、粮食二百二十万石救济。乾隆十八年（1753年）左右，户部把乾隆即位以来用于救灾的钱和前两任皇帝做了对比。报告说："雍正十三年之间，江南赈灾款项，共用了一百四十三万两，已经很多。而乾隆元年到十八年，就已经用了二千四百八十余万两，粮食也是二千多万石。"负责漕运的官员也提醒皇帝："康熙年间共截过漕粮二百四十万石用来救灾，雍正年间也不过二百九十万石。可是乾隆元年到二十年，就已经高达一千三百二十多万石。"事事号称法祖的乾隆看到这个数字也很吃惊，说："朕遇到偏灾，即有人饥己饥人溺己溺之怀，不能自已。也想不到竟然动用了这么多漕粮。"（《清高宗实录》）吃惊虽然吃惊，但是慷慨仍然慷慨。乾隆五十年（1785年）的全国性灾荒，乾隆手忙脚乱，昼夜不息，批示各地，或令截留漕粮，或令开放谷仓，或令发给银两，或令减价平粜，或令兴工代赈。皇帝说："朕廑念民依，如伤在抱。"这一年用来赈灾的银两，高达一千四百万两，占国家全年财政总收入的三分之一还多。

虽然乾隆年间的救灾也无法避免人治社会中常见的侵吞干没，层层盘剥，但是纵向比较中国历史，仍然可以肯定地说，乾隆是传统社会中采取救灾措施最为得力的统治者。

· 2 ·

清代皇帝一直以明朝为他们的前车之鉴，而明王朝给他们的最大教训是"水可载舟，亦可覆舟"。谁都知道，清朝得以入关，是捡了个大便宜，明王朝实际上是被饥饿的农民颠覆的。而颠覆的直接原因，就是对农民剥削过重。万历年间加派三饷，每年从农民身上多搜刮一千多万两白银，剜肉补疮，动摇了大明帝国的根基。所以，清代皇帝经常讲，明不是亡于崇祯，而是亡于万历。

熟读历史的乾隆知道，饥饿的农民是国家最危险的敌人，而温饱了的农民则是皇权最坚定的支持者。为了江山万代，乾隆必须减轻对农民的剥削，使绝大多数老百姓有饭吃。这是国家政治的重中之重。

统治者的自我克制，在乾隆身上表现得比较明显。乾隆一朝鼓励农民开垦荒地不遗余力，但是出发点却仅仅是为了百姓生计，而不是为国家增加税收。乾隆皇帝在即位之初，就在《大清律例》中增加了新的一条："各省官员不得再重新丈量农民土地，也不得强令农民向官府汇报自己开垦的荒地。"这其实就是宣布，农民新开垦出来的土地，永远不用给国家交税。乾隆年间，由于皇帝鼓励垦荒，全国耕地已经超过了十亿亩。但是乾隆年间的国家税收，始终只按七亿多亩征收。诚如乾隆所言："民为邦本，庶富相因，但令小民于正供之外，留一分盈余，即多一分蓄积，所谓'藏富于民'，'百姓足，君孰与不足'者，此也。"

乾隆登上皇位后所做的第一个重大决定，就是决定在全国范围内免除拖欠多年的农业税。在即位诏书中，乾隆宣布，凡是拖欠了十年以上，也就是雍正三年以前所欠的农业税全部免交。仅仅过了二十天，皇帝再次颁旨，宣布去年以前，即雍正十二年以前所有未交的农业税，一律免除。大清帝国的子民们，特别是众多贫困人口，是摆脱了多年沉重的欠税负担进入乾隆时代的。这在以农业税为主要财政收入的传统社会，是一个影响非常巨大的决定。

在此后漫长的六十多年统治中，乾隆多次部分或者全部免除农民的农业税，从而使自己成为中国历史上减免农民税款最多的皇帝。他在乾隆十一年（1746年）、三十五年（1770年）、四十二年（1777年）、五十五年（1790年），以及嘉庆元年（1796年），先后五次，普免全国钱粮，共少收农民白银1.4亿两，粮食1200万石。这白花花的银子和沉甸甸的粮食，原本都是他爱新觉罗家的法定收入，是可以归他任意支配的。如此手笔，不可谓不阔绰。据《清代国家与社会》一书提供的数字，乾隆一朝所减免的农业税总数为2.0275亿两白银，是中国历朝之冠。如果粗略地以一两白银折人民币150元计算，可合今天币值304亿元人民币。

乾隆深深懂得贫富差距过大是社会动乱的源头，所以他采取了许多照顾最底层民众的措施。雍正十三年（1735年）十二月二十七日，继位为君三月余的弘历，下达了“劝减佃租”的谕旨。他在谕中讲道：“我减免农业税，地主所得到的好处居多，那些无业的贫民，租种别人土地，终岁勤劳，但是却得不到我的恩泽，还是要按原来的比例交纳地租。这无疑不合适。如果这些受朕恩惠的地主，把所受的恩惠让一半给佃户，那就最好了。”

因此，乾隆一朝经常命令各地官员劝谕地主减轻田租，对那些让租者，加以鼓励。他认为，这样才能构建一个和谐的盛世。“朕视天下业户、佃户，皆吾赤子，恩欲其均也。业户沾朕之恩，使佃户又得拜业户之惠，则君民一心，彼此体恤，以人和感召天和，行见风雨以时，屡丰可庆矣。”

· 3 ·

除了免税救灾、鼓励垦荒等措施之外，乾隆皇帝在兴修水利工程，推广红薯、玉米等高产作物，鼓励人口流动方面都采取了卓有成效的措施，每项工作的成果都超越中国历史上其他帝王。

有人说，乾隆年间的人口增长并不是中国出现的个别现象，而是全世界的共同规律。整个18世纪，全世界的人口从6.41亿增长到了9.19亿，增幅高达43%，这在人类历史上是前所未有的。这种现象的出现，主要是得力于红薯、玉米这两种“18世纪的食物革命”。

确实，红薯、玉米是推动乾隆“全盛”的两支有力的助推火箭。乾隆皇帝在这两种农作物的推广中起了巨大的作用。他在北方大力推广红薯种植，并鼓励人们研究红薯种植法。最先到山东、河南推广甘薯种植技术的福建监生陈世元，得到皇帝恩赏的国子监学正之追封。而地方官陆耀因为编写《甘薯录》而被晋升为湖南巡抚。在皇帝的劝谕下，川、楚、陕、皖、桂等省“延山漫谷，皆种玉米”。经乾隆一朝的倡导，红薯、玉米已经成为中国贫苦农民的基本口粮。

当然，我们不能说乾隆全盛主要是这两种植物的功劳。在乾隆60多年的统治生涯中，中国的人口增长了一倍，确切地说，增长了108%，比世界水平高出了65个百分点。18世纪初，中国人口占世界人口比重为23.4%，到这个世纪末则达到了34.06%。除了食物革命，另一功劳归于水利。由于乾隆年间特别是中前期政治纪律清明，国家执政能力强大，黄、淮、永定河、浙江海塘都得到了空前有效的治理，各省主要河道也都得到了疏浚，在保障人民生命财产安全、发展农业生产方面发挥了巨大作用。

乾隆朝农业发展的标志性成绩是全国粮食产量的增加。据吴宾、党晓虹《论中国古代粮食安全问题及其影响因素》一文，中国历代口粮总量发展呈总的上升趋势。其中秦汉为417亿斤，唐代为626亿斤，宋代为835亿斤，明代为1392亿斤。而到清乾隆晚期，一跃而达2088亿斤，并达到历史最高水平。正是农业的成绩，使乾隆朝的人口发生爆炸，支撑各项社会经济发展指标达到中国历史的极峰。

在清代以前，中国人口多数时间在数千万人左右，只有少数几个历史时段突破过一亿。经过康熙、雍正两个承平时代，中国人口已经恢复到历史最高水平。乾隆六年（1741年），乾隆进行的第一次全国规模的人口普查结果是共有人口14341万，由于经济繁荣，农业发展，到乾隆六十年（1795年），人口增至29696万，五十年里翻了一番。

二 “盛世”的武功

·1·

乾隆二十四年（1759年）十月二十三日上午，一匹高大消瘦的驿马穿过西便门，风驰电掣般直奔大清门。

驿马送来的是万里之外定边右副将军富德的捷报。他向皇帝汇报说，天山南北所有叛乱都已经彻底平定。这片不驯服的土地经过连续四次大军践踏，终于服服帖帖，不再心存异志。

这场胜利，是从康熙三十五年（1696年）开始，三代皇帝七十多年努力的一个漂亮结局。天山南北以及巴尔喀什湖一带从此尽入大清版图。两朝遗志终于被圆满实现，清王朝最大一块心病被彻底根除。消息传来，四十九岁的乾隆悲喜交集。他立刻连续拜谒了景陵和泰陵，向康熙和雍正皇帝汇报这一喜讯。望着雍正皇帝留下来的宝剑，他不禁悲从中来，痛哭出声，因赋诗道："质明峰树辨陵园，趋谒松宫冠剑存。敢曰志成荡盐泽，亦云功定靖花门。凡兹万里遐宣武，总荷九天默佑恩。二十五年如一瞬，鼎湖回忆痛难言。"

· 2 ·

这场胜利确实来之不易。

事情起于乾隆十八年（1753年）。

这年十月，一封六百里加急的文书从蒙古乌里雅苏台（今蒙古国扎布汗省省会）送到了清廷。将军成衮扎布在奏折中汇报，准噶尔汗国的三个小首领，台吉车凌、车凌乌巴什和车凌蒙克（史称三车凌）率领三千户蒙古人，一万多人口，宣布脱离准噶尔汗国，投奔大清国寻求庇护。他们离开了世代居住的额尔齐斯河牧场，顶着凛冽的寒风，赶着牛羊，携带着老小，经过十余天长途跋涉，才到达乌里雅苏台地区。

将军在汇报中说，准噶尔汗国长期与大清为敌，这些人声称投奔大清，不知是真心依附，还是准噶尔人的诡计？他请示皇上，对这些人采取什么态度？

收到这封奏报，乾隆的嘴角浮起一丝微笑。对于三车凌的投奔，他并不感觉意外。从乾隆十年（1745年）以来，他已经多次收到过情报，说准噶尔汗国正处于内乱之中。这次一万多人的内附，更加证明了这些消息的准确。

数代以来，准噶尔汗国一直是大清王国最大的威胁。

准噶尔蒙古是一支古老的蒙古族部落，长期以来生活在今天的新疆、青海一带。汉人对他们曾经有过多种称呼，比如“西蒙古”“厄鲁特”“卫拉特”和“瓦剌”。明代，就是这部分蒙古人在也先的带领下，制造了著名的“土木堡之变”，俘虏了明英宗。

在清朝入关后不久，准噶尔部蒙古人又一次崛起于天山南北，建立了强大的准噶尔汗国，首领是蒙古族的传奇人物噶尔丹。他坚毅、刚强、多谋善断，通过十年征战，统一了西蒙古四部。随后，他信心暴涨，制定了先统一天山南北，再统一整个蒙古民族，最后与中国的满族统治者较量手腕，恢复大元旧业的宏伟蓝图。

雄心勃勃的噶尔丹颇有手段，他改革了草原法典，第一个开始在蒙古制造铜币，稳定了草原经济，壮大了蒙古骑兵，很快征服了大半个新疆。中亚一带的民族，已经把他和西面的俄罗斯彼得大帝及东方的康熙皇帝相提并论，称他为“博硕克图汗”，认为他们是欧亚大陆上鼎足而三的三位大帝。如果不是遇到了雄才大略的康熙皇帝，他很可能会问鼎北京，成为中国历史上又一个蒙古族统治者。不幸的是，他生不逢时。精明的康熙成功地加强了对喀尔喀蒙古部的笼络和控制，使噶尔丹统一蒙古的梦想无法实现。接着康熙又两度率兵亲征，举全国之力与准噶尔蒙古较量，终于于乌兰布通和昭莫多两次大败噶尔丹。康熙三十六年（1697年），噶尔丹在沙漠中怀抱未能实现的梦想，郁郁而终。

虽然击败噶尔丹一直被列为康熙最重要的军事成就之一，但事实上，准噶尔汗国仅仅遭遇了挫折，远远没有被打垮。在噶尔丹之后，他的继承者们很快又使汗国强盛起来。他们重拾噶尔丹的旧梦。雍正九年（1731年），清准两方再起战端，两军大战于和通泊。清军大败，副将军以下皆战死，西路军三万人，逃回科布多者仅两千人。这是清王朝建立以来内外战争中最惨痛的一次失败。雍正十年（1732年），准噶尔部再度内侵，幸亏归附清朝的喀尔喀蒙古拼命抵抗，才击败了准部。在雍正年间这两次战争打了个平手之后，清帝国和准噶尔握手言和，双方划定了边疆，开始了贸易，中国西部出现了二十年的和平。但是，和通泊之战永远是大清帝国的噩梦，准噶尔部一直窥伺着内地。一旦清朝腹地出现什么风吹草动，它就有可能像凶猛的狼群一样迅速出击，在大清帝国的咽喉上狠狠地咬上一口。

因此，自即位以来，虽然天下太平，乾隆却一直警惕地关注着大清的西部版图，凡有准噶尔的消息，他都不放过。

早在乾隆十五年（1750年），准噶尔汗国已经有一千多户东迁到察哈尔，归附了清朝。乾隆毫不犹豫地接纳了他们，命赏给他们牲畜，妥善安置。从这些人嘴里，他获取了大量的情报信息。

原来，乾隆十年（1745年），准噶尔汗国原首领噶尔丹策凌病逝，他的三个儿子为争汗位大打出手，自相残杀，导致汗国四分五裂，力量大衰。乾隆十八年（1753年），新首领达瓦齐讨伐不听指挥的杜尔伯特部，杜尔伯特部的三车凌为了寻求活路，不得不离开自己的家园，投靠清朝政府寻求保护。

因此，接到汇报后，乾隆在第一时间即断定三车凌是真降。他命令守边将军妥善安插三车凌人口，赏赐给他们大量的银两、米面和牛羊，还专门设了“赛因济雅哈图盟”，任命车凌为盟长，车凌乌巴什为副盟长。

投降的三千户西蒙古人获得如此优厚的待遇，已经出乎他们的意料。不仅如此，为了表彰杜尔伯特三车凌“率万余众，倾心来归”的功绩，乾隆十九年（1754年）五月，乾隆皇帝还特别在承德避暑山庄接见了三车凌。皇帝分别册封车凌为亲王，车凌乌巴什为郡王，车凌蒙克为贝勒，其余头目也都分别封为贝子、公、台、吉等。他连续八次在避暑山庄万树园中举行盛大的宴会。自山庄建立以来，还从来没有如此热闹过。

乾隆之所以如此隆重对待三车凌，不仅仅是为了表彰他们“万里远归”，更主要的，是为了了解准噶尔汗国的虚实。他与三车凌数次长谈，深入掌握了准噶尔汗国的情况。他发现，今天的准噶尔正处于历史上最虚弱的时期。

皇帝做出了一个惊人的决定：迅速出兵，扫灭准噶尔汗国。他下诏说明自己想大举兴兵作战的想法：

> （准部）数年以来，内乱相寻……此正可乘之机。若失去这个机会，再过几年，等其局势平定，必然还会与我为敌作战。那时我军再与之战争，耗费必然更为巨大……朕以为机不可失，准备于明年分两路进兵。这是从前数十年未了之局，我今天再四思维，有不得不办之势。（《清高宗实录》）

此诏一下，大清举国震惊。

· 3 ·

作为中国历史上最有福气的皇帝，乾隆本来是一个“太平天子”。他在和平中接了班，在他统治的前二十年里，大清天下也风平浪静，边疆无警。除了那场本没有必要的金川战争之外，大清不闻兵戈之声。

发动平准之战，在所有人看来完全是自找苦吃。如果不发动这场战争，历史绝不会因此而指责他。主动出击成功，固然荣耀无比，一旦失败，那么他二十年统治的成果会毁于一旦，自己也身败名裂。

因此，乾隆二十年（1755年）皇帝决定出兵时，遇到的几乎是一致的反对之声。

理由之一是所谓“兵者不祥之器”。二十多年前的和通泊之败在大清官员心中留下的阴影太深了，一提起准噶尔，他们就心惊胆战。在他们看来，蒙古人不来进攻大清已经是谢天谢地了，大清怎么可以主动挑起战端呢？确实，农业文明并非尚武型的进取文明。一般情况下，汉族与周围民族的战争，都是少数民族主动挑起的。几千年来，中原王朝对边疆民族一直缺乏必要的好奇心和探索精神。几乎从来没有政治家和学者认真研究过这些蛮夷的内部政治结构和军事行动规律。历史上汉人王朝对待边疆少数民族，通常只有一个办法，那就是“羁縻”。也就是说，被动应付，委曲求全，用金钱和布匹收买。他们认为，这些蛮夷是“犬羊之性”，思维方式不同于人类，完全不可理喻。他们来如急雨，去如飘风，无法抵抗也不可预测。汉人对他们的莫名恐惧积累了几千年，已经凝聚成了中原民族的集体潜意识。

理由之二是清王朝和准噶尔汗国已经共享了二十年的和平，双方都从这种和平中得到了巨大的利益。雍正末期的两次大战打了个平手之后，双方清楚地划定了边界，谨慎地控制着自己的力量，在边界上从来没有发生过大的摩擦。双方的贸易也迅速兴起，每次交易，牛羊上万头，给双方都带来了实惠。实现和平之后，清朝十多万大军撤回内地，二十年间节省了数千万两军费，陕西、宁夏、甘肃等地民众也不用负担沉重的粮食供应任务，生活大大改善。正是边疆的稳定，为乾隆盛世的到来提供了重要的外部条件。几乎所有的大臣都认为应该继续这种和平状态。他们甚至认为如果出兵就是“师出无名”，双方和平条约既已签订，大清乘准噶尔内讧之机破坏条约大举入侵，于理不合，不是天朝上国应该有的做法。

理由之三是二十多年没有大规模战争，全国上下已经习惯了和平，“人心狃于久安”。如今突然要大规模对外作战，人们毫无精神准备。况且战争是天底下最花钱的事。特别是远赴西域，必须往西部运送大量的军粮和军事物资，这些在几个月之内根本不可能完成。而且一旦战争失败，那么这些草原狼很有可能乘胜追击，一举深入内地，给大清帝国带来难以承受的灾难。这个后果，谁也承受不起。

虽然在乾隆二十年前后，乾隆皇帝已经在大清帝国建立起牢不可摧的权威，把大清官僚机器收拾得服服帖帖，可是他的决定一发出，还是遇到了巨大的阻力。这些奴才怀抱着为主子考虑的耿耿忠心，雪片一样飞来反对的奏折。他们一致认为，皇帝登基以来，万事都英明伟大，只有这次的决定，实在是大错特错了。

· 4 ·

乾隆对这些“忠心耿耿”的奏折不屑一顾。因为他站的高度和角度与众人不同。

乾隆皇帝的雄心、自信心和责任心在清代帝王中首屈一指。他身上承担的，是祖父与父亲两代的重托。每逢皇父忌日，乾隆都要盥手焚香，将载有“宝亲王弘历（乾隆）秉性仁慈，居心孝友，圣祖仁皇帝（康熙）于诸子孙中最为钟爱，抚养宫中，恩逾常格”一段文字的皇父传位遗诏恭读一遍，“以志思慕之诚，以凛继绳之重”。在乾隆政治生涯过半时，他曾说过：“自古帝王所以禀承付托者，不过其父而已，而我则身受皇祖、皇父两代的重托。言念及此，我还敢有一丝一毫的怠惰吗？”

他对自己的能力极端自信，绝不会仅仅满足于自己统治的这一代平安无事。他对每件事的考虑，都是从“大清朝亿万斯年”这一大局出发，着眼于大清江山的永远巩固。因此，他要从内外两方面，尽可能彻底地消除威胁大清国家安全的任何因素。消除皇室、亲贵、朋党、权臣、太监对皇权的威胁，不过只是他国家安全战略的一半；另一半，则是建立一个长治久安的外部环境。

对外部环境的关注，是满族帝王与汉族帝王的最大不同。

历代汉族帝王对于周围的“四夷”，一贯抱存而不论的蔑视心态。清代帝王却从来不这样想。清代帝王本身就起自“夷狄”，自身的边疆少数民族身份，使得他们能够以一种全新的角度对待和处理边疆民族问题。他们知道，只有深入了解每个民族的历史、现状、内部关系，才能恰到好处地进行统驭。

为了成功地处理边疆问题，清代前期帝王对少数民族历史、语言、风俗习惯都很感兴趣，乾隆皇帝则是其中的杰出代表。为了处理帝国周边事务，他有意识地下大功夫，学习少数民族语言。他回顾自己学习语言的经历时说：“朕即位之初，以为诸外藩岁来朝，不可不通其语，遂习之，不数年而毕能之，至今则曲尽其道矣。”“侵寻而至于唐古特语，又侵寻而至于回语，亦既习之，亦既能之。”也就是说，他在即位之初，也就是二十五岁之时，因为蒙古族首领岁岁来朝，遂开始学习蒙古语，不过数年已经基本掌握，如今更可以说登堂入室，深有研究。学会蒙古语，他又开始学习藏语，后来又开始学习回语，达到了“能之”的水平。

乾隆的维语和藏语学到了什么水平现在无法具体考证，但蒙古语他确实是达到了可以熟练运用的程度，正如乾隆本人所说的“对语不须资象译，通情洽会系深思”。乾隆十九年（1754年），在避暑山庄接见阿睦尔撒纳时，乾隆即“以蒙古语询其始末”，进行了长时间深入交流。

早在乾隆二十年之前，乾隆皇帝已经利用语言优势，花费了巨大的精力，深入了解了西蒙古的历史，在平准之后他亲自撰写过论述准噶尔蒙古世系源流和部落现状的《准噶尔全部纪略》。这篇文章综合了蒙古和汉文资料，对准噶尔的历史源流和部落结构进行了详细深入的考证及描述，可以看作是一篇相当出色的学术作品。

基于这种知识积累，他对准噶尔问题看得很深很透。准噶尔表面上只是大清边疆上的一处癣疾，实际上却是关系到整个陆地边疆稳定的核心。准噶尔地势险要，向南可以控制西藏，向东可以统一蒙古。这个汗国的存在关系到西藏和东蒙古的稳定。如果不消灭这个汗国，西藏和蒙古就永无宁日。这一点，雍正皇帝早就已经指出：“准噶尔一日不靖，西藏事一日不妥。西藏料理不能妥协，众蒙古心怀疑贰。此实为国家隐忧、社稷生民忧戚系焉。”现在虽然双方订立了和平条约，但东方式的条约并不可靠。一旦准噶尔强大起来，必然会撕毁条约，重燃恢复大元之梦。

因此，即位以来，“西师”一直是一个盘桓在他脑际的重要问题。

站在今天的时间点回望，乾隆二十年确实是中原王朝扫平西部、彻底统一中国的千载难逢的良机。准部处于有史以来最衰弱的时期，兵无斗志。而清朝经过三代经营，国力强盛。此时兴师，十拿九稳。人生的机会往往稍纵即逝，国家和民族的机会更是如此。这一形势，今天看来十分清楚，可是当局者迷，站在历史十字路口的人们，往往身在此山中，云深不知处。清王朝所有的官员几乎都没有看到这个形势，皇帝与大臣们意见针锋相对，除了对战争的观念不同之外，更主要的是双方知识储备、国家视野、掌握的信息量不同。乾隆站得高、看得远。而朝中大臣们则对这些“蛮夷”素少关注，对乾隆的这一决定难以理解。满朝大臣，只有小舅子傅恒赞成皇帝的决定。战争结束后皇帝回忆当时的情景说：“人心狃于久安。在廷诸臣，惟大学士傅恒与朕协心赞画，断在必行，余无不意存畏葸。”

领导人的能力体现在做出高人一筹的决断，并且有力地实施这个决断。因此，这场战争最重要的不是战斗本身，而是如何推动大清帝国抓住这个转瞬即逝的机会。

· 5 ·

乾隆皇帝后来回忆说：“斯时，力排众议，竭尽心力。”（《御制诗五集》）做官僚集团的思想工作，动员、组织文武官员投入这场战争，让他几乎精疲力竭。他连篇累牍地发布谕旨，分析清准力量对比，再三论证出兵讨伐的必要性，并表示自己决心已下，不可动摇。他说：“此正可乘之机。若失此不图，再阅数年，伊事势稍空，必将故智复萌，然后仓猝备御，其劳费必且更倍于今。”“此际达瓦齐力穷失据，且内难相寻，众心不服，失此不图，数年之后，伊事务稍定，仍来与我为难，必致愈费周章。”

乾隆十九年（1754年）十月十三日，他在太和殿召见诸王和满族大臣，对他们说：“朕总理天下诸务，惟据理独断，应办之事，断不为众所阻挠。如其不可，众人强为奏请，朕亦断不允行。是皆尔等所共知者。此用兵要务，朕筹之已审，岂以众人怯懦，即失机宜，半途而废。”（《清高宗实录》）

经过反复思想动员，终于，人们表面上不再反对了。大清帝国勉强开上了战争轨道。

然而乾隆却物色不到一位堪当大任的主帅。在所有的大臣中，只有傅恒真心诚意支持出兵，可是此人素不知兵，难以承担如此大任。平安无事数十年的满族将领们也“惟守妻孥以求安逸，闻战阵而甘退缩”。成兖扎布、策楞、舒赫德等老将素称勇敢干练，可是对这场战争却都心怀退缩，“萎靡懦怯”，无奋勇争先之态。左右权衡，乾隆勉强选定了班第和永常，分任北路和西路主帅。

接下来是粮草问题。如果按照“兵出粮随”的用兵常理，这场战争根本没法打。因为平定准噶尔的时机是突然到来的，清王朝毫无准备。前线并无粮草，准备也已来不及。一是从内地运粮到西部，每石米价值不过三两银子，可是运费要高达二十两。二是即使清廷财力充裕，负担得起运费，征购和运送时间上也万万来不及。

乾隆悍然决定，抛弃行军常规，“因粮于敌”。也就是说，每名士兵自背可吃两个月的口粮，其余口粮，沿途取之于蒙古牧民。乾隆的上谕说得冠冕堂皇：“官兵前进，沿途可以打牲，宰杀疲乏牲畜。现在投诚的厄鲁特蒙古人所有的牲畜，虽然不应夺取，但是暂时取用，将来再给补偿，也无不可。”

这实际上允许官员沿路抢掠。所谓将来补偿，只是无法兑现的空话而已。这一大胆的举动后来被证明埋下了严重后患，在当时却被乾隆认为是唯一的办法。

此谕一出，不少大臣都目瞪口呆，纷纷反对。陕甘总督刘统勋上奏说此举太过冒险，仍当先筹粮运饷，然后再进兵。乾隆批评他说：“刘统勋此奏……全不合此次机宜。”

定西将军永常也反对因粮于敌。乾隆皇帝说得口干舌燥，禁不住骂起人来："永常全不知事理之轻重，颠倒舛谬，至于此极！"

一顿痛骂，终于压住了所有反对者的声音。乾隆二十年（1755年）二月，清军北路和西路两路出师，共计五万人，加上负责运输的夫子共近八万人。每位士兵配备战马三匹，共计十五万匹。配备骆驼一万峰。乾隆以从准噶尔叛逃的重要将领阿睦尔撒纳为前锋，以收招降之效。果如乾隆所料，准部连年内战，人心厌乱，清军一到，纷纷归降，"各部落闻风崩涌……所至台吉、宰桑，或数百户，或千余户，携酮酪，献羊马，络绎道左，师行数千里无一人抗颜行者。"大军刚刚出动，就有札哈泌部一千三百户来降，称"我等为达瓦齐残虐，愿率属效力"。紧接着准噶尔颇有权势的大台吉也率部属投降。五月，两路大军会师于新疆博乐县（今新疆维吾尔自治区博禾市），向伊犁进军。伊犁民众也纷纷迎降。"大兵至伊犁，部众持羊酒迎犒者络绎载道，妇孺欢呼，如出水火，自出师以来，无血刃遗镞之劳，敉边扫穴，实古所未有"。充分证明了这次出师时机选择的重要性。

在这种情况下，准部新首领达瓦齐无心抵抗，率一万人逃亡至伊犁西南的格登山。清军穷追不舍，将其擒获，送往京师。平准战争初获胜利。

·6·

过于迅速的成功往往包含着问题。清军攻克伊犁后，原以为可以缴获一部分牲畜、粮食。不料准部屡经战祸，伊犁并无积存物资。因为军粮不继，平定准部之后，清朝大军只能迅速撤离，只留下五百名士兵做清朝将军的护卫，准部由率先降清的阿睦尔撒纳与清朝将军共同管理。阿睦尔撒纳本不是一个安分之人，虽然平定伊犁之后，乾隆以其战功最多，封他为双亲王，食亲王双俸，他仍然不满足。他见清朝兵力已退，萌生了做准部新汗、独据准噶尔汗国原来版图的野心。平定准部之后，乾隆秉"分而治之"之策，准备把准部一分为四，使其互不统属，阿睦尔撒纳却要求成为四部的统一首领，凌驾众人之上。乾隆当然不同意他的请求，于是他于乾隆二十年（1755年）杀死清军将领，起兵叛乱，自立为汗。乾隆二十一年（1756年）二月，乾隆不得不又再次派兵，擒拿阿睦尔撒纳。

平叛战争进展得很不顺利。由于事发仓促，清军仍然没有携带充足粮草就出发了，一路上对喀尔喀蒙古大肆榨取。到了新疆之后，又大肆抢夺准部故地的牲畜粮食。准部本来就已经陷入饥荒之中，清军一来，雪上加霜，大批民众饿死，剩下的都纷纷起来反抗清军。而前线将领又很不得力，屡屡错失战机，使阿睦尔撒纳一再逃脱。乾隆皇帝一筹莫展。恰在此时，一直全力支持乾隆平准的喀尔喀部蒙古居然也起兵反叛了。

反叛的原因是清王朝对喀尔喀蒙古的榨取超过了极限。“因粮于敌”的策略在战争中实际上演变成了因粮于友。在开往新疆的途中，缺乏物资准备的清军一再掠夺喀尔喀蒙古人，“毡子、毛皮和其他畜产品都被清朝当局以动员和征用的方式夺走了。除了这些，喀尔喀劳动者越来越频繁地被招去服兵役，而且他们必须自备武器弹药……大部分男人脱离生产，被打发去打仗”。（兹拉特金《准噶尔汗国史》）因此，在部落领袖青衮杂卜的带领下，一万多喀尔喀蒙古人起兵反清。二十三个札萨克王公聚集在克鲁伦河畔，酝酿要举行全蒙古的反清战争。

乾隆醒悟到了自己的失误，迅速转了弯子。“北京理解到了这一危局。博格德汗（乾隆）知道了蒙古人的不满，于1756年9月写信给库伦呼图克图和土谢图汗，说他不知道蒙古人的贫困，对蒙古人他将因功赏赐。”（瓦西里耶夫《外贝加尔的哥萨克》）

乾隆知道仅仅一封信是远远不够的。他又通过小时候一起读书的密友章嘉三世活佛做哲布尊丹巴的工作，许诺将对喀尔喀蒙古人大大施恩，终于安抚住了喀尔喀蒙古，镇压了青衮杂卜起义，扫除了后顾之忧。

吸取了这次教训，乾隆终于不再“因粮于敌”了。他痛定思痛，改变了作战方式，首先调集大批粮食，运至前线，巴里坤、哈密贮粮十一万石，足够大军三四年之用，然后于乾隆二十二年（1757年）三月，第三次进兵。这一次，他终于顺利摘取了胜利果实。经过连年战争和饥荒，准部蒙古人已经穷困交加，疾病流行，死亡甚多，毫无战斗力，清军所到之处，都能迅速取胜。阿睦尔撒纳日暮途穷，逃入俄罗斯境内，后来病死异国。

这场战争意义非同一般。自大清开国以来，准噶尔汗国这个敌对势力就如同一片黑色的魅影徘徊在西部，窥视着内地，让连续几代清朝最高统治者席不安寝。如今，大清最强大的敌对势力被彻底消灭，乾隆终于可以长长地出一口气了。

但乾隆仍然放不下心来。这场战争形势几起几落，让他从大喜到大悲，经历了数度煎熬。本来，在他的计划中，这场战争只需要数月时间，数百万两军费。没想到，战争最终拖了三年，一次战争变成了三次，中间出现了平定喀尔喀蒙古叛乱这个插曲。向臣民许诺的迅速成功演变成一场惨胜，军费最终高达数千万两，多名大将折损，乾隆有些恼羞成怒。

而战争过程中准噶尔部蒙古人表现出的强悍倔强，也令乾隆心生后怕。在准噶尔四部中，只有杜尔伯特部第一次投降之后，一直忠心耿耿地服从大清，其他三部，都是屡降屡叛，让乾隆吃尽苦头。这支历史上一再演出惊人之作的蒙古部落确实有着一般民族没有的硬骨头。如何对付这个民族，乾隆费尽心思。仅仅分而治之似乎难以彻底削弱这支蒙古人的力量。他十分担心数十年后，准噶尔部蒙古人春风吹又生，重新成为大清的敌人。

经过深思熟虑之后，他做出了一个惊人的决定：对准噶尔部蒙古人，除了杜尔伯特部外，“总以严行剿杀为要”。

·7·

其实，在整个平准战争中，“残酷”一直是主旋律。头两次平准战争虽然没有出现有计划的大屠杀，但是“因粮于敌”的策略本身就是一场屠杀。在进军过程中，清军一直是以抢劫作为补充军粮的唯一手段。那些被抢走了所有牲畜的准噶尔蒙古人后来大多死于饥饿。准噶尔人一开始以为清军是自己的救星，及至发现他们其实是强盗后，越来越多的人自发地反抗清军，对他们展开袭击。因此，在第二次出兵时，清军已经开始大肆屠杀平民。他们“宁可错杀一千，不可放过一个”，凡遇到可疑的蒙古民众，一律杀掉了事，以维护自身的安全。而这一策略也得到乾隆的首肯甚至鼓励。乾隆二十一年（1756年）八月一日，清军参赞大臣哈达哈等向皇帝奏报：清军来到济尔玛台地方时，遇到厄鲁特的一位部落首领敦多克带领几名亲信前来投降。清军认为他们形迹可疑，不敢断定是否真降，遂将敦多克等人“俱行诛戮”，随后又带领大军来到这个部落的游牧地，把毫无准备的1700户牧民“悉行剿灭”。乾隆皇帝收到这个奏报之后，认为哈达哈“奋勇可嘉”，授为领侍卫内大臣。

在展开大屠杀前，乾隆已经多次导演过整部落的灭绝事件。

阿睦尔撒纳反叛后，乾隆分别任命了新的准噶尔四部汗王。其中任命巴雅尔为辉特部的汗王，沙克都尔曼吉为和硕特部的汗王。乾隆二十一年十月，乾隆获悉巴雅尔追随阿睦尔撒纳复叛的消息后，大为震怒，他命人全力剿灭辉特部，对和硕特部汗王沙克都尔曼吉，也密谕清朝将军“倘稍有可疑，亦当乘其不备，先行剿灭”。

沙克都尔曼吉在平准战争中率先投降了清朝，所以才被封为“和硕特汗”。他是坚定效忠清政府的。叛乱四起时，他拒绝附从叛军，不顾个人安危，毅然率本部四千余户离开故土投奔内地，来到清军驻地附近，“依巴里坤（清西路大军军营）近城以居”。清朝将军雅尔哈善见皇帝猜疑心重，遂抱定宁左勿右的宗旨。尽管沙克都尔曼吉毫无叛意，仍然设计剿杀。

对于这次屠杀，雅尔哈善很动了一番脑筋。他从自己的军队中精选了五百人，假装出兵他处，路过和硕特部的住地借宿。沙克都尔曼吉见是天朝大军来到，极表欢迎，腾出了最好的几十顶帐篷给这些清兵住。尽管自己部落乏食，仍然“屠羊以待”，把仅存的几十只羊都杀掉了，拿出积存的所有美酒，盛情款待。心地拙实的蒙古首领们在宴席上都喝得大醉。等到半夜时分，清军“以笳为令，袭其卧庐”，一声令下，对沉睡中的蒙古人发起突袭，一个蒙古包一个蒙古包地杀戮，杀光了七百座蒙古包中的蒙古人，“尽歼全部四千余人”。而汗王沙克都尔曼吉也死得很惨。据《啸亭杂录》载，沙克都尔曼吉喝醉之后，脱光衣服，呼呼大睡，对于闯进来的清军毫不知觉。他的妻子从睡梦中惊起，见清军持刀砍向她的丈夫，遂奋不顾身赤身裸体扑到丈夫身上，为他挡刀，结果两人被乱刀砍死，死后仍然紧紧抱在一起，“裸而抱持之，如两白蛇蜿蜒穹庐中”。

情况汇报上来，乾隆帝夸奖雅尔哈善“办理甚属奋往”，著交部“照军功议叙”。雅尔哈善于第二年被授为参赞大臣，擢兵部尚书，后来又被封为一等伯。

如果说这些屠杀尚属带有偶然性的局部事件的话，在第三次平准战争中，屠杀则演变成了一场周密的部署。在第三次平准战争中，皇帝明确谕示：“厄鲁特人等反复无常，实为覆载所不容”，“此等贼人断不宜稍示姑息，惟老幼羸弱之人或可酌量存留，另筹安插。前此两次进兵，皆不免过于姑容，今若仍照前办理，则大兵撤回，伊等复滋生事端，前事可为明鉴”。

在皇帝的导演下，一场惨绝人寰的悲剧在西部草原拉开了帷幕。

· 8 ·

伊犁附近的赛里木湖是新疆最大、最美的高山湖泊之一，它像一块巨大的翡翠，静静地镶嵌在天山腹地。远岸雪峰高耸，湖边牛羊如云，恍若世外桃源。

二百六十多年前，这座美丽的湖泊附近却上演了野蛮的一幕。乾隆二十三年（1758 年）春天，正是草场返青、野花怒放的季节。数千名大清兵丁在这个季节里进行着一场盛大的围猎。他们围猎的对象不是动物，而是人类，是新疆准噶尔部落的蒙古族平民。他们进入一条条山谷，沿河而上，细细搜索，遇到蒙古包，就冲进去，把里面的人统统砍死。大部分世代生活在这里的蒙古牧民根本没有弄明白是怎么回事，就一家家被消灭了。

一支拥有二百顶帐篷的蒙古小部落提前下了山，在赛里木湖畔支起了一顶顶帐篷。这支部落已经在这里平静地生活了数百年，他们根本想不到自己有一天会成为自己同类的猎物。部落中的男人骑着骏马，慢悠悠地驱赶着牛羊，女人在帐篷里赶制一天的食物，孩子们淌着鼻涕，扯着刚返青的枝条玩着打仗的游戏。一切都与其他春季没有区别。

中午的时候，急促而纷繁的马蹄声响起。数千名全副武装的清朝骑兵形成一个半圆形，由远及近，围住了这片湖畔的二百多顶帐篷。男人们惊讶得不知所措，张大着嘴呆呆地看着这些陌生人。女人们躲进帐篷由毡缝偷偷向外窥视。只见这些身材矮小的满族军人从一座座蒙古包里把蒙古人驱赶出来。个别人想反抗，立刻被军人砍翻在地。

不到半个时辰，这个小部落的一千多人全部被赶到了湖边。在清军的指挥下，他们中的四百多名男人被挑了出来，每十人为一队，被拉到一个低洼处，挨个儿斩首。一些蒙古男人激烈地抗争质问，这些从天而降的陌生人凭什么如此大开杀戒，得到的回答只是提前的一刀。鲜血流进赛里木湖，近岸的湖水被染得赤红。大部分蒙古汉子知道任何挣扎都无济于事，习惯于听从首领和命运的他们一个个一言不发，听话地走向指定的地点。一个多小时后，这个小小蒙古部落的男人们被彻底消灭。史书对这种情景的记载是“以次斩戮，寂无一声，骈首就死”。

在处理男丁的同时，在另一侧，分配女人和孩子的工作也在有条不紊地进行。清军从队伍中挑选那些年轻有姿色的女人，以及看起来伶俐聪明的孩子，准备运回内地，作为奴隶。大约三百名妇女儿童被挑走了，史书记载说这些人后来“多死于途”，因为饥饿死于路上。还剩下二百多名老丑病残的女人以及七岁以下的孩子，清军将领一声令下，数百匹战马冲入人群当中，这些没人要的战利品被作为桩靶，为清军的军事训练贡献了最后一点作用。

这是清朝平定准噶尔大军的将军兆惠亲自指挥的搜剿准噶尔蒙古部落的大屠杀中的一个小小场景。

· 9 ·

乾隆二十二年（1757年）四月十八日，大清将军成衮扎布、兆惠等率兵七千名，从巴里坤起程。此次出兵进剿的目的，并不是追捕阿睦尔撒纳，而是专为剿灭厄鲁特蒙古人。因为蒙古游牧都沿河而居，所以他们的捕杀也沿河进行。乾隆二十二年九月，成衮扎布在奏报中，汇报了自己带人捕杀蒙古人的情形，他提到："在图尔根河，剿杀一百余人，收其妻子器械"，"剿杀塔里雅图河口贼百余人，察克玛河口贼四十余人"，"于济尔哈朗河剿杀厄鲁特七户四十人，于博多美和啰剿杀克鲁特一百五十余人"，"搜取绰和尔所种地亩，剿杀玛哈沁三百余人"。从这些汇报可知，清军剿杀的是散居在各条河流边的厄鲁特牧民和农民，根本不是有组织的叛乱部队。

直至第二年，即乾隆二十三年（1758年），厄鲁特部余众都逃入了山谷丛林中，乾隆还命人搜捕，以求斩尽杀绝。《啸亭杂录》载，清军将领二人分别从博罗布尔、赛里木两地，如同打猎一般，由两地向中间的伊犁地区合围，这中间数百里地方，不管是山谷还是林区，只要有人住的地方，"悉搜剔无遗"。当时散居的厄鲁特蒙古人无法抵抗，"虽一部有数十百户，莫敢抗者"。清军"呼其壮丁出，以次斩戮，寂无一声，骈首就死，妇孺悉驱入内地赏军，多死于途，于是厄鲁特之种类尽矣"。（《啸亭杂录》）

甚至喇嘛僧人和种田的农民都没能逃脱剿杀。乾隆命令将军到伊犁时，"将彼处喇嘛等剿办"。乾隆二十三年八月初四，史书记载清军把在乌梁海种地的五十余户蒙古农民"全行剿杀"。

除了像打猎一样屠杀散居的蒙古人之外，清军进行的另一项重要军事活动，就是把大举投降的准噶尔蒙古部落一批批移送到内地，然后再“办理”。

在清军第三次平准战争中，大部分穷困的准噶尔蒙古人仍然把清军当作把自己从战乱中解救出来的“恩人”。更有许多蒙古人听说清军到了，成群结队地，一个部落一个部落地赶赴清军所在地，向他们归顺投降。对于这些人如何处理，心思缜密的乾隆早有指示。早在第三次平准出发之时，他就指示清军将领，在地广人稀之处，见到蒙古人，当时就可杀掉。但是如果遇到大批人户来投降，不要立刻剿杀，因为人数太多，一时杀不过来，“难保无一二逃窜之人，泄漏其事”，令其他部落的人闻讯逃跑。所以他命令，把那些大批投降的蒙古人，要一批批地押送到甘肃内地之后，再全部处死。

乾隆指示的原文是这样说的：“大兵此次进剿，厄鲁特蒙古人必然会大批投诚。如有到巴里坤投降者，可以把他们的头目先行送到京师，其他部众，可向内地迁移，等到过了巴里坤之后，对那些男人，都尽行剿戮。所余的妻子，酌量分别赏给官兵为奴，不得稍存姑息。”（《清高宗实录》乾隆二十二年二月）

清军攻克伊犁之后，乾隆再次下旨说：“现在，两路大军接纳的投降蒙古人甚多。他们外表归顺，内心未可全信。可将他们先迁至巴里坤，然后再迁到肃州，然后进行诛戮。”

数万名投降了清军的蒙古人就这样被长途驱赶到内地，在一些不知名的山谷里，被全部杀掉。

大屠杀的结果是蒙古民族一个重要支系的消失。准噶尔四部，除杜尔伯特部汗策凌始终未叛，对清朝极表忠诚，得以耕牧如常，以及达什达瓦之妻一小部早降后被迁至他地未灭外，几乎全部被杀掉。《草原帝国》有这样的描述：“准噶尔人民，主要是绰罗斯部民和辉特部民几乎全部被根除。”据清军将领明瑞奏称，经过他们屠杀之后，自巴尔呼特岭到造哈岭，直到纳林廓勒、乌兰乌苏这些地方，已经“不见一人”。

俄罗斯西伯利亚当局则向彼得堡报告说：有一个部落“几千顶帐幕，只剩下三顶”。

这次大屠杀的死亡数字，历史上无准确记载。《准噶尔灭亡纪略》中说，屠杀了超过一百万。魏源《圣武记》说，计准部数十万户，“先痘死者十之四”，即因传染病死者十分之四，“继窜入俄罗斯、哈萨克者十之二”，最后“歼于大兵者十之三”。除了妇女、小孩被掠走当了奴隶之外，准噶尔蒙古所剩无几，作为一个大部落已经不复存在。“数千里间无一瓦剌帐篷”。

噶班沙拉勃在《四卫拉特史》中这样记载屠杀过后的场面：“准噶尔地区几经兵火，残破不堪。耕地、牧场荒废，城镇、村庄被毁，人口更是急骤减少。”很多年以后，龚自珍途经准噶尔，看见“准噶尔故壤，故库尔喀喇乌苏，若塔尔巴噶台，若巴尔库勒，若乌鲁木齐，若伊犁东路西路，无一庐一帐，是阿鲁台（即额鲁特，指准噶尔——笔者注）故种者。”（龚自珍《上镇守吐鲁番领队大臣宝公书》）

为了填补准部留下的土地，乾隆从各地迁移人口。其中有吉尔吉斯人、哈萨克人，有蒙古部落的喀尔喀人、察哈尔人，有穆斯林东干人，甚至还有来自满洲的锡伯人和高丽人。十多年之后，土尔扈特部落回归中国，也被安置在这片由于自己的兄弟部落被灭绝而空出来的土地上。

· 10 ·

乾隆在国家安全问题上，采取过许多或高明、或精明、或阴鸷的手腕。

有清一代，喇嘛教是国教，但乾隆并不信黄教。他在评论活佛转世时说：“蒙古呼图克图活佛转世，其实是一种取巧方便的办法……佛本无生死，哪有转世？但是不允许转世，那么数万番僧就无所皈依，所以不得不如此罢了。”（《御制喇嘛说》）

从这段谕旨看，乾隆对喇嘛教是不屑一顾的。但是，终乾隆一朝，皇帝对黄教领袖，一直极尽尊崇之能事。他把父亲的故府雍和宫改成喇嘛庙，以示对喇嘛教的尊崇。他对达赖和班禅提高了礼遇规格。为了迎接班禅远来，他专门在承德为班禅修建了一座规模宏大的庙宇——普陀宗乘之庙。这座庙耗资巨大，仅为其中的一座殿宇顶部镀金，就花去黄金一万五千多两。他亲派皇六子远赴内蒙古迎接，在承德的接待更是不计成本，优隆备至。

之所以如此，是因为乾隆很清楚喇嘛教对安定西藏和蒙古的作用。他多次说过“兴黄教，所以安蒙古”，“敬一人而千万悦”。他高屋建瓴，进一步树立达赖喇嘛的权威，由此拥有了确认转世活佛和任命高级教长的权力，从而牢牢地把西藏社会控制在自己手中。

但是，对于伊斯兰教，乾隆采取了完全不同的做法。他深知这一宗教的进取性，因此在回教地区大力推行政教分离，不允许宗教领袖取得世俗权力。他知道，伊斯兰教一旦实现政教合一，必然爆发强大的扩张力量，给帝国安全带来巨大威胁。平定新疆之后，他大力扶植伊斯兰世界世俗贵族伯克的力量，禁止阿訇干涉政治，抑制了伊斯兰教的活力。他还将东干穆斯林从甘陕迁入新疆，利用他们对抗突厥语族的穆斯林，从而实现以回制回，获得了新疆的稳定。即使以现代政治家的标准来衡量，乾隆对边疆问题的处理也是十分高明的。

乾隆的性格中并不缺乏善良、温和的一面，但他的本质毕竟是政治动物。对准噶尔蒙古人的屠杀，固然有泄愤的因素，更主要的却是出于长远考虑。乾隆喜欢做一劳永逸、斩草除根的事。他认为他有这个能力，也有这个责任，为后世子孙消除所有威胁。

对准噶尔蒙古人的大屠杀，在他看来无疑是消除西部边疆威胁的最彻底、最有效的办法。为了大清王朝万世永固这个最终目标，他可以做出任何决定，也可以把自己变成一头野兽。确实，通过大屠杀政策，乾隆皇帝实现了对西部中国前所未有的牢固控制。

对于整个中华民族来说，这是几千年来中国努力控制西域的一个完美结果。从汉代张骞通西域开始，天山南北以及巴尔喀什湖一带就是中原王朝一直努力经营的目标。汉、唐、元这三个强大帝国都实现了对西域的管辖，在这个地方设置过都护府，但是由于距离遥远，风土不同，中央政权一直很难在这里建立直接、持久、稳定的管辖，因此，西域一直是中华帝国版图中最不稳定的部分，与内地的联系时断时续，对内地的臣属也时叛时服。直到乾隆消灭了这片草原上最强悍的民族，把这片土地命名为新疆后，中央政府才真正在这里建立了彻底、有力的统治。这一统治建立得相当牢固，在此之后的晚清时期，虽然列国对清朝瓜分蚕食，但新疆一直没有再次分裂出去。

· 11 ·

中国的武功，自成吉思汗以来，还没有谁如此一举荡平二万余里，深入不毛之地。元代之后，中国的疆域，从来没有如此巨大，国家的统一，从来没有如此巩固。朝野上下，一致赞叹“国家如天之福”。文人学士纷纷进表上赋，欢呼庆祝。纪昀撰写了《平定准噶尔赋》，称“三十六国，咸遵正朔，浩乎大哉，此王道之极盛，而三五之遐躅也”。赵翼在《平定回部铙歌》则唱道：“一统车书大覆函，持盈睿虑倍寅严；从知兵甲全消日，文德逾敷万国咸。”后世史家也高度评价这一战争。王先谦说：“高宗皇帝……成两朝未竟之志，准回平而北无汉世匈奴之患，金川定而西无唐代吐蕃之扰，保世恢基，其极于无外。”（王先谦《虚受堂文集》卷二，《东华录序》）

除了驱敌拓土之外，平定新疆的另一个意义是它标志着乾隆盛世达到了“全盛”。中国古代历史上这最后一个盛世，人们通常称为“康乾盛世”。事实上，康熙和雍正的统治还称不上完美。直到平准战争之后，清王朝在各个方面都实现了对历史的超越，进入无可挑剔的“全盛”。

平定准噶尔之后，“盛世”“全盛”等词汇开始越来越频繁地出现在清朝臣民口中。人们不约而同地把这场战争与“全盛”联系在一起。乾隆二十四年（1759年），户部右侍郎于敏中赋诗称颂乾隆皇帝统一新疆的功绩说："觐光扬烈，继祖宗未经之宏规；轹古凌今，觐史册罕逢之盛世。"（《素余堂集》卷二四）意思明确地说，平准战争使乾隆超越了祖宗。乾隆自己也宣称，"比年以来西域大奏肤功，国家势当全盛"（王先谦《东华录》），"方今国家全盛，府库充盈"。（乾隆《圣训》卷一零六）西域战争和府库充盈是乾隆宣布"全盛"到来的两大理由。从此之后，"盛世"就成了清帝国文件中不断提及的词汇，其频率之大甚至达到令人厌烦的程度。及至乾隆晚年所编的《八旬万寿盛典》，"盛世"二字居然出现了七十余次。

确实，以统一新疆为标志，大清帝国的统治攀上了历史的高峰。这一高峰，悬绝于历代的治绩之上。

第一，乾隆朝几乎消灭了对最高权力的所有威胁，实现了前所未有的政治稳定。

历史上威胁皇权的势力有以下几种：一是敌国威胁，二是农民起义，三是权臣专政，四是太监擅权，五是后妃干政，六是外戚乱政，七是朋党之争，八是地方割据势力。这八种势力在历代都此起彼伏，兴风作浪，从来没有被彻底平息过。甚至在雄才大略的康熙和雍正时期，也仍然存在敌国、权臣和朋党的阴影。康熙朝前期，索额图和明珠一度权倾朝野，"是时索额图、明珠同柄朝政，互植私党，贪侈倾朝右"。（《清史稿·索额图传》）康熙朝后期，各皇子纷纷与大臣勾结，朝政一片混乱，以致康熙甚至担心死后可能会出现全国性内战。雍正朝初期，由于雍正喜怒不定、大起大落的个性，先后培养出年羹尧、隆科多两大权臣。年羹尧应召回京，"公卿跪接于广宁门外，年策马过，毫不动容。王公有下马问候者，年颔之而已。至御前，箕坐无人臣礼"。胤禛不得不罗织九十二条大罪将其除掉。雍正晚年，又形成鄂尔泰、张廷玉两大朋党。只有乾隆总结吸取历代统治经验，以极其高明的政治手腕，对内缜密阴柔地化解了鄂、张朋党，对外积极主动地消除了敌国力量，把这八种威胁化解到近乎无影无形的程度，确保了皇权的至高无上和政治纪律的高度严明。没有一个大臣，敢于在皇帝面前造次；皇帝一声令下，举国战栗。历史上真正做到了“乾纲独揽”的帝王，唯乾隆一人而已。

第二，经济总量巨大，国家财力雄厚。

一直到乾隆辞世之际，中国都是世界第一大经济强国。据统计，当时中国的 GDP 占世界的三分之一，超过美国在今天世界上的地位。中国在世界制造业中所占的份额，是英国的八倍，俄国的六倍，日本的九倍，比刚刚建国的美国更不知要多多少倍。（《大国的兴衰》）虽然大清王朝不重视对外贸易，但仅凭其庞大的经济总量，它仍然是世界贸易的重要力量。《白银资本》中说：“中国不仅是东亚纳贡贸易体系的中心，而且在整个世界经济中即使不是中心，也占据支配地位。”

由于经济总量巨大，乾隆时代雄厚的国家财政储备与以往各朝代比是空前的，就有清一代 268 年而言，也堪称达到了顶峰。康熙朝库存银最高额是五十八年（1719 年）的 4900 余万两，通常存银为 3000 万到 4000 万两。雍正年间库存银最高额是 6000 多万两，最后几年为 3000 万两。乾隆二十年（1755 年）前，通常存银也是此数，二十年后达到 4000 万两，以后持续增长，三十年（1765 年）达到 6000 万两，三十三年（1768 年）超过 7000 万两，此后一直维持在 7000 万两以上，四十五年（1780 年）存银 7800 万两，五十五年（1790 年）竟至 8000 万两。乾隆朝财政收入达到最高峰，是“盛世”的标志之一，也是减免钱粮的经济基础。

第三，军事力量强大，国际地位高高在上。

乾隆二十四年（1759 年）统一新疆后，中国疆域极盛，北起萨彦岭、额尔古纳河、外兴安岭，南至南海诸岛，西起巴尔喀什湖、帕米尔高原，东至库页岛，领土面积 1453 多万平方公里。（《中外通史》）环顾四周，近郊诸邦，皆为属国，“通译四方，举踵来王”，不但传统属邦更加恭顺，葱岭以西，巴达克山、浩罕、安集延、左右哈萨克、布鲁特等，都纷纷遣使来朝。“以亘古不通中国之地，悉为我大清臣仆，稽之往牒，实为未有之盛事”。（《清高宗实录》）就是汉唐时期，也没有如此气派恢宏，威震遐迩。《洪业——清朝开国史》说："清朝统治者建起了一个疆域辽阔，文化灿烂的强大帝国。在此后的近两个世纪中，中国的版图几乎比明朝的领土扩大了一倍。因而无论国内还是国外，都再没有真正的对手能够向清朝的统治挑战。"

值得特别强调的是，清代对边疆和少数民族地区的实际控制力前所未有。汉唐元明盛时，中国版图也曾经十分庞大，不过那其中许多边疆和少数民族地区都只是对中央政府名义上的服从，王朝对它们缺乏实际控制，比如万历皇帝之控制努尔哈赤部落。只有乾隆盛世，所有王化所不及的地方都被专制权力牢牢控制。一些"顽梗不化"的地区，比如大小金川，虽然不过弹丸，但也被皇帝视如眼中钉、肉中刺，必举全国之力粉碎消化为止。直到乾隆时期，中国才真正对版图内所有土地都做到了强有力的控制和管理，使边疆地区和一些少数民族地区真正成为中国领土不可分割的一部分。

第四，乾隆朝养育的人口达到空前的数目。

中国是一个人口崇拜的国家。在农业作为决定国家命脉的支柱产业的古代，人口数量历来被视为国家兴旺富庶的最重要标志。孟子说"广土众民"。"人丁兴旺"是每个家族的祈盼，养活尽可能多的人，被认为是一个政府最重要的政绩。

在清代以前，中国人口多数时间在数千万，只有少数几个历史时段突破过 1 亿。中国历史上第一个全国性的人口统计数字 5959.6 万人，是西汉末平帝元始二年（公元 2 年）的记录。从那时起到南宋绍熙年间实现第一次翻番，达到 1 亿人，历时近 1200 年。从南宋的 1 亿人口到 17 世纪中叶的 1.5 亿人，则用了 450 年的时间。

乾隆六年（1741 年），第 1 次全国规模的人口普查结果是共有人口 1 亿 4341 万，由于经济繁荣，农业发展，到乾隆六十年（1795 年），人口增至 2 亿 9696 万。也就是说，中国历史上第 3 次人口翻番，只用了 54 年时间。而且其直线上升趋势，也与此前波浪式增长迥然有别。人们在论及乾隆年间的人口发展时，几乎较为一致地称为“人口爆炸”“人口奇迹”。以10亿亩上下的耕地养活30%左右的世界人口，而能长期保持国家安定和社会稳定，谈何容易。这不能不说是康乾盛世又一个超越千古的成就。

戴逸先生说：“传统观点认为汉、唐是真正的盛世，无论国力还是文化等诸多方面都达到极盛，而清朝已经开始衰落，不如汉、唐。我则以为，康雍乾盛世是中国历史上发展程度最高、最兴旺繁荣的盛世。”从物质财富角度看，这确实是不易之论。

三 “盛世”的四个支点

·1·

乾隆盛世的诞生，是多方面因素综合的结果。除了以大权独揽形成稳定的政治局面，除了重视农业和农民，除了彻底平定了准噶尔，乾隆顺利攀上盛世之巅还有以下几个原因。

第一，父祖两代奠定的基业。

人治之下的中国之所以多灾多难，主要原因就是统治者素质大多平庸低下，偶尔出现几个雄才大略者，也是忽起忽落，难以持续，前代积累的统治成果很容易被下一代某个轻率的错误葬送殆尽。所以，中国历史上很难出现长期连续的和平稳定时期。汉代的文景之治，不过四十多年，其间还夹杂着规模庞大的七国之乱。大唐盛世中的贞观之治和开元盛世，中间也隔了一段相当长的政治动荡时期。

乾隆能成功，一半是由于清王朝的择优立储原则，一半是由于历史的偶然性，素质一流的三位皇帝实现了政治接力，时间长达一百三十多年。这在中国历史上是第一次，也是唯一的一次。乾隆登基之时，继承的是令所有皇帝都羡慕的基业。康熙和雍正在制度上实现了摊丁入亩、养廉银、密折制度、军机处等一系列宝贵的创新，为乾隆铺设了驶往全盛的轨道。乾隆本身是实干家而并非思想家，事实上，乾隆一朝的内政外交大方针，一秉父祖遗轨，并没有大的制度创新。只不过他出色的实践能力使这些大政方针落实得恰到好处。

· 2 ·

第二，乾隆的勤政。

优秀的遗传、良好的教育、成功的自我砥砺，乾隆皇帝在学生时期就形成了一个非常宝贵的品质：诸事有恒。他一生生活起居，都如钟表般有规律。清代史学家赵翼以他的亲身感受记下了乾隆皇帝的勤政情形：

> 皇帝每天早上都在卯时（六点钟）出宫……从寝宫出来，每过一道门，就放一声爆竹。我们在直舍值日，听到爆竹从远到近，就知道圣驾到了乾清宫。冬天的这个时候，蜡烛还要再烧一寸多，天才大亮。我们十多个人值班，五六天轮一个早班，已经觉得很累了。谁知道皇帝天天如此。这还是平时。当西陲用兵之时，如果有军报到了，虽然是夜半时分也必然亲自览阅，然后召集军机大臣到前面指示机宜，动辄千百余言。我那时负责撰拟文件，从起草到作成楷书进呈，有时需要一两个小时，皇上仍然披着衣服在等。（《檐曝杂记》卷一）

一个朝鲜人也记下了乾隆成了固定模式的起居：

> 卯时而起，进早膳，然后看文件，召见公卿大臣们讨论如何处理，一直到中午。晚膳后还要继续处理没看完的公文，或者读书、

写字、作诗，一直到睡觉时分。

从登基到离世，乾隆基本上都是按这个日程生活，六十多年没有变化。

历代皇帝临朝，都是大臣们齐集之后，皇帝大驾才姗姗而来。可是在乾隆朝，却屡屡出现皇帝枯坐宫中，苦等大臣不到的情景。其原因不是乾隆朝的大臣们特别傲慢或者懒惰，而是因为皇帝起得太早了。每天微露曙光之际，皇帝就已经穿戴整齐，做好准备，静坐宫中。经常是太监们出去看了好几次，大臣们"始云齐集"。皇帝等得不耐烦，只好"流连经史，坐以俟之"，看书来打发时间。以至于皇帝经常发火，降旨要求群臣提前上班："凡朕御门听政，辨色而起。每遣人询问诸臣会齐集否。数次之后，始云齐集。即今日亦复如是。诸臣于御门奏事，尚且迟迟后期，则每日入署办事，更可想见。"又说："近见各部奏事，率过辰而至巳（相当于今日晨七时至九时之间），朕昧爽而兴，惟流连经史，坐以俟之而已。此岂君臣交儆、勤于为治之义耶？"

即使生病，乾隆也照常工作。乾隆五年（1740年）正月，他连日宴请外藩蒙古，召见大臣，身体疲惫，又患伤风感冒，整天咳嗽不止。御史朱续晫趁机上奏折，请皇帝注意休息，这几天要减少工作量，"寡欲以养身，握要以图政，谨持大纲，保养精神"。不料乾隆并不领情，反而批评这名御史说，暑去寒来，气候变化，人身体不适应而生病乃经常之事，帝王也是常人，生病不能避免，"至于节一身之劳，遂将国家政务，不事躬亲，尚执要之名，而开丛脞之渐，则错缪已甚"。（《清高宗实录》）

· 3 ·

第三，乾隆所打造的高效率官僚队伍。

乾隆政治成功的一个重要原因是他以过人的眼光和手腕，恩威并施，宽严相济，打造了一支能打胜仗的干部队伍。乾隆不像传统帝王那样，重德不重才。他对大臣的要求是:“务得有猷有为”。对那些高分低能、只知谨守官箴、缺乏实际操作能力的书呆子，他一直厌恶有加。

在乾隆十三年(1748年)前后，他鉴于朋党之忧，开始大力起用与官场中帮派没有关系的新人，以对鄂、张朋党釜底抽薪。在乾隆十三年前，他唯一破格提拔的是讷亲。此人年纪虽轻，却在雍正末年即已进入军机处，办事干练，颇为雍正所赏识。乾隆曾经说:“讷亲向蒙皇考嘉奖，以为少年大臣中可以望其有成者。”乾隆即位后，相继任命他为授镶白旗满洲都统、领侍卫内大臣、协办总理事务、进封一等公爵，一时权倾朝野。不料讷亲遇到了倒霉的乾隆十三年，因金川之役不力而一命呜呼了。虽然杀了讷亲，乾隆却从任用讷亲的经验中，发现使用年轻大臣的好处。那就是这些人思维敏捷、精力充沛、办事干练，满足了乾隆皇帝用人的高标准。而且，这些人没有那些宦海沉浮多年的老臣们圆滑世故，做事干脆利落。他们与朝中朋党没有什么关系，皇帝用起来十分放心。继讷亲之后，皇帝提拔最力的是自己的小舅子傅恒。乾隆五年(1740年)，这个人还不过是一个蓝翎侍卫，乾隆七年(1742年)，他被任命为内务府大臣，到乾隆十三年(1748年)，讷亲被杀后，他一跃成为首席军机大臣，其时年龄不过才二十五岁，成为中国历史上最为年轻的“宰相”。除此之外，乾隆还以火箭速度提拔了舒赫德、兆惠等满族才俊，并且陆续任命汪由敦、刘统勋、梁诗正、于敏中等汉族官员入主中枢，从而真正建立起了自己的班底。

一个三十多岁的皇帝，居然任用比自己还小十多岁的年轻人做首席军机大臣。这一任命，可以说完全出人意料。好在乾隆皇帝识人眼光独到，所用诸人，颇能服众。小舅子傅恒被重用，绝不仅仅是为了安慰死去的孝贤皇后，而是因为他确有过人之处。他见识远大，忠诚勤劳，办事干练，并且礼贤下士，待人宽厚，颇有他姐姐的遗风。史载他“款待下属，每多谦冲，与其同几共榻，毫无骄汰之状”。他前后领袖军机二十三年，始终得到皇帝的信任。兆惠从军机章京起家，乾隆“知其才可用，屡擢至侍郎”。在后来平定新疆的战争中，他功勋卓著，黑水营之围，他率三千人抗敌万人，坚守三个月，成为清代军事史上的名将。历任湖广、云贵总督的李侍尧“短小精敏，过目成诵。见属僚，数语即辨其才否，拥几高坐，语所治肥瘠利害，或及其阴事，若亲见”。至于刘统勋、梁诗正等大臣，也都以干练著称，成为一代名臣。咸丰时期的大臣张集馨评价乾隆的用人说，乾隆年间，国家繁盛，督抚虽不免贪黩，然其才具皆系大开大阖手笔，每遇地方事体，无不举办。

乾隆晚年，到访中国的马戛尔尼使团成员们对大清帝国的许多事务都不以为然，唯对他们遇到的许多官员的素质评价很高。在他们眼中，乾隆驾下的官员们绝大多数都风度不错，能力很强。比如约翰·巴罗评价说：“北直隶的老总督是个满人。他那轻松自然、礼貌恭敬而又尊贵自重的态度，是现代欧洲最有风度的侍臣都无法比肩的。他对使团事务周切关注，在天津款待我们时真挚自然，给下级官员和家仆指示时平易慈祥，赢得了众口一致的爱戴。他是一个七十八岁高龄，非常可爱的老人。个矮，眼小而亮，神态慈祥，长须银白，整个形象沉着镇静，不怒而威。”对于和珅，斯当东的评价是：“和中堂的态度和蔼可亲，对问题的认识尖锐深刻，不愧是一位成熟的政治家。”马戛尔尼也认为：“和珅相貌白皙而英俊，举止潇洒，谈笑风生，樽俎之间，交接从容自若，事无巨细，一言而办，真具有大国宰相风度。”

中国历史上最常见的政治疾病是“肠梗阻”，也就是最高决策无法有效通过官员阶层贯彻到社会底层。乾隆朝中前期成功地解决了这个问题。乾隆朝中前期官僚队伍效率颇高，执政能力极强，皇帝的重大决策基本可以得到有力贯彻。这就为乾隆盛世的到来提供了坚实有力的干部保证。

· 4 ·

第四，乾隆前期惩贪措施的成功。

乾隆皇帝是中国历史上惩贪态度最坚决、手段最严密、手腕最强硬的皇帝之一。

乾隆心思细密，万事求全，深知防微杜渐的重要性。因此，他整顿吏治，是从抓请客送礼之类的小事开始。腐败如同细菌，一旦有了滋生的落脚点，就会迅速蔓延。小小不言的礼物如果不加防范，必然发展成大额贿赂。所以他明确规定，各级官员之间，不得再以送“土宜”，即“土特产”之类的名义赠送礼物。皇帝说：“持廉之道莫先于谨小慎微，督抚为一省表率，既收州县土宜，则两司、道府之馈遗又不可却，而州县既送督抚土宜，则两司、道府之馈送又不可少，层屡递及，督抚之所收有限，而属员之费不赀。”（《清会典事例》）

针对公款吃喝日益普遍的事实，皇帝还规定，督抚大员们的酬酢宴会一切费用，“应出资自办”，派委属员负担筵席费用等事“概行禁革”，以防府县等“借端要结，甚且赔累”（《清会典事例》），扰乱民间。

官场上，收受门包一直是一个小小的痼疾。说起来似乎为害不大，但实际上却极损政体之尊严，启腐败之先声。因此乾隆五年（1740年），皇帝规定，奉旨出差巡查的官员，凡到州县地方，有敢借机收受门包的，“与者照钻营请托例治罪，受者照婪赃纳贿例治罪”。乾隆四十六年（1781年），皇帝又通谕各省，从督抚到道府，要严格管理家人，“概不许收受属员门包，各督抚传事禀话，交中军巡捕等官传禀，不许另设立管门家人”。史上第一回，皇帝的惩贪规定细化到了大臣们的家人。（《清会典事例》）

人们的普遍印象是乾隆比雍正仁慈，但实际上，乾隆朝对贪官的惩处远严厉于雍正朝。乾隆以前，惩贪实行《完赃减等条例》。该条例规定，凡贪污挪用公款的犯官，如果在一年之内将所贪的公款全部补赔，就可以免死减罪发落。如果一年之内没有全部补上，还可以再宽限一年，让官员自己在监外继续筹款赔补。第二年还没能全部补赔的，犯官进监，而其妻子仍可帮他补赔。直到家产尽绝，才被处死。这样拖来拖去，贪官污吏没有几个被明正典刑的。

经过长时期的酝酿，乾隆二十三年（1758年），皇帝克服巨大阻力，毅然废除了《完赃减等条例》，代之以《完赃不准减等》的新例。不管你家里多有钱，贪污白银只要满了1000两（相当于今天的20万元人民币）即判处斩首，决不宽贷。这一改革，使清王朝的惩贪力度上了一个极大的台阶，使无数贪官人头落地，家破人亡。凡贪污或受贿案件，承办大员一旦查有实据，立即请旨将犯官革职、查抄。籍没家产异常迅速，严密而彻底。贪官污吏的下场不仅身首异处，而且家产无论精粗多寡一律入官，真是落了个白茫茫大地一片真干净！在中国历史上，惩贪严厉者，在朱元璋之后，乾隆可排第二名。

立法如此之严，执法更有过之而无不及。乾隆惩贪举措，有以下几个特点：

一是防范严密，明察秋毫。乾隆皇帝充分利用密折制度，广布耳目，充分监察大臣们的一举一动。而且对同一个人，他往往命多人秘密考察，以免偏听偏信。这样就掌握了大量真实情况。比如乾隆十一年（1746年），乾隆命令湖北巡抚开泰秘密考察湖广总督鄂弥达的官品操守。开泰回禀说，鄂氏年老体衰，不过尚能正常办公。其家人闻有收受门包之事，不过数量不多，而且鄂氏自己好像也不知情。皇帝看后批示，鄂氏的问题不仅如此，你反映的并不全面："非但此也！鄂弥达往查湖南省，令其子拜各属员，亦间有收受礼物者，操兵全不阅看……"通过这种方式，所有高级官员时刻感觉自己处于四周同僚的监察之中，时时自危，居官自然如履薄冰，不得不小心谨慎。

二是执法从严，决不姑息。高级官员如果事涉腐败，即使情节轻微，数量不多，也决不轻恕。

云南总督恒文是乾隆喜欢和信任的大臣之一，他头脑灵活，能力突出，善于处理各种复杂关系。乾隆说他"历任封疆，受恩最重"。乾隆二十二年（1757年），恒文按各地惯例为皇帝准备"土贡"。他因云南产金，拟购买黄金制作几个金手炉献给皇帝。当时黄金市价为每两金子换十四两银子，而恒文为了占便宜，只给十两银子。这当然是以购买为名，行勒索之实，确实相当卑鄙，不过占这么点小小便宜，情节也确实谈不上重大。

此事被揭发后，乾隆颇感意外，立即派尚书刘统勋为钦差大臣前往严查。虽然案情轻微，皇帝却决定立刻赐恒文自尽。后来因查出此事之缘起是经下属怂恿，情有可原之处，遂改为终身监禁。给恒文买金子帮过忙的云南巡抚、云南布政使、云南按察使一并被革职，其他五十六名州县官员都受到了相应的处罚。皇帝对涉及贪腐之案毫不宽假的坚决态度于此可见。

乾隆二十一年（1756年），湖南布政使杨灏借工作之便，侵占三千多两白银案发，杨灏被处以斩监候，伺二十二年秋后处决。乾隆二十二年秋审，也就是复核死刑犯时，继任湖南巡抚蒋炳认为杨灏已经在一年内把赃银全部弥补，建议判他死缓，九卿科道及三法司对此都无异议。案卷进呈，乾隆皇帝“阅之不胜骇然”，气得手直打战，“不胜手战愤栗”，当天之内连下四道上谕，连篇累牍，痛斥这一建议之荒唐。他说，杨灏身为三品大员，乃克扣至三千余两，本应立行斩首，“监候已系朕格外之恩”。对如此恶劣的犯罪情形，皇帝以为大臣们自然会建议处死，不料居然大臣们一致认为应改判死缓。狼藉至此，犹得宽免一死，“则凡督抚大吏，皆可视婪赃亏帑为寻常事，侵渔克扣，肆无忌惮”。“其何以饬官方而肃法纪耶！”

杨灏被立即处死，提出改判动议之湖南巡抚蒋炳被罢官抄家，发往军台效力赎罪。附和此议之尚书、侍郎、给事中，御史赵弘恩、鄂弥达、蒋溥、李元亮、王际华、李清芳、王和、勒尔森、舒明、董邦达、金德瑛、刘纶等68人，分别处以革职留任、降级留任、销级、销纪录、降级、注册等处分。

第二天，皇帝仍然气不能平，又下达长谕，痛斥官官相护之风。乾隆说：

> 夫明刑弼教，乃国家刑政之大纲……近日内外问刑衙门习气，不求其情罪之允当，惟事妇寺之仁……至俨然服官从政，自当知凛

遵宪典，而犹悍然作奸犯科，此而可宽，则谁不蔑法营私，小民将必深受其害……岂有方岳大员，婪赃累累，而尚借口完赃，俾得偷生视息，有是理乎！……九卿科道，每于秋审棚内哓哓致辩，不过求宽一命，或为自己积福地，而于此等要案，则无一人见及，雷同附和，公为矫诬，此而不加惩儆，纪纲安在……

在谕旨的最后，皇帝坚定地表示：

为官相护之痼习，朕必力革而后已！

三是不避皇亲国戚。

慧贤皇贵妃是大学士高斌的女儿，雍正年间即成为宝亲王的侧福晋。乾隆登基后册立为贵妃，乾隆十年（1745年）去世后追晋为皇贵妃。她生前受宠程度仅在孝贤皇后之下，是四位得以入葬地宫的后妃之一。

慧贤皇贵妃的亲弟弟高恒沾了姐姐的光，仕途颇为顺利，乾隆二十二年（1757年）出任两淮盐政这个肥缺。然而此人就任不久，就“收受商人所缴银两至十三万之多”。案发之后，皇帝毫不宽贷，以其“辜负圣恩，罪无可逭”，将这位小舅子立即处死。

不过毕竟是自己的至亲，杀掉高恒之后，皇帝对高恒的后人相当照顾。十年之后，高恒之子高朴得以出任叶尔羌办事大臣。不料此人颇绍祖风，到任不久就私役回民开采玉石，转往内地私卖，把钱装入自己的腰包。事发之后，皇帝一面痛惜不已，一面又以高朴“贪婪无忌，罔顾法纪，较其父高恒尤甚，不能念为慧贤皇贵妃侄而稍矜宥也”，降旨将高朴即于当地正法。

后世评论乾隆，几乎一致肯定其前期执法之严。晚清薛福成说过：“高宗遣诸贪吏，身大辟，家籍没，僇及子孙。凡所连染，穷治不稍贷，可谓严矣！”总结乾隆年间，封疆大吏以侵贪立案查处者多达三十几起，其中明正典刑或赐令自尽的有二十余名，平均一两年即有一名省级军政大员因侵贪或徇庇侵贪而正法，这是前代所罕见的，也是有清一代所仅见的。

因为乾隆前期抓紧了吏治或者说反腐败这个关键，所以才能迅速把清王朝推向了盛世之巅。这一点是朝野公论。章学诚认为，乾隆四十五年（1780年），即和珅当政之前，乾隆朝都可以称为清明盛世。赵翼后来也说乾隆中前期，秉中枢者俱洁身自好。

第六章

文字狱

君权像恶性肿瘤一样，是世界上最具扩张性的事物之一，它不允许任何独立的事物存在。专制权力的独占性本质驱使它永远努力冲破一切限制，挣脱所有束缚，深入社会每一个角落，毒化每一个细胞，直至最后整个社会在它的紧紧拥抱中窒息而死。士人的人格追求，在专制达到极峰的清代就成了君权的障碍。

一　打击“越级上访”

·1·

乾隆二十二年（1757年）四月初七，皇帝的大驾行走到了江苏与山东交界的涧头集。刚刚结束了第二次南巡北返，坐在打开轿帘的大轿里，乾隆心情不错。初春季节往往是他诗兴大发的时候，遥望绿色笼罩的原野，他在心中酝酿着诗稿。

大驾突然停了下来，前面传来了喧哗声。

新修好的御路旁边的散水沟里，跪着两个鸠形鹄面的人，一望而知是两个灾民。他们高举着两张纸，显然是告御状的。

皇帝命人把他们带到轿前。

两个人哆哆嗦嗦地跪在皇帝面前，一嘴浓重的豫东话因为紧张更加难以听懂。费了老大劲，皇帝才听明白，原来他们是河南东部夏邑县人，分别叫张钦和艾鹤年。他们说，河南东部遭遇了严重水灾，百姓流离失所。夏邑县令孙默和河南巡抚图勒炳阿等官员串通起来，隐瞒灾情。老百姓实在活不下去了，所以他们才壮着胆来告御状。

乾隆的眉头锁了起来。怎么又是夏邑？

· 2 ·

关于河南夏邑县的水灾，在这两个灾民告御状之前，皇帝就已经知道一二了。他这次南巡到山东时，前江苏布政使、退休官员彭家屏在山东迎驾，就已经向他加以举报了。

彭家屏本身就是河南夏邑人，他说河南东部已经多年遭遇灾害，今年尤其严重，百姓嗷嗷待哺，地方官却无动于衷。因此河南巡抚图勒炳阿罪无可逭。

对于彭家屏的举报，乾隆并不很相信。因为第一，图勒炳阿因为精明而听话，一直颇为乾隆赏识。第二，按照朝廷纲纪，退休在家的官员，应该安分守己，不得倚仗自己做过高官而干预地方公务。彭家屏的行为有违反这条规定的嫌疑。第三，皇帝一直很讨厌彭家屏其人。乾隆最痛恨的是官员拉帮结伙搞朋党，而彭家屏却很喜欢搞这一套。在雍正年间，他有过投靠雍正的宠臣李卫，攻击李卫政敌鄂尔泰的不光彩历史，所以乾隆对他印象一直不佳。乾隆后来说："且彭家屏乃李卫门下一走狗耳，其性情阴鸷，恩怨最为分明。从前每当奏对时，于鄂尔泰、鄂容安无不极力诋毁，朕因此深薄其为人。"（《乾隆朝东华录》）

皇帝的第一反应是用怀疑的目光深深盯了彭家屏一会儿。他首先判断这是图勒炳阿与彭家屏二人有矛盾，彭借机夸大其词，进行倾陷。作为皇帝，乾隆每一分钟都在提醒自己不要掉进官员们设下的圈套，成为他们斗争的工具。

彭家屏表情镇定，似乎心里十分有底。那么首先要查明事情真相，再做处理。所以，乾隆命令同到山东迎驾的图勒炳阿会同彭家屏一起，实地查勘灾情，然后共同向他汇报。

与此同时，皇帝还采取了一个极为秘密的措施。他派自己身边的一个随侍，精明强干的员外郎观音保化装成一个商人，深入河南夏邑，实地考察灾情到底如何。

这个措施典型地反映了皇帝的行政风格。

就在观音保出发后第三天，发生了开头所述告御状的一幕。

· 3 ·

虽然“爱民如子”，但乾隆并不鼓励他的子民们告御状。

乾隆皇帝与明太祖朱元璋在对民宽、对官严一点上十分相似。但是，他们的政治理念却有明显差异。

因为出身贫寒，朱元璋身上有一种强烈的民粹主义倾向。洪武年间，有些民望极好的官员获罪罢职，但地方百姓拦道苦留。朱元璋知道后，不但不怪罪百姓，反而因此判定这个官员必然是好官，不但释放，甚至还得到提升。

不仅如此，朱元璋直接利用底层百姓的政治热情来监察官员。他说，如果好官被人陷害，实情不能上达，允许本处城市乡村“有德老人们赴京面奏，以凭保全”。

乾隆却不欣赏朱元璋的政治浪漫主义。他认为，小民们的话并不都可信，小民的智慧更不可依靠。如果百姓表扬会促使官员步步高升，那么假造民意，对于中国官员来说还不是易如反掌的事吗？如果老百姓可以随便入京控告官员，那么，这些愚民不是很容易成为官场斗争的工具吗？所以他说：“小过本不至逮系，但既以司吏，则罪宥宜出朝廷。若因部民伏关乞留，遽为纵遣，是黜陟之柄编氓转得而操之，成何政体？明祖于此俱加以赏赉超擢，不啻导之作奸。倘猾吏民窥见意指，交通惑听，流弊伊于何底？国法吏治不因之俱坏乎？”（《御批历代通鉴辑览》）

作为一个力图以权力笼罩控制一切的皇帝，乾隆最热爱的是秩序和稳定，最恐惧的是民众的自发性，但有时他也主动深入群众。比如这次南巡途中，他望见衣衫褴褛的百姓，会叫到驾前，细细盘问何以穷困，并命加以赏赐。但是他由上而下地询问则可，底层百姓由下而上地主动向他揭发地方官的错误，却使他十分不快。国家政治的运转一定要在严格的政治纪律基础之上，百姓有了冤屈，应该按规定层层上访，不应该直接找到皇帝这里。“即使地方官政事少未妥协，督抚司道，昭布森列，自当据实陈诉，静听审理，何至无所控吁？”

对于这些告御状的人，他一直有一种异样的感觉。也许他们所说都是实话，但他们的眼神里透露的却都是执拗和不驯服。敢于向自己的父母官叫板，敢于和皇帝的眼睛对视，可见他们平日就并非安分守己之辈。如果天下沧海横流，正是这些人会铤而走险。对他们进行鼓励，无疑是给国家政治埋下不稳定因素。因此，历史上有一些皇帝喜欢搞一些御前判案为民申冤的“政治秀”，乾隆却从不这样做。

这两个灾民的出现，让他相信了彭家屏的话有所根据，老百姓是不可能在皇帝面前公然说谎的。但古往今来，上访的处理原则不变。他一纸批文，把这两个人转交河南巡抚图勒炳阿，命他认真审理。

就在第一起告御状事件发生两天之后，四月初九，皇帝一行走到山东邹县，突然路边又冒出一名告御状的人，同样是衣衫褴褛，同样是一口豫东口音。一问之下，居然又是河南夏邑人，名叫刘元德，也来投诉自己的父母官办赈不实。

乾隆皇帝脸色一下子变得十分冷峻。

连续两起夏邑人告状，触动了他的敏感神经。联想到彭家屏同样也是夏邑人，这难道仅仅是巧合吗？在乾隆的政治生涯里，还从来没有遇到过连续两起同一目的的告御状事件。习惯于危机思维和阴谋思维的皇帝第一时间判定，这很可能是一起有组织、有预谋的政治活动。也就是说，很有可能是退休官员彭家屏在背后策划，让这些普通百姓不断出面，利用这次旱灾，来扳倒他们不喜欢的夏邑县令孙默和河南巡抚图勒炳阿。

如果是这样，那么事情的性质就发生了变化。由一件普通的百姓告御状演变成了地方缙绅利用和勾结普通百姓，企图扳倒朝廷命官的政治阴谋。如果真的这样，那就是帝国政治生活中一个极为不祥的新苗头。这是典型的以下犯上、颠覆帝国政治秩序的行为。任其发展，必然成为一种政治恶疾。

向来注意防微杜渐的皇帝决定要斩钉截铁地铲除这个苗头。

皇帝命人把这个刘元德锁起来，细细审问。他决心把那个他素来不喜欢的彭家屏从这起案件背后挖出来，最好酿成一桩震动天下的大狱，杀一儆百，因为大清天下此刻特别需要一记有力的警告。

· 4 ·

在欣赏自己盛世治绩的同时，皇帝也分明预感到，大清王朝危机四伏。

造成大清王朝不安定的主要原因，是人口压力。

人口增长本来是乾隆盛世的最有力证据。但与历史上其他盛世不同，乾隆盛世却是一个贫困的盛世。大唐开元盛世“稻米流脂粟米白，公私仓廪俱丰实”。而据说文景之治时，中国老百姓也都富裕得十分了得，家家户户都骑马，而且全骑雄马，谁要是骑雌马或者小马都会遭到众人嘲笑。《史记·平准书》载：

至今上（指汉武帝）即位数岁，汉兴七十余年之间，国家无事，非遇水旱之灾，民则人给家足，都（都城）鄙（边远地方）廪（粮仓）庾（露天谷仓）皆满，而府库余货财。京师之钱累巨万，贯（穿钱的绳子）朽而不可校。太仓（京师的大仓库）之粟陈陈相因，充溢露积于外，至腐败不可食。众庶街巷有马，阡陌之间成群，而乘（雄马）字牝（母马）者摈（排斥）而不得聚会（当时人皆乘雄马，有雌马杂处其间，便互相踢咬，故被斥于外而不与同行）。

乾隆盛世中却绝没有类似的记载。《兴国县志》载，乾隆年间，陕西许多农民“每岁必卖食买衣，因衣之费，而食已减其半，其艰于食者固自不少，而缺于衣者抑已良多”。洪亮吉也说，乾隆晚年和嘉庆年间，农民“终岁勤动，毕生皇皇，而自好者居然有沟壑之忧，不肖者遂至生攘夺之患矣”（《计生篇》）。

为什么如此呢？原因其实很简单。乾隆年间的粮食总产量虽然创了历史最高，但人均下来，却处于历史落后水平。

传统农业生产的主要目的不是为了提高生活水平，而是尽可能多地养育人口。即使增加人口是以降低生活水平为代价换取，中国人也心甘情愿。中国传统社会人口增长的速度往往高于粮食生产水平的提升速度，乾隆年间这一特征表现得更为明显。

正是这样的人口奇迹造成了乾隆朝的尴尬。一方面，人口繁庶历来是统治成绩和国家实力的最有力证明；另一方面，人口增长也带来了方方面面的问题。虽然清代粮食总产量居历史之冠，人均却是最低。据吴宾、党晓虹《论中国古代粮食安全问题及其影响因素》一文，历代粮食大致人均占有量，秦汉为985斤，隋唐为988斤，宋代为1457斤，明代为1192斤，而嘉庆初年，仅为780斤。

人口压力导致了空前的生存竞争。

由于人口的增长，人多地少的矛盾越来越突出。地主不断提高要价，增长地租，贫民越来越无法承受。有案例记载，乾隆初年，四川泸州的一块土地，每年向地主交租8石5斗。仅仅过了四年，地主就把地租提高到了24石。另一个案例显示，湖北黄冈的一块土地，原本收租3石，两年后，租价就上升到了6石。地租如此直线上升，使那些生活在社会最底层的佃户忍无可忍，不得不起来抗争。

乾隆六年（1741年），江苏崇明等地因风灾减产，佃户老施二带头不交地主的田租，还组织周围的佃户，驱逐前来收租的地主。地主在保正的帮助下，逮捕了几名动手的佃户，关在私牢中。老施二又组织民众，“将业主寓所、保正房屋肆行烧毁”，救出被捕之人。

不久，靖江县也发生要求减租、抗租的风潮。乾隆六年八月，靖江县贫民沙九成等人“纠集多人，私立合同，喝令罢市，希图挟官报灾，免粮赖租”。

除了抗租之外，抗税斗争也越来越普遍。由于农民普遍贫困化，越来越多的人种不起地。乾隆十二年（1747年），河南罗山县农民集体抗税，“刁徒七八百人各执木棍、铁锨等物，并挟有草束”，又复前来，“公行叫喊，奉旨不完钱粮，不许差役催追旧欠”。乾隆三十二年（1767年），江苏江阴县也出现大规模的抗税斗争，“是年秋，邑大旱，有司不以上闻，征税如故，西乡民相率哄县堂，人挟槁苗一束委弃庭中，顷刻山积。阍者以大言吓之，几至激变”。

·5·

虽然在经济上对农民、特别是贫民慷慨大度，但是在政治权利上，乾隆却是有史以来最为吝啬严苛的皇帝。他全力维护农民的生存权乃至温饱权，但是绝不允许农民有政治表达权。

因为统治者最热爱的是稳定，而维护稳定的最核心手段则是维护纲常。一旦纲常紊乱，则统治者必然受到威胁。

所以，乾隆对于老百姓，有着对比鲜明的两副面孔：

对于安分守已的“良民”，他“视如赤子”。

对于不守本分的“刁民”，他则视如仇敌，必欲除之而后快。

应该说，民众斗争的风起云涌是清王朝经济发展和社会发展的一种必然表现。经济总量的扩大，经济结构的变化，必然造成经济冲突和经济纠纷日益增多。在经济发展的同时，民众的政治意识、权利意识也同步觉醒，社会上出现一些自发的维权组织。这本是一个正常的社会现象，也是政治文明发展的一个难得契机。

乾隆年间，在地主与佃户的经济冲突中，佃户们表现出越来越多的组织性。他们在共同利益的基础上相互联系，用演戏、赛会、歃血、结盟的方式团聚起来，有组织地和地主进行斗争。有的地方出现了铁尺会、乌龙会、长关会等组织。乾隆十八年（1753年），福建邵武佃农杜正祈等“结无赖子数十人，屡与田主构难。恃拳勇，入市强横，久之党渐众，遂阴蓄异谋，人给一铁尺，号铁尺会”。有的地方还设立会馆，推举佃长，甚至组织武装，与地主们公开对抗。中国民间社会的自我组织性发展到了一个新的阶段。

面对这种形势，乾隆的第一反应是恐惧。

在乾隆看来，“涓涓不绝，将成江河，萌芽不剪，将寻斧柯”。在乾隆时代，一切民众聚集事件都被视为敌对事件。为了防微杜渐，他必须在“群情汹涌之初”，“擒首恶以儆余凶”。乾隆规定，严禁民间结盟、罢市、聚众殴官，如果至四五十人，那么“不分首从，即行止法”。

乾隆六年（1741年），户部宝泉局，也就是相当于今天财政部印钞厂的两千多名工人，因反对工头克扣工资，停炉罢工。步军统领衙门出兵弹压，工人们“俱登厂内土堆，抛砖掷瓦喊叫”，官兵竟向手无寸铁的工匠施放鸟枪。事后，乾隆帝还因为没有杀几个人而嫌官兵镇压不力，朱批道：“办理殊怯矣！此等刁民，即枪伤一二何妨。”“此等刁风，甚属可恶……著舒赫德等严访为首之人，务必重处，以警其余。”

对于“刁民”自发组织起来的抗税抗租行为，他更是严厉打击，决不手软。

江苏崇明老施二抗税事件报闻之后，乾隆皇帝批示道：“此等刁风，不可长也，务获实犯奏闻。”此案的最终处理结果是，“老施二依拟应斩，著监候秋后处决”。

乾隆十三年（1748年），苏州米商囤粮抬价，一介布衣顾尧年和平到官府请愿，请求官员控制粮价，保证贫民能活下去。为了表示自己对大清政府的恭顺，他特意“自缚双臂”，跪在地方官面前。然而秉承乾隆不许对主动提出权利要求的百姓后退寸步这一原则的官府，竟然把顾尧年逮捕入狱。苏州百姓群情激愤，一起来到官府要求释放顾氏，官府却大加镇压，连续逮捕了三十九人。事情上报乾隆，奏折中的“聚众”二字令乾隆大为警惕。他说：“因近日聚众之案甚多，特命刑部定议，照陕甘刁民聚众之例，立即正法。”顾尧年等人因此被苏州官员杖毙于大堂之上。

· 6 ·

在这样的背景下，河南夏邑县多起灾民控告上司的事件，在乾隆眼中就成了无比重大的政治事件。

果然不出皇帝所料，在严刑拷打之下，灾民刘元德交代，他来告御状，路费不是自己拿的，自己也拿不出，是夏邑县的秀才段昌绪和武生刘东震两个人共同资助的。这两个人鼓励他扳倒县太爷，说这是造福全县的大好事。

对这个审理结果，乾隆并不满意，因为没有把彭家屏挖出来。皇帝直觉彭家屏与此事逃不脱干系，而且只有把彭家屏牵系进来，这个案子才有可能做大，才能制造震动全国的效果。

就在皇帝下达了继续熬审刘元德，同时逮捕段昌绪和刘东震的命令后，到河南暗访的观音保回来了。

观音保是皇帝最信任的亲信之一。他事上忠诚，为人敏捷，办事周密。听到他回来，皇帝连忙召见。

几天不见，观音保模样大变。微服出行时新换上的湖绸长衫已经蒙上一层尘土，脸庞也比出行时消瘦了许多。

他抢步上前，请了个安，回道：“皇上，夏邑之灾，并非寻常水灾，而是百年不遇的大灾！”

观音保汇报说，夏邑和附近的永城县遭灾已经两年了，由于连岁未登，积水未涸，今年仍无法下种，百姓对于县令和巡抚极度不满，咒骂之声充满城乡。由于多年重灾，穷民景况不堪入目。县城里乞丐遍地，乡间则饿殍满眼。全县物价奇高，只有人价极低，满大街都是卖儿卖女的人。为了证明自己的调查结果，他还特意在灾区买了两个孩子。

“哦？花了多少钱？”皇帝问道。

“四百八十文。”

那时的四百八十文约合现在九十六元钱，大约是一只烤鸭的价格。

“什么？两个孩子加在一起？”

“对。”观音保说着，从身上掏出一张纸，呈给乾隆。乾隆接过来一看，是一张卖身契，价目清清楚楚。

皇帝默然不语，良久，一挥手：“你先出去吧。”

观音保悄无声息地退步，转身，退出殿外。

皇帝陷入了尴尬。看来，地方官确实罪不可逭。他原来以为，夏邑所遭的是寻常灾害，没想到会重到如此程度。图勒炳阿和孙默欺君罔上、漠视民命达到如此程度，实堪发指。必须严肃处理，才能平民愤而肃官箴。

可是，如果因为老百姓告御状而摘了巡抚和县令的帽子，必然在大清帝国内开创一个极为不好的先例。这一传奇性的“平民扳倒巡抚”事件必然会成为爆炸新闻，迅速传遍全国。本来，大清帝国如今的政治形势就不稳，各地抗税抗租斗争此起彼伏。如果这事再传开，那么无异于火上浇油，岂不极大地助长民众的自发斗争？

深思熟虑之后，皇帝做出了这样的决断：

第一，严肃处理地方官。图勒炳阿被革职，发往乌里雅苏台充军。夏邑县、永城县两县知县也被革职，等待进一步审讯处理，以警戒其他讳灾官员。

第二，彭家屏被立刻勒令回家，以后不得以缙绅干预公务。刘元德、段昌绪、刘东震三人，交山东巡抚审办，一定要查出背后有没有其他主使。

看来是各打五十大板。

皇帝还下了一道意味深长的谕旨给河南老百姓：

> 并传谕各百姓等，俾晓然于朕惠爱黎元，一体之意，各安本分，静候给赈。至巡抚、知县之罢斥，乃朕遣人密加访察，自为整饬官方起见，初不因彭家屏之奏，亦不因一二刁民之遮道呈诉也。若因此遂增致长刁风，挟制官长，扰及赈务，则是自干罪戾，不能承受国家惠养之恩矣。（《清高宗实录》）

意思是说，这起案子的处理，是因为我洞察一切，主动发现，并不是因为彭家屏的奏报，也不是因为“一二刁民”告御状。如果以后谁效仿这几个“刁民”，以下犯上，那么必然要受到国家的严惩。

这一道上谕，体现了皇帝在面对民间政治参与热情性时的进退两难。

· 7 ·

面对汹汹民情，乾隆全力以赴，高筑坝垒，将其约束在“纲纪”的河道内。

那么，底层民众受到冤屈，就只能等死吗？

乾隆认为，这种情况下，群众有权利上访。但是，必须在国家政策规定内，一级一级来，不能“越级上访”，更不能采取“聚集”“闹事”等危险手段。皇帝的理论是，“至该处百姓，如果追比负屈难伸，应赴上司衙门控告，乃敢聚众赴署，纷纷殴闹，此风断不可长”。

“应赴上司衙门控告”，这便是皇帝所开具的普通百姓对付贪官污吏的唯一办法。就是说，你必须在体制内反映申诉，寻求解决的办法。

问题是，传统社会体制内的申诉机制常常是失效的。底层百姓的上访，最常见的处理方法是被上级发回基层处理。如果“赴上司衙门控告”遭到拒绝，被发还原县锁系，又怎么办?

乾隆二十九年（1764年）九月，湖南新宁县百姓刘周佑到知府处控告新宁县县令营私舞弊，代理知府不问青红皂白，将案子发回新宁县处理。新宁知县利用职权，挟私报复，把刘周佑关押在监。县民忍无可忍，纷纷罢市以示抗议，事情被汇报给了皇帝。

这种情况下，皇帝作出如下一段批示:

> 抗官之案，虽事涉有司，应行参处，亦必首惩纠众之人。而于官员应得处分，不即汲汲究治，诚虑匪徒因此长奸，不可不防其渐也。

就是说，对于百姓对抗官府的案子，即使百姓有理，也得受到严惩。而对官员的处理，不可过重。因为如果严处官员，那么百姓必然得到鼓励，以后会变本加厉，益发助长了“以下抗上”的“歪风邪气”。用乾隆自己的话说就是“刁民闹事而即参知县，将使刁风益炽矣”，“将来愚顽之徒，必且以此挟制官长，殊非整饬刁风之道”。

乾隆的这个逻辑，在处理夏邑县事件时也得到了另一次清晰的解释。乾隆在给夏邑人的另一篇谕旨中，如此告诫百姓:

> 州县乃民之父母，以子民讦其父母，朕岂肯听一面之词，开挟制之风。譬如祖虽爱其孙，必不使其恃恩反抗父母，此等刁风断不可长!

官员是民之父母，那么皇帝自然是民之祖父了。祖父当然是疼爱孙子的，但是遇到孙子和自己的父母作对，明智的祖父会怎么做呢？显然，他绝对不会助长孙子反抗其父母的恶习。因为，你今天反抗了父母，明天你就会反抗祖父。这不是显然之理吗？

因此，作为孙子，即使受了父母的委屈，也只能含冤忍受，等着祖父有一天发现父母的错误加以惩治，而不应该主动跑到祖父面前，来说父母的不是。如果主动报告，就是孙子不守孝道，不能“子为父隐”。本来祖父要申斥父母，一听孙子公然陈告，也会先压下来不办，不能让孙子长脸。

同时，他还要把孙子交给自己的儿子，让他好好处理处理。他知道，自己的儿子十分明白怎么处理孙子，才能使他记住下次不要再犯上作乱。

· 8 ·

果然不出乾隆所料，他的“儿子”赈灾不行，但是处理“孙子”造反事件，却极富政治天分。

乾隆命令把刘元德、段昌绪、刘东震交给山东巡抚审办。山东巡抚当即发文给夏邑知县，也就是那个被夏邑人一再控告的孙默，命他立刻把秀才段昌绪和武生刘东震抓起来，押递到山东。

革职的命令还没有从省里传下来，但孙默已经知道自己的乌纱马上就要丢掉，因此他非常清楚如何办理这个案子。他没有像往常一样，派衙役抓人，而是亲自带领人马，前往秀才段昌绪家，命令对段家彻底搜查。特别是对书籍文章，要片纸不留，一律搜出让他检查。

他知道，皇帝对文字之狱特别有兴趣。这些秀才们积习难改，平时一定会写些日记文章之类，而这些文章之内保不齐会有一两句牢骚怨望之语。如果找到一两句他们咒骂朝廷的证据，那么这个案子就会升级，自己很可能就会脱身，起码也会减罪。

果不其然，衙役们在段昌绪的卧室之中搜出了几页文书，居然是吴三桂起兵反清时的檄文抄本。这篇檄文，八十年前广为流传。八十年后，段昌绪仍然保留，这不是大逆是什么?

孙默如获至宝，他飞马把这一“成果”汇报给图勒炳阿。图勒炳阿又添油加醋一番，以八百里加急的文件报给皇帝。

乾隆对此非常重视。一方面，他对任何政治上的反清苗头都视如大敌；另一方面，在前两天对夏邑事件各打五十大板后，他感觉十分不妥。因为各地密报已经传上来，说虽然皇帝各打了五十大板，但是“平民百姓扳倒巡抚”的消息仍然像长了翅膀一样，立刻传遍了大清各省，那几个敢于告御状的平民已经成了全国人心目中的英雄。不少地方的人闻听此消息，准备要进京告状。

皇帝于是断然采取了如下措施:

第一，夏邑县知县孙默以及图勒炳阿能侦破这样的反清大案，“尚属能办事之员”。侦破反清政治大案之功与讳灾这样的小过不可同日而语，“缉邪之功大，讳灾之罪小”，因此不必革职，仍留原任。

第二，命直隶总督方观承前往河南，与图勒炳阿一起彻查此大案，特别是要查清这个檄文到底从哪里抄来，背后有没有其他组织或者情由。

皇帝在上谕中还莫名其妙地着重说了这么一句:“命方观承会同图勒炳阿前往彭家屏家抄家，以检查彭家是否也有这道伪檄。”并且立刻命令彭家屏前往北京，听候皇帝亲自问讯。

显然，皇帝一定要将退休二品大员彭家屏牵连进案子中，才算罢休。

四月二十六日，皇帝回到圆明园，结束了此次风波迭起的南巡。他召来彭家屏。在严审之下，彭家屏交代出自己家中确实存有几本明末野史，比如《潞河纪闻》《日本乞师记》《豫变纪略》《酌中志》《南迁录》等数种。

然而，方观承与图勒炳阿抄家的结果却与彭氏交代大相径庭，原来彭家屏之子彭传笏闻听抄家之信后，已经把家中所有这些“禁书”一把火烧了。

但方观承也有成果。他说，经过审讯，刘元德交代他的御状状子曾经给彭家屏的侄子彭型看过，这从侧面证明，彭家屏与这个告御状事件确实有关，皇帝的判断是正确的。

皇帝对这个结果基本满意，他知道，一个大案的条件已经基本具备了。

· 9 ·

经过会商之后，大臣们认为，这个案子性质严重，必须严肃处理。“河南夏邑县地方士民，习尚嚣凌，素健讼为能，任意诪张，罔知名义乖戾取祸，遂有段昌绪等恶徒，居心狂悖，上干天和，灾祲之来实由自召”，所以段昌绪应该按照大逆罪，凌迟处死。因为段昌绪并没有孩子，只能把他的妻子司氏、妾陈氏，发给功臣之家为奴。

皇帝毕竟仁慈，宣布对段氏“从宽”斩立决，妻子免于入官。

对于彭家屏，皇帝以其私藏逆书，“从宽赐令自尽”。彭氏之子彭传笏斩监候，秋后处决。没收家产中的房屋、衣服、器物等入官。据河南布政使汇报，彭家屏的家产有古玩玉器等一百九十余件，绸缎、毡褐衣服等七百余件，字画手卷八十余件，俱解送进京。“至于箱内止存银一千余两，殊难凭信。随唤伊管事家人范祥等逐加研讯。虽据坚供实止此数，但有无隐匿寄顿，仍饬该府县再加确查严审。”

至于彭家的几千亩土地，皇帝的处理手法十分出奇：既然你愿为贫民强出头，那么就把你的土地分给“该地贫民”，代你了了你的美好心愿吧！

皇帝通过这种方式，表达了对退休官员以及地方秀才不安分守己、替百姓强出头的态度。他相信，这样的处理结果足以消除“百姓扳倒抚巡”事件的不良影响。

皇帝还特别命地方官员，深入民间，了解百姓对此处理的反应。据河南布政使汇报，在听到把彭家屏的田地赏给贫民后，老百姓一致认为，彭家屏死有余辜，皇帝无比正确。“跪听宣扬，踊跃叩头，欢声动地，称此千古未有之鸿仁，天高地厚，无有伦比，惟有顶祝国祚亿万斯年，还祈代为转奏。等语。”

直隶总督方观承等则汇报说，这个案子处理之后，老百姓都十分佩服皇帝的圣明，感激皇帝的大恩，对彭家屏等人无比痛恨，并纷纷表示，以后一定遵纪守法，绝不再“越级上访”。“据士民人等同称，我等自祖父以来，享圣朝太平之福，养长之恩。安居乐业，百有余年。恭逢皇上爱民如子，凡关民间疾苦，无不加恩矜悯。我等就虽属愚昧，亦有知觉，若尚不知尊君亲上，更何以生世为人？实不意竟有段昌绪、司氏、陈氏如此逆徒败类，我等无不同切愤恨，深怀愧耻。今蒙开谕。我等草野小人有何报答皇恩，从此惟有益加洗心涤虑，共相勉善良，祝愿岁岁丰登，人人守法，庶不致再费皇上天心。”

方观承说：“臣等观其情词恳切，老民等皆叩头呜咽，实系出于衷诚，并无伪饰。”

看到这里，乾隆的嘴角浮起一丝微笑。

在强硬地展示自己武的一手后，皇帝又使出了他的另一手。他命令，夏邑县等豫西四县历年所欠的农业税一律免除，本年所有税收也一并免除。皇帝还派出能员，深入豫西，调查此地连续多年受灾严重的原因，准备通过兴修水利等方式加以根治。

同时，立刻调图勒炳阿入京，体面地解除了他的巡抚之职。夏邑、永城两个县令仍然被革职按问，以为其他官员之戒。

二　儒家治国理想的破灭

·1·

传统社会中，永远有那么一类读书人，身无分文，心忧天下。虽然终生不仕，他们却总不甘心放弃“献身政治”“致君尧舜”的宏大理想，因为圣人告诉他们，这是士人活着的唯一目的。

乾隆四十五年（1780年）七月五日早晨，广西布政使朱椿出门想去桂林城外一游。官轿刚刚出胡同，路边抢出一位老者，颤巍巍跪在路边，手中高举一册文书。朱椿心中腻烦，看来又遇到一位告状的，真是官身不自由！

及至随从把文书递到他手里，才发现并非如此。文书封面上题着两个字“策书”，原来是一份政策建言书。打开一看，端楷正书，字迹娟秀，内容有五条：一、请朝廷进一步减免钱粮，减轻底层百姓负担；二、建议各地添设社义仓，以救济贫民；三、革除盐商盗案连坐；四、禁止种烟，以利百姓健康；五、裁减寺僧，减轻社会负担。

文章层次清楚，文字明晰，是一份有数据、有分析、有办法的政策建议书。与一般的书生建言不同，这份报告还有许多定量分析。比如在论述广西的种烟之害时，书中写道：“今种烟之家十居其半，大家种植一二万株，小家亦不减二三千。每万株费工人十或七八、灰粪二三百担，麸料、粪水在外……总种植烟苗始末之工费以图耕稼，种植杂粮，实可以活天下大半之人。”

一个老知识分子关心家国的拳拳之意跃然纸上。

看完了策书，朱椿脸红头涨，神色大变。他命身边的几个随从：“立刻把老头拿住捆上，绝对不许逃脱！”

游兴已经一扫而光，朱椿立刻转轿回府，把老人带过来细细审问。老人一看方伯（地方长官）大人没有如期待的那样把他延为上宾，热情款待，反而疾言厉色，如对大敌，一时不知所措，跪在地上原原本本从头道来。原来这个老头名叫吴英，是广西平南县人，读了一辈子书，只考上了一个秀才。如今六十岁了，身体多病，眼看着朝不保夕，不甘心就这样死去，便想把自己对国家和皇帝的忠爱之情化为这一纸策书，若能对社会有所贡献，也算不负到人世来了一趟吧。

朱椿连夜给广西巡抚写了一个汇报，认为这是一个严重的政治案件。其罪有二：一是普通读书人胆敢批评国家的政策；二是行文中犯了圣讳。原来，这篇策书中“圣上遵太后之遗命，免各省税粮，其德非不弘也……圣上有万斛之弘恩，而贫民不能尽沾其升斗”一段，两次用了皇帝名字中的“弘”字，没有避讳。

第二天，这桩案子就转给了广西巡抚姚成烈。姚成烈放下手中所有事情，全力处理此案。他命人兵分两路，一路赶往吴英在省城的投宿地鼓楼街的涂鼎茂客店，逮捕客店老板和小二，搜查吴英的随身行李，看有没有其他字纸文书。另一路赶赴吴英老家平南县，抄家捕人，把吴家搜了个底朝天，把吴英所有直系亲属二十多人都捆绑来省城，连夜进行审讯，对所有人都动了大刑，当场打残废了两个人。审讯的重点是这份策书后面还有没有同谋。

审讯的结果非常简单：这确是吴英“实思献策，冀得功名，并非怨望诋毁”，自己一个人闭门所写，与其他任何人没有关系。

确信已经审得了实情，姚成烈立刻写了一份奏折，向皇帝汇报了此案。他提出如下处理方案：

一、秀才吴英生逢圣世……不知安分，妄递策书……其中竟然冒犯皇帝的圣讳，并且有批评指责朝政之处，殊属丧心病狂，案情重大，未便稍宽。应以“大逆”罪，凌迟处死。

二、吴英的两个儿子吴简才、吴经才，亲弟弟吴超，亲侄子吴达才、吴栋才，均已经年满十六岁，请按照“缘坐”律，斩立决，先行刺字。

三、吴英的继妻全氏，妾蒙氏，儿媳妇彭氏、马氏以及未成年的幼子懋才、张才，还有幼孙亚宣、亚二、亚儿，幼侄伟才、观奇、亚三，都发配给功臣之家为奴。

这道奏折以六百里加急的速度被送往北京。万里迢迢到了北京，已经是九月份了。九月底，乾隆皇帝在和大学士九卿等人反复多次认真研究了这桩大案后，做出了如下决定：

第一、第三条如广西巡抚所拟，即吴英凌迟，女人及未成年者一律发配

为奴。但皇帝仁慈，改第二条吴英弟弟及子侄之斩立决为斩监候，秋后处决。(《清代文字狱档》)

· 2 ·

在传统社会，底层知识分子上书当道乃是常事。中国早期历史上出现过许多“片言可致卿相”的传奇。苏秦、张仪仅凭一张利嘴，博得相国之印；东方朔以三千简上书汉武帝，入仕为郎官。事实上，唐代以前，向朝廷建言献策，乃至献歌功颂德的文艺作品（比如杜甫所献《三大礼赋》），是知识分子进身的一个主要途径。因此，历朝历代，都有无数进身无路而自认有奇才异能的读书人怀抱“策杖谒天子，驱马出关门”的梦想，纷纷毛遂自荐，满怀热情地向朝廷献书、献策、献诗、献赋。其目的无非两种，一种是出于社会责任心，揭露疾苦，为民请命；另一种是卖弄文笔，逞露才华，希图“朝为田舍郎，暮登天子堂”。

乾隆皇帝在登基之初，也曾经“广开言路”，每年都会有一些千奇百怪的献策报送到皇帝御前。这些出自底层知识分子的作品多数粗陋无文，皇帝不过一笑置之，从未因此而开罪于人。但乾隆十六年（1751 年）起，皇帝却一反常态，突然大开杀戒。乾隆十六年八月，山西省一个精神有点不正常的人，名叫王肇基，到官府投献了一副诗联，以祝贺皇太后寿诞。用王肇基自己的话说，“恭祝皇太后万寿，不过尽我小民之心，欲讨皇上喜欢……”“实系我一腔忠心，要求皇上用我，故将心里想着的事写成一篇”。诗联后面还附有一小段议论，虽然词句颠三倒四，大致可以看出是评论时政之意。地方官将此案汇报给皇帝，乾隆命将他“立毙杖下，俾愚众知其所炯戒”。这是有清一代将献文献策者处以死刑之首例。

从这起事件之后，因献策而得罪的文字狱就连绵不绝。在这些献文献策案中，最让人哭笑不得的是这样一起：

乾隆四十一年（1776年），皇帝出京恭谒泰陵。护卫巡视御道的时候，发现一个年轻人鬼头鬼脑地逡巡在御道边，身上还揣着什么东西。护卫拿住此人，送官审问。

此人姓冯名起炎，山西临汾人，三十一岁，是个秀才。原来他是想献给皇帝一本自己所写的书。书的内容是以《易》解《诗》，水平不高，但献书的动机却出人意料：居然是为了爱情。

原来冯起炎家境贫困，难以娶妻，却暗暗相中了自己张三姨母家和杜五姨母家的两位分别叫“小女”和“小凤”的表妹，暗恋已久，想效仿娥皇女英之故事，把两位佳人都娶到家中为妻。在案卷中，他是这样交代的：“臣……名曰冯起炎，字是南州，尝到臣张三姨母家，见一女，可娶，而恨力不足以办此。此女名曰小女，年十七岁……又到臣杜五姨母家，见一女，可娶，而恨力不足以办此。此女名小凤，年十三岁，虽非必字之年，而已在可字之时。”

自己家庭贫穷，科举又不顺，此愿当然难遂。此人平日酷爱佳人才子之书，乃是一名文学青年，头脑中充满罗曼蒂克的幻想。在种种办法都行不通后，他脑筋急转弯，想逞露才华，献书皇帝。说不定皇帝一见，就惊呼他为奇才。然后他趁机把心中夙愿向皇帝倾诉，皇帝一高兴，就会赐他银冠玉带，命他奉旨成婚。

在挨了许多板子要被送进大牢之前，冯起炎还期待着皇帝会可怜他的一片痴情，偿了他的夙愿，请审案官员转告皇帝，“若以陛下之力，差干员一人，选快马一匹，克日长驱到临邑”，去为他说媒，“则此事谐矣……二事谐，则臣之愿毕矣”。

想必乾隆皇帝登基四十一年来，还没有遇到过如此可笑之事。在开怀大笑并且把这个笑话转告给后宫宠妃之后，皇帝表现出了难得的慈祥和善良。当然，说慈祥，不是说皇帝真的派人去给冯秀才娶小女和小凤，而是少见地没有取他的脑袋。起炎先生幸运地保留了性命，以“痴心迷妄”“欲渎圣聪”

之罪，“刺字发遣”，发配到黑龙江的冰天雪地里，“给披甲人为奴”，在北大荒终老此生。

·3·

除了这类“逞才获咎”型文字狱案外，乾隆朝还有一种文字狱，更为令人难解，那就是“疯子文字狱”。

乾隆十八年（1753年），一个面黄肌瘦、衣衫破旧的人来到山东孔府，叩门投书，自称是孔家的亲戚。此人自称浙江人，叫丁文彬，说前日上帝临凡托梦，把孔府衍圣公的两个女儿许配给了他，他今天来做上门女婿。他自称不是平凡人，别看穷，可是学富五车，写了许多文章，“皆天命之文，性命之学”，请衍圣公过目。孔府将此事报官，审得此人实系一精神病患者，从小父母双亡，年纪老大还没有成亲，因此精神越来越不正常，时常听到一个小人，自称上帝，在他耳边说话，指点他改写《洪范》和《春秋》，并且说已经命他当了天子，管理天下之人，年号为“天元”，并且偷偷把自己的哥哥封为夏文公，族叔封为太宰。

山东巡抚杨应琚在奏折中对丁的得病原因进行了合情合理的分析：“臣考察其情形，丁文彬乃是一至贫极贱之人，一旦识了几个字，就自认为身怀奇才异能，无出其右。因而妄想富贵美色，痴心目识，结为幻影，审不可破”，他说，“听其所言，不论何人俱知其妄”。

杨应琚的分析很有道理，符合现代心理学的补偿原理。当然，他进行深入分析，是为了证明丁氏并没有其他党羽，不是真正的逆案，而不是为了宽恕丁文彬本人。这位深知乾隆心理的大臣建议皇帝把丁文彬杀掉。

乾隆皇帝也认为此人是个疯子无疑。杨的奏折中提到丁氏身体不好，经过大刑，已经奄奄一息。皇帝对此非常重视。他掐指一算，这个案子按正常程序，经三法司会审，再行文到山东，先后要近一个月时间，即使再加急，也要旬余。如果丁文彬这期间死在狱中，可就太便宜他了。于是他立刻传谕杨应琚，根据丁的身体情况，自行决定丁的行刑日期，如果丁氏确实病危，即可将丁文彬提前凌迟处死。

杨应琚受命之下，当即亲赴大狱察看丁文彬的健康情况。他发现丁氏说话时气短，精神极度萎靡，恐怕支撑不了几天，于是立刻命令济南知府等当天布置法场。乾隆十八年六月十四日午时，丁文彬被架上囚车，押赴法场，在万头攒动中被绑上木桩，接受千刀万剐，在身上的肉一片片被割下来之时，他口中尚且喃喃有词，念叨上帝的恩谕。

据不完全统计，乾隆一朝，类似丁文彬这样的疯子文字狱多达 21 起。前面提到的王肇基，也是一个精神不正常之人，所献诗联词句不通，思维混乱，连乾隆都认为“竟是疯人而已”。然而这些疯人没有一个逃过了皇帝的法网。其中 7 起案件，疯子被凌迟处死，疯子的亲属也被连坐，或者处以斩监候，或者被赏给功臣人家为奴隶。另外 14 起被从轻处理，不过即使从轻，也基本都是“斩立决”或者“立毙杖下”。

· 4 ·

乾隆朝另一类超出了普通读者理解能力的文字狱是“图碑类”文字狱。

乾隆三十三年（1768 年）八月，福建的一个小贩李浩，来到浙江省贩卖图文碑记，被浙江瑞安“城管”，也就是差役搜查，缴获了他所贩卖的《结盟图》《惩匪安良图》和《孔明碑记》，报给县令。其实贩卖这些东西，就像贩卖财神像一样普遍，并不存在什么风险，因为这些东西无非是民间劝人向善的宣传品。《结盟图》是劝世人遵圣守法的，《惩匪安良图》劝坏人弃恶向善，那《孔明碑记》中除了一句“两两相争不见天”略觉刺耳之外，也不过是一些荒诞不经的预言，并没有什么犯上作乱之意。据李浩称，这《孔明碑记》的来头可不小。据说这一年二月二十八，狂风大作，暴雨倾盆。风雨过后，广东东山寺院里出现了一块石碑，碑文是诸葛亮所题，内容是预测未来吉凶之事。百姓都说是诸葛亮显灵，因而纷纷传抄。

按理，贩卖劝善文字之事本不值一问，然而官员们都知道在乾隆朝既然案子事涉文字，就要宁左勿右，否则皇帝怪罪下来吃不消，于是经巡抚、总督，直报到皇帝那里。皇帝果然对这件事十分重视，批示“知道了，从重定拟，不可姑息”。

掌握了皇帝意图，地方官立刻兴起大案，追查数省，牵连多人。在办案过程中，皇帝还特意嘱咐，“绝不能叫一个罪犯漏网或者自杀”，可见其草木皆兵之心态。

这个案子的最后处理结果，在档案中并没有记载。但是以乾隆处理文字狱的一贯手法，我们不难想象又有许多家庭妻离子散，家破人亡。

· 5 ·

乾隆朝的这些文字狱乍一看来实在无法理解。乾隆的处理方式，似乎只能用“丧心病狂”四个字来形容。阅读这些文字狱档案，让人不禁怀疑疯了的到底是乾隆还是“案犯”。

对乾隆稍有了解的人都知道，这个人本身并不荒唐。他性格理智坚毅，处事精明细致，智商情商都很高。这样一个人，何以做出如此不近人情的事来?

其实在文字狱问题上，乾隆曾经非常通达理性，甚至还称得上宽容大度。

众所周知，乾隆的父亲雍正在位期间曾经制造了多起著名的文字大案，比如吕留良案、查嗣庭案、汪景祺案等。就像对父亲的许多其他做法不以为然一样，对这些文字大狱乾隆也一直腹诽不已，即位后立刻拨乱反正。雍正诛杀汪景祺，一直把汪的头颅悬于菜市口示众。乾隆以京师首善之区，悬挂人头“有碍观瞻”为由，命人取下掩埋。接着，他又赦免了吕留良案、查嗣庭案、汪景祺案中许多被牵连之人，放还了查嗣庭、汪景祺的亲属，一时天下读书人如沐春风，感激涕零。

为了刹住文字狱，乾隆还采取了一个非常有力的措施：他规定以后凡举报文字之罪者，如果举报失实，一律按诬告罪反坐。

这一下，文字狱风潮一下子被刹住了。从乾隆即位（1736年）到乾隆十六年（1751年），大清王朝文化领域风平浪静，波澜不惊。唯一可以称得上文字狱的就是谢济世私注经书案，而这个案子恰恰凸显了乾隆的宽容。原来，谢济世才华出众，却性格倔强，雍正年间，他认为朱熹所注四书有许多错误之处，遂自注《大学》《中庸》，“自逞臆见，肆诋程朱”，因此被罢官治罪，发配西域。乾隆即位，召他回朝，他迂性不改，把自撰的《大学注》《中庸疏》加以整理，又献给乾隆。乾隆虽然宽大，但程朱理学是清王朝的意识形态正统，他怎么能允许这样离经叛道的行为，于是“掷还原书，传旨申斥”。谢济世一气之下，要求辞官回家养母。乾隆对他相当迁就，没有让他辞官，而是改任他为湖南粮储道，以便他就近养母。

不料，经历这么多风波，谢济世的性格不改，居然在湖南公开印行了《大学注》《中庸疏》。乾隆皇帝虽然生气，但也只是命令把书版销毁，还特意在命令中说谢济世其人“识见迂左则有之，至居官，朕可保其无他也。朕从不以语言文字罪人”。湖广总督回复说他遵行皇帝旨意，只烧毁了谢的书版，并未打击谢济世个人，乾隆满意地批复说:“所办甚妥，止可如此而已。”从“止可如此而已”几个字来看，乾隆非常明白处理此类文字狱的界限，也就是说，出于维护意识形态正统的需要，一个王朝应该对异端思想进行必要的压制，但不可以超出正常人情道理之外。

正因为统治者的心态如此难得地正常，乾隆初年是清代为数不多的文化生态宽松时期。那些已经放下了笔的文人学士们又开始吟诗弄月，评古论今，一时间，大清文艺界呈现一派百花齐放的繁荣之貌。据推测，曹雪芹的

《红楼梦》也就是在这个宽松时期开始写作的。

可以说，乾隆十六年以前的乾隆，是中国历史上对读书人最理解包容的统治者之一。但是，从乾隆十六年起，皇帝心态骤变。

· 6 ·

乾隆十六年七月初二，云贵总督硕色向皇帝密报，他在贵州安顺府普定县民间偶然发现了一件广为传抄的“奏稿”，托名为乾隆朝以敢言闻名的大臣孙嘉淦所做，不过语言鄙俗，内容不经，一看而知就是伪托。其内容是攻击当今皇上失德，犯有“五不解、十大过”。

这“五不解、十大过”的具体文字已经无存，根据现存资料推测，一是说乾隆举办南巡，浪费民脂民膏，二是指责他前一段因为金川之役滥杀官员。此外，还有可能夸大其词地渲染皇帝日常生活的荒淫无度，说他到江南巡游的根本目的是寻求美色。最后，“它甚至对满清王朝的合法性提出了非难”。

我们可以想象乾隆在读到这个报告时的心情。这对他完全是当头一棒，没有丝毫精神准备。

即位之初，乾隆曾经一心一意想做一个中国人理想中的明君：开明、克己、仁慈、公正，正大光明，爱民如子。

父亲是他的前车之鉴。他亲眼看着父亲为了治理天下、饱暖黎民而绞尽脑汁。然而，普天之下腾于众口的却全是关于父亲的种种匪夷所思的谣言，说他什么谋父、逼母、杀兄、屠弟、贪财、好杀、酗酒、淫色、诛忠、好谀、奸佞。

乾隆很清楚，父亲之所以被舆论如此苛待，主要是因为他过于察察为明，许多政策风霜严肃，伤人太多。他不想把皇帝做得像父亲那样笨，而是希望能像祖父康熙那样以一个宽大仁厚的形象永垂史册。

应该说乾隆十六年以前，他的努力是相当成功的。这十六年间，他减轻刑法，普免税粮，平反冤狱，恩待群臣，他像太阳一样源源不断地释放自己对臣民的善意和关怀。他所听到的，几乎都是臣民们的感激歌颂之词。所谓“万民欢悦、颂声如雷，吴中有‘乾隆宝，增寿考；乾隆钱，万万年’之语”。这段时间是他与臣民的蜜月期。

因此，“伪孙嘉淦奏稿案”的出现完全出乎他的预料。

他立命硕色追查此稿的来源，这一查之下，结果更令他震惊。

硕色最初汇报此案时，乾隆以为这不过是少数几个人所传，很快就能查明来源并且销毁，把这件事的不良影响消弭于局部。不料，一开始追查，乾隆就发现这不是贵州一省的事情，全国各地都相继发现了这份伪稿，甚至连边远的少数民族地区都争相传说其中的内容。至于传抄阅读过的人，更是数不胜数，查不胜查，从各级官员、秀才书生到平民百姓，甚至拉脚的、磨菜刀的、要饭的、游方和尚，都闻知稿中内容。仅四川一省几天时间就抓获了二百八十多个传抄过的人，更何况全国。这样一份明显是荒诞无稽，对皇帝大肆污蔑的伪稿，却居然引起全国民众如此巨大的兴趣，他们争相传说，如痴如狂。而他即位以来，施行的无数善政，却已经被人们忘在了脑后。

他突然发现，自己居然面临着沦为父亲同一下场的危险。

乾隆并不了解大众传播学的一个基本原理：小道消息是民间生活的一个重要组成部分。民众对于那些由官方传播的、正面的陈词滥调往往毫不关心；相反，对于那些负面的，特别是刺激性、轰动性的传闻，却最为热衷。传播这些爆炸新闻时给人们带来的超娱乐快感，是什么评书、戏曲都无法比拟的。古今中外都是如此。

从乾隆十六年（1751 年）到乾隆十七年（1752 年）两年间，皇帝的全部注意重心都放到了这个伪稿上。他感到无比的冤枉、愤怒和委屈。他像疯了一样日夜关注此案，发布了无数谕旨，度过了无数不眠之夜，命令各地官员，穷追不舍，务必要查出幕后真凶，千刀万剐，以解此恨。全国各级官员都被动员起来，数千人被捕入狱，全国风声鹤唳，草木皆兵。然而追查了一年多，网越撒越大，牵涉的人越来越多，仍然是一团乱麻，了无头绪。眼看着这样下去，除了把伪稿内容更广泛传播之外，不可能有任何结果。乾隆只好匆匆结案，把两名传抄过这个稿子的低级武官定为主谋，杀掉了事。

这一事件给了乾隆极为严重的心理刺激。抓不到真凶，皇帝就把仇恨转移到风传此稿的百姓身上。皇帝想起了韩非子的话，对老百姓来说，最需要的是如畜生一样不断地加以鞭策，而不能“养恩爱之心”，因为老百姓是没有头脑的。

· 7 ·

就在伪稿案没有侦破之时，又发生了马朝柱反清案，这是对皇帝信心的另一次重击。

乾隆十七年四月十八日，两江总督尹继善向皇帝密奏，地方官在追查伪稿案时，在湖北东北的大别山区发现了一起聚众谋反事件。据侦查，有个叫马朝柱的中年人，自称有法术，在深山中以烧炭为名，纠集众人，意图不法。他还刻了一个大印，内有“统掌山河，普安社稷，即受天命，福禄永昌”字样，不轨之心灼然可见。

案件上报之后，乾隆十分重视。整个心思都沉浸在伪稿案中的皇帝第一个反应是怀疑马朝柱就是制造伪稿之人，因此严命地方官迅速进剿。马朝柱只身逃往四川，只拿获了马的母亲、妻子和侄子。审讯之下，发现马朝柱与伪稿案无关，不过此人的威胁并不在伪稿之下。

马朝柱，安徽霍山人，自幼胸怀大志。自乾隆十二年（1747年）起，他就与霍山白云庵的正修和尚商量“起大事”、当皇帝。他效仿历代起义首领，对众人宣称自己十六岁时，曾梦到神仙降临，指点他到某处拜了名师，学得了一身法术，可以撒豆成兵，剪纸为马。他还宣传说，“西洋出有幼主，名朱洪锦，系明后裔，有大学士张锡玉，大将吴乘云，系吴三桂子孙，李荣爵即李开化等，统兵三万七千为辅”，说自己已经被任命为军师，如果大家跟随自己造反，将来都有高官可做。

这些说法让许多人半信半疑。为了吸引徒众，马朝柱想出了许多计策。乾隆十四年（1749 年）十月，他制造了一柄造型奇特的铜剑，悄悄把它藏到楼子石的一个山洞里，然后对众宣称自己梦到神仙赐了自己神剑，并且带众人在山洞里找到了这把剑。乾隆十五年（1750 年），他又对大家宣称，从上天处获得了一把神奇的撑天扇，用此扇“能行云雾中，三时可抵西洋。并称西洋不日起事，兴复明朝”。这些装神弄鬼的把戏十分成功，众人纷纷相信，交给他银钱，记名入伙。

当然，戏法也有玩露的时候。为了奖励手下的骨干，马朝柱派人到外地制造了许多“蟒袍”和“冠带”，分赐自己手下的“官员”，说是西洋之主从空中降下来的。这些“官员”兴冲冲领了“蟒袍”回去仔细一看，发现分明是戏班里唱戏用的，有的上面还写着裁缝和戏班的名字。这一失误让马朝柱的努力几乎破产。为了挽回影响，马朝柱又宣称西洋主从云雾中传来诏书，下降到武汉黄鹤楼。他派人去武汉，果然从黄鹤楼里取出了百余道诏书，大讲起义后的光辉前景，再次封了大批“官员”，稳住了人心。

经过苦心经营，马朝柱在各地发展了大量信徒。他又在各地“散札招军、囤粮制械”，操练刀枪。并且已经派员联络安徽霍山、太湖、桐城、亳州（今亳州市），河南商城、开封、南阳，四川峨眉山等地的信徒，互为呼应，并设立四将军职位，分统各部，约期举义。地方官率兵入山搜捕时，查抄出军械三百余件，硝磺（制造火药的原料）数百斤；捕获起义骨干共二百余人。

马朝柱案使乾隆十分震惊。从乾隆十七年四月至十二月的九个月间，他神经一直紧绷，批阅了马案奏章五十一份，传下谕旨五十八道，洋洋洒洒数万言。如果不是因为伪稿案牵出这起反清大案，很可能一场规模巨大、席卷数省的反清起义在一两年后就要掀起。思想至此，乾隆不禁出了一身冷汗。

·8·

两起大案接连发生后，乾隆蓦然发现，他治下的江山，原来远不是自己看到的那么四海升平，阳光灿烂。在自己看不到的角落，居然伏莽处处，随时存在农民起义大规模爆发的可能。

对于伪稿案和马朝柱案，乾隆百思不得其解。他回想自己即位以来，对黎民百姓一直全力施恩，并无失德之处。他说：

> 临御以来，爱民之心常如一日，遇有灾祲，不下数百万帑金多方赈恤。至于蠲贷展缓者，更难数计。正供而外，并无私粟加征，又非若前朝纵容贪残之吏剥民脂膏也。即间或有不肖官员，略有派累百姓之事，无不立以重典，此实从来未有。

> 人民当感戴国家休养生息之恩，共安乐利，实不解此等乱民，因何丧胆昧良，甘蹈法网？（《清高宗实录》）

现实政治使乾隆头脑中以儒治国的理想主义破灭了。原来“愚民们”只记得住鞭子带来的痛苦，而记不住主上的仁慈。他们多是愚昧而轻信的，没有头脑，没有判断，只热衷于享受传播小道消息的快感，极易受不实之词的蒙骗，寄希望于他们给统治者一个公正的评价几乎是不可能的。

乾隆以为，只要全力关注民生，不使黎民流离失所，就不存在农民造反的威胁。马朝柱案推翻了他这个假定。乾隆十二年到乾隆十七年，正是大清帝国蒸蒸日上，接近盛世巅峰的“幸福时光”，已经基本解决了全国百姓的温饱问题，传统社会的治理水平已经达到极致，而湖北省马朝柱盘踞之处大部分人也都是安居乐业。在这种情况下，仍然发生了马朝柱起义案，这让乾隆认为，心存不轨的“刁民”是任何时候都会存在的，不论吃不吃得饱，总有人痴迷于皇帝梦而无法自拔。

乾隆越来越痴迷于阅读《韩非子》。他发现，原来他极为反感的这个政治理论家的话，今天读起来却字字珠玑。韩非子明确指出，人世间一切关系都是虎狼型的利欲关系，“人之急利，甚也”。人们心中充满的是“自为心”“自利之心”，不论是君臣、父子还是朋友，其实都是“用计算之心以相待”。老百姓心中只有利益，没有感恩，“彼民之所以为我用者，非以吾爱之为我用者也，以吾势之为我用者也”。而大臣们之所以在仕途上你争我夺，并不是急于效忠皇帝，“人臣之情未必能爱其君也，为重利之故也”。

韩非子因此说，君主要控制臣民，不能全凭道德教化，更无须“养恩爱之心”，而是应该手握“法”“术”“势”三种缰绳和鞭子，通过严刑峻法来强化权力的威慑力量，使臣民不敢乱说乱动。“刑胜而民静，赏繁而奸生。故治民者，刑胜治之首也，赏繁乱之本也。”（《韩非子·心度》）

如果承认人性本恶，那么儒家那套建立在人性善基础上的理想主义治国方案当然就是一厢情愿，只有韩非子的建议才是切实可行的。

· 9 ·

就在马朝柱案侦破后不久，乾隆十七年（1752年）十月，江西又查获了何亚四谋反案，紧接着十八年（1753年）正月，福建又爆发了蔡荣祖谋反案。江西上饶人何亚四，本以“耕种烧炭为生”。有一天，他挖地得藏银三百七十两，算命先生李德先因此说他命中要大贵，唆使他出资铸印信，制旗帜，造刀杖，说有天兵暗助，飞刀杀人。于是他也借托马朝柱案中的“李开化”之名，聚集当地乡民，欲图造反。福建漳州的秀才蔡荣祖与道士冯珩一起做皇帝梦，共谋起兵，立“大宁国”，因事机不密而被破获。这两起案件虽然都被及时侦破，但习惯于危机思维的皇帝却再也不能安枕。如何防范农民起义，成了他政治思维的新重心。

确实如乾隆自己所说，他是中国历史上最重视民生的皇帝。但是乾隆中期的社会问题却已经不是几条民生措施所能解决的。人口压力导致社会动荡逐渐加剧，底层社会风声鹤唳，除了抗租抗税斗争之外，民间宗教和结社活动也大兴起来。据《清代八卦教》一书统计，乾隆二十年（1755年）以前史料仅记载了16个秘密宗教与结社的活动，而乾隆二十一年（1756年）以后则多达199种。乾隆二十年以后，民间宗教和结社组织活动频繁，新教派组织不断涌现，秘密宗教和会党，可谓五花八门，名目之多超过以往任何一个朝代。什么闻香教、无为教、弘封教、大乘教、善友会、弘阳教、清净门、白阳教、白羊教、归一教、金幢教、黄天教……林林总总，数不胜数。各省关于教案的汇报不断传来，让皇帝头痛不已。

因此，进入中期之后的乾隆对社会的控制越来越高压化。对民间宗教和结社，乾隆打击起来更是不遗余力。乾隆说："左道惑人，最为风俗人心之害，必当严绝根株。"（《宫中档乾隆朝奏折》）乾隆十三年（1748年）他说："务须加意查办，杜绝根株。嗣后凡有干涉烧香聚匪之处，俱当留心查察，一有访闻，即行擒捕，不可稍有怠忽。"乾隆朝以前，清代统治者对于民间宗教首领和帮会首领也采取严厉打击政策，不过仅限于处以监禁之刑。乾隆却一改前例，查出即处死。

· 10 ·

乾隆朝的文字狱就是在乾隆对社会底层控制由松转紧，对底层民众态度由宽转严的背景下发生的。表面上看，乾隆朝的文字狱多数看起来荒诞不经，但是如果我们把这些文字狱放到一起进行分析，背后的脉络隐然可见。

乾隆朝文字狱的一个重要特点是打击重心在社会底层。中国历代文字狱，都以士大夫阶层为打击对象。据郭成康、林铁钧之《清朝文字狱》一书统计，康熙、雍正两朝文字狱大约三十起，其中涉及官绅、名士者至少二十起，占全部案件的三分之二。而乾隆年间触犯文网者，则多数是下层知识分子及稍解文义的平民。在约一百三十起文字狱中，低级知识分子，也就是童生、秀才、监生、武生等，占近四十起，平民五十多起，二者合计，占总数的百分之七十二。这些人的职业五花八门，其中有裱背老板、酒店老板、当铺老板三人，童生四人，教书先生四人，江湖郎中一人，菜农一人，帮工两人，轿夫一人，算命先生三人，裁缝一人，无业游民一人，和尚五人，职业不清者二十二人，又各种职业的疯汉十八人。这一现象，是乾隆以前任何一个朝代的文字狱从未发生过的，这就打破了士大夫阶层"垄断"文字狱"专利"的局面。

这些乡野小民、精神病患者和小知识分子之所以身陷文字狱，大抵有三个原因。一是为人不安分，"出位妄言"，妄议国家大政；二是涉嫌传播有民间宗教内容的"邪书""图谱"，被怀疑有秘密传教和结社的背景；三是自称"托梦""天命""下凡"等，举止荒唐，"妖言惑众"。

乾隆对历朝农民起义的规律深有研究。通过总结中国历史，他得出一个结论，社会底层最危险的人物是"失意文人"。他多次提醒地方官，要注意地方上的"失意文人"作乱。

乾隆认为，读书人大多功名心极盛，读书的目的，就是为了荣华富贵。一旦科举不顺，腾达无望，也不会甘于埋头做农民，而一定要想方设法改变自己的命运，所以他们最容易起不轨之心。而这些人又粗识文字，头脑灵活，因此是大清王朝最危险的潜在敌人之一。事实上，在乾隆朝前期几起起义中，"失意文人"的身影确乎不时隐显其间。马朝柱本人就识文断字，似乎算得上是"失意文人"。福建蔡荣祖反清案中，蔡荣祖本身是一名秀才，与他共同起事的冯珩则是道士。王伦起义中的军师范伟也是个底层文人。乾隆三十一年（1766年），在全国范围内发生了另一起莫名其妙的大案"割辫案"。乾隆即提醒地方官员，追查案源时最可注意的是"士子内屡试不第自负才高学广而不得志者"。

乾隆蓄意痛惩这些“满怀好心”的献策献词者，无疑是为了“以昭炯戒”，杀一儆百，消灭他们的“不安分”之心。皇帝治国的理想是“总一海内，整齐万民”，使全国百姓都生活在高度纪律化之下。他认为，政治是肉食者谋的事。作为民间知识分子，他们唯一的晋升途径就是老老实实读书进学，此外任何一种钻营都是不正当的。

对于没有任何政治企图的献词者，比如为了爱情而献书的冯起炎，他可以放一条生路。而对“妄议国政”，事干政治者，他绝不放过，非使其家破人亡不可。通过这些惨案，皇帝严肃提醒底层民众，国家不需要任何底层社会的自发政治热情，只需要他们的驯服和沉默。

· 11 ·

乾隆朝另外许多文字狱，其实是与打击民间宗教密切联系在一起的。

民间宗教和秘密会社历来是农民起义的温床。自汉代以后，几乎所有大的农民起义，都有着民间宗教的背景。东汉末年的黄巾军，以“五斗米教”聚敛人心。方腊起义，借的是明教的招牌。元末彭莹玉起兵，以“白莲教”为旗帜。而马朝柱案件也典型地具备民间秘密结社的特征。

自马案以后，乾隆对于那些有任何民间宗教及结社嫌疑的文字，都十分警惕。

乾隆二十二年（1757年），阜宁查出老百姓周瑞家有“妖书”一本，名叫《古圣遗书》，内中不过是刘伯温推背图，预测天下运数等，原是民间常见之物。乾隆得知后，神经紧张，小题大做，批示道：“甚可恶！非寻常劝人吃斋之可比，当尽法穷究。”

乾隆三十三年（1768年）九月，山西一个算命的游民席守业在外地游荡时，被搜出身携一纸，所写内容据说是湖北武当山上，一场大雨之后，冲出的一块石碑上的文字，也是预测未来吉凶，说将有刀兵临世。皇帝对此事的批复是："此等荒诞不经之事，流播民间，惑人听闻，自当严切查拿，务得造作为首之人，重加惩治。"

这些案件，历来被归为"文字狱"档，实际上这只是乾隆为防范民间宗教及结社而采取的恐怖手段，与传统文字狱性质截然不同。

乾隆朝此类"文字狱"，大多是无中生有，小题大做，除了反映统治者的"杯弓蛇影"外，没有什么意义。但是瞎猫有时也能碰到死耗子，乾隆通过大撒文字之网，居然还真侦破过一起货真价实的反清教案。

乾隆三十七年（1772年），山东小长治村李孟炳等人携带"邪书"，到河南临颍县一带传八卦教，为地方差役查获。地方官随即展开调查，又在临颍县一个教徒家中搜得《训书》一部，内容荒诞不经。河南巡抚将"经书"上呈御览。这些地方大吏的"阶级斗争"弦远没有乾隆绷得紧，审查数遍，也没看出书中有什么"悖逆情事"。倒是乾隆皇帝极为精细，"经书"报送上来后，他细细阅读一遍，"敏锐"地发现了问题。他发现，书中有一字经过了涂改，把"胡"改成了"明"：逆书中有"平明不出周刘户，进在戊辰己巳年"之句。朕阅"平明"之"明"左旁日字有补改痕迹，细查笔法，系"胡"字迁就改易而成，其为大逆显然。

乾隆皇帝平时深文周纳，而这一次他确实抓到了一点真东西。地方官员又查获其他经书，证明乾隆的推测正确，原文确是"胡"字。也就是说这些字句中确实含有反清思想。这就坚定了乾隆把此案办到底的决心。严查之下，终于揭开了八卦教的神秘面纱。

原来，早在康熙初年，一个叫刘佐臣的人在山东创立了八卦教。这个宗教的特点是"儒教专制化"。八卦教教主刘佐臣被教徒尊为"太阳神"，号"圣帝老爷"。徒众每次进餐之前都要向圣帝老爷献饭，口称"求圣帝老爷慈悲"，每日磕头三次，每年上供五次。它宣传，宇宙三世分别由李老君、释迦如来佛和孔夫子掌管。孔夫子是掌管最后一世的"收元祖师"，是宇宙的最后主宰。他说刘家是孔子转世，所以教内强调分尊卑，明长幼，用儒学纲常为教内纪律服务，要求他们“非礼勿听，非礼勿视，非礼勿言，非礼勿动”，愚忠于教首。

这个教派的最引人注目之处是它实际上就是一个庞大的敛钱系统，各地卦长像地主收租一样，定期收取教徒费用，并将所敛钱财送到山东刘家。教主之下，设八个卦长，每个卦长之下设六个爻长，再下是真人、流水、点火、全仕、传仕、麦仕、秋仕等职。谁收的徒多，敛的钱多，封的教职就高，“管的人多，如同当官一样”，其原理与传销异曲同工。他们敛钱名目繁多，手段多样。收徒弟要敛钱，作会要敛钱，封某人的教职更要敛钱，教主过生日还要敛钱。他们“以出钱多寡定来生福泽厚薄”，敛钱名目大同小异，如根基钱、扎根钱、跟账钱、种福钱、四季钱、香火钱、进身孝敬钱等等，不一而足。

由于创立了世袭家长制的继承方式，把宗教当成了家族事业，教徒当成自己的“吃饭本儿”，这一教派成了刘家兴旺发达的基础。经过刘佐臣、刘儒汉父子两代惨淡经营，刘家通过传教已经获得巨大的现实利益。

从康熙初年到乾隆三十几年，八卦教存在了一百多年，刘家后代始终充当八卦教教首，传承五代，几如一个王朝。教徒众多，组织严密，极为兴盛。“辗转煽惑”，已“蔓延数省”，“从其教者动辄千百人”，发展成为一个庞大的地下秘密宗教王国。教内组织盘根错节，已成不可解之势。他们在掌握巨大资源的基础上，产生野心，要“火焚幽燕”“平胡”也是自然的事。当然，还没有等他们真正有所动作，就被“英明”的皇帝通过“文字大网”网了出来。乾隆“如梳如篦”的文字密网终于功效大显。这件事更鼓励皇帝对这类“文字之狱”不能放过。

· 12 ·

历代民间宗教教首中，都有一些人通过“装神弄鬼”的方式，来宣扬自己的神异，以获众人拥戴。他们或者说自己梦到了天神托言，或者说自己突然获得了异能。也有些教首，本身是癔症患者，通过民间巫术来吸引信众。

“农民属于低度文化、浅层思维的社会群体。”（《晚清乡土意识》）他们的生活方向，主要靠习俗、直觉、群体无意识、群体情绪为主导，缺乏理性精神和分析能力。他们可以轻易相信他们的领袖具有神通，“刀枪不入”“撒豆成兵”，相信洋人“剜人眼睛做药”，相信“耳屎可以致人哑”，相信种种奇奇怪怪的偏方。因此，他们很容易被那些“心怀不轨”的人所利用，充当炮灰，成为社会动乱的主力。

基于对历代农民起义的研究，以及精细求全的个性，乾隆对那些“疯人造反案”，一律宁可信其真，不可信其疯。即使审讯证明确实是疯子，他也认为这样的人留在地方，是不稳定因素，保不定什么时候会为心怀不轨者所用。乾隆为了给自己的残忍找借口，还解释自己的动机说：“此为疯人之言。然此等无知妄作，病废之时尚复如此作为，其平昔之不安分，作奸犯科，已可概知，岂可复容于光天化日之下？”就是说，这些疯人好的时候必然也是不安分之人，所以病时才暴露内心的罪恶。因此，杀掉他们并没有什么不妥。

乾隆三十六年（1771年），寓居湖北的流亡文人刘三元自称汉朝皇帝后裔，“要天下官员扶持”，并将这些话写在纸上，被官府查获。据其亲属和乡邻招供，刘三元一向患疯病。经过反复研讯，湖北巡抚宋邦绥等虽认为“其疯癫似非尽由捏饰”，但“恭逢圣世，胆敢假借梦语，肆行狂吠，不法已极”，奏请依照大逆律凌迟处死。奉旨准行。

同年八月，又有疯人王宗训以书写“我有天神扶助”“可为天下之主”等“逆词”而被盘获。经查，王宗训已有八年的精神病史，但承审官广西巡抚冯钤等仍以其胆敢妄造逆词，不法已极，奏请照大逆律凌迟处死，亲属缘坐。

以上诸案，经过审实，与宗教和起义无关，乾隆仍然不放过。这固然是统治者的过度防御，背后仍然有其他策略考虑。对乾隆来说，这是一种低成本的、省事而高效的处理方法，可以最大限度地防止个别心怀不轨者装疯卖傻，逃过法网。同时还有一个好处，就是可以制造恐怖，恫吓“愚民”，“务必重处，以儆其余”，使那些正常人越发不敢犯法。底层民众的几条性命，在他的统治大局中是不值一钱的。

我们不能不承认乾隆皇帝对农民起义规律的认识颇为深刻，防范的手段也确实老辣阴狠，然而这并不能阻止清代后期风起云涌的一次次大起义。就在他前所未有地打击民间宗教的过程中，白莲教起义的怒潮差一点掀翻了他的统治。而在他故去五十年后，正是四次科举没能考上秀才的“失意文人”洪秀全，利用“拜上帝教”起事，再一次沉重打击了大清朝。

三　消灭记忆

·1·

乾隆四十二年（1777年）年初，江西新昌县衙门口，一个目露凶光的中年人，挟着一本厚厚的大书来告状。

告状人叫王泷南，是当地著名的“光棍”，平时横行乡里，恶名远扬。他所挟的书叫《字贯》，是乡间举人王锡侯新编的一本字典。他禀告县令说，这本书“狂妄悖逆”，十分反动，应该严厉法办。

县令和王泷南没少打交道，知道他和王锡侯是仇人，所以早已心存警惕。县令接过书，粗粗翻了一遍，皱着眉头问：“这不过是一本普通的字典罢了，有什么悖逆之处？”

王泷南跪行几步，上前指着这本书的序：“请看这几句。”

县令定睛一看，作者王锡侯在自序中写道，《康熙字典》的检索方式有问题："《康熙字典》所收四万六千字有奇，学者查此字遗彼字，每每苦于找遍全书，掩卷而仍茫然。"意思就是说，《康熙字典》排序，字与字之间没有联系，查起来很不方便。他的这部《字贯》，则解决了这个问题，把同义之字，贯穿一处，便于查找。

县令仍然大惑不解："这有何悖逆？"

王泷南急急地说："《康熙字典》乃是圣祖皇帝御制，王锡侯胆敢指斥圣祖皇帝所编字典不如他的好，这不是大逆是什么？"

县令哑然失笑："哦，原来如此！这不是鸡蛋里挑骨头吗？"

刚说完，县令突然意识到自己的话不妥。他眼睛一转，脸色突然变得阴沉起来："不过既然你这么说，如此文字大案，我就给你报到巡抚大人处。"

· 2 ·

乾隆中期的官员们，对文字之案，一律宁枉勿纵。他们素知皇帝对文字问题看得极重，"宁可错杀一千，不可放过一个"。

江西巡抚海成是旗人，文化水平不高，但对"文字之案"向来十分积极。乾隆三十九年（1774年），皇帝在全国开始推行"查办禁书运动"，大多数省份表现不力，查出的禁书数量寥寥。江西却成绩突出，在海成的紧抓之下，两年间查出"不法"禁书八千余部，列全国之首。

虽然对文字习惯于鸡蛋里挑骨头，海成也觉得《字贯》算不上什么大案。王锡侯说的这句话，顶多算得上"狂妄"，怎么能称"悖逆"？不过事关文字，最为细小也要直接上达天听。他把案子的原委写成一道详细的汇报，说这句序言毕竟语气狂妄，建议将王锡侯的举人头衔革去，以便审拟定罪，当否，请皇帝批示。

海成觉得自己够小心谨慎的了，他哪里能料到，这道奏折居然威胁到了他的性命。

奏折加上样书以六百里加急的速度送到了皇帝的书房。这两年皇帝流年不利。第二次金川战争进行多年，去年才勉强惨胜，大丢朝廷的面子。今年年初，皇太后去世，孝心极重的皇帝悲痛不已。特别是推进“禁书运动”两年多，各地督抚毫不用心，进展十分缓慢，令皇帝一筹莫展。心情不佳的皇帝拿起这本字典，读了读序文，感觉所谓“悖逆之处”确实也没什么了不起。漫不经心地读到第十页，皇帝的身子突然坐直了，须眉皆立，满面涨红，提笔在海成的奏折上批道：“此实大逆不法为从来未有之事，罪不容诛，应照大逆律问拟！”

究竟什么事，让皇帝如此动怒呢？原来在第十页上，作者王锡侯为了让读者明白什么叫“避讳”，把康熙、雍正、乾隆三个人的名字也就是“玄烨”“胤禛”和“弘历”六个字写了出来，提醒读者，写文章时遇到这六个字，一定不能写全，或者少写一个笔画，或者改用其他字，否则便犯了“讳”。

这本是一片好心，心绪不佳的皇帝读起来却十分触目。在传统社会，尊长的名字是不许直接叫的。美国人可以直接叫他的父亲汤姆或者彼德，而在过去的中国，儿子直呼老子的名字，却是滔天之罪。皇帝因此跳起脚来大骂海成，说《字贯》的“大逆”开卷即见，海成竟然说“无悖逆之词”，可见工作是多么不认真，对皇帝是多么不忠爱。皇帝传谕给海成，骂他“双眼无珠”，骂他“天良尽昧”，又命他将逆犯王锡侯迅速押解进京，交刑部严审。就这样，王锡侯《字贯》案一下子升级为钦办的特大逆案。

其实皇帝的反应实在是过度了。在传统社会犯“讳”其实是难免的事，因为林林总总的忌讳太多了。乾隆皇帝在这个问题上本来是十分宽容的，雍正年间，许多人因为犯讳受罚，他大不以为然，刚即位就一再降旨声明：“避名之说，乃文字末节，朕向来不以为然。”因此，王泷南虽然千方百计陷害王锡侯，却没有想到做他犯“庙讳”“御讳”的文章，海成让“悖逆”“开卷即见”的《字贯》漏掉，也并不是他“双眼无珠”，而是因为这本来不是什么“问题”。

那么，皇帝这次为什么偏偏要自食其言，大动肝火，抓住这个小小的问题上纲上线呢？事情还要从乾隆三十九年禁书说起。

·3·

历经父祖两代奠定的良好基础，继以乾隆初年的励精图治，大清帝国跃上了盛世的顶峰。国势如烈火烹油，鲜花着锦，各项指标都远迈前古。

虽然治绩如此辉煌，乾隆并没有丝毫飘飘然。《易经》说“无平不陂，无往不复”，又说“处泰虑否”。中国古老的辩证法早就提醒人们，凡事达到极盛的那一刻，往往就是转向衰败的开始。

因此，乾隆二十四年（1759年）之后，皇帝越来越多地提醒自己，绝不能出现任何松懈思想。越是顺利之时，越要振作精神，否则就会翻车。“保泰持盈”四个字越来越多地出现在皇帝的文件当中。乾隆二十五年（1760年）十二月，他在谕旨中对全国臣民说，当此全盛之日，自己“惟当益加兢兢业业，保泰持盈，用以上承灵休，以与我天下臣民共享太平之福”。（《清高宗实录》）平准不久，他写诗自励道：“日励自心强不息，敬天勤政又从头。”

皇帝是这样说的，也是这样做的。他没有改变自己勤政的习惯，反而更加兢兢业业，谨小慎微，奋发勤政。乾隆确实是雄心太炽，这个政治超人还有无穷的精力。他认为保持盛世难于创造盛世，只有用“争”的心态来“保”，才能真正“保”住胜果。因此，他毅然把所有已经取得的成绩推在一边，希望从头开始，寻找自己统治中的漏洞，为大清王朝消除一切隐患，为后世子孙提前解决一切难以解决的问题，以保证大清江山亿万斯年永不变色。

那么，大清天下还有什么漏洞呢？

经过“夙夜倍切”，细心梳理，皇帝发现，那就剩思想文化领域了。经过康熙、雍正两代文字狱，清王朝思想专制已经大大加强。但是，全社会特别是社会中下层的反清意识并没有彻底根除，“不法文字”私下也仍有大量存留。乾隆二十二年（1757年）的彭家屏案反映出，民间社会许多人家藏有明代的野史，甚至还有吴三桂的反清檄文。秀才们视如奇宝，争相传抄，还在上面批批点点，大表赞同。这个案子说明，一些人特别是中下层知识分子心中仍然执着于“华夷之辨”，不认同大清的统治。与此同时，几起零星的民间暴动，比如乾隆十七年（1752年）的马朝柱反清案，都打着“反清复明”的旗帜。这说明国家承平百年之后，汉人头脑中的“反清意识”仍然是社会动乱的最佳火种，是大清社会存在的最大隐患。

韩非子说得好，“太上禁其心，其次禁其言，其次禁其事”。统治者不仅需要有“硬实力”，还需要有“软实力”。列祖列宗成功地驯服了老百姓的身，却没能彻底地“驯心”。而只有达到“驯心”的统治深度，大清江山才能亿万斯年。然而，“驯心”又是最难的，它需要的是慢工出细活。如今，所有其他迫切的重大问题都已经解决了，皇帝正可以利用这个时机，好整以暇，集中精神对百姓“训心”。

· 4 ·

因此，宣布国家进入“极盛”以后，皇帝提出了“大兴文治”的口号。皇帝说，圣明之治，“始之以武，终之以文”。

“文治”的核心是为全国臣民确立一套正确的历史观和价值观。在日理万机处理无数繁杂政务的同时，皇帝还亲力亲为，在意识形态领域重点抓了如下几件大事：

一是为天下臣民“御制”了一部标准的历史。编写历史教科书是构建意识形态最强有力的武器。通过讲故事的方式来构建和修改一个民族的记忆，历来是最高明的统治技术之一。乾隆三十三年（1768年），皇帝指导大臣编成《御批历代通鉴辑览》一书，系统讲述了从黄帝到明末共计四千五百五十九年的历史。

清代统治者入关后遇到的最大意识形态困难就是建立在“华夷之辨”基础之上的“正统观”。按照传统的说法，少数民族入主中原，不论怎么解释，都是一种无法容忍的“本末倒置”。乾隆在这部书中最着力的，是确立新的“正统观”。乾隆从“天下一家”和“大一统”的角度重建“正统观”，重新论证了历代少数民族政权的合法性。乾隆从《春秋》等传统经典中为自己寻找依据说：“夷狄而中华，则中华之；中华而夷狄，则夷狄之。此亦《春秋》之法，司马光、朱子所为亟亟也。”他强调“天下者，天下之天下，非一家之天下也”，谁建立了“大一统”的政权，谁的政策措施有利于百姓的生活，谁就是自然的“正统”。通过这部书的广泛传播，外族统治者首次占据了“道统”的制高点，有效地宣传了自己统治的合法性。

二是根据时势需要，大幅修正一些当代历史人物的评价。

乾隆为人，极端自负。他一举一动，都想着要为后世万代树榜样。所以他一贯瞄准那些事关全局的最艰巨、最棘手的问题，不给后代子孙留麻烦。调整对明末清初人物评价就属此类。

众所周知，没有一大批有杰出才华的汉人帮助，满族人入主中原是不可能的。因此，雍正帝在《大义觉迷录》中称赞投顺清朝的明臣“皆应天顺时，通达大义，辅佐本朝成一统太平之业，而其人亦标名竹帛，勒勋鼎彝”。这代表了清初统治者对汉族功臣的一贯态度。

可是，到乾隆时期，国家已经安定百年，攻守之势已变。创业之时，提倡“识时务者为俊杰”，而守业之时，最需要的是提倡臣民的“愚忠”。为了“砥砺臣节”，乾隆决定把这些“事二君”者打成反面教员，以防止后来者在清王朝遇到危机时同样“应天顺时，通达大义”。

乾隆知道，这样直接违反祖宗定评的大事，后世子孙没有魄力、没有能力去办，承担此责任非他莫属。乾隆四十一年（1776年），他特命国史馆实现写法创新，特立《贰臣传》，把那些“在明已登仕版，又复身仕本朝”的“大节有亏”的人物统统收入此类。他说，不但钱谦益等后来的降臣“大节有亏，实不足齿于人类”，就连那些为清帝国的建立立下汗马功劳的开国元勋也不能逃过今天的道德审判。开国元勋范文程，虽然未在明朝任职，但因为原是明朝的生员，被乾隆评价为“与纯儒品节不无遗议”。李永芳是明朝在职官员中降清的第一人，对后金忠心耿耿，功勋卓著，乾隆却认为“律有死无贰之义，不能为之讳”。洪承畴随多尔衮入关，入内阁总理军务，功劳最多，乾隆却认为他曾是明朝重臣，叛明降清实在可耻。以上诸人皆被编入《贰臣传》甲编，供后世永远批判。乾隆说，这样做“即所谓虽孝子慈孙，百世不能改者……此实朕大中至正之心，为万世臣子植纲常，即以是示彰瘅”。

三是大规模整理中国历史文献，营造博大恢宏的文治气象，以证盛世“文治之极隆”。财力的充足支持乾隆大修官书，装点升平，乾隆一朝官修各种大型丛书达一百二十种之多，为中国历代王朝之冠。其中《续通典》《大清会典》等都成果斐然，而最有名的当然数《四库全书》。

· 5 ·

乾隆三十八年（1773年）三月，皇帝说，为了大兴文治，他立意在自己任内再创一项前无古人的纪录，修撰一部人类史上最大的丛书。皇帝下诏，鼓励藏书家们奉献自己的珍藏图书给国家以为修书之用，谁献得多，皇帝就给谁奖赏。

为了防止人们怕“犯忌讳”而不献书，皇帝特意在谕旨中说：

文人著书立说，各抒所长，或传闻互异，或记载失实，固所不免，果其略有可观，原不妨兼收并蓄。即或字义触碍，如南北史之互相诋毁，此乃前人偏见，与近人无涉，又何必过于畏首畏尾耶！

这段话，说得心平气和，通情达理，比照起康熙和雍正对忌讳文字的狭隘态度，真是天渊之别。大意是文人学士写书，岂能本本政治正确，有点失实之处，在所难免。即使有些书触及民族问题，比如南北史中南方民族与北方民族互相咒骂，也不过是前代人的偏见，与藏书者无涉，你们何必过于畏首畏尾，不敢进献呢！

皇帝一声令下，各地积极执行，五花八门的图书源源不断地从民间输送到皇帝的书房，短短一年半时间，各地送来珍本图书一万三千五百多种，“遗文秘册，有数百年博学通儒所未得见而今可借钞于馆阁者”。

酷爱读书的皇帝十分兴奋。然而读了几日，皇帝却发现了一个严重的问题。为什么这一万多种书中，居然没有一本稍稍“反动”点的书呢？

原来，在编辑一部前无古人的大书计划背后，还隐藏着皇帝一个隐秘的想法。编撰图书，弘扬“正气”，是文治中“阳”的一手。然而任何一个重大举措，只有“阳”的一手是绝对不够的。皇帝修此大书的另一个重要目的是想借这个机会，调查一下“反动书籍”或者说“违碍书籍”在民间的收藏、流传情况，也想看看民间所藏的“悖逆书籍”，到底“悖逆”成什么样。他需要一个通盘的了解，以便采取措施为后世彻底扫除那些“异端邪说”。

可是这一万多本书中，居然没有一字违碍，很显然，各地送书时，是经过精心筛选了。乾隆三十九年（1774年）八月，皇帝下诏指责各地官员：“乃各省进到遗书不下万余种，并不见奏及稍有忌讳之书。岂有裒集如许遗书，竟无一违碍字迹之理？”

既然这个办法没有达到目的，皇帝也就不再隐讳了。他直接在全国发动起了一场“禁书运动”。皇帝命令各地大员，“再令诚妥之员前往（藏书之家）明白传谕，如有不应存留之书，即速交出”。并且要求各地官员严格搜缴，否则“并于该督抚是问”。

然而，禁书工作进展得十分缓慢。对于这种容易给自己惹麻烦的事，各地官员习惯于用老办法，对付拖延，拖过去再说。特别是江、浙等文化大省，所报上来的禁书数量寥寥，让他郁闷不已。对这些榆木脑袋的老油条官僚，皇帝真是无话可说。他们完全不了解他的良苦用心。皇帝知道，语言的力量是有限的，只有事实能让人开窍。所以他一直寻找机会，制造一起震动全国的大案，杀一儆百，在地方大吏的背上击一猛掌，使这些颟顸的家伙惊醒。王锡侯案，正撞在了这个枪口上。

· 6 ·

说起来皇帝蓄意制造的这起大案完全是一起冤案。《字贯》的作者王锡侯这一年已经是六十五岁的皤然老者，他自三十八岁考中举人后，连续九次会试都落第了。奋斗一生，腾达无望，生计不继，只好写了这本《字贯》，出版卖钱。没想到没赚到几个钱，却惹来杀身大祸。

皇帝的话永远是正确的，虽然他的下一句话比上一句话拐了个一百八十度的大弯，以“文字忌讳”罪“村野之人”，却没有遇到丝毫抵抗，那些已经被他驯服成绕指柔的官僚体系雷厉风行地执行了皇帝的意志。乾隆四十二年（1777年）十一月二十三日，王锡侯被押解到北京，投入刑部大牢。刑部判决照“大逆”律将王锡侯凌迟处死。乾隆皇帝大开宏恩，从宽改为斩立决。他的子孙王霖等七人从宽改为斩监候，秋后处决。妻媳及年龄未及十六岁之儿孙都赏给功臣之家为奴。据抄家的地方官汇报，王锡侯的全部家产，把锅碗瓢盆、小猪母鸡统统计算在内，不过六十几两银子。王氏被押上刑场之时，“被诛时情状甚惨”（《盐乘》），全家痛哭震天，见者无不掉泪。一个清贫的小知识分子家庭就这样被彻底碾碎了。

比王锡侯更冤枉的其实是江西巡抚海成。虽然他在禁书运动中首当其冲，成绩一度居全国之首，却因为这一次疏忽，被皇帝指责为“可见海成从前查办应毁书籍原不过空言塞责并未切实检查”，全面抹杀了他以前的工作成绩。在短短两个月间，海成先是被“传旨严行申斥”，随即“交部严加议处”，继而“革职交刑部治罪”，步步升级，直至刑部拟为斩决。皇帝这才觉得火力够了，下令从宽改为斩监候。两江总督高晋也受到牵连，受到降一级留任的处分。

冤枉是一目了然的，然而也正是因为冤枉，这起大案才震动全国，令全国官员战栗。皇帝几乎是蓄意地通过这种方式唤醒他的奴才们，像海成这样查办禁书的“模范”尚且“空言塞责”，你们该吸取什么教训？皇帝并不讳言他拿海成开刀就是为了给大家一个教训，“使封疆大臣丧良负恩者戒”。皇帝在上谕中说：“各省地方官当共加感惕，务须时刻留心查察，倘所属内或有不法书籍刊布流传，即行禀报督抚，严拿重治。”倘若仍然“漫不知儆”，“嗣后别经发觉，必当从重办理”。（《清高宗实录》）

制造恐怖，杀一儆百，是皇帝的惯用手段。在乾隆一朝政治中，经常可以见到出其不意、轻罪重罚的事例。

除了情绪和性格因素外，乾隆行政之忽宽忽严，更主要是策略的考虑。

几乎所有雄才大略的君主都深懂恐怖的妙用。恐怖使官僚机构更有效率，使底层民众更有纪律，使统治者的仁慈更容易让人们记住，因而也使统治者更安全。马基雅维利说：“令人畏惧比受人爱戴更安全。”一个不懂得“杀人立威”的君主，早晚会受到被统治者的轻视。而仁慈和宽容，只有在恐怖和严厉的背景下才更为人们所珍惜和颂扬。所以成功的统治者必须具有两面：一面是圣人一样的仁慈，另一面是狮子一样的残暴。

对于极端珍视权力的乾隆来说，不让人掌握他的统治定势，是极为重要的事。使人们永远处于战战兢兢不知斧头何时落下的心理状态，是他既定的统治目标。乾隆一贯认为，适时制造一两起出奇的、出格的大案，才能最有效地起到震慑、恐吓的作用。这是破除阻力，推进某项政策的事半功倍之策。他非常喜欢司马迁的这段话：“商君之法，刑弃灰于道者。夫弃灰，薄罪也，而被刑，重罚也。彼唯明主为能深督轻罪。夫罪轻且督深，而况有重罪乎？故民不敢犯也。”

意思是说，商鞅对在道路上扔垃圾者施以重刑，是治国的好办法。把灰倒在道路上，这是小小的过错。对此小错而施以重罚，可以起到更好的宣传效果。乾隆认为，为了达到这种效果，冤枉几个小民，甚至几个官僚，都是无足计较的成本。因为他胸怀的，是整个国家，整个社稷。

· 7 ·

皇帝果然达到了目的。“字贯案”有力地推动了禁书运动。

在此案之后，各省的禁书工作都雷厉风行地开展起来，各地先后设立“书局”，专门负责查缴“不法违碍”书籍。各地官员放下手头其他工作，把禁书当作当前最重要的核心工作来抓。他们在地方广贴告示，恫吓藏书之人，如果再不交出违碍之书，将“贻累及身，更累及于子孙”。许多地方官员充分发挥创造性，想出了种种阴毒的办法。比如浙江巡抚三宝，他将全省的教职人员都分派回老家，让他们深入各自的亲戚家里，“因亲及友，细加访询检查”，并且把缴书的成绩作为将来升官的依据：“将来即以缴书之多寡为补用名次先后。”在三宝的启发下，各地官员也命令工作人员深入居民家中，甚至穷乡僻壤的农民家中，逐户搜查。整个大清王朝几乎被掀了个底朝天。

随着禁书运动轰轰烈烈地进行，越来越多的违禁图书被送到北京。成果是如此丰硕，以致朝廷原来暂时存放不法书籍的方略馆居然书满为患，无法容纳，甚至院子里也堆积如山。

那么，这些如山如海的书籍中到底都有些什么内容，让皇帝如此兴师动众去搜罗并消灭呢？

康雍两代，禁书大约有以下两类：

一是有反清思想的书籍。汉人历来有狭隘的民族观。黄宗羲说："中国之与夷狄，内外之辨也。以中国治中国，以夷狄治夷狄，犹人不可杂之于兽，兽不可杂之于人也。"那些宣传"华夷之分，大过于君臣之伦"的传统历史观，以及宣传"夷狄异类，近于禽兽"的狭隘民族主义的图书当然是犯忌讳的。

二是记录了满族人征服中国过程中种种暴行的野史。明末清初的书籍中，记载满人暴行，咒骂诋毁者，为数颇多，这都是清代统治者十分在意的禁书。

而到了乾隆朝，文字狱的范围在这个基础上又大大扩展。乾隆皇帝做事的特点是通盘考虑，斩草除根。康熙、雍正所针对的，主要是已故作者的作品，而乾隆却把矛头扩大到了所有活人的"违碍文字"。他要修正的，不仅是反满情绪，还包括汉族人对所有少数民族政权的"错误看法"。所以，他要禁绝的，不只是明末清初的野史，而且还包括宋元明时代所有指斥少数民族的字句。

因此，在乾隆的标准下，文字禁忌可谓多如牛毛：要忌虏、忌戎、忌胡、忌夷狄、忌犬戎、忌蕃、忌酋、忌伪、忌贼、忌犯阙……对于事涉"女真""满洲"字样的书当然要求更严。女真在中国历史上活动很长时间，从宋至清，凡书中有涉"女真""女直""满洲"，甚至"辽东"字样的书籍，哪怕只提一个地名，都有违碍的可能。用这个标准来衡量，"忌讳"文字当然比比皆是，不法图书当然也就处处都有了。在宁左勿右心态的支配下，各地官员凡遇涉嫌"忌讳"的图书，不管三七二十一，一律收缴，请示"一体送毁""概毁全书"。

· 8 ·

皇帝为什么对民族情绪视如大敌呢？原因是清王朝与历代汉人王朝的建立过程不同。

清代帝王最爱说的一句话是“我大清得天下之正”，也就是说大清之取天下，是有史以来最光明正大、顺理成章的。

清代君臣这样解释这个“正”。他们说，曹魏、西晋、唐、宋诸朝，都是原来的臣子趁着混乱从孤儿寡母手中抢得了政权，有偷和骗之嫌，实在称不上光明正大。至于汉朝和元朝，则是赤裸裸凭头颅和鲜血建立的，比前述诸朝实在硬气得多。“然汉自灭秦，元自灭宋，虽未尝不正，而与鼎革相接。”（章学诚《丙辰札记》）比如宋朝本来没有过错，元朝强抢，是不是有点不好意思？再比如明太祖虽然是一介平民，但毕竟是元朝的子民，“以纲常伦纪言之，岂能逃篡窃之罪”？（《大义觉迷录》）

只有清代皇帝不存在这个心理负担，因为他们的天下是得之于“流贼”，而非得之于明朝。他们与明朝本是“邻国”，见邻国奴才起来造反杀了主子，出于义愤出兵镇压了奴才，替这家主人报了仇，“明朝天下亡于流贼李自成之手，是强盗劫去家财，赶出明之主人者，李自成也。我朝驱逐流寇，应天顺人，而得天下，是乃捕治强盗，明罚敕法之天吏也”。（《大义觉迷录》）“于故明但有存恤之德，毫无鼎革之嫌”。所以说起来，别人得天下都是靠抢和骗，而“我大清”则是因为“见义勇为”而顺理成章地得了这么大一片家业，实在是“正”得没法再“正”了。

枪杆子在手，什么谎话都可以说得理直气壮，甚至能把说谎者自己感动得一塌糊涂，这本是古代政治的一个通例。不过清王朝统治者的巧言佞辩还是出人意料。

其实，历代少数民族入主中原，背后的心理动力都是对财富的掠夺。而清王朝建立过程中的血腥、野蛮和残暴在许多方面都创造了少数民族征服过程中的历史纪录。

满洲人入关，并非像他们自己所说，是看到天下无主，才来“为内地人民服务”。明代满族本来处于奴隶社会时期，经济落后。从明朝初年开始，他们就经常从汉地和朝鲜掠夺人口，充当奴隶。明宣德八年（1433年），锦衣卫指挥吴良出使海西，亲见当时的“女真野人家，多中国人，驱使耕作”。到了明末，女真人更是不事生产，全民皆兵。对外抢劫，成了后金国最主要的经济来源。

朝鲜使者在他访问东北后写作的《建州见闻录》中描述他看到的情景说，满洲人最高兴的事是出兵抢劫。战争是满洲人的节日，一听说有仗可打，每个满洲人脸上都是抑制不住的亢奋。全城的满洲人都兴高采烈地穿上自家准备的原始盔甲，相互传告说：“抢西边儿去！”

“出征之时，满洲人无不欢跃。连军士的妻子亦皆喜笑颜开，惟以多得财物为愿。如军士家中有四五人者，皆争先恐后要求出征，专为财物故也。”

在实力壮大到可以征服整个中国之前，满族人的最大志向不过是掠夺内地的金帛子女而已。明崇祯二年（1629年）至十六年（1643年）的十五年间，满洲皇帝皇太极组织了五次声势浩大的抢劫。他们绕过山海关，从北长城的缺口袭入汉地，以迅雷不及掩耳之势横扫北京、河北、山东、山西数省。每一次都是积尸如山，血流成海。1639年那次，满洲士兵屠城济南，留下了十三万具尸体和被洗劫得空无一物的城池扬长而去。

满洲人那个时候还不知道什么叫“重义轻利”，还不懂得装出一副“吊民伐罪”的大义凛然状。他们丝毫不为自己的物质欲望脸红，不为自己的凶残野蛮可耻。每次回来，都得意扬扬地大肆显摆自己抢来的东西。比如第五次抢劫凯旋后，领兵的阿巴泰等奏报如下：

> 臣等蒙天眷佑，皇上德威，率大军直抵明境，至兖州府，莫能拒守。将明国鲁王及乐陵、阳信、东原、安邱、滋阳诸王，及

> 管理府事宗室等官数千人，尽皆诛戮。计攻克三府、十八州、六十七县，共八十八城。击败敌兵三十九处。所获财货金万有二千二百五十两；白金二百二十万五千二百七十两有奇；珍珠四千四百四十两；各色缎共五万二千二百三十匹；缎衣裘衣万有三千八百四十领，貂、狐、豹、虎等皮五百有奇；整角及角面千有六十副；俘获人民三十六万九千名口，驼、马、骡、牛、驴、羊共三十二万一千有奇……

汉地之人，在他们眼里，则不过是一群类似牛羊的猎物，他们在挥刀砍杀驱逐时，心中并没有丝毫的怜悯。甚至，在他们抢掠回来的报告中，多数时候是把汉人和牲畜混报的，比如天聪七年（1633年）九月，“往略明山海关贝勒阿巴泰……奏报俘获人口及马牛驴四千二百一十有三”。第三次抢掠回来后的报告是：“共俘获人口牲畜十七万九千八百二十。”崇德元年（1636年）九月“往征明国多罗武英郡王阿济格……奏言……遂直入长城，过保定府至安州，克十二城，凡五十六战皆捷，共俘获人口牲畜十七万九千八百二十”。崇德八年（1643年）七月，征明克捷，“共俘获人畜九十二万三百”。以至于后世的史学家为区分开人与牲畜的数字头痛不已。

据历史学家估算，入关之前，满洲人至少掠夺了二百万汉人做奴隶，这些人相当一部分死在被驱赶出关的路上，幸存者则给满族人做牛做马。

· 9 ·

清人成功入关之后，满洲人“尽族西迁”，争先恐后到内地去直接吮汉人的膏脂。史书屡言清人“罄国入关”，据说整个民族的西迁“几经三十五六日，男女相继，不绝于边”。到了北京，他们做的第一件事，就是大肆“圈地”。名义上说是把“无主荒田”，“分给东来诸王、勋臣、兵丁人等”，实际上却是不分有主无主，大量强占汉人的产业。史书记载，最强横的圈地过程中，“圈田所到，田主登时逐出，室内所有皆其有也。妻孥丑者携去，欲留者不敢携。其佃户无生者，反依之以耕种焉”。（史惇《恸余杂记》）他们掠夺北京附近汉人土地的数量十分惊人。如遵化州由于圈占和投充，剩下的纳税民地不到原额的百分之一；蓟州不到原额的百分之二；东安县更是彻底，“尽行圈丈讫，并无余剩”。清初诗人方文有诗云：“一自投充与圈占，汉人田地剩无多”（《北游草》），真切地描绘了当时的状况。大量事实无可争辩地说明，此时的满洲人对内地人民所怀有的，仍然是赤裸裸的抢劫心态。

随着汉化程度的加深，清政权的民族政策有所调整。康熙皇帝亲政之后，断然命令永远停止圈地，并且大力推动满洲人放弃奴隶制。康、雍、乾三代的高效统治，使中国人安享了一百多年的太平。

但是，历史毕竟是抹不去的。汉人内心的仇恨并没有随着时间的流逝彻底泯灭。一旦想起往事，任何一个汉人不免都会心绪难平。

而满族皇帝也因为那一段血腥的历史而心虚不已。他们知道自己祖先的血债太深。这些血债在任何时候，都是点燃汉人反抗情绪的火种。

所以他们急于毁灭证据。

乾隆三十九年（1744年）开始，武英殿前的字纸炉就经常不分昼夜地日夜燃烧。在军机要员的严密监视之下，巨量珍贵图书在这些字纸炉中灰飞烟灭，随同消灭的是一个民族的大量记忆。

乾隆对销毁工作的认真执着几乎达到了变态的程度。那些不法书籍，今日在我们看来，许多其实都被禁得莫名其妙，毫无道理。大部分有“反清内容”的书，今天读来，也没有多大“毒性”。可是乾隆却视如大敌。他唯恐这样的精神污染物“扩散”，污染任何一个其他人。他规定，所有有违碍的书籍，为了防止扩散，都要“封固进呈”。也就是说，发现之后，立刻密封，不得使其他人看到，迅速送往北京。

许多官员头脑中的这根弦没有乾隆绷得紧，暂护贵州巡抚韦谦恒就是其中一个。他认为这些图书数量太大，何必费人费力千里迢迢送至北京，不如在本地直接销毁。他请示皇帝说：“将原书封固，发还书局，俟奉到圣谕，即率同司道等官传集绅士焚销。”意思是说，等皇帝批复一到，就把全省官员和绅士传来，一起观看焚书，可以起到很好的现场警示教育作用。不料乾隆接到这份请示后大为光火，朱笔连批带抹，痛骂他“何不解事，糊涂至此！”“所办实属乖谬！”

皇帝为此事专门发了一道上谕，再次强调：

> 贵州等地文化不发达，百姓心思幼稚粗鲁，这些不法书籍也许不会出现私下传播的情况。至于江浙等省，人们一听到有禁书，一定激起他们的好奇心，千方百计会弄来偷看，甚至私下广为传播。韦谦恒你本身是江南人，居然没有想到这一点？不知轻重，至于如此，看来你是一个糊涂不晓事的人，难堪大任！

韦氏竟因此区区小事丢了官。

皇帝因此重申：

> 各省查办违禁之书，屡经传谕，令各督抚检出解京，并经朕亲行检阅，分别查销。

乾隆朝“消灭记忆”运动，进行得十分周密和彻底，以致今天已经完全无法估量所承受的文化损失。史载乾隆销毁的书籍“将近三千余种，六七万卷以上，种数几与四库现收书相埒”。吴晗也说过：“清人纂修《四库全书》而古书亡矣！”据近代学者推算，当时全国禁毁图书一万三千六百卷。焚书总数达十五万册。销毁版片总数一百七十余种、八万余块。除了焚毁书籍，乾隆还系统地对明代档案进行了销毁。目前明代档案仅三千余件，其余估计不少于一千万份明代档案，已经被销毁了。

乾隆朝“文治”的本质，是中国历史上最大的一场文化浩劫。

· 10 ·

乾隆修改直至销毁记忆，以比祖先更残忍的方式来掩盖祖先的残忍，这无论如何不可原谅。

我们永远不要低估封建专制统治者的自私和阴狠。乾隆心里十分清楚，不论工作多么细致，仅靠官员们的搜查，是不可能禁绝所有不法文字的。最有效的办法是通过制造空前的恐怖，使臣民们自己主动悄悄地销毁家中的不法文字。

为了达到这个目的，乾隆帝蓄意制造冤案、酷案，把一些语义含混的文字打成大案，借无辜者的脑袋来恐吓天下之人，所作所为，令人发指。

乾隆四十二年（1777年），江苏人蔡嘉树指控徐述夔所著《一柱楼诗》“大逆”。

蔡嘉树与王泷南一样，是江苏扬州的乡间无赖，原租了徐家的十几亩田地。乾隆十三年（1748年），徐述夔之孙徐食田向蔡家提出要赎回这十几亩田地。而蔡嘉树占着不放，两家因此产生纠纷。蔡因此以徐氏祖父徐述夔刊印散发的书里有“忌讳之词”，向官府控告。

蔡嘉树的证据是徐书中有“明朝期振翮，一举去清都”一句，说这是“非常悖逆之词”。这显然是胡说八道，江苏布政使陶易一见案卷，也认为这“显系挟嫌倾陷”。

然而，案件上报到皇帝那里，皇帝却批复道，蔡氏所说有理。皇帝说，此句乃“借‘朝’夕之‘朝’作‘朝’代之‘朝’，且不用‘上’‘到’等字而用‘去’清都，显寓欲复兴明朝之意，大逆不道至此已极”。此案的结局是十分严酷的：陶易拟斩立决，皇帝降旨“加恩改为应斩监候，秋后处决”，后瘐死狱中。徐述夔及其子已死，也开棺戮尸，枭首示众。徐食田兄弟等五人参与出版校对者拟斩立决，俱奉旨加恩改斩监候。徐述夔的两个曾孙及三个孙媳等，给付功臣之家为奴，全部家产造册入官。为他作序的毛澄杖一百，流三千里。连皇帝已故去多年的诗友沈德潜也未予放过，革去名号，扑毁碑文。

皇帝在文字狱的制造过程中表现出了一种难以理解的偏执和完美主义。在皇帝的蓄意吹求之下，全国各地诬告之风大行。几乎大清帝国每个人都生活在不安全中：如果你识文断字，那么你随手涂抹的几个字难免有被人蓄意曲解的可能；即使你一字不识，你家的那个破筐烂柜里也保不齐有一两本祖上传下来的旧书，成为惹祸的源头。

戴昆是康雍时人，早已身故，地方官查办禁书时，发现他的书中有“长明宁易得”“短发支长恨”这样的句子，上报之后，被刨坟戮尸。他的孙子戴世道六十多岁了，因刊刻了这本书，“奉旨斩决”。湖北黄梅人石卓槐书中有“大道日已没，谁与相维持”“厮养功名何足异，衣冠都作金银气”之句，不过发了点牢骚，被凌迟处死，亲属缘坐。

“明”“清”二字是诗词习用之语，若要避祸，只好不去吟诵清风明月。但也不行。乾隆四十七年（1782年）有个劣监告发卓长龄（康熙时人）著有《忆鸣集》，“忆鸣”二字，实寓“追忆前明”之意，结果卓长龄之孙卓天柱因私藏禁书，“从宽”改斩监候，秋后处决。

这些恶例一开，禁忌如毛。墓志铭上常用“皇考”作为亡父的尊称，结果被地方官指为“悖逆”；为亡父刊刻的“行述”中有“敖不加息”之语，被人告发竟敢用“敖”字，实屈“狂妄不法”；为人代作的寿文联语中有“绍芳声于湖北，创大业于河南”，“创大业”被定为“语言悖逆”。

乾隆的文化恐怖政策收效是非常明显的。

在风声鹤唳之下，每个家庭都进行自我检查，刨地三尺，消灭所有不安全的文字。文人学士再也不敢吟风咏月，甚至不敢再写日记。朝廷的大臣们之间都不敢相互通信。胡中藻《坚磨生诗钞》案，内外臣工惊骇不已，乾隆担心下面或有非议，于新任浙江按察使富勒浑陛辞（官员离京前上殿向皇帝辞别）时，交代他一项特殊任务：到任后留心体察赋闲在钱塘（今杭州市）老家的协办大学士梁诗正的反应。梁诗正一见富勒浑，就大谈自己为官多年的诀窍："笔墨招非，人心难测，凡在仕途者，遇有一切字迹，必须时刻留心，免贻后患。"在另一次谈话中，他又说："一切字迹最关紧要，我在内廷时惟与刘统勋二人从不以字迹与人交往，即偶有无用稿纸亦必焚毁。"梁诗正的话典型地反映了乾隆高压政策下臣民的心态。

历史学家可以大致推算出通过修撰《四库全书》，清朝的官僚机构销毁了多少图书，而民间百姓自发销毁的文字数量却无法计算。我们只能说，其数量绝对多于武英殿前字纸炉中焚毁的书籍。

· 11 ·

对于乾隆用心的险恶深鸷，大清王朝的某些子民读得十分透彻。乾隆四十四年（1770 年），安徽天长县的秀才程树榴对乾隆的做法极为气愤，在为朋友的诗集所写序言中借题发挥，隐约其词地说，"造物者之心愈老而愈辣，斯所操之术乃愈出而愈巧"。应该说，这两句评语是对乾隆制造文字狱的动机及手段的极佳点评。在近于没有死角的普天文网笼罩之下说这样激愤的话，当然逃不脱乾隆的如来佛手心。很快，这篇序言就被程树榴的内弟王廷赞告到官府，指明这两句是影射当今皇帝，并且解释说，"我皇帝上春秋愈高，仁恩愈普"，怎么能说愈老而愈辣？"彼王锡侯、徐述夔等皆其自取，予以显戮，普天称快"，如何能说手段愈出而愈巧？

案情被汇报到乾隆那里。居心已经被揭穿，并且评点得如此精当到位，皇帝在他的一生中潇洒地表现出了惊人的一次坦率。这一年他已经七十岁了，回顾一生制造文字狱的过程，他在谕旨中郑重承认王廷赞对程树榴诗序的解释点中了要害，“愈老愈辣”云云骂的正是自己，程树榴之所以含沙射影就是为王锡侯、徐述夔这些被冤杀者一吐不平之气。

按照惯例，程树榴必然被千刀万剐，满门被抄。然而，皇帝这一次却表现了出人意料的宽容。程氏“从宽改为斩决”，家人并不牵连。这一“惊人料理”的背后，反映了皇帝的某种复杂心理。也许，对于自己的残忍阴险，他自己也有清夜扪心，怳然如有所失之时吧。

四 戏曲的冬天与春天

·1·

清代最有威力的娱乐方式，非戏曲莫属了。

清代戏迷的痴狂，绝不下于今天的追星族。有人因为迷恋看戏而荒废生计，也有妙龄少女随戏班子私奔，甚至还有人因此犯了杀人罪。康熙年间，浙江嘉善县枫泾镇赛神，请了戏班子演出。演的是秦桧杀岳飞父子事，演员十分投入，“曲尽其态”，一位台下看戏的皮匠老兄更投入，“从众中跃出，登台，挟利刃直前刺秦桧，流血满地”。(《三冈续识略》卷下）扮演秦桧的演员当即死于枫泾舞台之上。

大家把这皮匠“执缚送官”，此人供说他实在是太入戏了，“实恨秦桧耳”，当时一股怒火直冲头顶，“不计其真假也”。好在审理此案的官员也是个戏迷，居然“怜其义愤，竟以误杀薄其罪”，以误杀罪将其从轻发落了。

乾隆皇帝也是戏迷之一，并且戏瘾特大。每逢节庆，宫中必然锣鼓喧天，皇帝必然场场不落。不但爱听，有时还参与创作。《清稗类钞》载：“高宗精音律，《拾金》一出，御制曲也。”《拾金》是一出小串戏，演一乞丐因偶拾一金，大喜过望，连续演唱多种曲牌，亦庄亦谐，以示欢快。能为这样一出小戏设计唱腔，可见皇帝功力之深。

皇帝爱戏并且懂戏，当然是戏曲事业的一大荣幸。当然，皇帝毕竟是皇帝，看问题的眼光和角度与普通百姓不同。乾隆皇帝对戏曲工作的认识，远比一般人深刻。盖戏曲者，形式喜闻乐见，在不同阶层中都有大量粉丝，特别是对底层民众的精神世界，影响更无与伦比。在通过“文字狱”净化“上层文化”的同时，皇帝并没有忘记对底层百姓精神健康的关注。而戏曲，正是推行愚民政策的最好“抓手”。

中国历史上有禁戏传统。对于戏曲的威力，历代统治者均如临大敌。其原因，一是一演起戏来，观者如堵，容易“聚众闹事，通宵达旦，兴讼生盗”，影响社会治安，甚至酝酿社会动乱；二是戏曲这东西太容易打动人心，“近诱男女，远招匪类，长奸诲盗，败坏风俗”，影响“道德风化”。

大清王朝是禁戏最为严格的一代。为了防止戏班子对某些正面历史人物进行恶搞，影响他们在观众心中的高大形象，朝廷规定，戏台上不许出现历代帝王、孔孟圣贤及忠臣烈士。因为“历代帝王后妃及先圣先贤、忠臣烈士之神像，皆官民所当敬奉瞻仰者，皆搬做杂剧用以为戏，则不敬甚矣……”（《清世宗实录》）《大清律例》明确规定：“凡乐人搬做杂剧戏文，不许妆扮历代帝王后妃忠臣烈士先圣先贤神像，违者杖一百；官民之家，容令妆扮者与之同罪；其神仙道扮及义夫节妇孝子顺孙劝人为善者，不在禁限。”

为了防止出现动乱，清王朝规定，在迎神赛会、庙会之类的群众聚集场所，不许演戏。为了贯彻孔圣人提倡的丧礼必须竭尽哀情的精神，清政府规定，葬礼上不得演戏。为了防止八旗满洲和职业军人因为看戏而意志薄弱，又规定旗人和军人不许看戏。为了防止男女混杂，出现道德败坏事件，规定妇女不许看戏……种种禁止措施的目的，都是把这种新兴娱乐方式的影响力限制在最小范围。

· 2 ·

雄才大略的乾隆皇帝对戏曲工作的思路与前代有很大不同。

作为资深戏迷，皇帝很清楚，不分青红皂白地禁戏是极不明智的作法。“禁”的力量是有限的，甚至有的时候，会导致“逆向消费”。你越禁，老百姓就越想看。元、明两代及顺、康、雍三朝的禁戏最后基本都流于形式，戏曲越禁越火，越禁越普及，越禁越深入人心。

皇帝认为，任何事情都有两面。一种娱乐方式，既然可以“污染思想”，同样也能“净化思想”。历代统治者都有一个极大的误区，那就是只看到戏曲“伤风败俗”的一面，而看不到它在“正面教育”方面的威力。戏曲其实是教育底层民众的最好方式。很多时候，你组织群众学习圣谕，换来的往往是逆反情绪，而看戏比枯燥的学习和说教效率要高万千倍。“每演戏时，见有孝子悌弟，忠臣义士，激烈悲苦，流离患难，虽妇人牧竖，往往涕泗横流，不能自已。旁视左右，莫不皆然。此其动人最恳切、最神速，较之老生拥皋比讲经义，老衲登上座说佛法，功效百倍。”（《得一录》）那些宣传忠君孝亲的戏剧，对帝国的意识形态建设，功莫大焉。

因此，乾隆朝戏曲工作思路较历代都高明。乾隆把禁戏的重点，从禁地点、禁规模、禁时间转移到审查、修改、禁止演出的内容。寓禁于演，化不利为有利，化有形为无形。

乾隆皇帝抓戏曲，有三方面内容，一是禁，二是改，三是创。

禁书工作深入到一定程度，就必然会涉及数量众多的剧本。在审查禁书的过程中，乾隆注意到了一系列有“违碍”内容的戏本。有的涉及政治问题、民族问题，“如明季国初之事，有关涉本朝字句”，有的剧本充斥“胡”“虏”字样，存在丑化少数民族情节。有的剧本黄色下流，不利风化。有的剧本宣传凶杀暴力，格调不高。“搂草打兔子”，结合禁书工作，皇帝要求各地官员严格审查民间剧本。

乾隆四十年（1775年），乾隆在审查各地报送到京的禁书时，发现了一出叫《喜逢春传奇》的剧本，“有不法字句”。至于如何“不法”，史籍没有明确记载，估计有斥骂“夷狄”之类的内容。皇帝非常重视，特别下旨说：“朕昨检阅各省呈缴应毁书籍内……查出《喜逢春传奇》一本，亦有不法字句……传谕高晋、萨载，于江宁、苏州两处，查明所有纸本及板片，概行呈缴。”一声令下，这个剧本的所有版本均被销毁。这是乾隆禁毁戏曲之开端。

乾隆四十五年（1780年），乾隆正式宣布在全国范围内开始清理不良剧本的活动。同年十一月十一日，皇帝发布上谕，要求各省把禁书工作的阶段性重点转移到剧本上来：“前令各省将违碍字句之书籍实力查缴，解京销毁。现据各省督抚等陆续解到者甚多。因思演戏曲本内，亦未必无违碍之处，如明季国初之事，有关涉本朝字句，自当一体饬查。”（《清高宗实录》）

十一月二十八日，乾隆皇帝再次强调审查剧本的重要性，上谕要求非常细致，“再查昆腔之外，有石牌腔、秦腔、弋阳腔、楚腔等项，江、广、闽、浙、四川、云贵等省皆所盛行，请敕各督抚查办”。

乾隆一朝禁了大约三百出戏，大致可以分为这样几类：一是有民族情绪、政治上有违碍的戏，二是才子佳人爱情戏，三是大量水浒戏，四是某些反映宫廷政治斗争的戏，五是有凶杀暴力内容的戏。所禁戏中，最著名者有王世贞的《鸣凤记》，李渔的《笠翁传奇》，洪昇的《长生殿》，孔尚任的《桃花扇》，王实甫的《西厢记》，还有汤显祖的《牡丹亭》。

清人余治《得一录》中记载了一部《翼化堂条约》，是当时戏曲界的一部行约，其中一些条文解释了为什么要禁这些戏：为什么要禁《西厢记》等戏呢？这些剧，近人每以为不过是才子佳人风流韵事，并非黄色下流。但是里面充满了男女调情的情节，其眉来眼去之状，足以让未成年观众萌动不良想法，毒害他们的心灵，所以当禁。（“《西厢记》《玉簪记》《红楼梦》等戏，近人每以为才子佳人风流韵事，与淫戏有别，不知调情博趣，是何意态；迹其眉来眼去之状已足使少年人荡魂失魄，暗动春心，是诲淫之最甚者。”）

禁水浒戏的理由则更为充分。《水浒》本是一部宣扬造反有理的“邪书”，宋江等人是以抢劫起家的黑社会组织，而祝家庄等民团则是维护社会秩序的义民，而《水浒》却判断颠倒：“《水浒》一书……如祝家庄、蔡家庄等处地方，皆属团练义民，欲集众起义剿除盗薮以伸天讨者，卒之均为若辈所败，而观戏者反籍籍称宋江等神勇，且并不闻为祝、蔡等庄一声惋惜。噫！世道至此，纲沦法斁，而当事者皆相视漠然，千百年来无人过问，为可叹也。”

那么，为什么不许演宫廷政治戏呢？这个弯弯绕也需要好好解释解释。因为这些戏里，往往把皇帝演得十分弱智。这些皇帝个个都是荒淫无道，宠爱西宫，听信谗言，冤杀忠臣。这些戏曲，如果是在宫廷之内演给皇帝看，可以起到给统治者打预防针的正面警示作用。但是给乡野的泥腿子看，有什么用呢？不但无益，而且有害。因为把皇帝演得这样无能，只能让平民百姓蔑视皇朝尊严。特别是其中有一些忠臣起兵“戕戮吏、劫监、劫法场”的场面，更容易引发他们以下犯上的冲动。“汉、唐故事中各有称兵劫君等剧，人主偶信谗言，屈杀臣下，动辄招集草寇，围困皇城，倒戈内向，必欲逼胁其君，戮其仇怨之人以泄其忿者，此等戏文，以之演于宫闱进献之地，借以讽人主，亦无不可，草野间演之，则君威替而乱端从此起矣。又戕官戮吏，如劫监、劫法场诸剧，皆乱民不逞之徒、目无法纪者之所为，乃竟敢堂堂扮演，启小人藐法之端，开奸佞谋逆之渐，虽观之者无不人人称快，而近世奸民肆志，动辄拜盟结党，恃众滋事，其原多由于此。”

而一些穷形尽相描写奸臣如何祸政乱国的戏也不许演。这些戏剧，往往把奸臣们演得太丑太恶太没底线，让今人看了，认为我和他一比，还好过他十倍，因而放松了自我改造的紧迫感：“奸臣逆子，旧剧中往往形容太过，出于情理之外，世即有奸臣逆子，而观至此则反以自宽，谓此辈罪恶本来太过，我固不甚好，然比他尚胜过十倍。是虽欲儆世而无可儆之人，又何异自诩奇方而无恰好对症之人，服千百剂亦无效也。”

乾隆朝禁戏的另一个重点是武打、涉案内容。乾隆三年(1738年),福建水师提督王郡在汇报中说,有些地方戏,以武打、凶杀等刺激性场面穿插其间,借以吸引观众。结果造成一些人争相模仿,“引类呼朋闯入戏馆取乐争锋、逞凶打架者,不一而足”的“不良后果”,特别是青少年接受能力强而辨别能力差,很容易因此舞刀弄棒,走上邪路,因此请朝廷下令,禁戏以端风俗、宁地方。(《福建水师提督王郡请定例示禁下南戏童蓄发折》)朝廷同意王郡的意见,认为这些戏剧容易起衅成歹,诱民为恶,坏人心术。而那些热衷于观看这些剧的人,想来也不是什么善良之辈。“若夫凶戏关目,如开肠破肚、肢解流血等事,凡在循谨良懦之流,必回首他顾,不欲卒视,其视之而毫无怖畏、手足舞蹈、跃跃如欲试者,此人非流氓即匪类,否则失教之子弟习于斗狠,将入下流者也,是凶戏关目之坏人心术如此。”(《成都通览·成都之戏园》)

因此,朝廷下令,禁止搬演此类暴力凶杀内容。《杀子报》中母杀子的血腥,《伐子都》之呕血,罗通殉难的盘肠大战,张顺跳波的舞刀弄叉,这些血腥场面都被禁止出现在观众面前。

· 3 ·

乾隆皇帝并不是禁戏的第一人,却是“戏改”工作的首创者。

在审查剧本的工作中,皇帝发现了一个严重的问题。老祖宗给我们留传下来许多脍炙人口的经典好戏。可惜,用乾隆朝严格的审查尺度衡量,几乎部部都有“违碍之处”。如果一律禁演,那盛世舞台上也就没有什么戏好演了。

皇帝认为,对于那些内容基本积极向上的戏,不宜简单粗暴禁毁,而应该通过局部修改,取其精华,去其糟粕,使之更好地为盛世文艺舞台服务。

乾隆四十五年(1780年),皇帝在禁戏的圣谕中第一次提到了这个问题:“至南宋与金朝关涉词曲,外间剧本,往往有扮演过当,以致失实者。流传久远，无识之徒或致转以剧本为真，殊有关系，亦当一体饬查。此等剧本，大约聚于苏、扬等处，著传谕伊龄阿、全德留心查察，有应删改及抽掣者，务为斟酌妥办，并将查出原本暨删改抽掣之篇，一并粘签解京呈览。”

意思是说，许多涉及南宋与金朝内容的戏，虽然主旨是为了表彰忠义，但是对金人等少数民族丑化过甚，因此需要加以修改。皇帝在中国历史上首次制定了剧本审查制度，要求各地方官详细审查收缴到的剧本有无需要改动之处，并汇报到皇帝处，由皇帝亲自把关定夺。皇帝组织了一批专家学者，对这些戏曲中的违碍及不当之处一一修改。

戏改工作按三个对头原则进行：一、思想感情对头，即对清王朝要怀拥护忠爱之情，对少数民族不得存歧视污蔑之处；二、基本情节对头，人物身份和关系应有伦次，扮演应使人信服、不可过分夸张；三、时代气息对头，不可乱用本朝服色，坚决纠正演员在着装、语言以及整体风格方面低俗媚俗现象，“务须详慎抉择，使群言悉归雅正”，从唱词、帮腔、武打龙套、身段扮相、念白台词，到锣鼓、道具，都在皇帝的亲自指导下，进行了反复推敲修正，去掉了其中“反动”“低俗”“荒诞”“不合理”部分，拔高提纯，脱胎换骨。

野史中的一个小故事传神地表现了皇帝对改造工作的要求和态度。《清稗类钞》载：“南巡时，昆伶某净，名重江浙间，以供奉承值。甫开场，命演《训子》剧，时院本《粉蝶儿》一曲，首句俱作‘那其间天下荒荒’，净知不可邀宸听也，乃改唱‘那其间楚汉争强’，实较原本为胜。高宗大嘉叹，厚赏之。”

· 4 ·

除了禁和改外，乾隆朝还创作了许多新的曲目。

皇帝按照“推陈出新”的原则，积极扶持重点创作，大力鼓励新剧本的出现。

皇帝亲自组织了层次极高的戏曲创作班子。这个班子由庄亲王亲自挂名，由刑部尚书张照担纲，诸多有文艺才能的朝臣亲自投入创作。《啸亭杂录》载："纯皇帝以海内升平命，张文敏制诸院本进呈，以备乐部演习。凡各节令皆奏演。其时典故如屈子竞渡、子安题阁诸事，无不谱入。"他们在皇帝的亲自指导下，主撰了一系列"大戏"，比如庄亲王亲自创作的《鼎峙春秋》(内容是三国故事)、张照创作的《升平宝筏》(内容是西游记故事)、御用文人周祥玉创作的《忠义璇图》(水浒故事)等。剧本的题材，既有历史故事，又有魔幻传说，"以忠孝节义为主，次之儒雅之典，奇巧之事，又次之以山海之荒唐，鬼怪之变幻，而要以显应果报为之本。又凡忠臣义士之遇害捐躯者，须结之以受赐恤，成神仙；乱臣贼子之犯上无道者，须结之以被冥诛，正国法。"

皇帝在剧本的内容、唱腔、演技、曲牌、服装、脸谱、道具等方面，都提出了极为重要的意见。乾隆朝宫廷戏剧的特点是规模宏大，气派非凡。多数为十本二百四十出，人物众多，气势恢宏，有的戏要是从头到尾全部演完，居然需要十天时间，确实是"大戏"。这有诗为证，朝鲜使臣在看完宫廷大戏后写道："一旬演出《西游记》，完了《升平宝筏》筵。"(《滦阳集》)

戏本的主题当然是弘扬中华民族忠君、孝亲等伟大民族传统。《鼎峙春秋》是三国故事，归结到三国统一，天下太平，宣传分久必合，合久必分，隐喻当时统治是中国天命之意。《忠义璇图》的内容很特别，是水浒戏。水浒戏在民间当然是禁目，但是皇族似乎不怕被污染。不过皇宫内的水浒戏内容当然已经提纯发生了质变。这出大戏强调的是接受招安，为国尽忠。

· 5 ·

如上所述，乾隆朝戏曲工作中的思想控制更为精致化、隐蔽化，皇帝煞费苦心，进行了许多“创新”。然而乾隆朝的戏曲发展却呈现出一种怪异的走势：既繁荣，又荒芜；既热闹，又单调；既豪华排场，又内容空洞。

乾隆年间的宫廷大戏，规模惊人，排场无比。乾隆十六年（1751年），皇太后六十大寿，皇帝为了表孝心，给太后组织了一场空前的大堂会：“自西华门至西直门外之高梁桥，十余里中，各有分地，张设灯彩，结撰楼阁……每数十步间一戏台，南腔北调，备四方之乐”，“游者如入蓬莱仙岛”。十余里的路程上，每隔几十步就有一座戏台，算来至少上百座，皇家气派，就是与众不同。等到乾隆南巡时，各地大吏给他献忠心，演出场面更是惊人：“御舟将至镇江，相距还有十余里时，遥望扬子江岸上，著一大寿桃，硕大无比，颜色娇嫩，红翠可爱。待御舟将近，忽烟火大发，光焰四射，蛇掣霞腾，几眩人目。正在人晃忽间，巨桃忽裂，现一剧台，上有人数百，正在表演《寿山福海》折子戏。此景令人惊异，若在仙境一般。”

皇帝非常善于利用戏曲手段来装点时代。政府投入巨资，对宫廷戏曲事业进行扶植，修建了中国历史上最大、最豪华的宫廷大戏院，制造了空前的大型切末。“特声容之美盛，器服之繁丽，则钧天广乐，固非人世所得见。”从戏台建筑到服装、切末，都呈现了一种特殊的、空前的豪华倾向，凡重大活动，必有大戏助兴，充分展示国家的实力和盛世的风光。

乾隆时的文臣赵翼有幸在避暑山庄看了这次大规模的演出。他回忆说，这次演出规模，完全出乎凡人的想象。戏台高达三层，宽九间，参加的演员多达数千人。最为特殊的是，演出的舞台是可活动的，内有高精尖的机械装置，可以完成多种三维动作，演出效果十分惊人：“戏台阔九筵，凡三层。所扮妖魅，有自上而下者，自下突出者，甚至两厢楼亦作化人居，而跨驼舞马，则庭中亦满焉……至唐玄奘僧雷音寺取经之日，如来上殿，迦叶、罗汉、辟支、声闻，高下分九层，列坐几千人，而台仍绰有余地。”（《檐曝杂记》）

所谓“自上而下、自下突出”，是指下层舞台（称“寿台”）的天花板和地板，都是活动的，并安装了机械，可以升降演员和切末。所谓“两厢楼亦作化人居”，即指寿台的后部是双层台面，上层叫“仙楼”。仙楼设有木梯多座，向下可到寿台前部表演区，向上可通中层舞台（称“禄台”）和上层舞台（称“福台”）。演出场面之繁复、规模之宏大，可谓登峰造极，观者无疑会被演出的气势和气氛所震惊和感染。在中国历史上，没有哪个皇帝主持上演过乾隆时代那样规模惊人的大戏。

皇族的喜欢、推动，巨额的金钱投入，极大地促进了宫廷戏曲的繁荣，也促进了民间戏曲的发展。乾隆年间，中国戏曲史上发生了许多大事，比如徽班进京，高腔异军突起，昆曲繁盛一时。终乾隆一朝，昆曲空前繁荣，其他戏剧犹如繁花似锦，乾隆皇帝对我国戏剧文化的发展做出了相当重要的贡献。

然而，另一方面，乾隆朝戏曲的另一个特点也十分突出，那就是内容异常贫乏。宫中演出，有着无数忌讳。二百余出的连台宫廷大戏，回避现实矛盾，思想观念陈腐，艺术千篇一律，有人总结说不过是“虚张太平声势，点缀圣朝恩德，伪造天命天意，宣扬道学迷信”。

民间进宫演出，剧本内容受到更严重的钳制。因此，演出主题永远不过是喜庆、欢乐、祥和、太平；场面永远是华服艳舞、仙乐飘飘、欢声笑语、恍若天界；内容永远是祝皇帝和太后身体健康、国家万年无疆。虽然太后和皇帝都喜欢看“插科打诨”的丑角戏，但是在严格的限制下，这些戏的内容不能讽刺社会，反映现实，只能靠生硬做作的包袱逗笑，缺乏内容和深度。

在皇帝的文艺政策下，乾隆朝戏曲内容呈现两个特点：第一，戏曲作品内容的道德化，专门以阐扬忠孝节烈之事为职事；第二，戏曲文学样式的诗文化。戏曲词句越来越雅，“缺乏激情深意，又大都是脱离舞台的案头之作”。除了朝中大臣外，草野百姓也全力在作品中展示愿为天子助教化的热情。乾隆时剧作家夏纶所作《新曲六种》，各题之下就分别表明“褒忠、阐孝、表节、劝义、式好、补恨”等主旨，剧本中大量充斥直白的口号和无味的说教，剧情简直就是这些观念的图解。唐英《古柏堂传奇》十七种，虽然在当时算突出的成就，其实都没有触及深刻的社会问题，很多内容是宣传忠孝节义和因果报应的思想，但他的剧作语言通俗，情节生动，曲词不受旧格律的束缚，还算有点可取之处。除此之外，乾隆朝的戏曲创作几乎一无可观。

因此，乾隆时代既是一个戏曲空前兴盛的时代，又是戏曲衰落的开端。近代戏曲理论家吴梅说："余尝谓乾隆以上有戏有曲，嘉道之际，有曲无戏，咸同以后实无戏无曲矣。"（《中国戏曲概论》）专制统治者刻意制造的春天，最终无不会演变成严酷的冬天。

五　由驯身到驯心

·1·

乾隆四十六年（1781年）三月十八日晚上，乾隆皇帝在保定行宫的灯下打开了一份奏折，呈递者是退休官员、原任大理寺卿（相当于今天最高法院院长）尹嘉铨。

尹嘉铨的字很漂亮，淡墨小楷，精细绝伦。他上这份折子，是想为他已故的父亲、原河南巡抚尹会一"请谥"。

尹嘉铨说，他的父亲尹会一是一代理学名臣，品德出众，孝行感人，皇帝当年曾亲自赐了首诗予以褒奖。如今老父已经去世三十年，未蒙朝廷赐予谥号，他做儿子的感到日夜不安。因此请皇帝从那首御制诗里挑两个字，作为"谥号"。老父地下有知，一定感激不尽。

厌恶的表情笼罩了皇帝的面庞。这个尹嘉铨他早就领教过。此人是"道学家"，也就是一心一意要做"大圣大贤"的那种人。既然以圣贤为志，自然是不贪财，不过却非常热衷虚誉。在做山东布政使时，有一次借觐见皇帝的机会，曾当面向皇帝讨赏孔雀花翎，还和皇帝开玩笑说讨不到翎子没脸回

青年时期的乾隆皇帝 乾隆属兔，25岁接班登基，在位60年，后又做太上皇4年，实际执政63年，是中国所有皇帝中掌权时间最长的人。乾隆一生的运势极佳，他不但在最佳年龄登上了帝位，而且所继承的基业又令所有皇帝羡慕。从画像看，青年乾隆爷的确是一表人才，所以，历史上关于风流乾隆的传说，也是有基础的。

中年时期的乾隆皇帝 中年，应该是一个男人最美的年龄，对乾隆来说，也是如此。他已经不是那个凡事依赖父亲旧臣、小心翼翼的青年了。此时，朝野上下服服帖帖，社会安定，知识分子不敢有半点思想异动。皇帝对大臣们的观察越来越细，批评和警告越来越多，越来越不留情面。同时，他的好大喜功之心日甚，中年时期，乾隆物质生活的品位之高，排场之大，要求之细致全面，均远过于前代帝王。

《乾隆行乐图》 中国人的人生最高境界是"多福多寿多子孙"，乾隆皇帝在多子孙这一点上也是独占鳌头。乾隆是不幸的，他最喜欢的女人早早离他而去，5子、5女早殇；乾隆也是幸运的，乾隆一生育有27个子女，孙辈100多人，重孙玄孙不计其数。特别是历代帝王之中，身亲7代，得见玄孙者，他是独一无二者，即使在历史上的全部中国人中，历代有文字记载者也只有唐朝钱朗到明代文徵明等6人见到过玄孙。

老年时期的乾隆皇帝 心理学家说，人到老年，由于身体机能越来越退化，性格往往由外倾转于内向，主动转于被动。常以防御心态应对外物，求稳怕乱。乾隆虽然是中国历史上最有雄心的帝王之一，但人的生理不可逆转。人都有生老病死，皇帝也不例外，这也许是人世间最公平的地方了。老年乾隆，性格趋于随和，对新事物的反应愈加迟钝。

孝贤纯皇后

乾隆皇帝是出了名的多情天子，有关于他情感经历的野史传说层出不穷。可是真正了解乾隆的人都知道，他这一生真正深爱的女人只有富察氏。在乾隆情绪烦躁时，她如同一朵解语花，轻轻一握手，颈后的一个深吻，能给乾隆极大的安慰；在乾隆心情极佳时，她也能陪他纵情玩嬉，纵马奔驰，甚至偶尔也一试挽弓射箭。她独一无二，还因为她是乾隆的第一个女人。第一次永远是最美好的，它不可复制。即使富察氏只是一个平凡的女子，然而由于她与乾隆携手经历了人生的那么多新鲜，她也注定会成为乾隆心中的唯一，永远无人可以取代。

孝仪皇后

魏氏，生了6个子女的令妃，即后来的孝仪皇后，也是嘉庆皇帝的生母。乾隆十三年（1748年），乌拉纳拉皇后失宠后，她晋为皇贵妃，地位直线上升，很受乾隆的宠爱。她于乾隆四十年（1775年）病死，这时她的儿子永琰已经被秘密立为皇太子两年了。不过，她死的时候并不知道，也没有看到儿子登上皇帝宝座的那一天。若泉下有知，她该是怎样的一种高兴呢？

《弘历观画图》图中乾隆正在欣赏丁观鹏所画的《洗象图》。乾隆是我国历史上著名的『文人』皇帝，他不仅擅长书法，而且好诗词题字，是历代留下诗词和墨迹最多的皇帝。但其绘画作品却很少被人提及。这是因为乾隆皇帝的画技一般，自己不愿以画示人，大多数画作当时就已毁掉，只有少数乾隆本人认可的画藏在紫禁城的各个楼台轩宇中，外人难得一见。现存乾隆皇帝的画，部分藏在故宫博物院中，余下的由于战火、历史等原因已经散落在民间了。

乾隆《写生小景四种》卷 乾隆在其所作《三余逸兴图》自跋中自述其从雍正七年（1729年）开始学画，最初专画花鸟，后来随着阅历的丰富，欣赏到的各种画风、画派及创作题材的增多，遂视野开阔。乾隆绘画修养不高，但创作题材广泛，山水、蔬果、花卉、人物等皆涉及，多以笔墨小写意为主，构图简明。

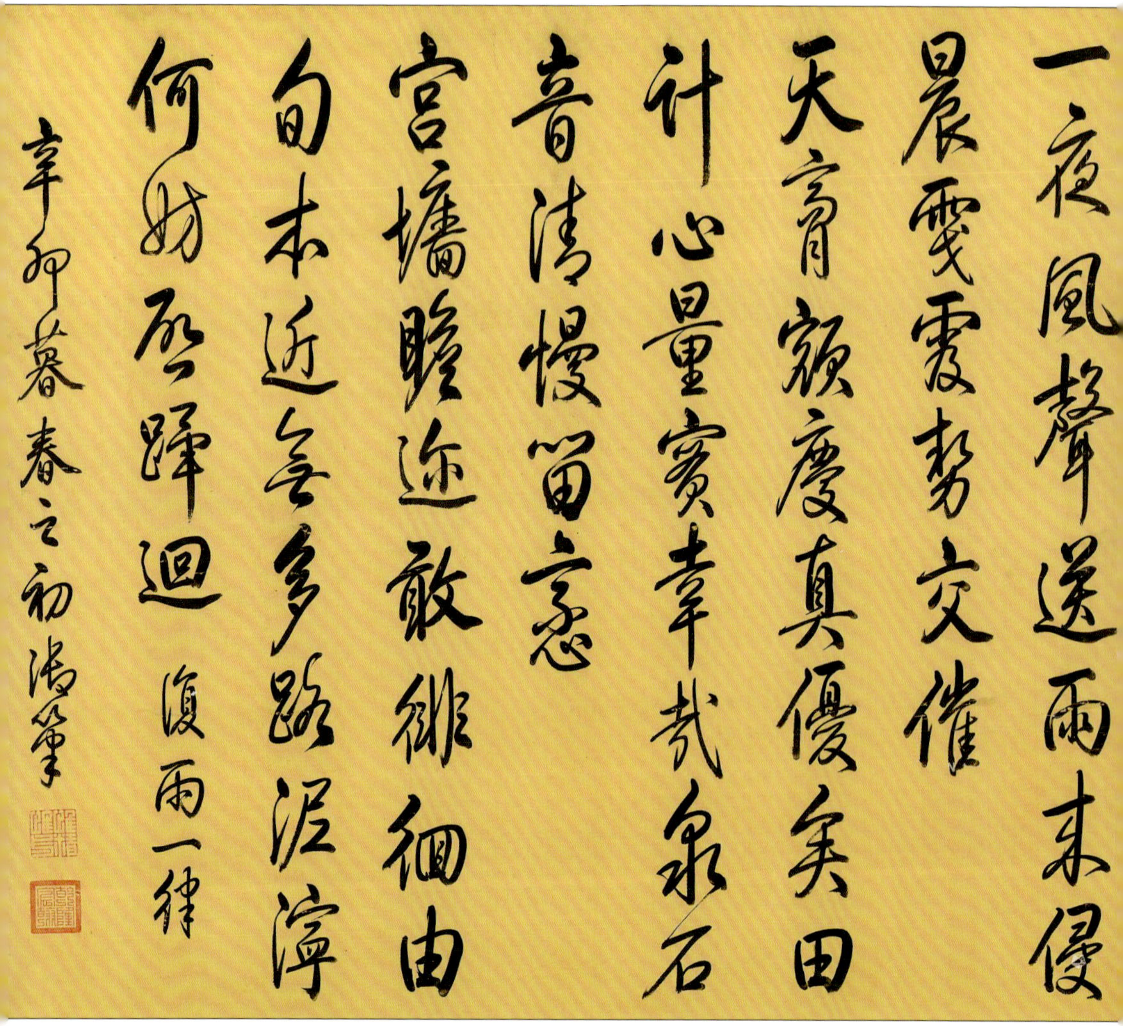

乾隆御笔诗书 乾隆皇帝是一个性格复杂而又矛盾的男人，一个集政治家、学者、诗人、画家、书法家、旅行家和猎人等多重角色于一身的另类皇帝。乾隆文化修养极佳，9岁开始练习书法，19岁开始学画。乾隆的诸多世界第一中，有一个很有意思：他是世界上产量最多的诗人。他一生作诗4万多首，而《全唐诗》作者2200多位，一共才4万余首。

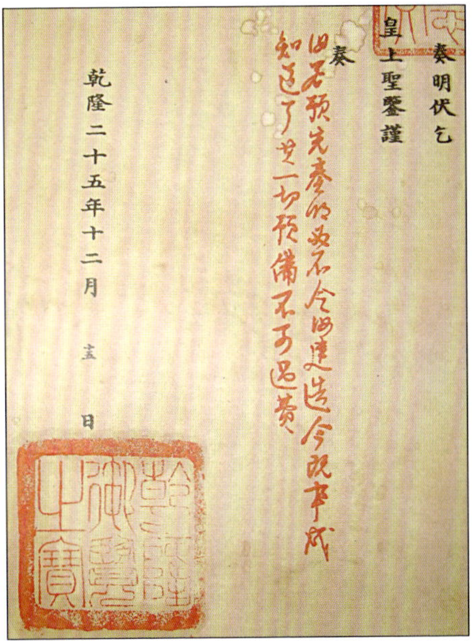

《乾隆朱批奏折》这是一份清乾隆二十五年（1760年）十二月十五日山西巡抚鄂弼谨为五台山寺庙行宫修缮工程事的“朱批奏折”。2004年初，台湾故宫博物院推出了“‘知道了’朱批奏折特展”，乾隆在奏折上大多朱批：“好”“是”“知道了”“放你的屁”“言之不自惭乎”等简单几字或数语，毕现其批阅奏折的个性。乾隆的批语有时就寥寥几个字，但字字有力。这与他父亲截然相反。雍正在位期间共处置各种题本192000余件，平均每年达14700件，亲自朱批41600多件奏折，有的批语，竟1000多字，比奏折本身内容还要多。

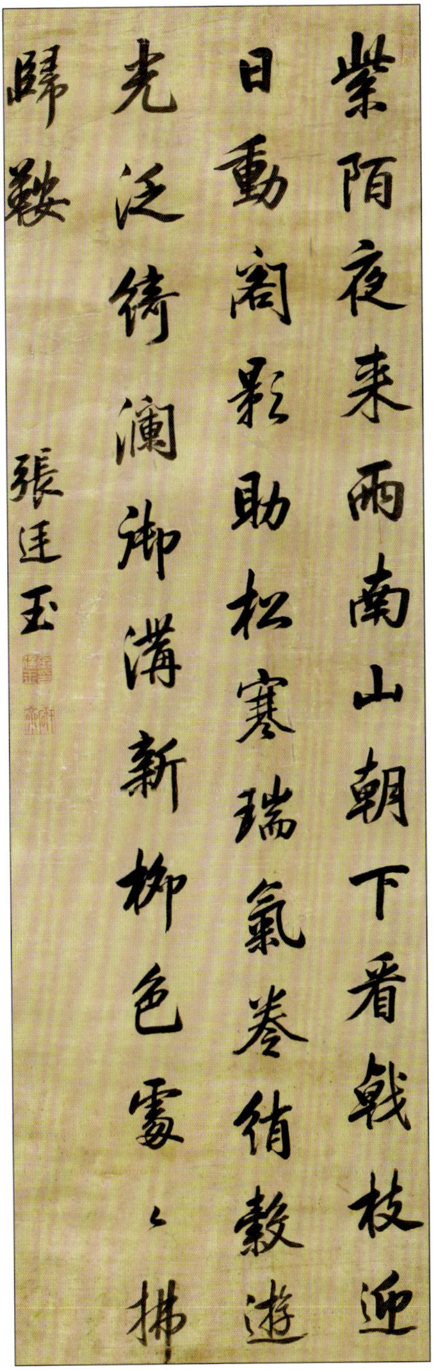

张廷玉书法这是一副张廷玉的书法作品。字形的大小变化不大，通篇布局一般是行、字距都较开，整幅章法使人一看便觉平朴、匀净。字如其人，他做京官50年，所以其字在沉着痛快中有行云流水般的圆转，往往看似漫不经心，但时重时轻的运笔总有不偏不倚的法度来把持。张廷玉身仕三朝，功名利禄达到极致。在清代历史上，他是唯一拥有配享太庙资格的汉族大臣，接受皇帝每年一次的祭祀。他在雍正朝风光无限，但是在乾隆年间，却受尽了玩弄。

《乾隆南巡图》（局部） 乾隆于乾隆十六年（1751年）、乾隆二十二年（1757年）、乾隆二十七年（1762年）、乾隆三十年（1765年）、乾隆四十五年（1780年）、乾隆四十九年（1784年）六下江南。乾隆南下仅仅是为了看风景吗？不全是。还有视察水利、体恤民情等动机。至于是不是民间传说的为寻找美女，只有他自己知道了。

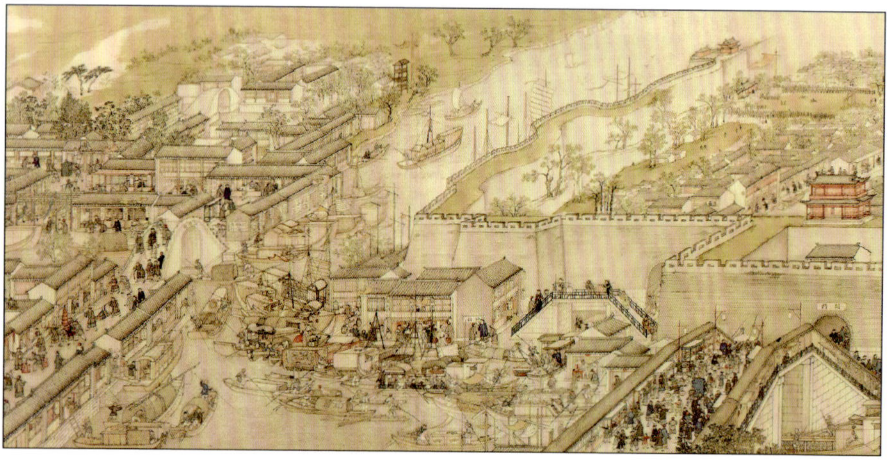

《姑苏繁华图》（局部） 在没有照相机的18世纪，《姑苏繁华图》非常可贵地为我们记录下了乾隆时期商业繁茂的景象。整个画面包括太湖至虎丘近百里的风光，共计4800余人，2100余栋房屋，300余艘舟船。画中人物或饮宴祝寿、或嫁娶成婚、或科举应试、或授业读书、或耕作于田间、或行吟于道上，是人间天堂姑苏城市民生活的生动写照。

《平定准部回部得胜图》(局部) 从“武”这方面来说，乾隆继承了先祖们的良好身体素质和武勇精神。乾隆自称十全老人，源于他在位时期的十全武功，其中就包括这次战争。数代以来，准噶尔汗国一直是大清王国最大的威胁。即位后，虽然天下太平，乾隆却一直警惕地关注着它。乾隆抓住历史给他的机会，一举荡平两万余里，深入不毛之地。元代之后，中国的疆域，从来没有如此巨大。

紫光阁功臣像 中南海紫光阁在明清时期是皇家演武的场所，为了宣扬“十全武功”，每次军队凯旋，乾隆皇帝都要下令为征战中的功臣绘制画像，并将它们悬挂在中南海紫光阁内。每次大的战争都选出50位功臣。哈国兴是平定金川前的50功臣之一。一些“顽梗不化”的地区，如大小金川，虽然不过弹丸，但也被乾隆视如眼中钉、肉中刺，必举全国之力粉碎消化为止。乾隆要的是完美，要的是毫无瑕疵，要的是绝对顺从。

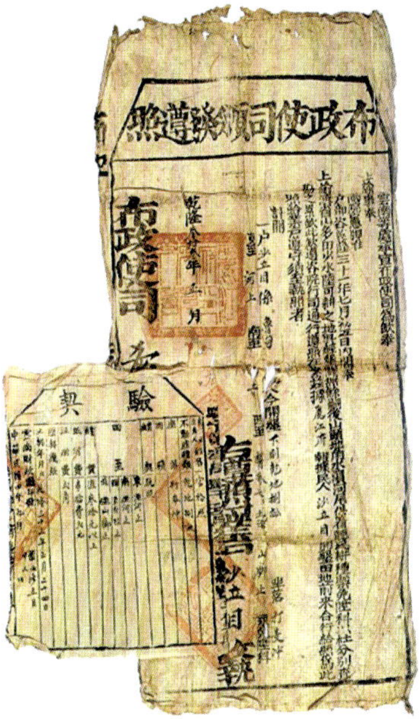

乾隆年间的开荒执照 清乾隆年间云南布政使司颁发的开荒执照。虽然对官员严酷苛刻，但乾隆对平民百姓却十分仁慈。这一点与朱元璋非常相似。乾隆对水旱灾荒特别关注，各地的天气和收成时时牵系着乾隆的心。史料表明，乾隆一生多次因为灾情而流泪。乾隆还鼓励农民开垦荒地不遗余力，但是出发点却仅仅是为了百姓生计，而不是为国家增加税收。

英国画家笔下的乾隆盛世 这应该是一个绝对的“小康”之家。当年的副使斯当东说，他在中国所见到的房子，只有两种，一种是大富之家，一种是贫寒人家。“所经过的地方以及河的两岸，大多数房子都是土墙草顶的草舍。也有很少一些高大、油漆装饰的房子，可能是富有者的住所。很少看到中等人家的房子。事实上，在登陆中国后，英国使团一再震惊的，是繁华表象下的贫穷。那时候大多数人家都是吃不饱，穿不暖的，历史总是选择性记忆，在乾隆盛世光环的掩盖下，有太多的东西被忽略了。

《万国来朝图》（局部） 此图描绘了乾隆年间元旦朝贺庆典的热闹场景，展现了乾隆时代“四夷宾服、万国来朝”的盛世景象。图中乾隆安闲地坐在后宫屋檐下的靠椅上，而各部院的王公大臣、各国各地的来朝使节正身着礼服站在指定的区域恭候皇帝驾临。使臣中既有日本、琉球、朝鲜、安南、柔佛等周边诸国使臣，也有俄罗斯、荷兰、英吉利、法兰西等远西诸国使臣。

马戛尔尼 英国著名外交家，乾隆五十八年（1793年），他曾率领规模十分庞大的使团访华，成员多达七百人，这些人包括了外交官、学者、医师、画家、乐师、技师和仆役，还有水手和士兵。马戛尔尼使团不但是到那时为止的英国历史上规模最庞大的，甚至也创下了欧洲历史的纪录。马戛尔尼时代的欧洲正处于启蒙时代。与现在的“欧洲优越论”相反，那个时代的欧洲人在中华文明面前怀有深深的自卑心理。马戛尔尼使团虽然没有完成使命，但它却将大量的关于中国的情况带回了英国。

西洋钟 不要以为闭关锁国之下，清代的统治者与外界毫无接触。事实上，巴黎或者伦敦流行的玩意儿，往往不久后就会随商船或者传教士传入北京。欧洲最顶级的钟表师成天琢磨康乾时代中国皇帝的喜好。还有欧洲人不远万里，从欧洲运来机械设备，在广州开办了钟表工场，专为皇帝和贵族生产奢侈品。为满足乾隆皇帝的喜好，沿海各地的官员也购进稀奇的高档西洋钟表，争相进贡给皇帝。这让乾隆很快就成为当时世界上最大的钟表收藏者。

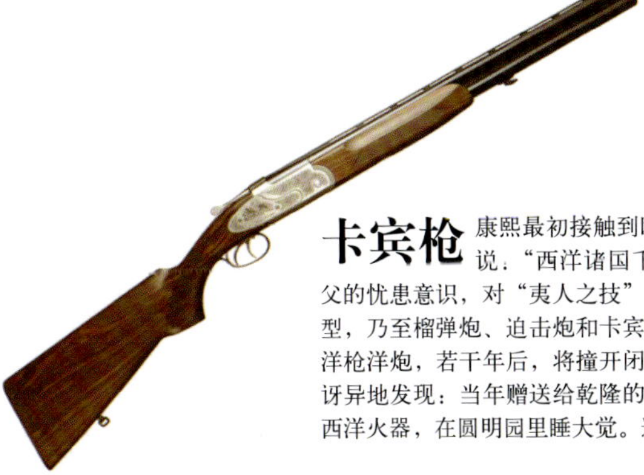

卡宾枪 康熙最初接触到欧几里德几何学及近代天文学原理后，曾忧心忡忡地说：“西洋诸国千百年后必为中国之患。”可乾隆一点也没继承其祖父的忧患意识，对“夷人之技”很瞧不起。他对天体运行仪、地球仪、君主号战舰模型，乃至榴弹炮、迫击炮和卡宾枪等不屑一顾。他根本想不到，自己连看都懒得看的洋枪洋炮，若干年后，将撞开闭锁的国门，直逼北京城下。英法联军占领圆明园后，讶异地发现：当年赠送给乾隆的礼物（枪炮），一直闲置在库房里，蒙满尘土。那批西洋火器，在圆明园里睡大觉。这一觉睡得太长了。

《平苗图册》(局部)

乾隆六十年（1795年）正月，贵州爆发苗民起义，起义军连克湘、川、黔交界处的许多州县。清廷为镇压这次起义调动了云贵七省的兵力围剿，云贵总督福康安、湖广总督福宁、四川总督和琳以及明亮先后被任命为清军统帅。这次起义直到嘉庆元年（1796年）十二月才彻底平定。

《布防图》

《布防图》，全称《镇压白莲教起义布防图》。白莲教为元明清时期流行的民间秘密宗教，乾隆末年社会矛盾加剧，爆发了清朝立国以来规模最大的一次农民起义——白莲教起义。白莲教起义历时九年，波及川、楚、陕、豫、甘等省。乾隆对这次起义十分忧虑，虽然当时苗民起义尚未完全平定，但乾隆仍迫不及待地从镇压苗民起义的清军中抽调兵力镇压白莲教起义。清军对白莲教起义采取密集布防的清剿战术，从这张布防图可以看出清廷镇压白莲教起义军的庞大规模。

家见老婆。乾隆当时就感觉十分不舒服，到底没赏给他。

没想到几十年后，他又来向皇帝讨赏了。这回讨的是“谥号”。“谥者，行之迹也。”赐谥，就是朝廷对大臣一生做出“官方评价”，乃是国家政治生活中十分重大的事情，通常由礼部主持，内阁议定，皇帝亲批。如果大臣后代都像他这样擅自请谥，成何体统？尹嘉铨的心术乾隆一看即知。他不过是借这个“非常之举”为自己博“孝子”之名。如果请谥成功，那么他孝子之名益彰。如果不成，皇帝也不好拿这样出于孝心的请求来怪罪他。因为传统政治历来的口号都是“以孝治天下”。

虽然不治他的罪，但重重敲打他一下是十分必要的。乾隆提起朱笔，在折子后面批道：

> 与谥乃国家定典，岂可妄求。此奏本当交部治罪，念汝为父私情，姑免之。若再不安分家居，汝罪不可逭矣！

不祥的气氛笼罩在字里行间。

皇帝把折子抛到一边，打开了下一道。字迹还是那么淡而有力，不屈不挠，居然又是尹嘉铨的。内容是说，“我朝”出了好几位名扬天下的理学名臣，比如汤斌、范文程、李光地、顾八代、张伯行等。他们一言一行都实践了孔夫子的教导，为后人树立了光辉的榜样。因此他建议皇帝让这些人都“从祀孔庙”，也就是把他们的牌位都供到孔庙里，陪孔夫子一起吃冷猪肉，以示“光大圣道”之意。在折子结尾，他还说了这么一句：“至于臣之父亲尹会一，既然曾蒙皇上御制诗章褒嘉其孝行，则已在德行之科，自然亦可从祀，不过此事究非臣所敢请也。”

皇帝的脸一下子变得刷白，薄薄的嘴唇微微发抖。这是他盛怒之极的表情。皇帝拿起朱笔，奋笔疾书：“竟大肆狂吠，不可恕矣！”

每个字都异常迅疾有力。

据说，“天子一怒，伏尸百万”。虽然没那么夸张，也去之不远。尹嘉铨完全没有料想到自己上这两道折子的后果：

朝廷立刻派出要员，将尹嘉铨锁拿入京。皇帝批发六百里加急急件，命北京和山东两处官员，抄了尹氏在北京和山东博野两处的家。

· 2 ·

和雍正皇帝一样，乾隆也十分喜欢抄大臣的家。乾隆抄家与雍正抄家有一条不同，那就是格外注意“违碍文字”。乾隆对臣下的日记、书信、私人笔记特别感兴趣，每次抄家都会严命抄家官员细心搜检，看其中有没有“悖逆之词”。这次抄尹嘉铨的家时，皇帝特别指示，尹氏之“丧心病狂，实出寻常意料之外”，所以“恐其平日竟有妄行撰著之事”。因此“如有枉妄字迹诗册及书信等件，务须留心搜检，据实奏出”。因此，三月二十日天还没亮，前天夜里接到六百里加急上谕的大学士英廉就亲自带领大批兵丁，来到尹嘉铨在北京的住所，掘地三尺，细细搜罗。

不出皇帝意料，收获果然颇丰。作为一个“理学大家”，尹嘉铨不但藏书丰富，而且著作颇多。从三月二十日到二十二日，英廉共找到书籍310套，散书1539本，未装订的书籍一柜，书板1200块，以及书信一包共113封。乾隆组织一批翰林学士，组成“审读小组”，帮助他逐字审查。

在乾隆朝，只要想打倒一个人，最稳妥的办法就是审查他的文字。作为庸凡之人，谁也不能保证自己的每一句话都能“放之四海而皆准”，如有偏离“准星”之处，那么对不起，你就有可能犯罪了。经过细致筛选，乾隆在尹嘉铨所有文字中发现了数十处“悖逆”之处。

在后来公布的罪状中，皇帝说，最错误的一处，是这样一句：“朋党之说起而父师之教衰，君安能独尊于上？”

尹嘉铨认为，因为打击朋党而禁止士人拜师收徒是错误的。儒家性理之学十分精微，其中最微妙的部分，只能通过拜师授徒方式传授。如果把大儒讲学授徒一律定为“朋党”，把官场上门生与座师的关系也视为“朋党”，势必削弱“父师之教”，造成圣人之学的衰微，反而不利于皇权独尊。

乾隆认为，这句话是公开与雍正帝唱反调。

打击“朋党”是清代政治的主线之一。宋代以降，大臣们结成朋党的重要途径就是通过“师生关系”。由于科举时代录取率极低，考中者对于阅卷录取自己的主考官无不感激涕零，视为伯乐知音，一旦录取，就投拜这个主考官门下，成为他的门生。主考官往往通过这种方式结纳羽翼，门生也希望通过攀附座师而在官场迅速升迁，因此极易在朝廷形成一个个山头，党同伐异，造成朋党之祸。宋朝和明朝败亡的主要原因之一就是由此。因此，雍正和乾隆使尽了种种手段，打击大臣们的“科甲”积习，也就是科举出身的官员们以师生关系结党的习惯。雍正皇帝曾御制《朋党论》，反对大臣们拜老师收门生。

乾隆说：

> 朋党为自古大患。我皇考世宗宪皇帝御制《朋党论》，为世道人心计，明切训谕，乃尹嘉铨竟有“朋党之说起而父师之教衰，君安能独尊于上”之话……不知是何肺肠？

尹嘉铨的第二大错误，是著了一本书，叫《名臣言行录》。书中记录了清初以来的一系列名臣如高士奇、高其位、蒋廷锡，乃至本朝的鄂尔泰、张廷玉的嘉言懿行。乾隆将此书定为大逆之作，认为它会助长人们的朋党思维。因为只有朝廷才有品评大臣的权力，臣民无权把谁定为“名臣”，又把谁定为“非名臣”。如果个人可以树立品评标准，必然容易造成大臣及其子孙的意见纷争。被列入名臣录的，其子孙门生自然会感激攀附，与其人结好。没有被列入的，其后代和同党必然起而攻之。这就很容易造成朝廷及士林的分裂。皇帝说："乃尹嘉铨竟敢标列本朝名臣言行录，妄为胪列，谬致品评，若不明辟其拌，将来流而为标榜，甚而为门户，为朋党，岂不为国家之害，清流之祸乎？"这种做法，和尹氏在奏折中建议把一些理学名臣入祀孔庙一样，断非人臣所应为。

· 3 ·

虽然前期打击朋党的成绩卓著，乾隆却从来没有掉以轻心。他深知这一政治顽疾虽然匿迹于一时，却绝不会就此寿终正寝。政治高压稍一放松，它就会死灰复燃。对朋党的警惕，无时无刻不存于皇帝心中。尹嘉铨自投罗网，一下子激活了皇帝心中的过度防御机制。

尹嘉铨的出现，让日夜不停搜寻自己统治漏洞的乾隆又发现了统治中的一个薄弱环节：民间讲学之风。

在中国历史上，民间讲学现象非常普遍。孔子收徒三千，就首开民间讲学之先河，也正式创立了儒家学派。到了宋代，书院大量出现，名儒大家各自以书院为据点，传授自己体悟到的圣人心法，讲学之风空前繁盛，理学由此兴起并成为儒学的主流。及至明朝，讲学之风达于极盛。大儒王阳明极重讲学，认为这是开启智慧、传播学术的最佳方式，故其一生讲学不休，甚至军旅之中也日夜不辍。王阳明的后学们光大乃师之风，或依托于书院，或约期于山水，甚至庙堂林野，寺观名胜，招朋引众，讲学辩论，宗风所及，几乎无处不讲学，无人不讲学。

民间讲学具有高度的自发性和强大的生命力。它的目的是探讨发展学术真谛，陶铸学人完善的人格，而不像官学那样以科举入仕为唯一目标。民间讲学一秉学术自由的原则，尤其重视辩驳争论对学术发展的推动作用。各书院之间经常举行大规模的辩论会，各派学者云集荟萃，彼此攻伐，极大地促进了儒学学理的深入发展。日常师生之间，也注重质疑问难，宋代之后所流行的各家语录，一般就是书院师徒间的问答纪录。

然而步入清代，自由讲学之风却戛然而止。萧一山说："清人以异族入主，时不免存疑忌之心，对于智识阶级为尤甚。聚众讲学，形同煽惑，是以深中清廷之忌。"所以，顺治十七年（1660 年），朝廷颁布命令，严禁士子会盟结社。各地民间私人书院也被政府转变为官办，原来自由学术研究的场所沦为科举考试的预备机关，讲学内容与规模受到严格限制。自由讲学之风由是渐息，清代之学术，"乃渐由学术团体，一变而为私人研究"。

然而，天下承平日久，自由讲学之习在乾隆朝又有所抬头。特别是尹嘉铨这样以道学自命的"道学家"，更认为自己获得了圣人的"独传心法"，不传授给他人实在是一种损失。因此，私下里仍然大肆收徒聚众，退休之后，更是奔走于各书院之间，宣扬自己的独特见解。乾隆认为，这是"盛世"的一大威胁。

清初统治者反对讲学，主要是怕汉人借此进行阴谋集会。及至乾隆时期，这种威胁几乎已经不存在了。乾隆认为，讲学的最大威胁在于容易滋生朋党倾向。对于提倡纲常名教的道学本身，乾隆是坚定支持的。但是对于大小臣工学程、朱、陆、王诸大儒的样子，要求学术自由，百花齐放，自由辩论，他则绝不允许。正如鲁迅所说，"因为一学样，就要讲学，于是而有学说，于是而有门徒，于是而有门户，于是而有门户之争，这就足为'太平盛世'之累"。盖党内有党，派内有派，是宗教和学术的共同规律。儒学内部并非铁板一块，儒学思想的生长点也是多源的，许多儒学大家往往把自己视为儒家正统，而把他人视为异端或非正统。自由讲学、自由辩论很容易导致一些不同学术派别的争执甚至冲突，而科举出身的朝中官员无不是儒学信徒，学术上的分门别类极容易引发政治上的矛盾斗争。比如宋代朱熹与陆象山就曾经势如水火，彼此辩论不休，在朝大臣也卷入其中，分成派别门户，门户之争又发展成朝臣的朋分角立，引发了朋党之争，不以皇帝的是非为是非。如此，"小则紊乱朝政，大则颠覆宗社"。

所以，乾隆在斥责尹氏的圣旨中说："古来以讲学为名，致开朋党之渐，如明季东林诸人讲学，以致国是日非，可为鉴戒。乃尹嘉铨反以朋党为是，颠倒是非，显悖圣制。"

乾隆朝的专制政治发展到了极致，它打破一切民间自发组织的可能，把一切社会能量纳入政治控制之下。读书人因讲学而聚会，因聚会而议论，正是一种人主无法完全驾驭的力量，是必须禁止的。他训诫大小臣工、读书士子，对道学只要埋头潜修、躬行实践就行了，不可以道统所在自居，大讲其仁义道德。尹嘉铨自己讲学还罢了，又不知深浅地奏请皇帝推崇一系列道学名臣，企图重新挑起"正统"之争，煽动讲学之风，乾隆如何能不赫然震怒？他兴起这场大狱的目的之一，就是要狠狠打击有所抬头的民间自由讲学之风，把一切不利于专制统治的民间力量消灭于萌芽之中。

· 4 ·

掌握了尹嘉铨的"罪证"，乾隆四十六年（1781年）三月二十八日，皇帝钦命以大学士三宝为首组成专案组，对尹嘉铨进行审讯。

审讯进行得极有特点。在皇帝的授意下，审案大臣并不拷问尹嘉铨的"大逆"实迹。他们知道，这个"道学家"、书呆子，一辈子只知道读书做文，想成为大圣大贤，"永垂青史"，因此不可能有什么实质性的"反动问题"。他们审问的重点，是尹氏的家庭隐私。

会审尹嘉铨时，审案大臣丝毫不顾这位前"三品大员"的面子，为了"泄公愤而快人心"，将其"严加夹讯，多受刑法"，以拷问"其究属何心"。在夹棍之下，这位圣人之徒没有挺住，采取了要什么给什么的态度。请看以下几段审讯记录：

当年尹氏当面讨要花翎的事，皇帝一直念念不忘。所以承审官首先追问：你当时在皇上跟前讨赏翎子，说是没有翎子，就回去见不得你妻小。你这假道学怕老婆，到底皇上没有给你翎子，你如何回去的呢？

据供：我当初在家时，曾向我妻子说过，要见皇上讨翎子，所以我彼时不辞冒昧，就妄求恩典，原想得了翎子回家，可以夸耀。后来皇上没有赏我，我回到家里，实在觉得害羞，难见妻子。这都是我假道学，怕老婆，是实。

自打嘴巴，承认自己“怕老婆”“假道学”，承审官并不满足，又追问起他要娶一个五十多岁的老处女为妾未果的事。

承审官问：尹嘉铨！你所书李孝女暮年不字事一篇，说“年逾五十，依然待字，吾妻李恭人闻而贤之，欲求淑女以相助，仲女固辞不就”等语。这处女既立志不嫁，已年过五旬，你为何叫你女人遣媒说合，要她做妾？这样没廉耻的事，难道是正经人干的么？

据供：我说的李孝女年逾五十，依然待字，原因素日间知道雄县有个姓李的女子，守贞不字。吾女人要聘她为妾，我那时在京候补，并不知道；后来我女人告诉我，才知道的，所以替她做了这篇文字，要表扬她，实在我并没有见过她的面。但她年过五十，我还将要她做妾的话，做在文字内，这就是我廉耻丧尽，还有何辩。

已经承认自己廉耻丧尽，承审官却还有更尖刻的问题。

承审官问：你女人平日妒悍，所以替你娶妾，也要娶这五十岁女人给你，知道这女人断不肯嫁，她又得了不妒之名。总是你这假道学居常做惯这欺世盗名之事，你女人也学了你欺世盗名。你难道不知道么？

据供：我女人要替我讨妾，这五十岁李氏女子既已立志不嫁，断不肯做我的妾，我女人是明知的，所以借此要得不妒之名。总是我平日所做的事，俱系欺世盗名，所以我女人也学做此欺世盗名之事，难逃皇上洞鉴。

承审官的刻薄真是到家了。然而，没有皇帝的授意，他们是不敢把审理“国家要犯”的严肃之地变成嬉笑怒骂的娱乐场所的。

那么，乾隆皇帝为什么对“道学家”尹嘉铨如此刻薄呢？

·5·

康、雍、乾三朝政治的一个共同的特点是反对“假道学”。三代皇帝表面上对“道学”尊崇备至，但用人行政中，却都秉“重能不重德”之旨。对于那些以继承孔孟“道统”为职志，成天致力于“为贤作圣”的书呆子其实不屑一顾。

应该说，“道学”确实有真假之分。“道学”一名流行之后，“假道学”这三个字就应运而生，如影随形。儒家理想主义所悬标准过高，为庸常人性所难堪，而学做圣人又是儒家的最高目标，因此有的人不免虚伪迂阔，最下者甚至流于欺世盗名，为世人所诟病。有些道学家，不注意力行实践，而致力于把自己打扮成一副“圣人”模样，峨冠，阔袖，芒鞋，修容，端坐，粗饭，菜羹，在家静坐不语，出门则平步阔视，旁人一望便知是“道学”先生。还有的道学家，表面上满口天理流行，行动中却处处人欲为先。纪昀在《阅微草堂笔记》中对这种人的作风有精彩的描写：“有两塾师邻村居，皆以道学自任。一日，相邀会讲，生徒侍坐者十余人。方辩论性天，剖析理欲，严词正色，如对圣贤。忽微风飒然，吹片纸落阶下，旋舞不止。生徒拾视之，则二人谋夺一寡妇田，往来密商之札也。”

假道学的特点就是言行不一，没有修到大圣境界，却妄图进入历史。尹嘉铨为人行事，就颇多假道学的嫌疑。他的倒霉，有他自取的一面。

然而，事情并不止于打击假道学这么简单。在打击假道学的背后，隐藏着的是清代帝王对“真道学”的反感和排斥。

按理说，“道学”或者说“理学”，要求人们践行圣人的教导，做正人君子，忠君孝亲，对专制统治是有利的，历代莫不大力提倡。然而专制主义的历史发展到清代，就连这种“道学”本身，也成了专制制度扩张的妨碍。

原因很简单。理学固然有维护“纲常”的一面，同时也有追求自我完善、要求人格独立的一面。儒家学说为士人们设定的最高人格理想不是功名利禄，而是立德、立言、立功三不朽，是成为顶天立地的完人。

早期儒学都对人的自由意志极为推崇。孔子说：“三军可夺帅也，匹夫不可夺志也。”孟子则说：“富贵不能淫，贫贱不能移，威武不能屈，此之谓大丈夫。”一言以蔽之，原始儒学要求其信徒能在权力面前挺起腰杆，而不做随声附和的应声虫。儒学一方面要求其信徒尽力为皇帝服务，同时也要求他们不能放弃对自己人格尊严的坚持和精神价值的追求。在世俗层面，儒学信徒对皇帝和权力秩序服从尽礼；在精神层面，他们中的许多人却以“圣人”自期，追求“始乎为士，终乎为圣人”。希望自己能够通过道德砥炼，成为达到人类最高最完美境界的人，在精神上远远超越帝王和其他权力者。汉光武帝刘秀取得天下，登基后想召他的同学严光做官，严光不肯接受，而是隐居富春山耕钓自娱。及至唐代，虽然唐太宗妄想使天下英雄尽入他彀中，但是李白仍然可以做他的帝师梦，希望自己能在“事君之道成，荣亲之义毕”后，“与陶朱、留侯，浮五湖，戏沧洲”，逃离权力的控制。

但是，君权像恶性肿瘤一样，是世界上最具扩张性的事物之一，它不允许任何独立的事物存在。专制权力的独占性本质驱使它永远努力冲破一切限制，挣脱所有束缚，深入社会每一个角落，毒化每一个细胞，直至最后整个社会在它的紧紧拥抱中窒息而死。士人的人格追求，在专制达到极峰的清代就成了君权的障碍。

清代的建立，与以前诸朝不同。在入关以前，满族社会中带有大量的奴隶制因素。雍正皇帝说：“满洲风俗，尊卑上下，秩然整肃，最严主仆名分。”其他清代人也一再说：“主仆之分，满洲尤严。”“我朝君臣之分极严，尤非前朝可比。”传统儒家君臣关系是完整的互动关系，“君使臣以礼，臣事君以忠”，双方各有各的尊严底线。然而入关之后的清代皇帝却以满洲“主奴名分”偷换了，或者说改造了数千年以来的君臣关系，使之变成了赤裸裸的主子和奴才关系。他们要求，作为臣子，不但身体要属于君主，他的心灵也应该属于君主，不应该有任何自己的独立意志、独立需求，特别是个人尊严。雍正皇帝就曾直截了当地说过，大臣要无时无刻不与皇帝统一思想，不许有自己的独立意志。他在《朋党论》中说："要根除朋党之源，那么全国上下必须统一思想。要统一思想，那么一切是与非的标准都必须唯我是从。""你们各位大臣如果将朕之所好者好之，所恶者恶之，是非划一，则不敢结党矣。"

为了达到这个目的，从雍正开始，清代帝王就想方设法挫辱、打击那些在帝王淫威面前拒不低头的大臣。在乾隆以文字狱打击"假道学"尹嘉铨之前，雍正就以冤狱打击过"真道学"杨名时。

杨名时，号凝斋，江阴人，康熙三十年（1691年）进士，从大儒李光地受经学，造诣益深。历任直隶巡道、贵州布政使，雍正三年（1725年）擢兵部尚书，总督云贵。

杨名时性格强毅端方，是一个有根底的理学家。程朱理学给了他牢固的价值基础，使他在居官过程中，清正廉洁，一心为公。他提督顺天学政时，废寝忘食，"虽流金之暑，见其阅卷，所着白布衫渍汗成浅皂色，不暇易，炳烛至夜分不卧，群笑其自取苦也"；做直隶巡道，细大必亲，无留狱，无隐情，乡民颂为"包公在世"。（《碑传集·杨凝斋先生名时传》）他以诚为本，对宇宙、社会和人生做了严肃的哲学思考，著作颇多。按理说，这样的臣子，应该深受皇帝欢迎才对。然而事实却相反，由于他对很多事有自己的见解，不能事事与皇帝划一，屡屡招致皇帝反感。

雍正皇帝说杨名时"性喜沽名钓誉"，不能做完全驯服的奴才，就是因为有所"自恃"。所恃是什么，就是自己的理学人格。"自以为记载数篇腐文，念诵几句史册"，就敢和皇帝辩论。雍正斥责他"只图沽一己之虚名，而不知纲常之大义，其心实愿父为瞽瞍，以成己之孝，君为桀纣，以成己之忠"，"君父且不顾，岂尚计及于吏治民生乎？夫以盗名之邪念，至欲以君父成己之名，在家则为逆子，在国则为逆臣，天理尚可容乎，其罪尚可逭乎？"

为了打击杨名时的“道学气”，雍正刻意制造大案，借杨名时的政敌举报杨贪污受贿之机，将杨逮捕。以杨名时“得过盐规银、税规银和平余银约计八万两”及收受了下属范溥的几样礼品为罪名，定为贪污罪。其实，收受陋规一事，律无明文，事在定养廉银之前，其时各省皆然，这项陋规收入，也大部分是补贴了公众支出。而收受下属几样礼，也是当时官场的常事，以此定罪，显然是故意周纳。

把杨名时打为贪污犯不是雍正真正的目的，雍正是想通过办案，搞臭杨名时的名声，把他从“真道学”打成“假道学”，以杀一儆百，打击大臣们的“自为之心”。所以他秘密授意审案官，在审问时，对杨名时极尽挖苦打击之能事，力求使杨名时出“洋相”。

雍正认为，一杀掉杨名时，有可能使杨名时成为“比干”，遂了他“杀身成仁，舍生取义”的心愿。所以对付杨名时此等“种类”，重要的不在“治其身”，而是“治其名”“治其假誉”，不择手段地恶心他、作践他，让他“假道学，真光棍”的“丑恶面目”大暴露，让周围的人都以为他确实虚伪可鄙，也让他本人都自惭形秽，精神颓丧。承审官按照雍正的授意似乎全做到了，不仅让当堂观审的“闻而笑之者亦甚多”（《雍正朝汉文朱批奏折汇编》），而且整得杨名时哑口无言，低头认罪。

乾隆之审问尹嘉铨，其灵感完全来自此案。乃父乃子，真是心有灵犀一点通。

· 6 ·

雍正对待大臣之严酷苛刻，本已经登峰造极。乾隆又青出于蓝，后来居上。为了保证大权独揽，乾隆皇帝上任之后一再拉大君臣距离，造成皇帝高高在上，群臣匍匐于下的政治局面，以确保君主的意志在任何时候、任何领域都畅通无阻。乾隆朝大臣的地位，比雍正朝，又有大幅降低。

历代帝王都期待名臣、功臣、忠臣的出现。比如雍正就屡屡称他的臣子李卫、田文镜、隆科多等为“国家伟器”“朕之功臣”“不世出之忠良柱石大臣”，“真圣祖皇考忠臣，朕之功臣，国家良臣。真正当代第一超群拔类之稀有大臣”。

然而乾隆却提出了一个著名的理论：“奸臣”固然并非国家幸事，“名臣”的出现其实也不是什么好事。乾隆认为，臣权的上升就必然意味着君权的低落。“名臣”往往出现在国家出现危机，君主大权不独揽之际。许多名臣做出了惊天动地的大事业，扶国家之将倾，挽狂澜于既倒。但同时，名臣的出现也从一个侧面说明了君主的无能和朝纲的混乱。对张居正这位明代的名臣，史评大抵功大于过，他却大不以为然，说：“大臣强辞立威，逆行罔忌，实为弁国纪。神宗竟尔任其施为，虽童昏不应若是。”

为了消除尹嘉铨所做《名臣言行录》的影响，乾隆特下长诏斥责尹嘉铨的“名臣论”。他说，“朕以为本朝纪纲整肃，无名臣亦无奸臣”，“乾纲在上，不致朝廷有名臣、奸臣，亦社稷之福耳”。如果“社稷待名臣而安之，已非国家之福”。意思就是，在真正有作为的皇帝统治下，不应该有为患作乱的奸臣，同时，也不应该有彪炳史册的名臣，只可以有唯命是从、办事敏捷的奴才。

雍正皇帝既深刻阴鸷，又有天真淋漓的一面，冷起来一块冰，热起来一团火。严肃起来，谁也不敢喘气；高兴起来，有时又没大没小。他在李卫的奏折上批过这样的话：“好事好事！此等事览而不嘉悦者，除非呆皇帝也！”给年羹尧的朱批有这样的话：“从来君臣之遇合……未必得如我二人之人……总之，我二人做个千古君臣知遇榜样，令天下后世钦慕流涎就是矣！”他对大臣固然以苛刻闻名，但对某些投脾气的人也有热情如火、视如朋友、信任不衰的一面。比如对鄂尔泰和张廷玉。

但乾隆却极重君臣之别，总是摆出一副高高在上的面孔，从来没有与大臣们建立起什么私交。也许到了晚年对和珅算是唯一的例外。

对于大臣的“好名”之习，乾隆和父亲一样向来痛恨。乾隆十九年（1754年）他训斥陕西巡抚陈宏谋：“嗣后倘不思痛改前非，遇事苟且掩饰，仍蹈沽名钓誉之恶习，必不能逃朕洞鉴，恩再邀宽典也。”

在打击限制大臣“好名之习”方面，乾隆不但学习了父亲制造冤狱的办法，还有所创新。

传统社会有一个不成文的政治习惯，就是那些政绩卓著的地方官离任后，当地官民往往会通过送万民伞、立碑、建祠等形式加以表彰和纪念。然而乾隆皇帝却通令各省，将各地的去思、德政碑“概行扑毁”，并严禁为官员建造生祠。在他的严令下，全国各地纷纷将康、雍以来所建祠堂、石碑摧毁，仅云南、山西两省，就近六百座。乾隆认为应该由皇帝垄断所有的伟大、光荣、正确，不给其他人留一点荣誉空间。乾隆皇帝所需要的，不是站立着的大写的人，而仅仅是工具和奴才。

· 7 ·

乾隆四十六年（1781年）四月十七日，尹嘉铨案审结。在“妄比大贤，托名讲学，谬多著述，以图欺世盗名，又复妄列名臣，颠倒是非，隐启朋党之渐”的罪名之外，乾隆还审得尹嘉铨犯有许多其他不可饶恕的“大罪”：

尹嘉铨在书中写有“为帝者师”四个字。乾隆嘲笑他学习浅陋，让大臣们评论，他“能为朕师傅否”？

尹嘉铨自号“古稀老人”，“古稀”二字典出杜诗“人生七十古来稀”。不巧乾隆帝也恰逢七旬大寿，自称“古稀天子”，又写了《古稀说》颁示天下，把“古稀”垄断了。年逾七十的尹氏以此自号，被认为是“僭妄”。

乾隆十分欣赏明太祖废除相权之举，认为这一划时代的创举，大大提高了君权的稳定性，实在是造福百世万代帝王。因此，他十分反感人们把清代的大学士习惯性地称为相国。尹嘉铨在自己的著作中屡称大学士为“相国”，乾隆批评说，宰相之名久已废置，本朝自皇祖、皇考以至朕，太阿在握，权柄不移。在朝大学士，作用不过是承旨记录，有哪件事曾借助大学士的襄赞?

既然尹氏犯了如此多的“大罪”，大学士、九卿等在反复审讯后，奏请将尹照大逆律凌迟处死，亲属照律缘坐，也就是说，16 岁以上的子孙都要杀头，家中的女人们以及 16 岁以下的子孙要发配为奴。不过乾隆大仁大德，加恩免其凌迟，改为绞立决，亲属一并加恩免其缘坐。

同时命各省查缴销毁尹著述或编辑的著作，他在各地的碑崖石刻及拓本也一律铲削磨毁。对此，鲁迅说：“他的著述也真太多，计应‘销毁’者有书籍八十六种，石刻七种，都是著作；应‘撤毁’者有书籍六种，都是古书，而有他的序跋。《小学大全》虽不过‘疏辑’，然而是在‘销毁’之列的。”这项工作牵涉各省，一直进行了半年之久。

· 8 ·

不论尹嘉铨是“真道学”还是“假道学”，本来都不干王法。生活在除乾隆之外的其他时代，他会安享天年，寿终正寝。然而很不幸，他遇到了乾隆。

任何事情都有另一面。乾隆极力扩张君权，虽一时收到稳定之效，却造成了一个更为严重的后果，那就是清代后期士大夫道德与精神的迅速堕落。

儒学既有强调等级秩序的一面，也有高标社会正义的一面。社会正义是整个社会健康发展的基础。历代以来，士人都以守护社会良心为己任，能够在传统社会中找到自己的位置。然而乾隆却以虎视之态，粗暴剥夺了儒学赋予读书人的立志求名之心，守护良心之责，只给他们为稻粱谋这一个生存任务。从那时候起，士人群体便被抽空了灵魂，无法找到自己在社会中的位置。

本来，进入清朝之后，士节士气较之中国历史上的其他时代已经大为降低，乾隆中期以后，士大夫道德自律更为松弛。乾隆朝的大臣，虽然不乏能臣，却有一个共同的特点，那就是有才华而无思想，有能力而乏操守，除功名利禄外无所关心。在皇帝明察之下，他们老老实实，卖命效力，以图飞黄腾达。皇帝一旦放松警惕，他们就会大肆贪污，尽一切可能盗窃皇帝的家产。

乾隆之后的中国，一蹶不振，在农民起义和外敌入侵面前都缺乏抵抗力，不能不说与乾隆打断了官员和士人的脊骨表里相关。

第七章

盛世的崩坍

如果说专制政治的经济原则是剥削与压榨，那么操作秘诀就是控制与压迫。皇帝控制着官僚体系，官僚体系压迫着整个社会。一旦高压减轻，则社会秩序必然出现剧烈反弹。随着官僚体系的废弛，乾隆晚年社会治安迅速恶化。

一 尹壮图的奏折

·1·

文字狱的消失和它的兴起一样猝然。

乾隆四十七年（1782年），全国的封疆大吏在皇帝的一再鞭打下，集体陷入了亢奋乃至疯狂状态。他们放下日常工作，昼夜不息地审查着帝国内所有的汉字，而皇帝却在这个时候不动声色地转向了。

这年年初，河南光州祝万青被人举报。举报者称他家祠堂所悬的匾额对联有严重问题。其匾额曰“豆登常新”。其对联是“吾祖吾宗，贻厥孙谋；若裔若子，增其式廓”，这类气势宏大的文字只有皇帝用起来才合适，平民百姓怎么可以妄用？

指控当然十分可笑。可是如果祝氏因此家破人亡，却绝不会令人意外。乾隆四十三年（1778年）之后，类似的荒唐冤狱数不胜数。地方官不敢怠慢，将此案列为大案火速上报，等待着皇帝对他们办事勤敏的嘉奖。

没想到，等来的却是一顿劈头盖脸的训斥。皇帝说，闭着眼睛都能看出这是一起诬告案件：“此等扁对杂凑字句，谓之文理不通则可，指为语句违碍则不可。若如此吹求字句，天下何人得自解免？此案所控情节，看来竟属险诈诬罔，断不可因此拖累无辜，致长刁风！”

既然皇帝不为已甚，地方官当然也就乐得不再伤天害理。乾隆四十八年

之后 (1783 年)，文字狱稀稀落落，显著减少。

乾隆五十年 (1785 年)，借《慎余堂集》案，皇帝又一次向天下督抚大员郑重重申，文字狱不可扩大化：“外间著有诗文，果有如钱谦益、吕留良等，其本人及子孙俱登仕版而狂吠不法者，自应搜查严办；若并非有心违悖，不过字句微疵，朕从不肯有意吹求。”这道谕旨之后的《奈何吟》一案，竟成了乾隆朝文字狱的绝响。腥风血雨终于停息，读书人提了几十年的心终于放了下来，全国上下都长长地出了一口气。(《清代文字狱档》)

皇帝为什么停下了杀戮之手?

因为文字狱运动已经成功地达到了目的。

如前所述，乾隆朝文字狱的目的是以超级恐怖手段，消灭一切可能危及统治的思想萌芽。三十余年的文字狱运动，如同把整个社会放入一个高压锅里进行灭菌处理，完成了从外到里的全面清洁。一切有胆量、有头脑、有野心和他较量的人，都已经从肉体上消失；一切稍涉异端的书籍字纸，都已经被烧光；连绵不断的惨痛绝伦的大案，已经吓破所有活下来的人的胆。

一张一弛，宽严相济，是乾隆的一贯统治原则。严了三十余年，终于可以宽一宽了。不但高压锅内臣民们的神经已经紧张到了崩溃的边缘，就连他这个给高压锅加火的人，也实在太疲倦了。

更何况，文字狱运动的胜利结束，就如同一幢超级雄伟壮丽的建筑封了顶，标志着乾隆盛世构想的全面完成。物质的盛世很容易昙花一现，只有扫灭了一切精神敌人的盛世才可能永恒。而文字狱运动的成功标志着乾隆物质、精神的双重胜利：物质上，他已经把传统社会的物质生产潜力发挥到了最大；精神上，他创造了消灭一切异端思想萌芽的完美局面。乾隆盛世由此超越文景、贞观、开元等其他盛世，登上了顶峰，他的子孙后代将要继承的会是一个万代无虞的铁打江山。

乾隆四十五年 (1780 年)，七十岁的皇帝御制了一篇《古稀说》，对全国的形势做了如下的描述:

> 三代以上弗论矣，三代以下，为天子而寿登古稀者，才得六人，已见之近作矣。至乎得国之正，扩土之广，臣服之普，民庶之安，虽非大当，可谓小康。且前代所以亡国者，曰强藩，曰外患，曰权臣，曰外戚，曰女谒，曰宦寺，曰奸臣，曰佞幸，今皆无一仿佛者。即所谓得古稀之六帝，元、明二祖，为创业之君，礼乐政刑有未遑焉。其余四帝，予所不足为法，而其时其政，亦岂有若今日哉，是诚古稀而已矣。夫值此古稀者，非上天所赐乎。

意思是说，中国开辟以来，夏、商、周三代年代古远，事不可稽，暂且不论。就拿秦始皇建立皇帝制度以后来说，两千年间，活到了七十岁的皇帝不过才六人。然而这六个人中，汉武帝晚年失政，梁武帝不得善终，唐明皇仓皇幸蜀，宋高宗偏安一方，皆算不上伟大的皇帝。只有元世祖和明太祖称得上真伟人，不过他们当开国之初，有武功而乏文治，仍然不如乾隆朝之盛大。大清王朝，政权建立的合法性牢固，领土达史上最广，周围国家普遍宾服，民众安居乐业。社会虽然没有达到大同，但是已经进入小康。而且历代专治政治中的重大弊端，比如强大的地方分裂势力、敌国外患、权臣、外戚、后宫、太监、奸臣和小人等，都已经消灭。国家之安，前所未有。这种富庶和平安定团结的大好局面诚可谓“古来稀”了。自己确实是古往今来最有福气的大皇帝。

七十岁的乾隆终于可以松一口气了。从七十岁到八十岁这十年间，老皇帝仍然是那么精神矍铄，仍然是那么勤政不懈，不过他没有再兴起大的政治运动，而是事事以安定团结为重了。乾隆四十五年（1780 年）到五十五年（1790 年）的十年间，大清王朝所发生的最重要的事只有三件，那就是乾隆四十五年的皇帝七十大寿，乾隆五十年的七十五岁大寿，以及五十五年的八十大寿。

· 2 ·

清代皇室对过生日特别重视。乾隆的重孙媳慈禧把这个传统发挥到了极致，战争可以不管，生日不能不过。乾隆对生日的在乎虽然没有这么夸张，但皇帝的整生日却仍然是帝国生活中最重要的事之一。虽然生日只有一天，但是八十大寿的庆典实际上连绵不断进行了三个月。全国各地都举行了盛大热烈、花样百出的庆祝活动。

不料，就在各种庆祝活动都消歇了之后，内阁学士尹壮图上了一道折子，破坏了皇帝的好心情。

这道折子说，目前实行的“议罪银制度”弊端甚大，应该废止。

所谓“议罪银制度”，是乾隆朝的一项政治发明。有些大臣，皇帝正用得顺手，却不慎犯了过错，皇帝以为人才难得，不愿换人，便罚些银子了事。尹壮图却说，这个制度问题极大。因为它实际上助长了官员们违法乱纪之风，纵容了贪污腐败的蔓延。目前一些地方政府出现的巨额财政亏空，也就是财政赤字，就与议罪银制度的实行有关。他说：“总督巡抚们自蹈愆尤之罪，皇上圣恩，不行立即罢斥，而令其罚银若干万充公，亦有督抚自请认罚若干万者。”这样做的结果，素来贪污之人更可以胆大妄为，盗用公款，反正日后查出来，罚点银子赔上就完了。而清廉之员因为财政紧张，难保任内不出现亏空，因此不得不曲意结好属下，以求身后出现亏空时得到他们的帮助。“在桀骜者借口以快其饕餮之私，即清廉者亦不得不望属员之佽助。日后遇有亏空营私重案，不容不曲为庇护。是罚银虽严，不惟无以动其愧惧之心，且潜生其玩易之念。”

尹壮图请求皇帝“永停此例”。（《清史稿·尹图壮传》）

皇帝的第一反应是提醒自己，不要生气，不要存拒谏之成见，不要像那些庸主一样，见了批评就暴跳如雷。为了表明这个姿态，在尹氏折子的第一段后，他提笔批道“不为无见”，也就是说，挺有见地。

皇帝很清楚议罪银制度确实易生弊端。特别是和珅当政后，将议罪银制度化了，大臣们所犯只要不是重罪，大抵可以在交纳罚银后，从轻发落。这其中难保没有一个两个原本应该重处的漏网之鱼。

不过皇帝自有其苦衷。和珅将议罪银制度化，是为了给皇帝弄些零花钱。数量巨大的罚银由此滚滚流入皇帝的小金库，用于皇帝的额外开支，比如南巡路上花用，生日时的赏赐。如果没有这笔银子，皇帝的手头马上会困窘起来。更何况，一项制度的好坏，关键是看执行得怎么样。皇帝认为自己的英明一如既往，能够把这个制度的弊端降到最低限度。因此笔锋一转，他又说，人才难得，“朕以督抚一时不能得人，弃瑕录用，酌示薄惩”。事出有因，人我两便，似乎并无大的不妥。

在自我辩解完之后，皇帝又提出一个问题。皇帝说，凡言一事，要有据才能有理。尹氏所言“各省督抚借罚银为名，派累属员，至仓库多有亏缺”，这是尹氏的主观臆测呢，还是有实在证据？皇帝认为，大清正当全盛之日，怎么会出现“仓库多有亏缺”的败政？“壮图即为此奏，自必确有见闻，令指实覆奏。”

也就是说，请尹壮图为自己的建言提供一两条事实证据。

皇帝熟知官员们往往既图敢言之名，又不肯得罪人，所以其议论读起来慷慨激昂、义愤填膺，细究起来，却不牵连具体的人和事。对这种“巧伪之习”，皇帝一直十分讨厌。如果你尹壮图果然有理有据，那么对不起，请你别怕得罪人，交代出一两个来。

让无职无权的京官去抓地方官们的犯罪实据，是多么不现实。如果是稍微乖巧点的官员，揣测皇帝批复之口风，自然能领会到皇帝的不悦。皇帝的拒谏之心已显露在字里行间，最聪明的应对无过于及时转舵，回复说自己并无证据，建议也确实荒唐，经圣主教育已经恍然大悟，等等。虽然丢了面子，却可以安全保身。

然而尹壮图却与众不同。他在复奏中说，自己之所以提出这个建议，事出有因。三年前，他老父去世，他丁忧回了老家云南，今年守孝期满，又从云南回京任职，这一往一返数千里，穿越了大半个中国。这次旅行使他发现，如今的大清王朝，已经快腐烂透了：他一路上接触到的人，无不在诉说当地官员如何贪污腐败；一路上所见的民生，远不如他想象的那么富庶繁荣，而是贫民遍地，财政匮乏，几乎各省都有财政亏空。“各督抚声名狼藉，吏治废弛”，“疆臣中惟李世杰、书麟独善其身”。

尹壮图说，如今天下普通百姓对大清政局无不痛心疾首。“臣经过直隶、山东、河南、湖广、江浙、广西、贵州、云南等省，但见商民半皆蹙额兴叹，而各省风气大抵皆然。”那些官员们贪污腐败的花样，几乎闻所未闻，想都想不出来。不过作为一个丁忧官员，他没有时间，也没有权力和职责一一调查取证。“若问勒派逢迎之人，那些上司属员昏夜授受时，外人岂能得见？臣自难于一一指实。”

最后，尹壮图说，如果皇帝不相信他的话，那么请皇帝“简派满洲大臣同往各省密查亏空”，派一个信得过的满洲大臣，和他一起去各地密查，一定可以迅速取得证据。

·3·

尹氏的头一道奏折只是让皇帝略有不悦，这道复奏却让皇帝深受刺激。皇帝读到“各督抚声名狼藉，吏治废弛……”“商民半皆蹙额兴叹，而各省风气大抵皆然”一段，手剧烈地抖起来，脸也涨得通红。旁边伺候的老太监看情形不对，连忙上前递过一杯茶。老皇帝喝了几口，闭目片刻，才慢慢平静下来，提笔颤抖着在一旁批道：“竟似居今之世，民不堪命矣！”

也就是说，竟然好像在我领导下的当今天下，老百姓都活不下去了！

然后把笔掷到一旁，靠在椅子背上，大口大口地喘气。

也不怪皇帝如此怒火中烧。

皇帝万万没有想到，在大清处于他千辛万苦打拼来的盛世之际，居然有人进行如此颠倒黑白、匪夷所思的攻击。如果说当今天下一两个省有亏空，一两名官员存在腐败行为，这本在意料之中。天下没有完美的事物，再辉煌的盛世，也会有阴暗面，不过这是一个指头和九个指头，支流和主流，现象和本质的关系。但尹壮图几乎将全国各省的总督、巡抚一网打尽，说所有的封疆大吏都“声名狼藉”，说所有地方都“吏治废弛”。这岂不是用一个指头取代了九个指头，将大清政局描绘得一团漆黑不见光亮吗?

更让皇帝无法忍受的是，尹壮图说全国商民皆“蹙额兴叹”，这岂不是说百姓对他的统治强烈不满？岂不是说他的统治应该推翻?

对于这个尹壮图，皇帝的印象原本是不错的。此人是一个不折不扣的老实人，虽然才干不算特别优长，但勤勤恳恳，从不取巧。因为为人不够圆滑，乾隆三十一年（1766年）高中进士后，始终在礼部主事、郎中、御史、学士这些闲职上晃来晃去，一直解决不了级别问题。还是皇帝开恩，几年前特意把他提拔为内阁学士兼礼部侍郎衔，让他享受“副部级”待遇，于他可谓恩深谊厚。按理说，这个人对皇帝、对大清，只会感激涕零，不应该有任何敌意。何以在这个时候，对大清政局进行如此荒唐而猛烈的攻击？皇帝真是百思不得其解。

情绪激动的皇帝当天就下达了长篇谕旨，公开了他和尹壮图的来往文字。

皇帝说他绝不相信尹壮图的话，因为自己“自御极以来，迄今已五十五年”，“自谓勤政爱民，可告无愧于天下，而天下万民亦断无泯良怨朕者”。“若如尹壮图所奏，则大小臣工等皆系虚词贡谀，面为欺罔，而朕五十余年以来，竟系被人蒙蔽，于外间一切情形，全无觉察，终于不知者。”

皇帝严厉质问尹壮图，你的这个看法“闻自何人？见于何处？”必须“指实覆奏”！

皇帝决定，如尹壮图所请，命令户部侍郎庆成，带着尹壮图前往直隶、山西、山东、江苏等省，盘查仓库。皇帝要公开和尹氏打一个赌，那就是大清的官员队伍到底基本上是好的，还是基本上是坏的；大清天下的仓库基本上是满的，还是到处都是亏空。如果果然像尹氏所说，那么我就承认我这五十年都白干了，所有的大臣都是在欺骗、敷衍我。如果尹氏所说不实，皇帝隐藏杀机地说，他也必然“自蹈欺罔之咎也”！

沉寂已久的大清政坛精神了起来，人们都睁大眼睛看看皇帝和尹氏的这个赌怎么打下去。

· 4 ·

皇帝和大臣公开打赌，并不是人老糊涂，自降身份，而实在是因为尹氏所言涉及了如何看待大清帝国政治形势，如何评价皇帝五十五年的统治成绩这样一个根本性的问题。

对于共同生活的同一个国家、同一个时代，乾隆与尹壮图却作出了截然相反的判断。那么，乾隆五十五年的政治局面究竟是什么样的呢？

尹壮图并没有说谎。

大抵在乾隆四十五年（1780年）前，大清王朝确实基本上像乾隆的判断那样，处于盛世顶峰。乾隆中前期，国势稳定，政治清明，官僚体系效率极高。

然而，乾隆五十五年（1790年）时的大清政局，已经沧海桑田，不复当年模样。

让我们先看一下当时经常出入中国的朝鲜使臣的见闻。乾隆五十五年到中国进贡的朝鲜使臣回国后这样向他们的国王描绘大清朝：“（清帝国）大抵为官长者，廉耻都丧，货利是趋，知县厚馈知府，知府善事权要，上下相蒙，曲加庇护。”（《朝鲜李朝实录》）及至乾隆六十年（1795年），他们的评价更是发展为“货赂公行，庶官皆有定价”。（《朝鲜李朝实录》）

朝鲜人对中国的了解也许仅止于皮相，但中国官员表达得比朝鲜人还要激切。乾隆崩逝后，翰林院编修洪亮吉所言最为痛烈："十余年来，督抚藩臬之贪欺害政，比比皆是。"（《清史稿·洪亮吉传》）以布衣言事的章学诚批评更为犀利："自乾隆四十五年以来……上下相蒙，惟事婪赃渎货，始加蚕食，渐至鲸吞……贪墨大吏胸臆习为宽侈，视万金呈纳，不过同于壶箪馈问，属吏迎合，非倍往日之搜罗剔括，不能博其一次，官场如此，日甚一日。"（《章学诚遗书·上执政论时务书》）洪亮吉描述乾隆晚年腐败的普遍程度时说，当时官员中洁身自爱者与贪污者之比，是一比九或者二比八。而这十分之一二的自持之人，在官场中混得并不好。"即有稍知自爱及实能为民计者，十不能一二也。此一二人者，又常被七八人者笑以为迂，以为拙，以为不善自为谋。而大吏之视一二人者，亦觉其不合时宜，不中程度，不幸而有公过，则去之亦惟虑不速。是一二人之势，不至归于七八人之所为不止。"（《守令篇》）

从这些描述中，我们看到的是一个基本烂到了底的官僚体系。

事实上，尹壮图毅然上疏，完全是出自一片拳拳忠君爱国之心。居京为官的二十年间，他一直听信官方的宣传，认为大清王朝蒸蒸日上，正处于历史最好的时期，如皇帝在诏书中反复讲的那样："虽非大当，可谓小康"，"纪纲整肃……吏治肃清"，"万民欢悦，四海升平"。虽然京城官场上偶有些灰色现象，比如和珅招权纳贿的传闻不时钻入耳中，他也认为这不过是局部现象，无关宏旨。然而，丁忧往返一路的见闻粉碎了他头脑中的盛世幻象。他原本以为恩泽普及，天下当人人称颂朝廷。不料无论是与乡绅故旧在酒桌上闲聊，还是与贩夫走卒们在路上交谈，几乎所有的人都在咒骂官场，叹息时事。更为严重的是他发现地方财政大多处于亏损运行状态之中，仓库亏空现象遍地都是。各级政府上报给皇帝的仓库存粮存银数量，十有八九是虚报。一旦发生全国性的突发事件，后果不堪设想。

在第一道奏折中，尹壮图并没有谈及他的这些具体感受。一是因为都是风闻，没有实据。二是他也意识到这些风闻交织出的图景实在过于黑暗，与政府平日描绘反差太大，公布出来会造成不良影响。他是一个忠朴之人，认为罗列现象，发发怨气，并不能有补，只有找出原因，才是急务。所以他的奏折只提及议罪银制度，而未及其他。只是被皇帝紧逼之下，他才一急之下把自己的感受全盘托出。这样也好，他希望自己揭开这个黑暗的盖子，能引起皇帝的震动和猛醒，力挽狂澜于既倒。

那么，何以在短短十多年里，乾隆朝的政治局面出现了如此翻天覆地之变化？

二　大规模动荡的前奏

·1·

第一个原因是皇帝老了。

公道世间唯白发，贵人头上不曾饶。虽然贵为天子，可以决定天下一切人的生死，可以移山填海再造世界，乾隆却一分钟也不能推迟晚年的来临。

在中国历代帝王中，乾隆可以说是身体最好的一个。他生来身体强壮，精力充沛，这主要是得自母亲的优良遗传。乾隆八年（1743年）东巡之时，他途中打猎，用弓达九力之多（弓的型号分十二力，八力以上皆为硬弓）。年逾六旬以后，“虽弓力渐减而不下三四力”。他一生虽然始终处于操劳之中，却从未得过大病，直到老年，都堪称健康。

然而，遗传基因再好，也无法抵抗衰老。虽然一再自称“精神纯固”，事实上，中年之后，他的身体就不可避免地出现种种老化的征兆。在乾隆六十年（1795年）的一首诗里，皇帝自注道，从乾隆二十年（1755年），也就是45岁以后，他的左耳听力就有所下降。乾隆四十年（1775年），65岁以后，左眼视力也明显下降。［“左耳重听者四十年，左目欠明者亦二十年，有合今之俗人所云（睁一只眼闭一只眼）者，作《戏语》。”］乾隆四十五年（1780年）年及古稀之后，他身体衰退之象就更加明显。

蒙田说："老年有这么多缺陷和愚蠢，又这么容易受人耻笑。一个老人能够得到的最好收获不过是家人的仁慈和爱，统领和敬畏已不再是他的武器。"虽然没有人敢于耻笑皇帝，乾隆自己却越来越感觉到自己的可笑。年过七十之后，"昨日之事，今日辄忘；早间所行，晚或不省"。还经常出现这样的情况："皇帝早膳已供，而不过霎时，又索早膳。宦侍不敢言已进，而皇帝亦不觉悟。其衰老健忘，推此可知。"清制礼帽分凉帽、暖帽两种，上自皇帝下至臣民，同日更换。一次皇帝从热河回京，天气稍冷，皇帝就换上了暖帽，群臣纷纷效仿。过几天，天气又暖，皇帝又戴凉帽，大臣们也忙着换帽子。皇帝奇怪大臣们为什么这么换来换去，仔细一想才恍然大悟，苦笑着说："不怨大臣，是朕年老所致也。"

精力也显然不济了。原来军务紧急之时，从早上五点钟起床，一直到晚上十二点看刚刚送到的情报，大脑高速运转，从不疲倦。而此际，只有早上一两个小时头脑可称清楚，能够处理复杂的政事。过了这段时间，生命就已经进入半睡半醒状态，不论怎么以意志去强催强唤，都调动不起精神。乾隆四十九年（1784年）之后，皇帝又增了失眠之症。"寅初已懒睡，寅正无不醒。"（《清高宗御制诗五集》卷十《少寐》）"年高少寐，每当丑寅之际，即垂衣待旦，是以为常。"

越是曾那么酣畅淋漓地品尝过青年快乐的人，越是难以抵受晚年的凋零之苦。年轻时的大脑，如同镜子一样清晰，读书过目不忘，理事丝丝入扣。举凡一政，乾隆能从头脑中的二十四史、皇祖皇考遗训直到大臣奏议里勾调出全部资料，加以迅速整合、对比、加工、提炼，在第一时间得出准确而高明的结论。到了晚年，这面镜子已经雾蒙蒙一片，照什么东西只能显出个似是而非的轮廓。过去头脑中堆积如山的资料，如今已经丢失了索引，如同一个散乱的仓库，想寻找点什么，只能深一脚浅一脚地艰难跋涉，偶尔巧合，瞎猫碰到死耗子一样找到一两件东西，更多的时候，则是费尽力气，耗尽时间，把这个仓库翻得昏天黑地，仍然上穷碧落下黄泉，两处茫茫皆不见。精神之光，原来可以烛照上下古今，纵横万里，如今只能记得三五天之内的奏折和一些特别重大的事件，大脑如同一台用得太久的机器，所有的零部件都已经过度磨损，相互只能勉强咬合，加工的精度大大下降，错误接二连三，因而处理政事的准确度大大降低。

皇帝是没有退休制度的。晚年的乾隆，精力、健康和智慧只剩了年轻时的几分之一，然而他的任务和职责却一分没少。如同一头衰病残疾的老牛，仍然要拉着沉重的大车，老皇帝有些力不从心了。

· 2 ·

随着生理的老化，皇帝的心理和性格也发生了明显变化。

心理学家说，人到老年，由于身体机能越来越退化，性格往往由外倾转于内向，主动转于被动。壮岁之时，心雄万夫，通常以主动进取之态面对世界。进入老年之后，力不从心之感日甚一日，遂常以防御心态应对外物，求稳怕乱，易变得被动、随和。

皇帝虽然从中年起就一目不好，晚年更兼老花，但批阅章奏，阅览书籍，仍然不愿戴老花镜。大臣们进献了许多花镜，他都“屏而弗用”。并且因此写了一首《戏语》：“半见还当半不见，半听亦可半不听，此虽俗语合至理，执两用中法舜经。”意思是说，凡事不可求全，也不必明察太甚。一目视力不佳，他正乐得因此睁一只眼闭一只眼，这正符合“执两用中”的“中庸”之道。这首诗固然是一时玩笑之作，其实正深刻地反映了乾隆从中早期的察察为明到晚年难得糊涂的心态变化。

面对如小山一样的奏折，皇帝越来越感觉不堪重负。他开始一再强调地方官员汇报情况时，要语言简明，并时以奏事琐细“徒滋烦扰”而对有关官员严行申斥。这在以前是从来没有出现过的，壮年时的皇帝经常呵斥的是官员们奏事的不细不明。乾隆四十九年（1784年）以后，为了适应自己的身体状况，皇帝处理政务的时间大大缩短。当年九月，他以“优眷老臣”为名，准三品以上官员年过七十者日出后进朝。乾隆五十六年（1791年）十月以后，这一规定又扩大到全体在京官员，“俱著于卯正到齐，亦不为迟”。

早年峻烈无情的皇帝，晚年心态变得越来越宽和。他不再像早年那样，疾恶如仇，除恶务尽。相反，他乐于施恩，乐于原谅别人，乐于听到别人的感恩颂扬之声。乾隆中前期，对臣下的奖赏比较谨慎。乾隆三十九年（1774年），提督常青因为士兵击贼有功，各赏银牌一面。这样的小事，居然受到了乾隆的训斥。乾隆说，此奖过当，“可恨之极”。然而到了晚年，他却经常进行无原则的滥赏。即所谓“赏宜从厚，从不肯使勤劳者稍有屈抑”。（《乾隆帝起居注》）嘉庆后来说：“近年皇考圣寿日高，诸事多以宽厚，凡军中奏报，小有胜仗，即优加赏赐；其或贻误军务，亦不过革翎申饬，一有微劳，旋经赏复。虽屡次饬催，奉有革职治罪严旨，亦未惩办一人。”（《清仁宗实录》）

老年皇帝处理政务力图简明，但求清静。避免“烦扰”，减少麻烦，成为皇帝处理政务的一大原则，这在他壮年时代是不可想象的。他希望地方官在地方上不要主动挑起矛盾，大处着眼，小处放过，以不扰民、不生事为要。在纠正官员办理文字狱扩大化的倾向时，皇帝说，对文字过于推求，“滋扰闾阎”，“于吏治民生大有关系”。对民间宗教的高压也有所减轻。乾隆四十八年（1783年），江西巡抚郝硕奏报，他破获一起民间宗教案件，案中诸人，聚众吃斋念经，案情严重，建议皇帝严惩。郝硕本以为这篇汇报能得到皇帝的嘉奖，没想到却被皇帝批评了一顿：“该抚既经查出，应将经忏等件烧毁，无令仍前吃斋念佛，使其改悔，不必过事追求，致滋烦扰。各省地方遇有此等案件，如果实系邪教传斋徒众及有违碍字句者，自应严行查办，灭绝根株；若止系愚民吃斋求福，诵习经卷，与邪教一律办理，则又失之太过。所有案内人证即著概予省释，经卷等全行销毁。”从此之后，普通民间宗教案不再被当成重案，那些吃斋念佛的善男信女们又可以自由活动了，不免“人人感念皇上天恩”。

从乾隆十三年（1748年）起，皇帝核准死刑犯时一直都从严把关，朱笔扫过之处，颗颗人头落地。从乾隆四十八年（1783年）起，皇帝又恢复了以前的宽容、仁慈。乾隆四十九年（1784年），皇帝将乾隆四十七年（1782年）以来的六千多名死刑犯都免死发落。乾隆五十七年（1792年），又将乾隆五十五年（1790年）来的八千多名死刑犯免死。

放松法网的同时，皇帝施恩的手笔则更加宏大。乾隆末期财政并不十分宽裕，皇帝减免起税收来却并不心疼。乾隆五十五年，皇帝普免天下钱粮折合白银二千七百余万两；乾隆五十九年（1794年），普免八省钱粮；乾隆六十年（1795年），免各省当年地耗正粮折合白银一千七百万两。真所谓“皇恩浩荡”，举国称庆。

当然，对百姓温和的太阳，照在官员身上也一样和煦。对于晚年出现的一些贪污官员，乾隆经常拖着不惩，或者以“不为已甚”为辞，加以宽纵。如乾隆五十二年（1787年）五月，内外文武大臣中竟有多人连续被革职、革任十余次而后却仍然留任原职者。（《清高宗实录》）

朝鲜使臣描述晚年乾隆政风的变化时说：

> 皇帝近年颇倦，为政多涉于柔巽，处事每患于优游；恩或多滥，罚必从轻；多滥故启幸进之门，罚轻故成冒犯之习。文武恬戏，法纲解弛，有识者颇以为忧。（《朝鲜李朝实录》）

· 3 ·

虽然没来过中国，黑格尔对中国式专制政治却有着深刻的理解。他说，在中国，皇帝应该是整个帝国“那个不断行动、永远警醒和自然活泼的‘灵魂’”。“假如皇帝的个性竟不是上述的那一流——就是，彻底道德的、辛勤的、既不失掉他的威仪而又充满了精力的——那么，一切都将废弛，政府全部解体，变成麻木不仁的状态。”

这段话几乎是对乾隆晚年政局一字不差的描述。专制政治中，皇帝是整个国家的神经中枢，官僚体系的精神状态就是皇帝一个人精神状态的放大。不但是人亡政息，同一个统治者的心境变化，也可以使国家面貌发生根本变化。皇帝的勤奋进取，经过官僚系统的层层传导，最后抵达社会可能只剩百分之十。然而皇帝的松懈懒惰，却会被官僚系统层层放大，抵达基层，会扩大十倍、百倍。

皇帝既然喜欢清静，不愿生事，地方大员们当然更乐于高枕无忧。乾隆四十五年（1780年）之后，懒惰之风在大清政界迅速蔓延。皇帝对山积的奏折感到头疼，而官员们对于案牍之劳，更是避之不及。遇到公事，层层推诿，一层一层向下转批：“不问事理之轻重，动辄批委属员，督抚既委之司道，司道复委之州县，层层辗转推延，初若不与事者。”（《乾隆朝东华录》）

坐堂审案，处理民间纠纷是地方官的重要职责，然而乾隆晚年的官员们“终年以坐堂审事为苦”，千方百计推托不理：“民间呈状俱由宅门投递批准，不审，终年延搁。小民拖累不堪，赴控，上司批查，亦屡催不复。”也就是说，老百姓告状，他不开庭审理，一拖就是一年。老百姓等不及就上告，上司询问，他也懒得答复。还有的官员恨百姓“越级上访”，给自己添麻烦，就想方设法打击上告者：“恨民上控，必加刑责，而案件仍不为审。”（《乾隆吏科题本》）

清代官员考核制度中，对许多政事列有处理期限。到了乾隆晚年，官员办事逾期之事越来越普遍，因此而受处分居然成为官员受处分的主要原因之一。从清代档案《乾隆吏科题本》可以看到这样几个例子：甘肃皋兰知县徐浩任内受处分二十三次，其中十三次是因为办事迟延。湖南浏阳知县张宏燧受处分十一次，迟延占四次。广东长安知县丁亭详受处分九次中，迟延占五次。

乾隆四十三年（1778年），湖北江陵县发生了一件抢劫案。一群流氓抢劫了附近的富有寡妇家，寡妇认出了抢劫者，事后当即报官。此案证据确凿，事实清楚，很容易处理。可是当时的县令汤廷芳虽然派人抓到了两个嫌犯，却懒得审理，将嫌犯取保了事。后面相继接任的四任县令在十年内“均不严究”，“经事主控告，臬司严催，俱延宕不解，扶同沉搁，置地方盗案于不办，实出情理之外”。这样一个小小案件，换了五任地方官，居然还没有结案。乾隆听说后，也不禁大为恼火，说：“足见湖北吏治废弛已极。”

湖北事件并非个别。乾隆五十三年（1788年）二月，直隶建昌县发生土匪马十等人抢劫一案，事发后整整两年，地方官还是没有结案，说是头绪复杂，一时审不明白。皇帝闻听后大为恼火，命将犯人押到山东行在（皇帝巡行所到之地），亲自审理，不到一个月就究出了正犯。皇帝说：“可见外省废弛积习，大抵相同。”“似此玩延悬宕之案，或更有甚焉者。”

外省如此，京师风气也相同。踢球扯皮之风盛行，一件小事，往往数月经年处理不了。“至六部等衙门办理事务，虽有限期，由各道御史汇奏，但事有关涉两部者，亦每至彼此推诿，行查不以为要，吏胥等得以借端沉阁，百弊丛生。其驳查外省事件，又每以一驳了事，或竟有驳至屡次，往返耽延，经年屡月，并不勒限严催。”（《清高宗实录》卷一三五一）

除了懒，政风懈怠的另一个表现是软。皇帝既然宽仁为尚，不愿杀人，官员中老好人自然越来越多。他们在处理案件时，“于一切审拟案件，有意宽减”。（《乾隆圣训》）更有甚者，连抢盗重案也“多所迁就，致凶顽不知惩创”。（《乾隆上谕档》）夹在各方当事人之中的地方官，只想和稀泥。他们“既畏民，又畏生监，兼畏胥役，既不肯速为审断，又不欲太分皂白”。（《清高宗实录》）

如果说专制政治的经济原则是剥削与压榨，那么操作秘诀就是控制与压迫。皇帝控制着官僚体系，官僚体系压迫着整个社会。一旦高压减轻，则社会秩序必然出现剧烈反弹。随着官僚体系的废弛，乾隆晚年社会治安迅速恶化。

乾隆晚年，人口压力越来越重，社会矛盾和危机越积越深。而官僚体系百务废弛，国家陷入半瘫痪状态，恰恰给矛盾危机提供了迅速发育的机会，其中最明显的表现就是游民的大量出现和形成组织。

从乾隆三十九年（1774年）起，各省流民在生存压力下大量入川，四川各地出现了名为“啯噜”的游民组织。他们多是无籍游民，三五成群，忽聚忽散。乾隆描述这些游民团伙的形成时说：“乃有一种强壮游惰之人，不务生业，三五成群，数十为党，呼朋引类，有师有徒，有首有从，各占地方，聚居古庙荒亭，沿村逐乡勒索钱米，遇有婚丧之家，劲讨酒食，不满其欲，辄肆咆哮，动以放火劫窃，出言恐吓。乡民畏之如虎。甚至恃众抢夺奸淫，谋故杀人，无恶不作，种种贻害，不可枚举。”（乾隆朝中朱批奏折）乾隆四十六年（1781年）后，因为地方官员“一味因循畏葸，于地方全无振作”，“啯噜”的活动进入高潮。据《剿捕档》记载：“川省啯匪近年每邑俱多至百十余人，常川骚扰，并有棚头名号，戴顶、坐轿、乘马，白昼抢夺淫凶，如入无人之境。通省官吏罔闻，兵民不问，甚至州县吏役，身充啯噜，如大竹县役之号称一只虎等语。”

湖北武昌，则在乾隆晚年出现了盘踞山区、专门靠抢劫为生的家族，“屡经惩创，怙恶不悛”。（《乾隆上谕档》）

山西的社会治安也相当不稳，“民情尚气好斗，嗜酒佩刀，因事相争，动辄挥刃，积习相沿，已非一日”。

南方沿海海盗越来越猖獗。乾隆五十二年（1787年），海盗在距厦门十余里的地方，“纵横无忌，行劫兵船”。乾隆五十八年（1793年），又登岛国纵火抢劫。乾隆六十年（1795年），皇帝总结南方海盗形成原因时说：“闽省近年以来，吏治废弛已极……各海口地方，盗匪仍复肆行出没，甚至五虎门近在省会，而盗船即在彼停泊叠劫，毫无忌惮，以致商贩闻风裹足，皆由该省督抚等平日漫无整理所致。”（《乾隆东华录》）

大规模社会动荡的前奏已经缓缓奏响。

三 帝王私欲

·1·

乾隆四十一年（1776年）年初，六十六岁的皇帝第四次东巡山东。对于“孔孟之乡”，皇帝似乎有着特殊的兴趣，一生十一次光临。其中六次是南巡经过，五次是专门来访。

与前几次东巡明显不同，这一次，沿途前来接驾的王公大臣特别多：以前只是河北、山东的地方大员全数到来，而这一次附近的蒙古王公，几处盐政织造，甚至远在湖广、四川、广东的封疆大吏也麇集于此。一路之上黼黻相接，仪仗塞路，闹得小小的山东翻天覆地。

并不是皇帝在途中要开什么“扩大会议”，也不是地方政府举行什么重大活动邀请大家参加。大员们争先恐后来到山东，只是为了满足老皇帝愈演愈烈的一个喜好：收受贡品。皇帝的此次山东之行，也成了各地大臣们的赛宝大会。每位大员的车队都是珠光隐隐，宝气四射。这些大臣老早就瞄准这个机会，上穷碧落下黄泉，开始搜罗皇帝喜欢的“玩意儿”。让我们抄录一点历史资料，看看皇帝这次短途旅行过程中，都收了些什么样的礼物：

二月十六日，在黄新庄驻跸时，蒙古阿尔善亲王罗卜藏多尔济进了“金六十锭”，净重五百九十二两。亲王说，这是预备皇帝一路上赏赐他人之用。

六天后，还是在黄新庄，河南巡抚徐绩给皇帝进了数车衣料：

> 贡缎袍五十端、贡缎套五十端、宁袍五十端、宁褂五十端、杭绫一百端、汴绫一百端、貂皮一百张、乌云豹一千张、银鼠一千张。

贡缎、宁袍价值几何，今天的读者可能不太清楚。不过“乌云豹一千张，银鼠一千张”的分量应该可以想象。“乌云豹”者，《清稗类钞》云“狐项下细毛深温黑白成文者”，指生于沙漠地带的野生沙狐颌下的那一小块皮。银鼠即白貂，毛色银白而富于光泽，历来价值极其昂贵。

五天后，皇帝行至宝家营，湖北巡抚陈辉祖等候在此，进了一批小玩意儿：“洋磁小刀三十六把、海龙帽檐五十付、象牙火镰包三十六个。”

总之，由北京到山东，一路之上，几乎每个驿站都有大量的贡品在等着皇上。内务府派出大量接收人员，源源不断地将这些贡品装车运回大内。档案里的贡品单实在太多太长，无法全抄，以下择有特点的再抄几个：

三月初八，在德州，河东河道总督姚立德恭进“曹扇一百柄、鼻烟壶一百个”。

三月十五日，在泰安府，九江关监督全德恭进“三十喜鼻烟壶二十个、套蓝表式鼻烟壶二十个、玉堂春富贵鼻烟壶二十个、锦地洋花鼻烟壶二十个、套蓝福寿带钩二十个、矾红描金福禄寿带钩二十个、掐丝珐琅带钩二十个、松绿拱花带钩二十个、掐丝珐琅扳指二十个、口甚达尔汉扳指二十个、洋彩竹黄扳指二十个、花斑石扳指二十个”。

三月十七日，在泰安府，广东总督李侍尧恭进“象牙朝珠五十盘、蜜蜡斋戒牌五十面、子儿皮钉花扳指套五十个、象牙扳指五十个”。

四月初九，在德州，广东巡抚熊学鹏恭进“黄羽纱马褂三十件、大红呢雨褂三十件、葡萄青呢雨褂三十件、程乡茧三十件……”

· 2 ·

皇帝这一趟出行，可谓是满载而归。想必回京路上，御辇之内，细细把玩品鉴这些鼻烟壶、带钩、扳指、曹扇之时，心情一定非常愉快。

“进贡”是古代朝廷的一项定制。《尚书·禹贡》孔安国序云：“任土作贡。”也就是说，各地官员以及各藩属国以土特产贡献给天子，既满足了天子之需，“致邦国之用”，又沟通了上下感情，所以皇帝和各地都乐此不疲。

从一定程度上说，清代皇帝的生活质量与贡品直接相关。

和我们的想象不同，皇帝虽然富有四海，却并不能任意支配国库来满足个人消费。原来，清代皇帝的私人财政和国库是截然分开的。国库由户部掌管，而皇帝的私人财政由内务府掌管。皇帝的个人财富主要来源于以下几部分：一个是内务府管理的皇家庄园的收入；二是内务府通过经商、放贷等方式，为皇帝创一点收；另外，则就靠各地给皇帝的进贡和“报效”了。

因此，大清帝国财政的蒸蒸日上并不能直接保证皇帝日常消费水平的水涨船高。一般来说，由于皇家庄园的规模有定制，内务府经营水平也有限，不管国家税收如何迅速增长，皇帝个人的收入却是基本固定的。皇帝要满足其日益高涨的物质欲望，一个非常重要的途径就是收受贡品。奢侈品的消费更是如此。一是皇帝没有钱大量购买；二是体制所限，皇帝直接派人到市场上与商人讨价还价购买奢侈品，显然不妥。更何况，喜爱奢侈品，一直是帝王守则中的头一条禁忌，不可为民众所周知。所以官员们进贡与否，进贡多少，贡品质量如何，直接决定着皇帝的生活质量。

实际上，乾隆即位之初，是以拒绝进贡而闻名的。

刚刚登上皇位之时，乾隆曾下达诏书，说自己身在丧中，无心享乐，要求各地大臣在三年之内停止进献各种贡品。

如果说守孝期间不接受贡品，尚可理解的话，那么三年之后守孝期满，皇帝仍然不收贡品，就分明体现出皇帝对物质享受的峻拒态度。皇帝还下了一道谕旨，说明他不收贡品的理由。他说，地方大臣们给我进贡，不过是想借此与我联络感情，建立情感上的沟通。“殊不知君臣之间，惟在诚意相孚，不以虚文相尚。如为督抚者，果能以国计民生为务，公尔忘私，国尔忘家，则一德一心，朕必加以奖赏，若不知务此而徒以贡献方物为联上下之情，则早已见轻于朕矣。”（《乾隆帝起居注》）励精图治之态灼然可见。

那么何以到了晚年，皇帝会一反初衷呢？

一是晚境顺遂，高枕无忧。

二是乾隆本身从来不是禁欲主义者。他从来都对物质享受情有独钟。天潢贵胄的生活使他从小被培养起了超级精细的欣赏口味。作为盛世之巅的太平天子，他比一般帝王有更富于享受的资本和条件。

一个人的天性是不可能被长期抑制的，虽然登基之后皇帝强自隐忍了十余年，但步入中年之后，皇帝对自己的要求不再那么严格了。十几年皇帝当下来，乾隆一路顺风顺水，成绩超乎预期，自信心也直线增长。事业与生活，他自认为有能力兼顾，没有必要再苦行僧般苦着自己。乾隆十六年（1751年），进贡的大门第一次被打开。那一年他首次南巡，同时当年又值太后六十大寿，皇帝下旨说，因两逢盛典，许多大臣一再要求进献贡物，以表微忱。如果他一概拒绝，似乎不近人情。因为进贡者“分属大僚，上下联情，势难概斥，伊即奏进，自不得不量存一二”。

享乐之门一旦打开，就注定只能越开越大。

专制体制下成长起来的大臣，绝大多数都是揣度上心、投其所好的好手。事实上，他们用在工作上的心思远远没有用在琢磨皇帝好恶上的精力多。全帝国内所有的高级官员都从这道谕旨里读懂了皇帝的心声。从此，为皇帝准备贡品，就成了他们分内一个重要的，甚至是最为重要的工作。时间不长，他们就摸清了皇帝的喜好，钟表、字画和古玉，最讨皇帝喜欢。另外，扳指、鼻烟壶、小刀等，也容易被皇帝收下。

乾隆二十二年（1757年），粤海关提督李永标、广州将军李侍尧进献了一批贡品，主要有紫檀镶楠木宝座、紫檀镶柄木御案等数种。其中比较特别的是“镶玻璃洋自鸣乐钟一座”和“镀金洋景表亭一座”。

一般来说，进贡既然是大臣给皇帝送礼，内容当然是大臣自定，皇帝不便发表意见。然而这次贡品送上之后不久，皇帝很罕见地就贡品问题发布了指示：“此次所进镀金洋景表亭一座，甚好，嗣后似此样好的多觅几件。再有此大而好者亦觅几件，不必惜价，如觅得时于端阳贡进几样来，钦此。”（《乾隆朝宫中进单》）

从此，皇帝喜欢西洋钟表一事立刻被官场所周知，广州西洋八音匣等售价因而猛涨。“这些东西虽然没有什么实际用处，但中国官吏们却醉心追求，示意他们的下属不惜任何代价收买。”（斯当东《英使谒见乾隆纪实》）

至于书画，更是皇帝私人收藏库中最重要的内容。众所周知，乾隆文化修养极佳。他九岁开始练习书法，十九岁开始学画。对于珍品字画，皇帝像史上那些有名的收藏家一样嗜之如命，必欲得之而后快。不过，其他收藏家收集书画，东奔西走，历尽辛苦。而皇帝收藏，却全然没有这些麻烦。这些光彩夺目的无上精品，大部分来自臣仆的贡献。只要他的喜好一被侦知，那么全帝国之内最好的藏品，就会源源不断地流入紫禁城。

皇帝对古玉的兴趣也十分浓厚，他一生御制诗文共四万余首，其中涉及玉器的篇目即达八百余。目前故宫收藏的上万件古玉，多数是在乾隆时期由各直省督抚一级官员进贡的。他的御制诗文显示出，他经常一个人蹲在玉库里摆弄玉玩，挑出一些古玉，命人刮垢清理后，亲自评出甲乙丙级。

事实上，乾隆皇帝的诸多历史第一中，还可以加上一条——中国历史上最大的收藏家。

· 3 ·

中年时期，乾隆物质生活的品位之高，排场之大，要求之细致全面，均远过于前代帝王。不过此时他进取心尚炽，对物欲仍有节制，所以他的日常享受可称讲究，尚不能说奢侈。

人到晚年，优点往往前进一步，突破分寸，转化成缺点。而缺点则往往变本加厉，从抑制收敛状态变成肆无忌惮。步入晚年之后，皇帝无心进取，讲究和奢侈之间的界限迅速突破。历代进贡在资格和时间上都有严格的规定。清代成例，仅督抚们有进贡之权，进贡的时间也只限于三节：冬至、中秋，还有皇帝生日。而到了乾隆晚年，这些规矩都被打破了。地方上的布政使、按察使直至京中的内廷翰林也开始进贡。为了收罗民间珍藏，一些普通百姓也可以将家中珍藏通过大臣，转贡给皇帝。进贡遂成了皇帝搜刮民间珍宝的最主要途径。为了配合皇帝的胃口，一年三节的时间限制也被打破了。除了三大节，端午节、上元节、重阳节，大臣们也都可以踊跃进贡。除此之外，大臣们开动脑筋，集中智慧，创造出了无数进贡的新名目：皇帝出巡，经过地方，大臣迎驾进贡，称“迎銮贡”；皇帝每年去热河避暑，大臣们进贡，称“木兰贡”；大臣们进京觐见皇帝，所献贡品称“陛见贡”；皇帝提拔加恩，所献贡品，称“谢恩贡”……有时，皇帝想要某种东西，又实在没有借口，就干脆称“传办贡”。

所以，乾隆四十一年（1776年）这次东巡所收贡品，应该归为“迎銮贡”。不过，即使是“迎銮贡”，也应该仅限于所经过地方的官员。而这一次，远在湖广、四川、广东的巡抚官员们也都放下工作，不辞辛苦，千里迢迢来进献大批财物，从体制上讲可以说并无先例，也毫无道理。这一事件唯一可以说明的，就是皇帝对贡品的需索已经达到了失态的程度。

随着老皇帝越来越失态，越来越多的封疆大吏把其他政务推到一边，集中精力为皇帝购买、制造奢侈品。越到后期，官员们进贡的次数越多，物品越丰。档案记载，乾隆五十九年（1794年）这一年，长芦盐政徵瑞进贡十五次，闽浙总督伍拉纳进贡十一次，福建巡抚浦霖进贡九次。其中伍拉纳十一次进贡日期分别是：三月初八、三月十一日、三月二十四日、四月十九日、六月初七、七月十九日、八月十一日、十二月初七、十二月二十一日、十二月二十四日、十二月二十九日。几乎无月不贡，成为中国进贡史上的奇观。

而到了皇帝的生日，进贡浪潮更是席卷全国。每到此时，整个帝国变成了大小官员们呈献贡品的万国博览会。据朝鲜使臣记载，乾隆四十五年（1780年）七十大寿时，他在中国一路所见的进贡景象实在令人咋舌：北京附近，各地进贡的大车据不完全统计多达三万辆。除大车外，那些珍贵怕碎的贡品以人担、驼负、轿驾，更是多不胜数。“其杠而担者，物之尤精软云”。“每车引马骡六七头，轿或者联杠驾四骡，上插小黄旗，皆书进贡字”。为了抢运贡品，车辆互相争道，“篝火相望，铃铎动地，鞭声震野”，好不气派。（朴趾源《万国进贡记》）

· 4 ·

很多人都说，进贡之风的兴起，是打开乾隆朝政治腐败大门的钥匙。

皇帝过度收受贡品，本身就是一种严重腐败行为。

官场上，送点小礼物，是人之常情。如果礼品价值过限，就是腐败。同样，按定制收受贡品，自是帝王维持正常生活的必需，但像晚年乾隆这样毫无节制地收受礼物，当然就是犯罪了。

皇帝的理论是，送给皇帝的礼物是由官员们“自行制办”，也就是自掏腰包，目的是“联上下之情”。既不会增加百姓负担，又沟通了君臣间的私人感情，何乐而不为呢？

事实上，并不用太多的思考，就可以判断出“自行制办”之不可能。送给皇帝的“土特产”，几乎件件超出官员们的承受能力。皇帝喜欢那种镶珍珠的玉如意，臣下纷纷进献。当时一柄不嵌珠的玉如意值银四千两。而当时广东珍珠价格，重四分的珠子值银四五千两，重五分的则需六七千金，如像龙眼果那样重三钱的大珠竟值两万两银。一柄如意的价值如此，其他礼物可想而知。羊毛出在羊身上，这些精美绝伦的礼品，每一件都是民众的膏血凝成。

因为进贡之风的盛行，乾隆年间的官场上出现了“帮贡”一词，即有权进贡之大臣令下属帮助其“购买物件”，以“孝敬皇上”。这一新词汇光明正大，而且十分光荣，颇有凝聚全体官员对皇帝的无比热爱之义，实际上却成了贪污腐败的新方式。因为送给皇帝的礼物，从采购置办到送进大内，往往过程不公开，账目不清楚，云雾重重，机关多多。事实上，送到皇帝手里的一万两，可能意味着督抚们从州县官员那里剥削了十万两，而州县们则完全有可能从民间剥削了百万两。

事实上，乾隆晚年的数起贪腐大案，都牵出过背后的进贡问题。那些进贡最多最好最得皇帝赏识的大臣，后来多数都成了贪污犯。比如那个一年进贡十多次的闽浙总督伍拉纳勾结串通属下官员，贪污库存银八万五千余两进行私分。案发后，朝廷抄了伍拉纳的家，抄出白银四十多万两。被抓之后，伍拉纳自供其巨额财产中就有一部分是来自于勒令下属“帮贡”所得：“我们并不自己出资买办物件，乃婪索多银肥囊橐。”

乾隆皇帝的宠臣李侍尧是当时“优于办贡”的代表之一。时人认为他是乾隆朝进贡之风兴起的带头人：“（李侍尧）善纳贡献，物皆精巧，是以天下封疆大变，从风而靡。”这并非虚言。现存史料中有一张乾隆三十六年（1771年）十一月初八时任两广总督的李侍尧所进贡物品名单，我们可以从中窥得李氏进贡手笔之大：

镶洋表金万年如意一柄　金无量寿佛一尊　珊瑚朝珠一盘　蜜蜡朝珠一盘　脂玉万年有庆一件　白玉祥禄寿三星一件　白玉长春壶一件　白玉蟠桃九熟一件　白玉保合太和一件　白玉长春花

洗一件 白玉寿星一件 白玉如意仙一件 白玉香盘一件 汉玉佛手一件 汉玉花囊一件 汉玉拱璧一件 白玉云纹铎一件 白玉元洗一件 汉玉炉瓶一事一分 汉玉飞熊叶瑞一件 白玉印池一件 宋磁霁红花囊一件 定窑洗一件 喜窑一统尊一件 成窑五彩瓶一件 定窑福禄尊一件 宣窑梅瓶一件 宋磁霁红瓶一件 定窑宝月瓶一件 哥窑笔洗一件 青绿三代尊一件 青绿提梁一件 青绿凫尊一件 明黄刻丝万福万寿龙袍一件 天青刻丝八团立水龙褂一件 明黄缎绣万福万寿龙袍一件 天青缎绣八团立水龙褂一件 真紫缎绣三色金诸仙祝寿龙袍一件 天青缎绣三色金八团立水龙褂一件 绿缎绣万寿长春龙袍一件 香色宁绸绣六合同春龙袍一件 酱色宁绸绣江山万代龙袍一件 天青宁绸绣八团立水龙褂一件 绿实地纱绣四季呈祥龙袍一件 香色实地纱绣八仙庆寿龙袍一件 酱色实地纱绣吉祥九如龙袍一件 天青实地纱绣八团立水龙褂一件 洋锦缎二十匹 洋花绒二十匹 大红鸳鸯绒十版 大红羽缎十版 洋绣帕一百方 洋绣小帕一百方 紫檀雕花宝座一尊 紫檀雕花御案一张 紫檀镶玻璃三屏风一座 紫檀雕花天香几一对 紫檀雕花炕几一对 紫核镶玻璃衣镜一对 紫四雕花书隔一对 紫檀雕花方凳八张 紫檀镶面玻璃横披一对 珐琅镶玻璃五屏 风妆镜九座 珐琅镶玻璃手镜九对 紫檀镶玻璃福禄式小挂镜九对 东洋漆炕桌一对 东洋漆香盒五件 鸾翎宫扇一对 孔雀宫扇一对 洋镶钻石自行人物风琴乐钟一对 红玛瑙钻石珠花瓶式乐钟一对 洋镶钻石蟠桃推钟一对 洋镶钻石蟠桃表一对 洋玻璃金鱼缸一对 仿景泰珐琅瓶一对 珐琅福禄瓶一对 镶玻璃小佩镜二十七面 蜜蜡鼻烟壶二匣 洋金银线二百文 珐琅手盆九对 珐琅唾盂九对 翠顶花三十匣 翠花五十匣 天然沉香瓶一件 洋油画小挂屏一对

李侍尧之所以如此热衷“办贡”，讨皇帝喜欢固然是一个原因，而另一半的原因是进贡过程中，自己可以大肆向下属摊派。而且，进贡后退回的宝物，他居然也纳入自己的私囊。当时来中国的朝鲜使节风闻，“大抵侍尧贪赃中，五之三入于进贡”。原来，为了表示风度，臣下所进贡品，皇帝一般不会全收，只能择收部分，其他要退回。这张贡单中，皇帝所收的只有十来样，其他玉器、宋元古瓷、紫檀宝座、珐琅等 74 项数百件都归李氏所有。乾隆四十五年（1780 年）李侍尧缘事治罪籍家，结果抄出“黄金佛三座，珍珠葡萄一架，珊瑚树四尺者三株”，“此是侍尧进贡物件而还给者也”。

山东巡抚国泰也是“进贡能臣”演变成贪污案犯的典型一例。国泰进贡成绩之突出，连乾隆都曾夸其“进贡为优”，“优于办贡”。他进贡之勤快到了令皇帝有点烦的程度。乾隆四十七年（1782 年）正月初六，皇帝在山东巡抚国泰的贡折上批道：“何必献勤至是？今所贡才器都闲置圆明园库，亦无用处，数年后烂坏而已。”真成大笑话。

就在此批发出仅三个月后，即乾隆四十七年四月，国泰就犯了案，原因是对下属强行摊派，聚敛个人财富，致使山东通省亏空。七天之后，国泰即被赐自尽。

乾隆年间侵贪大案而与进贡有关者，除李侍尧、国泰、伍拉纳外，还有浦霖、阿思哈、卢焯、恒文、良卿、方世俊、高朴、彰宝、王亶望、勒尔锦、陈辉祖、郝硕等无数大案，而这类败露的大案充其量不过是冰山露出水面的部分。整个官僚体系通过进贡这个借口直接汲取的财富，不知凡几。

· 5 ·

进贡过程中的贪腐行为，不过是进贡诸多后果中最轻的一种。更为严重的是，皇帝对物欲不加节制的追求，给天下传达了许多不良的信息。

第一个不良后果是官场奢侈之风的刮起。

乾隆晚年，社会风气日趋奢靡。官场之上，官员们整日比的是谁家的厨子好，谁请的戏子高明，谁收藏的古玩稀奇。据说当时在江南一带的仕宦社会中，人们有“三好”，即“穷烹饪，押优伶，谈骨（古）董”。这也可以说是整个乾隆时代官宦、士人阶层平日爱好的一个缩影。

乾隆晚年，许多官衙终日歌舞升平、花天酒地。河道总督衙门是最典型的代表。每次总督兴办治河工程，“每于工次搭盖馆舍，并开廛列肆，玉器钟表绸缎皮衣无物不备，市侩人等趋之若鹜，且有娼妓优伶争投觅利，其所取给者，悉皆工员挥霍之赀，而工员财贿，无非由侵渔帑项而得”。堵塞衡口工程时，“工次奢侈挥霍，开廛列肆，玩好生色，无所不有”。

进贡热的另一个影响是官场上送礼之风的兴起。

乾隆早年，对进贡送礼之弊察之甚详。即位之初，他就规定，官场之上，不得以送“土特产”之类的名义给上级送礼。

然而，晚年皇帝自己公然需索重礼，对自己早年这个规定也只能睁一只眼闭一只眼了。官场之上请客送礼之风迅速升温。章学诚说：“印官上任，书役馈送辄数万余，督抚过境，州县迎送必数千金。”

乾隆六十年（1795年），福建巡抚浦霖贪污案发，皇帝查抄其家，查出“三镶玉如意大小共一百五十七柄”，皇帝惊叹：“此与唐元载查籍家财胡椒至八百石何异。”其实皇帝大可不必如此惊诧莫名，胡椒至八百石，可能吃不了，百数十柄如意却是稍有头脸的臣子必需常备的，除了给皇帝的贡品以及皇太后圣寿、阿哥成亲、公主下嫁的需要，进京陛见，处处打通关节，哪一项应酬少了“如意”能如意？

乾隆晚年，官场上无钱不办事。王亶望就官甘肃时，全省流传的一句顺口溜：一千见面，二千便饭，三千射箭。意思是说：送一千两银子给王亶望，不过能见上一面；送两千两银子，王大人赏脸的话，有望留吃一顿便饭；送三千两银子，王大人高兴，会和送礼的人一起拉拉弓，射射箭，练练骑射，以示关系更近一层。从见面到吃饭再到一同玩一玩，表明和掌管全省钱财物大权的布政使的关系一步步拉近，而主导这种关系远近的砝码就是白银。

当代官场上有两个怪现象——办事处现象和司机现象。乾隆四十六年(1781年)甘肃布政使王亶望冒赈案发，就揭露出一个新的职业："坐省长随"，就是把"贴身长随"派去做驻省城的联络员。据后来接任甘肃布政使的王廷瓒说，王亶望在任时，令各下属州县专派出自己的贴身"长随"守候在省城，建立"办事处"。这些人在省城，就专门负责与王的家人交朋友，拉关系，探听信息。凡有属员馈送王亶望金银时，就装入酒坛内，用泥封好，由这些"坐省长随"送进。王亶望交代说："我遇有需索时就令人通知坐省长随，以便送信给各州县，所以各州县有馈送我的东西全由坐省长随经手。"王亶望在短短数年间聚敛了三百万家财，其中大部分是通过"坐省长随"来完成这些"交易"。

四　和珅与议罪银

·1·

仅仅靠贡品，并不能保证皇帝的日子过得足够舒坦。因为皇帝家需要花钱的地方太多了。俗话说，礼尚往来。通过收受贡品的方式收藏民间珍宝，其过程虽然比一般收藏家轻松愉快，但也不可能不付出任何代价，更何况乾隆是一个面子上特别"讲究"的人，绝不会一味仗势豪夺。他的回赐除了一些虚衔外，主要是银两。因为体恤收藏者的不易，也为了显示皇帝的气派，他回赐的数目，不但相当公道，有时甚至是过于丰厚，这就需要大量的钱财。除此之外，大至宫廷造办处造办各种玩意儿，内务府采办各种物资，小到过年过节给妃子孩子们压岁，无处不所需甚巨。金山银海中长大的皇帝本性慷慨，手笔很大，眼光又高，凡事精益求精，登峰造极，日常支出比康雍两朝成倍增长。然而如前所述，祖制规定，皇帝的个人开支不得加重百姓负担，所以这些费用的来源并非国库，必须由内务府自筹，而内务府的财源实在有限。事实上，为了开辟财源，乾隆曾经动过很多脑筋。他曾派内务府官员到恰克图采买俄罗斯皮货，贩到内地转卖，想大赚一笔。但由于内务府官员无能，获利无多，部分皮毛无法高价变卖，只能摊派到各处织造，使皇帝大为生气。(《清乾隆朝内务府的皮货买卖与京城时尚》)除此之外，皇帝还允许内务府对商人发放高利贷，出售部分特许商品的经营权，以牟取暴利。但是由于缺乏理财高手，虽然拥有权钱交易的最大便利，内务府的收入还是增加得很慢。晚年皇帝对财富的渴求越来越炽，也越来越感缺钱之苦。

议罪银制度就是在这个背景下，由和珅策划出来的。

· 2 ·

对于中国历史上这个最大的贪污者，人们的研究实在已经够多够细了。不过，人们往往过多渲染了和珅火箭般蹿升中体现出的钻营功夫，而忽略了乾隆晚年的独特心态。事实上，和珅现象不过是乾隆晚年特殊心理需要的产物。如果在乾隆中青年时期，和珅绝无机会爬得这么高，当然，后来也不可能跌得这样重。

晚年的乾隆被两个矛盾所困扰：一个是大权独揽的政治信条和每况愈下的健康状况；一个是不断泛滥的物欲和“不增加百姓负担”的承诺。

尽管健康状况已经越来越难以支撑日常政务，但乾隆从来没想过把大权分担给朝中重臣。他深知这些重臣在朝中经营多年，根深叶茂，一旦分享最高决策权，很容易引来大批依附者，形成朋党，导致混乱。为了保证大权独揽，老皇帝迫切需要一根得心应手的拐杖，或者说，一个有能力的贴身秘书，帮他处理日常政务，执行具体决策。这个人第一应该在朝中没根没底，没帮没派，没有什么资历。这样，才会俯首帖耳，绝对忠于皇帝。第二，更重要的是，他必须机敏果决，才华出众，能够实际代替皇帝处理一些复杂事务，否则难入以挑剔闻名的乾隆的法眼。

乾隆四十年（1775年）秋天，皇帝出巡。老皇帝旅途寂寞，就和蔼地和身边一位骑马随行的新任侍卫聊起天来。先是问他多大了，姓什么叫什么，接着又问他什么时候进的宫，在哪儿当过差。这位风度翩翩的侍卫回答说，他二十六岁了，钮祜禄氏，叫和珅，刚被选为乾清门侍卫。年轻人语言流利而得体，态度恭敬又从容。皇帝开始对他感兴趣了，便问起他的功名出身。和珅说自己十八岁那年曾参加乡试，没能中举。乾隆问道："当年的卷子，还能记得几句吗？"和珅说能，于是边走边背，一会儿工夫，居然把八年前的卷子从头到尾全背了下来。

皇帝大为惊异，那心情，恰似王熙凤之初见小红。人到老年往往更加欣赏年轻人的干练和活力，皇帝试着派和珅办了几件事，和珅的机敏达练、善解人意表现得淋漓尽致，皇帝大喜过望。乾隆原是眼里揉不得沙子的英主，却挑不出和珅的毛病。

一年之后，乾隆四十一年（1776年）正月，二十七岁的和珅被任命为户部右侍郎，成为二品大员。三月，又成为军机大臣，四月，兼内务府总理大臣，赏戴一品朝冠。

从此之后，他一直稳稳地高居政治最高层，从男爵到公爵，从户部右侍郎到吏部尚书、文华殿大学士、太子太保，其拔擢之快，任事之繁，总揽之巨，有清一代绝无仅有。一生高己卑人、明察过甚、恩威不测的乾隆帝，从来没有怀疑过和珅的才干与忠诚。

和珅得罪身死前的三天，回顾平生，曾写下了这样一首诗：

> 星辰环冷月，缧绁泣孤臣。
> 对景伤前世，怀才误此身。

“怀才误此身”这五个字并非完全是开脱。他确实当得起“才华横溢”四个字。和珅年轻时曾就读于咸安宫官学。这个学校以招生条件严格和教育质量出众而闻名。能考进这里，从某个侧面证明他的天姿出众。咸安宫官学的课程包括经史、少数民族语言、书画、武功骑射和火器。从课程的全面正规来看，其目的很明确，就是为帝国培养高级政治人才。和珅大部分功课都相当出色。他精通满、汉、蒙、藏四种语言，经史典籍无不涉猎，文字功夫出众，并且武功骑射基础也相当不错。

除了学业出色外，和珅可谓全面发展，业余兴趣也十分广泛，琴棋书画无所不通，特别以诗而闻名。清人钱泳产称和珅诗颇有“佳句可寻”，而当时的大诗人袁枚则这样夸赞和珅：“少小闻诗礼，通侯即冠军；弯弓朱雁落，健笔李摩云。”

更让老皇帝感觉舒服的，是他的情商高于智商，与人相处总能使对方感觉愉快。史书载这位美男子“行止轻儇，不矜咸仪，言语便给，喜欢诙谐，然性机敏，过目辄能记诵”。他毫无士大夫的方巾气。据《啸亭杂录》载：“和相虽位极人臣，然殊乏大臣体度，好言市井谑语，以为嬉笑。尝于乾清宫演礼，诸王大臣多有俊雅者，和相笑曰：‘今日如孙武子教演女儿兵矣！’”能在乾隆面前这样说话的，满朝只有和珅一人而已。他善解人意，凡事从不用皇帝废话。他办事干练，嘉庆也不得不承认他“精明敏捷”，他能够游刃有余地应付各种突发事件。凡遇繁难政务，乾隆常常派和珅去处理，和珅以其机敏果断屡获褒奖。

乾隆四十五年（1780年），他充任钦差大臣赴云南查办云贵总督李侍尧贪污案，因办理得体，未及回京，便升任户部尚书兼议政王大臣。回到北京，他“面陈云南盐务、钱法、边事，多称上意，并允行”，表现了自己全面的政治才华。这是和珅从政生涯的第一次重要亮相，表现得到了朝野上下的一致认可。

乾隆五十三年（1788年）镇压林爽文起义过程中，和珅作为机要秘书，为皇帝提供了很有价值的政策建议。起义平定后，皇帝特意赐诗和珅：

> 大学士三等忠襄伯和珅：承训书谕，兼通清汉。旁午军书，惟明且断。平萨拉尔，尔曾督战。赐爵励忠，竟成国翰！

“兼通清汉”是和珅的一项重要政治资本。乾隆朝最重要的政治文书，都是用满文写成的，这实际上就把许多汉大臣排斥在了最高决策圈之外。乾隆朝唯一参与最高机要的汉大臣张廷玉，也精通满文，因为他中进士后曾经专门学习满语。及至乾隆晚年，大臣中文兼满汉且又有眼光又有见解的，唯有和珅一人了。故乾隆五十六年（1791 年）平定廓尔喀后，乾隆又说：“去岁用兵之际，所有指示机宜，每兼用清、汉文。此分颁给达赖喇嘛及传谕廓尔喀敕书，并兼用蒙古、西番字者，殊难其人，惟和珅承旨书谕，俱能办理秩如。”

历代被处死的贪污犯中，和珅的死是最从容、最雅致的一个。

嘉庆四年（1799 年）正月十八日上午，皇帝派人送来一条白练。和珅见到白练之后，索笔题诗一首：

> 五十年来梦幻真，今朝撒手谢红尘。
> 他时水泛含龙日，认取香烟是后身。

一个在临死前能写出这样充满禅意诗句的人，应该是个有一点深度，有一点悟性，有一点定力的人。目光锐利的乾隆本也不会让一个平庸之辈处于离自己最近的位置上。

事实上，对和珅的全面定位应该是政治家、经济官僚、诗人、学者、艺术鉴赏家和政治斗争的失败者。在乾隆后期，他在整顿国家财政制度、管理文化事务，特别是外交事务方面，都做出了相当杰出的贡献。他主编了《四库全书》《大清一统志》《三通》等大型丛书，《红楼梦》能流行于世，据说他的功劳尤大；因为精通多种语言，所以和珅实际上充任了当时的外交部长，曾多次负责接待朝鲜、英国等国的使臣。英使马戛尔尼曾评论和珅说，和珅在谈判中“保持了他尊严的身份”，“态度和蔼可亲，对问题的认识尖锐深刻，不愧是一位成熟的政治家”。

仅这些才能，已经足以使乾隆离不开他。更何况和珅还有另一项为皇帝所急需的天赋，那就是理财。

除了不死读书、兴趣广泛、注重人际沟通技巧外，和珅身上还有许多其他的“现代气质”，比如财富观念。

传统士大夫往往拙于理财，而和珅却有着天生的商业头脑。传统社会中的财富观念是静态的，人们有了钱，第一选择永远是买地，把流动资产化为固定资产，“入土为安”。而和珅却深通现金流动起来后的巨大威力。在不动产与现金面前，他显然对现金更感兴趣。乾隆五十七年（1792年），庄头许五德与他人发生矛盾，托和珅帮忙打官司，并答应“事后或送地六十顷，或银一万两”。和珅听后明确表示，“不要地亩，要银一万两”。他的贪污受贿所得，一小部分用于扩大不动产，更多的部分，则用于各种工商业投资，其范围涵盖了金融、地产、矿山、物流、医药、商业等许多行业。他在北京城内拥有当铺十二座，其中永庆当、庆余当、恒兴当、恒聚当等，都是典当业巨头。他还经营印铺、账局、瓷器铺、药铺、古玩铺、弓箭铺、柜箱铺、鞍毡铺、粮食店、酒店、杠房、石灰窑等。此外，他家还专门备了八十辆大马车，从事运输业。这些行业的收益率，当然远远高于地租。就是那些不动产，他也尽可能选择用来出租。据后来抄家官员统计，和珅仅在北京就有出租房屋三十五处，“一千零一间半”，“每年共取租银一千二百六十八两三钱，取租钱四千四百九十二吊二百四十文”。（故宫博物院《史料旬刊》）可以说，只要是赚钱快的行业，就有和珅的身影。值得一提的是，当时采矿业由于风险巨大，管理复杂，投资多，见效慢，一般人不敢经营，和珅却敢于尝试。他看中煤矿业是朝阳产业，曾投巨资在门头沟和香山两地开了煤矿。和珅巨大家业的积累，贪腐所得当然是大头，但是他自己的投资收益也并非无足轻重。

传统士人往往耻于谈钱，和珅却有着强烈的契约意识，在金钱面前亲兄弟明算账，即使至亲好友也毫不含糊。他的外祖父伍弥泰官至大学士，向他借过两千两银子，他担心外祖父不能及时还账，逼着老头拿自家地契抵押，“取田契价值相当者署卷归偿”。（《郎潜纪闻》）他岳祖父英廉的孙子向他借钱，也是拿地契为抵押品才借出去的。（中国历史第一档案馆档案《内务府来文》）他亲舅舅明保向他借了一万五千两白银，他规定每月一分起息，连本带利滚到二万一千四百五十两。他贴身家人傅明向他借银一千两，答应如到期不能还清，便从其“每月工食内坐扣”。不久傅明身亡，和珅并不念其效劳一生而免除债务，而是令其子花纱布代替还债。并且每月规定按 7 厘起利，加上以前所欠利银二百两，共计一千二百两。因为对金钱的热爱，和珅甚至亲自担任家里的会计和出纳：“和相……出入金银，无不持筹握算，亲为称兑。”（《啸亭杂录》）

成为乾隆皇帝的私人助理后，他的经营天才迅速得到了体现，并迅速得到乾隆的重视。乾隆四十一年（1776 年），他出任内务府大臣。在此之前，这个负责皇室财政的机构经常是入不敷出。“本府进项不敷用时，檄取户部库银以为接济。”而他就任之后不久，就面貌一新，不但弥补了以前的赤字，还出现了盈余。乾隆四十三年（1778 年），皇帝加派他充任崇文门税务监督，在他的经营下，这个税关收入一下子跃居全国三十多个税关的前几位。这两炮打响，乾隆对和珅的理财本领愈加刮目，所谓“晚年依毗益笃”。所有与财政有关的部门渐渐都划归和珅一人把持，他先后任户部侍郎、户部尚书、管理户部三库、内务府大臣。“伊竟将户部事务一人把持，变更成例，不许部臣参议一字。”

在乾隆眼里，和珅简直就像一个魔术师，总是能出人意料地制造出新的财源。“议罪银”的制度化，就是和珅的一个天才发明。

· 3 ·

议罪银是由“罚俸”演化而来。罚俸古已有之，扣除官员几个月至几年的“基本工资”，是惩罚轻微过错的常用手段。随着乾隆中期施政愈苛执法趋严，皇帝觉得罚俸数额太少，不足以警戒其心，又法外加罚，所罚动辄上万，改称“议罪银”。皇帝的初衷，不过是想让官员“肉痛”一下，并没有想把它制度化为一项财源。

和珅当政后，马上发现了“议罪银”的妙处。罚俸的决定权在吏部，款项由户部承追，银两也交给国库，过程公开透明。而议罪银并非国家定制，故可以绕开吏部户部，由军机处负责，不纳入国家财政，而是归入皇帝的小金库，并且过程及数额都可以不公开。因此，在和珅的建议下，皇帝批准将议罪银制度化，并且将罚银的范围大大扩展，从财政亏空之类的重大错误到在奏折中写错几个字，都可以一罚了之。

此举一出，那些聪明的大臣们马上就发现了妙处。不少大臣主动要求交纳议罪银。比如河南巡抚毕沅以“未能迅速搜获要犯”，自请罚银两万两；陕甘总督勒尔谨以失察客商走私玉石自行议罪缴银四万两。以小过而甘重罚，既说明大臣们对自己要求的严格，又为皇帝小金库的充实不声不响地立了功，可谓一举两得。因此，通过这种渠道踊跃“捐输”的地方大吏不在少数。比如河南巡抚何裕城有一次不小心，把香灰弄到了朱批奏折上，因此“惶惶不可终日”，积极要求自请罚银三万两。手笔之大连皇帝都觉得有点不好意思，遂降旨说：没有那么严重，加恩宽免银两万两，交一万两上来就可以了。

被动交纳议罪银的大臣当然就更多了。自从议罪银制度化之后，大员们发现，他们的钱包随时有被和珅以各种借口打劫的危险。居官任上，难保不犯错误。犯了错误就有可能被罚银。至于罚多少，那往往要由和珅掂量这个官员家产的多寡而定。比如巴延三因为辖内百姓谭老贵自缢身亡，不得不

“自行”交纳议罪银八万两。而特成额同样因为辖内老百姓余方得自缢，交两万两就可以过关。李天培则因为管理监狱不善，导致“遣犯脱逃，重囚监毙”而交纳四万两，而明兴因“历城县监犯越狱”交纳三万两。

当然，也有更多的官员感激这个制度。比如前内务府总管西宁，因为替皇帝做生意时“办理不善，商人拖欠甚多”，皇帝一怒之下，要砍他的头。还是和珅帮忙，从中说和，对皇帝晓以人头卖不了钱的道理，议定西宁交八万两罚款了事。这八万两定得很准确，正好把西宁家刮得精光。西宁不得不出卖家中不动产来交纳此项银两，事后还要因为保住了脑袋而给和珅寄信表示感谢：“天高地厚，深恩于生生世世矣，伏乞中堂代奏，宁不胜悚激切之至。”

在和珅的操作下，议罪银制度为晚年皇帝的钱包里注入了大量现金。仅从现存的《密记档》统计，在短短十三年中，重大的议罪银案件即有六十八件，平均每年五件。其中，督抚认议罪银为三十七人次，即全国平均不到三个督抚中就有一个人认议罪银。此外，布政使、盐政、织造与关差等认议罪银的有二十六人次。罚议罪银少则万两，通常三万两上下，见于记载的最多一次高达三十八万四千两，下面是《密记档》里的几笔记载：

乾隆四十五年（1780年）十二月，全德奏交苏州织造任内应赔罚料银并关税短少银二万八千七百七十二两。

乾隆四十六年（1781年），三宝奏交自行议罪银十一万两。

乾隆四十六年，文绶名下共奏交自行议罪银八万两。

乾隆四十七年（1782年）三月，巴延三因“民人谭老贵自缢身亡一案”交自行议罪银八万两。

乾隆四十七年十月，和珅代奏原任巡抚杨魁之子杨超铮交议罪银五万两，分五年代其父交纳。

乾隆四十七年十二月，徵瑞奏交国栋名下入官银五万两。

乾隆四十八年（1783年），盐政使西宁因盐课事“办理不善，商人拖欠甚多”，奏交自行议罪银八万两。

乾隆四十九年（1784年）三月，福康安代奏巴延三“因盐务事”交自行议罪银十万两。

乾隆四十九年，徵瑞奏交范清济“因拖欠额铜数十万斤，除查封产业外”，罚银八万两，故自议交银八万两。

乾隆五十年（1785年），李质颖奏交自行议罪银十四万两、关税短少银三万余两，共十七万余两。

乾隆五十年十二月二十六日，富勒浑代奏运司张万选因“船只缺少不能筹划添补”事，交自行议罪银三万两。

乾隆五十一年（1786年）八月，和珅、福长安代奏雅德因“浙江税务缺少”事，交自行议罪银六万两。

……

· 4 ·

按乾隆的说法，议罪银制度是“以督抚等禄入丰腴，而所获之咎，尚非法所难宥，是以酌量议罪，用示薄惩”。看起来似乎于国体无损，既没有增加百姓的负担，又宽绰了皇帝的手头，还警戒了不法的官员，真是一举多得。而事实上，这却是一项后果极为严重的恶政。

贪腐政治一个不变的规律是，个人从贪腐中所得的，与给国家造成的损失相比，往往微不足道。乾隆晚年从议罪银制度中得到的几百万两零花钱，给大清王朝造成的损失要以亿万计。

所谓吃人的嘴短，用人的手短。在享受花钱快乐的同时，老皇帝对于那些踊跃交纳议罪银的官员不可能不高抬一点贵手。许多所谓“法所难宥”的大罪，只要交纳的银两足够多，就可以免罪。因此议罪银实际上起不到惩戒作用，反而变相地使贪污侵占合法化，为犯罪提供了保护伞、“免死牌”，为贪官们壮了胆，让他们贪污腐败为非作歹起来心里有了底。反正大不了找和珅通融通融，罚钱了事。正如尹壮图所说：“罚银虽严，不惟无以动其愧惧之心，且潜生其玩易之念。”

这一制度让官员们贪腐起来更有动力。积累多年的家业被罚光后，官员们的第一选择往往是更加疯狂的搜刮。有的时候，因为议罪银数量过多，无法交纳，官员们的第一选择也是通过“犯罪”来获取“议罪银”。闽浙总督陈辉祖的弟弟要交三万两议罪银，向他求助。他于是非法侵吞了一千六百两银子，交给弟弟。乾隆四十七年（1782年）山东巡抚国泰向属员们勒索了白银八万两，而一年前国泰的父亲文绶交纳的议罪银恰是八万两。

五　腐败集团化

·1·

在专制社会，想根除贪污就如同让大海停止波动一样不可能。中国传统政治体制是默许官员在一定程度下贪污的，因为“低薪制”的设计使官员不可能不靠灰色收入来生活。事实上，传统财政制度中可钻的空子太多，贪污对任何一个智商正常的人来说都不是难事。在大部分时候，贪污之所以能被限制在一定范围之内，原因不外有二：一是在儒学价值观有效运转下人格操守的约束；再一个是从上而下的政治高压，也就是说，最高统治者的反腐决心和虎视眈眈的监视。

在乾隆晚年，约束腐败的两个条件都失去了作用。在乾隆的不断打击挫辱下，官员们渐渐放弃了人格操守，他们的所作所为只有一个不变的指针，那就是现实利益。晚年乾隆精力不济、“多从宽厚”，更带头腐败，为贪官们树立了榜样。同时，乾隆盛世的经济发展为腐败提供了巨大空间。在乾隆前期，大清经济一直高速成长，经济总量迅速增加。人口从一亿增长到近三亿。中国经济总量占世界第一位，人口占世界三分之一，对外贸易长期出超。蛋糕做大了，可以搜刮、聚敛钱财的基数比以前扩大了数倍。在这种情况下，政治腐败如同细菌遇到了适合的温湿度和酸碱度，在乾隆皇帝的眼皮底下，以惊人的速度发展起来。仅仅十余年间，乾隆朝就完成了从前期政治纪律严明到后期贪腐无孔不入的转变。在繁荣的表象下，大清王朝的全盛之局已经千疮百孔了。

乾隆中后期，腐败呈现以下几大特点：

一是涉案数额从小到大，腐败案件由少到多。乾隆前期，继雍正肃杀之后，贪污案件极少发生。偶有发生，贪污额亦不大。乾隆前期处理的几个案子，少者数千两，多者也不过数万两，极少有上十万者。像提督鄂善收贿银千两，即被处死。到了中后期，腐败案接连爆发，涉案金额成倍、成十倍增长，官员贪污动辄数万，十万，数十万。乾隆三十四年（1769年），一个小小的贵州知州刘标就侵蚀公帑二十四万两。第二次金川之役中，一个小小的松岗站站员居然一次侵占公款近九万两。

二是腐败官员由底层向高层发展，涉案高官越来越多。一般来说，高级领导干部经过组织程序千挑万选，人格操守和政治素质均应大大高于官僚队伍的平均水平。确实，在乾隆前期，因为腐败而被处理的高级官员，不过三五人而已。到了中期之后，形势为之一变。从州府到省级大员，最后到首席军机大臣，都陷入腐败的泥潭。乾隆中后期二十多年间，省部级高官被处理者达二十多人。乾隆皇帝自己也不得不承认："各省督抚中廉洁自爱者，不过十之二三。"（《乾隆帝起居注》六十年八月）

三是贿赂公行，窝案串案迅速增多，腐败呈集团化、公开化趋势。

康雍两朝，举朝视贪腐如仇敌。到了乾隆朝，大家对腐败已经不以为耻，反以为常。在权力已经充分市场化的背景下，办一件事，安排一项工作，升一次官，枉一回法，需要多少钱，都有心照不宣的规定。不懂这些潜规则，在官场是无法立足的。如果不贪污，一个人就无法操纵自己的关系网；如果不贪污，他也没办法建功立业。在一定范围内的贪渎，不但是社会所默许的，而且是必须的。“腐而不败”，是做官的最高境界。

为了自保，腐败者在政治上拉帮结派，经济上相互牵连，结成了利益同盟，呈现出明显的群体性，即“窝案”“串案”。其主要特征是涉案人员众多，形成了具有紧密人身依附性质的关系网。乾隆四十六年（1781年）到四十九年（1784年），朝廷一连查出了五起贪污大案，都是“办一案，牵一串；查一个，带一窝”。一人败露，则与他有关的关系网上的数十名乃至上百名官员就全部被揭露出来。常常是一人犯案，会导致一省官僚体系瘫痪。

乾隆晚年最典型的一起贪污大案——甘肃冒赈案，就同时具有以上三个特点。

· 2 ·

乾隆四十六年（1781年），甘肃人苏四十三率回族起义，乾隆皇帝派兵进剿。由于事发突然，甘肃一时难以筹集大量兵饷。时任甘肃布政使王廷赞为了表现自己，主动向皇帝表示，愿意捐出四万两，以解燃眉：“臣甘愿将历年积存廉俸银四万两，缴贮甘肃藩库，以资兵饷。”

聪明反被聪明误。读到这个奏折，乾隆的第一反应不是大加赞赏，而是心中一愣。众所周知，甘肃是个穷省，官员收入很低，一个布政使怎么能一下子拿出这么多钱？

在布置战争的同时，皇帝派人密查王廷赞家产来源。一查之下，甘肃冒赈案迅速败露。

原来，乾隆三十九年（1774年），王廷赞的前任山西人王亶望任甘肃布政使。他对皇帝说，甘肃这些年连年大旱，百姓饿死不少。因此他请示朝廷，在当地开展捐粮运动，捐得多的富户可以取得“监生”资格。对救灾一向大力支持的皇帝批准了王亶望的建议。不过在实际操作中，王氏却只收银子，不收粮食。数年之间，就筹集了上百万两白银。这笔钱他一分也没有用来救灾，而是在命令各级政府编造假账报销后，与各级官员私分掉了。

在贪污大量银两的同时，王亶望不断上奏朝廷，说他办理捐粮事宜，救了多少多少灾民，灾民如何如何流着泪感谢皇帝、感谢朝廷，纷纷称赞大清王朝好。这样的奏折哄得皇帝心花怒放。乾隆四十二年（1777年）五月，乾隆因王亶望办理捐粮"有功"，一道谕旨将其调往浙江升任巡抚。王廷赞接任布政使，按前例继续贪污。据事后统计，从乾隆三十九年（1774年）至四十六年（1781年）年初，甘肃省共有二十七万多人捐了监生，收银一千五百多万两，通省官员合计侵贪赈银二百九十余万两。

这样严重的贪污案件，在中国历史上极为罕见。它反映出大清政治体制的许多致命问题。

首先是监察机制形同虚设。有清一代，放赈过程有着严格而细致的规定。发放粮米时，官员必须亲自到场，每日发放后，官员要亲自签字画押，以为凭证。全部发放完毕之日，还要在发放册首尾签上总名，通册加骑缝印记，以备上司检查。同时，还要将发放数目、具体领取人名字、数额张榜公布，让百姓监督。然而王亶望命令全省官员自行捏报灾情，所有报灾、勘灾、监放规定均视为一纸虚文，无一执行。数年之间，不但从来没有人检查核实，也并没有人举报揭发过。

对于甘肃捐粮这样的大事，皇帝是十分重视的。乾隆四十二年（1777年）年初，皇帝曾经派人到甘肃开仓查粮，以防捐粮过程有弊。可是甘肃各州县官员串通作假，在粮仓的下面铺架木板，木板上面撒上谷物，给监察官员以"粮仓满囤"的假象，轻易欺骗了朝廷。

更为严重的是，这一案件反映出大清王朝的贪腐已经由局部发展到全部，由变态发展成为常态。这个案子涉及甘肃省官员二百余人，其中布政使以下县令以上官员一百一十三人，可以说将甘肃全省"处级"以上官员几乎一网打尽。这些读“四书五经”出身的朝廷命官，无一例外廉耻丧尽。面对这样明目张胆的罪行，居然无一拒绝，反而争先恐后。他们形成了一个有组织的贪腐集团，案前有预谋、有计划，案中有分工、有组织、有步骤，案后有攻守同盟。

这样一个涉及全省的巨案，不但在甘肃是公开的秘密，在全国，也为许多人所知。但是七年之内居然无一人举报告发，最终还是贪污者自我暴露。一省如此，其他各省官风也大抵可以想见。乾隆皇帝也不禁叹息：“甘肃此案，上下勾通，侵帑剥民，盈千累万，为从来未有之奇贪异事。”

其次是地方腐败与中央高层直接关联，腐烂已经蔓延到政治中枢。

王亶望当初向朝廷建议开捐之时，皇帝本来有过犹豫。正是朝中管理户部的大学士、首席军机大臣于敏中在旁边不断怂恿，不断说王亶望的好话，才最终获得批准。乾隆四十二年（1777年）皇帝派人查粮，被甘肃官员所骗，也显然是朝中有人为之通风报信。

于敏中其人早于乾隆四十四年（1779年）故去，生前号称廉洁，死后家人却为分财产而闹得沸沸扬扬，甚至传到了皇帝耳朵里。皇帝以帮助分家为名，调查于氏财产，居然达二百万两之多。合成今天的币值，有三亿元之多。皇帝一直没弄明白这样大的家产是从哪里来的。直到甘肃冒赈案发，皇帝才恍然大悟。腐败蔓延到首席军机大臣级别，这个国家水有多深也就可以估量了。

如果严格按大清律查处，甘肃全省处级以上官员几乎全部要掉脑袋，那么甘肃省政府运作会立刻瘫痪。因此，乾隆皇帝不得不定下一条两万两的死亡线。即使如此，前后被处死者仍达五十六名之多。乾隆四十六年（1781年）秋，皇帝降旨：总督勒尔谨、两任布政使王亶望和王廷赞等五十六名贪官正法。免死发遣四十六人，革职、杖流、病故、畏罪自杀数十人。于敏中的牌位被撤出贤良祠。

·3·

在所谓盛世之中，发生如此巨案，已经丢尽了朝廷的脸，没想到此案又引发了另一场更加不堪的笑话。

处理完王亶望案，皇帝一方面心情郁闷、气愤难平，另一方面心里也有一个隐秘的期待。原来，在一年前皇帝七十大寿之时，王亶望曾经向皇帝进贡了一份厚礼，几乎件件精美绝伦，其中一对玉瓶和一座玉山子玉料极佳，造型别致，皇帝喜欢不已。只不过，皇帝收受礼品，有进九回三之成例，百般掂量之后，皇帝才忍痛割爱，将这两样东西退还给了王氏。退回之后，皇帝却有些后悔，这两样东西的样子日日浮现在眼前，让他牵挂不已。

这回好了，起码通过抄家，这两样东西又可以进宫了。而且以王亶望之贪婪，家中指不定还有什么更好的奇珍异宝。

抄家的结果汇报上来，王氏原籍山西阳曲、临汾二县共查出房屋七十五所，铺面房三十三间，地一千零九十五亩，当铺一座，共估值银九万八千五百四十八两五钱。此外还有金器近四百两，珍珠五千余颗，玉器四十三件，铜器十七件，瓷器二十五件。

浙江任所的好东西更多。乾隆皇帝特意命闽浙总督陈辉祖细细查抄，报上来的结果是抄出银九万余两，金叶、金器、金锭、金条近五千两，金珠宝玉衣物等共五百六十五箱。

皇帝迅速下旨，将这些金银珠玉以最快速度送交内务府。

一个月之后，数十辆大车抵达京城，几百个箱子在皇宫内堆积如山。皇帝按捺不住心中的期待和喜悦，亲自开箱验看。然而，一个又一个箱子打开，却始终没有发现那对玉瓶和那座玉山子。就是其他珠宝，也大多是设计老套，做工一般，“大率不堪入目”，令皇帝大失所望。

大惑不解的皇帝命人把浙江省抄家官员记录的第一手档案呈上，一样一样细细查对。不对不要紧，一对之下，皇帝大惊失色。原来，抄家册上一百多件上等珍宝根本没有运进京里，而上面没有的东西，在皇帝面前却多出了八十九样。

很显然，是有人把王家的财宝调了包！

这简直是有史以来从没听说过的奇闻！谁人这么大胆，敢当面偷骗皇帝的宝物？

气急败坏的皇帝命自己最信任的两名大臣阿桂和福长安，放下手头的河工重务，星夜兼程赶往浙江，会同闽浙总督陈辉祖查办此事，严令他们一定要查个水落石出。皇帝推测，大抵是经手的小吏甚至仆从们无知者无畏，一时利欲熏心，做了这惊天大事。

查出来的结果又让皇帝大跌眼镜：见财起意的，不是别人，竟然是堂堂闽浙总督陈辉祖！原来王亶望所搜罗的宝物令陈辉祖垂涎不已。此人平日贪赃枉法之事做得太多，胆子越来越大，对欺骗皇上这样的大罪也视如平常。调包时大大咧咧，竟然忘了修改抄家底册，以致不幸败露。

陈辉祖当然难逃一死。不过皇帝和大臣为了争夺一个犯官的财产，一个急赤白脸，一个形同鼠窃，在中国政治史上留下了难得的荒唐镜头。

六　君臣赌局

·1·

按理说，王亶望案这样严重的案子发生在眼前，应该足以惊醒皇帝的盛世迷梦。事实是皇帝仍然浑然不觉。越到老年，皇帝越形成一个心理定势：虽然连续爆发多起贪污大案，但这些不过是一个指头的问题，并且经过发现和处理，就已经解决了。

那么，为什么天下人都看得清清楚楚，只有老皇帝视而不见呢？是他老到昏聩了吗？不尽然。一个重要的原因是晚年的老皇帝成了彻头彻尾的“洞穴人”。

“长期执政的人容易形成一种‘权力幻觉’……权力成为一个洞穴，而这个权势人物就成为穴居人。他是自己权力的俘虏。他看到的、听到的，都是支撑权力的正面信息，负面的信息都作为错误的信息被清洗掉了。在他的周围形成了一个机制，它自动地过滤掉错误的信息，输入正确的信息。在此情况下，这个领袖往往无法正确地看待自己和世界，他甚至都无法对自己的力量形成恰当的符合实际的判断。”（《“倒萨战争”与萨达姆的结局》）

乾隆早年对臣下的欺骗伎俩十分警惕，“难眩以伪”。而到了晚年，他的自信心越来越膨胀，喜谀恶直之弱点逐渐暴露。大臣们自然也就窥测风向，报喜不报忧。对专制者来说，从“精明太过”到“颟顸糊涂”，中间并没有什么鸿沟，只需要心态稍作转变。在大量的“正面报道”的包围下，他对尹壮图这一激烈的“负面报道”产生无比愤怒也就可以理解了。在公布尹壮图奏折的同时，乾隆连篇累牍，从头加以反驳：

尹壮图说天下吏民，多蹙额兴叹。这绝无可能。因为我即位五十五年来，对天下百姓天恩高厚，史无前例。六次普免钱粮，无数次赈济灾民。不惜巨资，修筑海塘河工保卫百姓生命安全。“偏灾赈恤，蠲贷频施，以及修筑河工海塘，捍卫民生，所费何止万万。而普免天下钱粮四次、漕粮二次，为数又不啻数千万万，孚惠闾阎，有加无已。朕历观史册，自胜国以溯汉初，仅有汉文帝赐农民田租之半，史臣已侈为美谈，从未有如我朝普免正供再三再四者。朕爱养黎元，如伤在抱，惟恐一夫不获，施惠犹以为不足，是以宵旰忧劳，勤求民瘼，迨今年逾八秩，犹日孜孜，无事无时不以爱民为念，虽底小康，犹怀大惕，从不肯矜言示惠。”大清天下，政治稳定，经济发展，人民生活已经达到小康。因此，广大百姓对朝廷是感恩戴德的，绝不会有“蹙额兴叹”之事。

至于尹壮图所说的官场腐败、各地亏空，皇帝认为这也是一叶障目，以偏概全。事实上，如果历史地、全面地、本质地看，当今这个时代，是历史上最清廉的时期。不但超越历代，而且也远优于皇祖皇父时期：“康熙、雍正年间，虽法度严明，吏治整饬，尚不免有明珠、徐乾学、索额图、噶礼、隆科多、年羹尧诸臣窃权交结，鄂尔泰、田文镜、李卫亦尚有三家鼎峙之说。”而乾隆年间，惩贪之严厉前所未有，各地官员凛如冰渊，绝大多数不敢犯法。即使有一二胆大之徒，也马上遇到严惩：“自朕临御以来……其有贪婪不法如王亶望、陈辉祖、国泰、郝硕诸人，一经败露，无不立置典刑，天下各督抚当此吏治肃清之际，即有不肖之心，亦必默化潜移，岂敢以身试法！夫各督抚……倘谓借端赔项派累属员，则断断不敢为此……”

因此，目前大清的形势是史上最好，是一片大好而不是小好，而且还会越来越好，好得不能再好。

那么，尹壮图为什么还要闭着眼睛瞎说呢？

在上谕中，皇帝公开分析说，尹壮图此举出自如下卑鄙动机：他自揣学问才干均属平庸，在朝廷不能升为侍郎，外放派不到学政，至于尚书、督抚的职位更难梦想，所以想借此奏折显示才能，或许能侥幸录用，又可借盘查为名，沿途进行恐吓讹诈，希望得到贿赂好处，可以名利兼收，此等居心，岂能逃得了朕的洞察？

打赌还没有见出分晓，皇帝先进行一通人身攻击，其气急败坏之心态袒露无遗。

· 2 ·

皇帝更趋气壮地与尹壮图摆下了擂台，要公开较量一场。然而游戏规则却是不公平的。

如果要戳穿“乾隆盛世”的纸糊外衣，办法很简单。暗访一下，形势立判。

尹壮图也是这样想的。

然而皇帝却不给他这个机会。皇帝明确拒绝了尹氏“密往查访”的要求，理由是“无此政体”。

其实，老皇帝虽然不愿意听到任何批评之声，但是他心里也很清楚，当今天下并非没有可议之处。尹壮图所说的吏治废弛，仓库亏空，在某些局部也确实存在。此前的乾隆五十一年（1786年），他就曾经派阿桂、曹文植等到浙省查办过府库亏空案。而云南一省现在亏空一百万两，这也是乾隆明确掌握的。如果真的派尹壮图进行暗访，那么难保不查出几处亏空，他的面子往哪里放！

皇帝和尹氏的分歧点并不在于亏空的有无，而在于，皇帝认为，这些现象是局部的、可控的，并不影响大清政治的光荣和伟大。皇帝和尹氏打这个赌，就是为了反击那些恶意唱空大清政局的不和谐声音。因此，采取点小小手腕，也是必须的。所谓“行大事不拘小节”。

因此，皇帝从大局出发，高屋建瓴地做出了一系列相关决策：

第一，拒绝尹氏“密往查访”。非但不允许密查，还规定尹壮图每到一处，朝廷先五百里通知地方官。

第二，在尹氏出发前，发出通谕，给全国官员打一剂预防针，以防大家思维混乱。皇帝在上谕中点明打这个赌的目的，是以尹氏为反面教员，对全国臣民上一次形势教育课，以为无识之徒戒。皇帝说，令尹氏盘查盘查的结果必然是用事实“服其心”。“若所盘查仓库毫无亏缺，则是尹壮图以捕风捉影之谈为沽名钓誉之举，不但诬地方官以贪污之罪，并将天下亿兆民人感戴真诚全为泯没。而朕五十五年以来子惠元元之实政实心，几等于暴敛横征之世。”尹氏的罪恶，因此会大白于天下。

了解中国政治的人都知道，如此盘查，当然什么东西也查不出来。在“大是大非”面前，地方官绝不会有半点含糊。因此，尹壮图还没有出发，这个赌局事实上胜负已定。

但是，形式还不得不走。皇帝谕旨一下，户部侍郎庆成就带着尹壮图上路了。老皇帝因为生气而特别刻薄，在谕旨中还特别说明，庆成是因公出差，一切费用国家报销。尹壮图是自愿前去盘查，自找多事，所以不能给他提供差旅费，一路花费由他自己负责，以示国家大公。

庆成官轿仪仗在前，尹壮图骑着匹骡子孤零零地跟在后面，第一站来到了山西大同。

“检查”的结果当然毫无悬念。地方官员领着两位检查官，一个个打开粮仓银库，一本本打开账目，果然仓库银两“丝毫并不短少”，所储粮食“石数亦屇相符”。检查完毕，地方官领着庆成去看石窟，留下尹壮图一个人在旅馆里写汇报材料。

再不知趣的人也知道现在应该怎么办。老实倔强的尹壮图终于学会说谎了。他用极为认真的语气，详细汇报了检查过程以及结果。然后，他无比沉痛地总结说，自己以道听途说的材料来“冒渎圣听”，实在是丧心病狂，“戆愚”之至。经过皇帝的玉音和事实的双重教育，他深刻认识到自己对大清天下的认识是彻底错误的。山西大同一处如此，自然证明全国处处皆然。当今天下府库充实，自不待言。现在形势已经明朗，因此就不打算耽误皇帝的宝贵时间了，“恳即回京治罪”，让皇帝早些把自己投入大牢，好省下心思来办别的大事。

按理说，事情到此，皇帝已经达到了目的，此事可以告一段落了。然而皇帝并不满意。比赛刚刚开始，尹壮图就应声倒地，显然是用假死来逃避打击。皇帝一定要把尹壮图拉起来，迫使他继续打下去，直到打得他真正心服口服，整得他求生不得求死不能，才算解气。

乾隆五十五年（1790 年）十二月初三，皇帝发布上谕，说尹壮图要求事情就此结束，这是面服心不服，想以“半途而返”的姿态，造成“抗疏铮谏，朕不能容受直言”的假象，他骂尹壮图此举“居心巧诈，殆不可问”！皇帝说，尹氏要回京，我偏不让他回来。因为“一省查无亏缺，恐不足以服其心，尚当前赴山东及直隶正定、保定等处”。一定要让他心服口服后，再定他的罪。

“居心巧诈”这句詈骂一出口，老皇帝积累了多日的邪火喷薄而出，接下来又把尹氏从头到脚细细骂了一顿。皇帝也真有闲心，他把尹氏几次的奏折又读了一遍，挑出了两个用词不当之处，然后说，尹壮图因为升不了官外放不了学政而怨恨朝廷。其实不是朝廷不想重用他，而是因为他才学实在有限，这样白字连篇的人，岂能外放学政担当教育士子的重任?

皇帝还推测说，尹壮图当初提出要密查，其实主要是想到淮扬一带敲诈盐商们。因为那一带盐商都是巨富，如果尹氏以钦差大臣的声威一恫吓，他们必定会大加贿赂，尹氏就能名利双收了。

连讽带刺痛快淋漓地挖苦讥笑尹氏一通后，皇帝大骂道，这类伎俩就是庸主也不会受骗，还想拿来骗他？真是没长眼睛，活该倒霉！“若朕烛照所及，情伪周知，小人心术，早已洞见肺肝！”

骂够了的皇帝突然又想到了一个问题：他怕严责之下，尹壮图畏罪寻死，不能完整地起到反面教员的作用。所以他在上谕中要庆成转告尹氏，不会杀他的头，叫他好好活着，配合朝廷：“谬妄之处，固难辞咎，然究系愚昧无知，其罪断不至死，亦不值治以重罪。”皇帝大开宏恩，上一次说不能给尹氏报销出差费，但现在考虑到他是穷书生，带的盘费大概不会多，如果不够用，让庆成在出差费中酌情分一些给他，让他健健康康地回来，好接受最后的处理。

没有办法，尹壮图只好硬着头皮，跟着庆成继续这哭笑不得的“全国大检查”。

他一边检查，皇帝还一边不停地给他写信，问他：“途中见商民蹙额兴叹状否？”全国百姓的精神状态到底怎么样？大家对大清政权支不支持?

尹壮图知道，自己接下来的任务就是用自己的嘴彻底否定自己那道惹事的奏折。因此，接下来这一路，尹壮图都忙于绞尽脑汁，撰写大量考察报告汇报给皇上。

在报告中，他一再奏称：“目见商民乐业，绝无蹙额兴叹情事。”“经过州县地方，百姓俱极安帖。随处体察，毫无兴叹情事。”

在报告中，他用大量篇幅，一次次“如实”报告沿途见闻，热情歌颂大清王朝的富庶安定，百姓的安居乐业：

目击各省库项丰，他储充足，并无丝毫短缺，而往来数千里内复见商贾士民安居乐业，共享升平，实无地方官滋扰之事。

所过淮、扬、常、镇，以及苏州省会，正当新年庆贺之时，溢巷摩肩，携豚沽酒，童叟怡然自乐，未闻有官吏滋扰之事。

……

·3·

“全国大检查”结束之后，尹壮图再次上书，表示彻底认罪，“自承虚诳，奏请治罪”。说自己“业已倾心帖服，可否恳恩，即令回京待罪”？

这些汇报符合皇帝的期望。皇帝带着大获全胜的满足总结处理此案。

乾隆五十六年（1791年）正月初十，乾隆发表长篇上谕，“令庆成带同赴山西、直隶、山东、江南等省，盘查仓库，俱无亏短，是尹壮图逞臆妄言，其罪已无可逭……”

皇帝总结此案，从头道来，说尹壮图原为内阁学士，只是因为云南没有大员，皇帝才破格予以提拔，要说他的才干学问，当阁学已属侥幸，还想往上爬，“其希荣卑鄙之念，朕早已灼见其肺肝”。因此而污蔑国家政治，其罪甚大。

不知为什么，皇帝总觉得这桩罪过虽然“甚大”，却还是不足以服众。他百般罗织，力图把尹氏彻底搞臭。

反复推求之下，皇帝又提出了新的问题：尹壮图当初由北京丁忧回籍云南，只应该经过直隶、河南、湖广、贵州等省，怎么会经过江、浙、广西各省？

皇帝自问自答：自然故意绕道各处，与地方官交往，以便打秋风，必须老实交代。

这个指责皇帝也知道不十分有力，因为毕竟只是推测，没有人证物证。不过他还有更有力的武器。经过调查，皇帝发现尹壮图年过七十岁的老母仍在故乡云南生活。皇帝说，孝道乃人伦之首。作为孔孟之徒，既然你不能将老母接来北京，就应辞职回乡供养。而尹氏二者都不选择，一个人在京做官，“乃竟恋职忘亲，弃之不顾，尚得谓之人类乎？尹壮图不但无君，而无亲，人伦丧失，岂可忝居朝列，玷辱缙绅？尹壮图着革职，交与庆成押带来京，交刑部治罪”。

无君无亲，罪过还有比这更大的吗？

这么大的罪，应该如何处理呢？大臣们经过多次商议，按照“挟诈欺公，妄生异议律”（制造假象欺骗政府，故意提出非法建议的罪名），提出应该将尹壮图判处死刑。

二月初四，乾隆对此案做了终审判决。皇帝做事，向来注意既要达到目的，又要笼络人心。出人意料地，皇帝采取了打击批判从严，组织处理从宽的原则。皇帝说，大家对尹壮图的量刑是十分正确的，尹氏所犯大罪，即便不杀头，也应该充军。

但是皇帝特别仁慈，他尹壮图虽然卑鄙无耻，心怀恶意，但皇帝肚量如海，风格太高，“不妨以谤为规”，无则加勉而已。因此“著加恩免治其罪，以内阁侍读用，仍带革职留任，八年无过，方准开复”。

那意思是说，原本是“敌我矛盾”，不过按“内部矛盾”处理。降级使用，从副部级降为司局级。因内阁侍读并无缺额，尹壮图被安排为礼部主事。

说来有趣，皇帝此时忘了他把尹壮图“恋职忘亲”列为定罪的重要理由，处理起来居然让他继续在京任职，与母亲分离。

倒是尹壮图知趣，一通感激涕零之后，他以侍奉老母为由，申请辞职。辞呈一上，皇帝无法拒绝，只好放他回家。乾隆五十七年（1792年）八月，尹氏领了圣恩，卷了铺盖回老家养母去了。

七 中国人的盛世情结

·1·

盛世是中华民族的一个梦。生逢盛世，是每一个中国人对时代的最大期望。

所谓盛世，就是内无严重的政治腐败，外无迫在眉睫的敌国外患，社会治安良好，老百姓普遍能吃饱饭的时代。在中国古代历史上，这样大规模的盛世出现过三次，即汉文景之治、唐代的贞观开元盛世及清康雍乾盛世。除了这三大盛世，还有过几个小规模的盛世或治世，比如东汉的“光武中兴”、隋代的“开皇之治”、明代的“仁宣之治”。甚至在大分裂的背景下，一些角落里的小王朝也取得过不错的治理成就。比如十六国时期南侵之前的前秦苻坚，南北朝的刘宋文帝时代，以及五代十国的后周、南唐统治下的某个时段。

然而也就仅此而已了。虽然历代中国人梦想盛世，但盛世的出现就是这样屈指可数，而且持续的时间也不长。

文景之治持续了近四十年。事实上，文帝刚刚即位时，天下还相当残破，真正的盛世出现在景帝时期，并由汉武帝推向高峰。算上武帝前期，汉代治世持续近七十年，其中盛世大约三十年。

唐代盛世史称贞观之治和开元盛世。这两个阶段并不接续。贞观之治从

627年到649年，持续二十二年，这一阶段是社会经济的恢复发展阶段，成就并没有超越前代。玄宗前期的盛世之治，持续大约三十年。

只有康雍乾盛世持续时间最久，然而从康熙二十年（1681年）平定三藩之乱算起，到乾隆四十年（1775年）为止，持续也不到一百年。即使从康熙元年（1662年）算到乾隆六十年（1795年），也不过一百三十多年。

有人统计过，数千年中国古代历史，盛世和治世累计加在一起，不过四百年左右，剩下的都是充斥着灾荒、动乱和腐败的平世和衰世。

· 2 ·

“盛世”这个词是中国独有的。汉文化圈以外的史书中，找不出这两个字。然而，“盛”“衰”相对，没有衰世作为背景，就没有盛世的美丽和灿烂。

第一，中国历史上的每个盛世，都需要一个大规模的祸乱之世作为前奏。

中国历史上第一个盛世是文景之治。在这个盛世出现前二十年，中国刚结束了秦末战乱。十余年的战乱给中国造成了巨大的人口损失。《汉书》中多处提及改朝换代之际各地惊人的人口变化。《汉书·陈平传》记载，秦代曲逆城共有人家三万户，而刘邦在秦末战争中路过这个城市时，发现它的人口只剩下了五千户。《汉书》还说，在刘邦即位十二年之后，全国统计上来的人口数只有秦代的十分之二三。考虑到逃亡等因素，历史学家一般的推断是秦汉更替过程中的战乱使中国人口损失了约百分之三十至五十。

至于经济损失，更是惨重。大汉王朝建立之初，大概比任何一个王朝都要狼狈。《汉书·食货志》载：“汉兴，接秦之敝，诸侯并起，民失作业，而大饥馑。凡米石五千，人相食，死者过半。”“天下既定，民亡盖藏，自天子不能具醇驷，而将相或乘牛车。”就是说，老百姓没有一点存粮，连皇帝的马车都配不齐马匹，宰相出门都得坐牛车。

中国历史上最为人艳称的盛世当然是“贞观之治”加“开元盛世”。这个盛世的背景一样是空前惨烈的人口损失。在李世民登基的前三年，也就是武德七年（624年），隋末的大规模战乱方才平息。《隋唐演义》中章章都是惨绝人寰的人间悲剧。贞观六年（632年），魏徵描绘战乱的后遗症时仍说：“今自伊、洛之东，暨乎海、岱，萑莽巨泽，茫茫千里，人烟断绝，鸡犬不闻，道路萧条。”（《贞观政要集校》卷2《直言谏争附》）贞观十一年（637年），马周上书时仍然说：“今之户口不及隋之十一。”

而清代盛世的背景也是持续数十年的大屠杀和大破坏。明清易代之际，人口损失至少四千万，其中直接死于清军屠城的就高达七百万。据《扬州十日记》所载，仅扬州一地，焚尸“约计八十万余”。一个更为极端的例子是四川的人口变化。《清史稿·王骘传》里记载的王骘在康熙的上疏中说“四川祸变相踵，荒烟百里，臣当年运粮行间，满目疮痍。自荡平后，休养生息，然计通省户口，仍不过一万八千余丁，不及他省一县之众”。赵文林、谢淑君所著《中国人口史》认为真实的数字并没有这样极端，有大量逃亡隐匿人口没有被王骘统计出来。他估计在1626年，四川人口为三百五十六万。到了三十多年后的1661年，人口还剩下九十五万。也就是说，损失了四分之三。

极衰之世的大破坏，正是盛世出现的必要条件。中国传统王朝崩溃的一个重要原因是人口压力，而大战乱则为新王朝解脱了人口压力，提供了兴起的宽阔舞台。正是隋末战争导致的人口大量死亡，造成田地大量抛荒，唐王朝才能实行均田制，给每个男丁发放一顷田地。战乱导致的自然“土改”，同样是汉初“招附流亡”、清初经济迅速发展的主要原因之一。事实上，在大动荡过去之后，新王朝只要能保证几十年内不发生大的政治动乱，那么并不需要它提出多么高明的发展策略，只需无为而治，顺势而行，自然就会收获一个丰盈的经济自动恢复期。所以说，每一次盛世，都是对前一阶段大灾难大破坏的一种反弹、一种弥补。

第二，盛世的出现，得益于衰世提供的经验教训。

前代统治者倒行逆施的严重后果，给看够了人间悲剧的后代统治集团以极大警醒。三大盛世的君主们，都非常善于从前人的失败中总结经验教训。

汉王朝建立之后，整个政治高层都在思考强秦何以暴亡。贞观之治的出现，更要感谢隋炀帝这个“反面教员”。与此相似，清初的几代帝王，也无不以晚明弊政作为自己施政之镜鉴。明代后期帝王以好货贪利闻名。明朝灭亡的一个重要原因就是对百姓剥削过甚。而清人入关之初，立即废除明末“三饷”（辽饷、剿饷和练饷）。鉴于明代教训，清代统治者所定的赋税水平为历代最低，从康熙到乾隆，皇帝们都恪守“永不加赋”原则，怕重蹈晚明覆辙，不敢越雷池一步。明代后期帝王的懒惰登峰造极，万历更是创下二十年不上朝的历史纪录。而清代皇帝则是中国历史上最为勤政的一个帝王群体，个个未明而起，勤奋不懈。有明一代朋党之祸最烈，造成严重的政治腐败。而从康熙到乾隆，三代帝王持续不懈地大力打击朋党，使清代成为中国历史上朋党之祸最轻的时代。

中国历史上为数不多的几个盛世，都是极衰之世付出高昂学费后考出的高分。

· 3 ·

当然，付出了极衰之世的代价，并不见得肯定收获盛世。事实上，盛世出现的条件远比这个要苛刻。在中国历史上，并不是所有的灾难都能由进步来补偿，更多的时候，灾难换来的只是更大的灾难。

司马炎篡位不久，攻灭吴国，结束三国混战历史，晋武帝也成为继秦始皇、汉高祖、汉光武帝之后，第四个一统全国的帝王。在统一之初，他积极进取，顺应民意，减免徭役，一时“天下书同文，车同轨，牛马被野，余粮委亩，故于时有天下无穷人之谚”。隐隐然出现了“盛世”征兆。如果他再加一把劲，一个大规模的盛世就会水到渠成。然而并不是所有的皇帝都具备汉文帝和唐太宗那样出众的素质。晋武帝迅速陷入物质享受之中。在皇帝的表率下，西晋贵族文恬武嬉，大肆挥霍，兴起了一股中国历史上闻名的“比富风”。因此，不出人们意料，武帝死后不久，西晋便陷入了混乱之中。

因此，盛世出现的另一个必要条件是遇到英明的帝王。中国历史上三大盛世，都是由素质超强的君主缔造。盛世君主，一是要政治才能出众，二是要自制力超群。深宫之中，妇人之手，培养出这样的人才并不容易。除去唐太宗算是半个开国之君外，汉文帝、汉景帝以及康雍乾三帝，实在是中国帝王中的异数。

事实上，一代帝王的精明强干还不够。盛世的出现，都是几代人的接力努力达到的结果。中国盛世出现的规律是，一个英明强悍的开国帝王为新王朝立定规模，打下基础。开国帝王去世后，往往会出现一个小小的磨合动荡调整期，再由另一个精明强干的子孙打开王朝发展的瓶颈期，将王朝推上盛世。汉代刘邦开国，确立了清静无为的治国思路，但也留下了诸侯分裂的政治隐患。刘邦去世后，出现了吕后、惠帝时期的动荡。直到文帝、景帝，一方面将“与民休息”的治国方略发扬光大，另一方面又成功地打击了同姓王侯的分裂势力，消除了政治体制上的重大隐患，从而催生出武帝时代的极盛。唐代的盛世，经高祖、太宗开基立业，奠定基础，再有高宗、武后、中宗、睿宗的短期动荡调整，直到玄宗时才达到高峰。清代的盛世，也是由多尔衮和顺治打下基础。而康熙继位，解决了权臣和三藩这两个发展的瓶颈问题，由此大清才走上盛世之路。

出现一个英明的帝王，在中国历史上本来就是小概率事件，而连续几代帝王都能雄才大略，那就更是如同彩票中奖一样难得，因此中国历史上盛世如此之少也就不难解释了。

· 4 ·

盛世难以出现，更难以保持。

盛世的前奏是衰世，结局也是衰世。

中国历史上的三大盛世，都未能避免“盛极而衰”的结局。而且，盛世的倾颓，往往在极短时间内定局。汉武帝前期是汉代统治达到的最高峰。然而武帝在极盛之后，鞭扑天下过甚，很快导致了衰败。晚年更是天下大乱，起义遍及关东地区，大者数千人，小群数百人，起义烈火几乎葬送大汉王朝。唐玄宗开元、天宝之际，号称“全盛”，繁荣景象史所未见，但“安史之乱”的狂飙瞬间吹散了旷代繁华。752 年，也就是唐天宝十一年，唐代人口达到顶峰，达五千二百万。但八年之后的 760 年，也就是乾元三年，一下子降到了一千七百万。天宝年间最繁华的地区，从宜阳到武牢五百里，在籍人口居然只剩下一千户人家，“居无尽椽，人无烟爨，萧条凄惨，兽游鬼哭”。王朝衰败之迅速可以想见。

乾隆盛世的政治清明与全面腐败更是只隔了瞬间。乾隆死前三年就爆发了白莲教大起义，清朝从此一蹶不振，陷入了风雨飘摇之中。

从盛到衰，如此迅速，其原因当然是这些盛世的出现依赖的是人治。中国历史上的几大盛世，只在史书上留下了统治者手腕的精明，人格的强大，却没有留下太多制度性的成就。

中国帝王都是人治的信奉者，正如雍正所说，“从来有治人无治法，文武之政布在方案，其人存则其政举，朕有治人即有治法”。中国古代的几千年间，专制制度的框架和运转规则没有根本的突破和进步。统治绩效如何，更多地依赖于统治者个人的精神振作与否。没有内外条件的严厉制约，个人的英明与自制无法抵制环境的纵容与腐蚀。由胜而骄，由劳而逸，是人性不变的规律。纵观中国历史，盛世君主往往是英明与昏聩集于一身，理智与膨胀合为一体。他们既是辉煌成绩的创造者，也是王朝衰落的罪魁祸首。

第八章

鸦片战争的种子

马戛尔尼的出使使欧洲得出了这样的结论：如果不用武力，就无法打开中国的大门。因为礼貌和沟通对中国人来说不起任何作用。既然把中国人定义为半野蛮人，那就意味着中国需要用西方的炮火之光加以照亮。虽然并不主张马上武力攻打中国，但马戛尔尼也认为中国政府是应该被推翻的。

一　世界留给中国的最后一个机会

·1·

乾隆皇帝从小喜欢西洋玩具。

这个兴趣显然与父亲有关。雍正以工作狂闻名于史，其实业余时间也是一个相当“摩登”的玩家，尤其喜欢西洋玩意儿。现在故宫博物院里还保留着他好几张穿西装、戴假发的画像，以及他玩过的大量西洋钟表、望远镜甚至显微镜。

乾隆青出于蓝，同样领娱乐风气之先。那些可以蹦出一只小鸟或者走出一个小人报时的西洋钟表，从幼年到成年，一直能让他惊喜。乾隆二十二年(1757年)十二月，皇帝传旨两广总督李侍尧和粤海关提督李永标多进贡几件镀金洋景表亭，皇帝如此直接地向臣下索贡，有清一代并不多见。看得出皇帝确实是“喜欢得紧”。

不要以为闭关锁国之下，清代的统治者与外界毫无接触。事实上，巴黎或者伦敦流行的玩意儿，往往不久后就会随商船或者传教士传入北京。欧洲最顶级的钟表师成天琢磨康乾时代中国皇帝的喜好。还有欧洲人不远万里，从欧洲运来机械设备，在广州开办了钟表工场，专为皇帝和贵族生产奢侈品。一些中国匠人也发挥中国人特有的模仿天才，大量仿冒西洋产品，并且惟妙惟肖。不过乾隆一眼就看出这些合资及仿冒品并非正宗，强调宫中所用必须是原装进口货："从前进过竹叶青、洋漆器皿，亦非洋做。如进钟表、洋漆器皿、金银丝缎、毡毯等件，务要是在洋做者方可。"（《乾隆皇帝与马戛尔尼》）

除了钟表外，皇帝还对西洋自动玩具着迷，特别是"机器人"和"机器动物"。宫中的西洋传教士西澄元研制了一头"自行狮子"，体量大小与真狮子无异，发条藏在狮子腹内，能行百步之遥。皇帝亲自前来观看，看着"自行狮子"昂首阔步向他走过来，大为开心。（《乾隆皇帝大传》）

除此之外，还有许多西洋器物引起了皇帝的兴趣。皇帝对西洋乐器很好奇。他命传教士魏继晋与鲁仲贤教小太监学习"大拉琴"（估计是大提琴）和"小拉琴"（小提琴），在宫中组织了一个包括了大小提琴、钢琴、双簧管、单簧管、吉他在内的西洋管弦乐队，以便让居于深宫的女眷们也领略一下异国风情。

· 2 ·

1792 年，也就是乾隆五十七年秋天，皇帝接到了两广总督的一封紧急奏折。奏折说，有一个名叫"英吉利"的陌生国家，派人到广州来送信，说打算要来朝贡天朝。

奏折后面还附上了翻译成中文的英国"商业总管"百灵的"禀文"。

这封禀文极具"中国特色"，内容如下：

英吉利国总头目官管理贸易事百灵谨呈天朝大人，恭请钧安。我本国国王，管有呀兰地嚰吨、佛兰西、嗳仑等三处地方，发船来广贸易。闻得天朝大皇帝八旬大万寿，本国未曾着人进京叩祝万寿，我国王心中十分不安。我国王说称："恳想求天朝大皇帝施恩通好。凡有我本国的人来广，与天朝的人贸易，均各相好，但望生理愈大，饷货丰盈。”今本国王命本国官员公辅国大臣马戛尔尼，差往天津。倘邀天朝大皇帝赏见此人，我国王即十分欢喜，包管英吉利国人与天朝国人永远相好。此人即日扬帆前往天津，带有进贡贵重物件，内有大件品物，恐路上难行，由水路到京，不致损坏，并冀早日到京。另有差船护送同行。总求大人先代我国王奏明天朝大皇帝施恩，准此船到天津，或就近地方湾泊。我惟有虔叩天地保佑天朝大人福寿绵长。（《掌故丛编》）

这封从天边不知名国家寄来的信语气真的极为“恭顺”。你看，去年皇帝八十大寿，他们知道信儿晚了，没赶上，他们国王居然就“心中十分不安”，因此就巴巴儿地赶着今年来给皇帝庆生日。如果皇帝肯赏脸见他，那么他们国王就会“十分欢喜”，还“虔叩天地保佑天朝大人福寿绵长”，真是懂得礼数。皇帝阅后极为满意。

不过，问题是，英吉利国是个什么样的国家？在哪个方向？多远多大？禀文中提到了“佛兰西”，难道与传教士提过的法兰西有点关系？

皇帝命人搬来八年前调集中外所有博学者修订的《大清一统志》。这本书中已经记载了中国人所知道的天底下所有国家。然而，从头到尾翻了一遍，虽然找到了传教士们常说的什么法兰西、意大利，却没找到英吉利三个字的影儿。

皇帝于是找来了宫中传教士，询问英吉利国是怎么回事。传教士们果然知道，告诉他：“该国即系红毛国，在西洋之北，在天朝之西北。”与法兰西国及意大利国在同一个方向，也以制造器械见长。

皇帝十分高兴。这既意味他将收到大批西洋贵重玩意儿，更意味着，大清国的属国名单上，又将添上一个新的名字。

中国历代，对属国的数量多少都十分重视。

中国人想象的世界是，中国位居天下中央，是文明之邦。四周国家环绕在中国周围，都沉陷在野蛮愚昧之中。因此，中国愿意怀柔远人，向四周“传播声教”，以自己的文明之光将他们从不幸的黑暗中拯救出来。而四周明白事儿的夷人大都“倾心向化”，急切地想到中央王国来参观学习，学习先进文化。

来了自然不能空手，他们带着本国最好的土特产，恭恭敬敬献给中国皇帝。这标志着他们向先进文明的致礼，也标志着对中华帝国的臣服。这些国家就叫朝贡国，又称属国。

“万国来朝”“四夷宾服”向来是中央帝国统治成功的标志。中华帝国的属国越多，就证明帝国治理得越良好。中央王朝通过册封，赐予四周小国以合法性地位。而中央王朝自身的合法性，一定程度上也需要小国的捧场来证明。历代王朝都热衷于展示自己的光荣伟大，以吸引周围国家前来朝贡。

大清王朝的属国数量自然也不少。因为中国与属国的关系根本上是礼仪性的，中国是君，外国是臣，所以清代的外交分别由礼部和理藩部来划片儿管理。东南及海上一片，如朝鲜、琉球、越南、南掌（即老挝）、暹罗（即泰国）、苏禄、缅甸，以及西洋的荷兰、葡萄牙、西班牙、罗马教皇厅（即意大利）等，归礼部管。而归理藩院管辖的，主要是西北陆上属地及国家，比如哈萨克、尼泊尔、锡金、不丹和中国人一厢情愿中的“属国俄罗斯”等等。

一般来讲，在进贡国名单上增加一个新名字绝非易事。除了千方百计遣使招徕，就要大动兵戈武力威服。大清属国数量在乾隆年间增长最速，主要是因为乾隆二十二年（1757 年），清朝击败准噶尔，这一战使“哈萨克左右部、布鲁特东西部、安集延、玛尔噶朗、霍罕、那木干四城、塔什罕、拔达克山、博罗尔、爱乌罕、奇齐玉斯、乌尔根齐诸部落”均“同属内地”或者“列我藩服”。“以亘古不通中国之地，悉为我大清臣仆，稽之往牒，实为未有之盛事”。（《清史稿》）

而如今，既没用大清帝国出兵，又没有遣使，数万里外大西洋上的从不知名的英吉利国就“远慕声教，倾心向化”，主动前来纳贡。这难道不是中华帝国文化影响力的有力证明吗？这难道不是大清盛世的最好注解吗？这难道不是皇帝晚年遇到的一桩大喜事吗?

何况这个新的“臣仆”将为皇帝贡献许多奇珍异宝。那篇禀文里不是说得很清楚吗:“带有进贡贵重物件，内有大件品物，恐路上难行，由水路到京，不致损坏，并冀早日到京。”

依惯例，海上到达的外国贡使一律由广州上岸。皇帝回复两广总督，特别批准英吉利人破例由天津登陆:“阅其情词极为恭顺恳挚，自应准其所请，以遂其航海向化之诚。”(《清高宗实录》)

· 3 ·

其实英国人并非是中华帝国的陌生客人。他们来到中国沿海一带已经几百年了。长期以来，他们一直是大清国最重要的外贸伙伴国之一。

自古以来，英国人就一直被东方这个神秘的大国所吸引。早在1497年，英国人卡波特就企图打通前往中国的航路，可惜没有成功。直到1635年，英国商船“伦敦”号抵达澳门，才标志着中英交往的开始。

从那时起，中英间就建立起了贸易联系。不过当时的明朝官员并不知道这些外国人从何而来，看他们一样是红头发蓝眼睛，以为他们是荷兰人，所以将他们也称作“红毛番”。在中国人眼里，荷兰是当时海上最强的国家。

其实世界大势早就发生了变化。16世纪末起，英国相续击败西班牙和荷兰，实现了海上崛起。在中外贸易中，英国人同样后来居上，很快就取代了荷兰和西班牙，成为中外贸易的主力军。中国茶叶风靡全球，主要就是英国商人的功劳。

虽然早在公元前2世纪，中国人就开始种植茶树，但直到16世纪中叶才为西方人所知。1606年，荷兰人首次将茶叶输往欧洲。然而在此后100余年间，欧洲人并没有对这种新饮料表现出多大的兴趣。中英贸易兴起后，经过英国商人的大力推介，茶叶逐渐成为欧洲人客厅里的时尚，并且使越来越多的人着迷。从 1685 年到 1759 年，70 多年间，英国从中国每年采购的茶叶数量从 8 万多磅增长到 269 万磅，增长了 30 多倍。茶叶也已经成了中国出口到欧洲的最大宗货物，占了欧洲人从中国采购商品量的一半以上。英国人因此成了对华贸易的绝对主力。1764 年，欧洲运往中国的货物总值为 191 万两白银，而其中英国所运为 121 万两，占 63.3%；而当年中国出口到欧洲的货物总值为 364 万两白银，英国人购买的为 170 万两，占 46.7%。及至 18 世纪末，英国对中国的贸易输入值已占西方国家总值的 90%左右，输出值则占 70%以上。英国早已经是中国第一大外贸出口国，也是第一大外贸进口国。（《闭关与开放：中国封建晚期对外关系研究》）

可是中国皇帝与中国政府对此一无所知。英国人仍然如明末一样，与荷兰人一直都被称为“红毛番”。对这两种“红毛”之间的关系如何，连与之直接打交道的中国商人都十分模糊。以至于前几年刚刚修订的《大清一统志》，记载了西班牙、法国、意大利等国，却竟然没有这个最重要的外贸伙伴。

中国皇帝何以闭目塞听如此？

· 4 ·

其实要怪乾隆皇帝晚年记性不好。对于这个英吉利国，他本来应该有印象的。

那是乾隆二十四年（1759 年）的事。那一年夏天，天津大沽口外的海面上，出现了一艘西洋三桅船。一个中文名叫“洪仁辉”的英国商人，自称“英吉利四品官”，说有要事，要进京告御状。

“英吉利四品官”的到来惊动了天津知府。充满好奇心的知府灵毓来到洪仁辉的船上，对这个金发碧眼的洋人进行了拜会。洪仁辉操着流利的中文对他说，他们本来在广州与中国进行贸易，但是在贸易过程中，受了许多欺负，因此想找中国皇帝评评理。

这是中国有史以来没出过的奇事。按理灵毓不应该允许这个不守规矩的夷人进入天津。但是头脑灵活的他早就听说过外国商人都很有钱，因此认为这是一个极好的发财机会。于是他对洪仁辉表示，听了洪氏的讲述，他十分同情。他会向上级汇报这件事，但是替一个外国人“越级上访”，他要冒着被革职的风险。

所以，灵毓悄悄伸出 5 个手指头。如果没有 5000 两白银的好处，他不敢做这样的事。

其实洋人洪仁辉只是一个普普通通的英国翻译，根本不是什么英吉利四品官。他本名詹姆士・弗林特（James Flint），从乾隆十二年（1747 年）起成为英国东印度公司翻译。之所以自称四品官，是因为他很清楚，一个普通的英国商人或者翻译根本不可能见到中国的官员大人。虽然对中国官员的腐败十分熟悉，洪氏还是觉得 5000 两实在太多了。他与灵毓讨价还价，最后谈定的价格是 2500 块西班牙银圆，先交 2000，事成之后再交 500。

收受了沉甸甸的银圆后，19 日下午，灵毓允许洪氏的船由水路开到天津，并将洪仁辉安排在一座庙宇中住了 7 天。在这 7 天当中，洪仁辉的状纸层层上交，被从天津送到了紫禁城，直达乾隆皇帝的御案。

洪仁辉的状子中，向皇帝叙述了他们几十年来在对华贸易中遇到的许多困难。他说几十年来，十三行制度一直像一个难受的枷锁一样困扰着他们。他说他们的贸易因此严重不平衡，很难直接了解中国老百姓真正需要什么物品。他要求大清帝国在广州之外，再开一些贸易口岸。他还提出了以下具体要求：

我们要求我们所雇用的所有通事和买办，不必向海关官员缴付规礼或经其认许。

我们控告设在我们商馆与货船之间的三个关卡的人员，他们曾向即将起航的商船诸多勒索，尤其是最后一个关卡的官吏，去年竟将“霍顿”号引水的执照扣留。

我们要求把我们称作罪犯的不光彩告示撤除，最近这种告示张贴在省城和城郊各地，致使我们在路上经常受到侮辱。政府不仅有责任保护我们，同时亦应保护和我们来往的商人、通事、买办和仆役等。

我们控告我们商馆附近的海关屋子一位官吏的粗暴行为。约在两个月前，他借口我们没有向他鞠躬行礼，竟禁止我们在自己的艇上乘凉。我们要求命令他到我们的住所道歉，或将其解职。（马士《东印度公司对华贸易编年史》）

·5·

究竟是遇到了多大的委屈，让英国人壮起胆子敲了紫禁城的大门呢？

原来，虽然与中国贸易多年，但英国人只到过中国的一个城市，那就是广州。在广州，他们也只到过一个地方，那就是“十三行”。

二百多年前，那些万里迢迢奔赴中国来的外商，虽然也腰缠万贯，到了中国之后处境是今天难以想象的可怜。

他们只能在每年夏天才被允许进入中国。来到广州后，他们不能住到广州城内，只准住在“十三行街”内，而且没事不允许外出。

除此之外，他们不许携带妻子一起来华，也不许找中国女人，只能干熬着。他们不许与普通中国人交往。中国人一旦和他们聊聊天，就会被视为“汉奸”。

特别是，清朝政府从来不屑于与他们直接打交道。中华帝国从来没有过外交部，也没有管理外贸的政府机关。大清王朝的所有外贸事务，都由“十三行”这个民间机构经手。

所谓“十三行”，是清政府指定的十三家中国商人，专门负责与外国人做生意。外国商人到达中国后，所有的货物都只能卖给十三行，不管他们给的价格比别人低多少。采购所有东西，都必须经过他们，不管他们如何提高价格，降低质量。外商在中国的所有行动，都要受十三行的监视约束，不得乱走一步，不得乱说一句话。如果他们在中国遇到什么困难，对中国外贸政策有什么不满，不得直接与中国地方政府联系，只能通过十三行向政府提出请求，而中国政府对这些转达来的请求大多数时候都不闻不问，不予理会。

所以，传统时代来到中国的外国商人，不但不是贵宾，反而有如囚徒，其原因一方面自然是中国自古以来的轻商观念所致。中国人认为商人是四民之末，外夷又是人类之末，与之打交道失了天朝上国的体面。

另一个原因，是中国自古以来的“防范”意识。虽然乐于吸引外国人朝贡，但中国人的“华夷”观念中还有另外一面，那就是“严华夷之防”。中华帝国需要的，主要是自我道德上的优越感，以及外夷精神上的服从，而不是从对外贸易中得到实惠。中国专制体制是有洁癖的，“里通外国”自古以来就是中国政治家加给对手的惯用罪名。中国这个摊子已经够大了，如果不是巩固国防的需要，往往并没有扩张主义冲动。他们喜欢关起门来过日子，除了朝贡一途外，他们希望把外贸规模控制在最小限度之内，并且给外国商人设置重重阻碍，以给自己的铁打江山不添任何麻烦。

不但不希望外国人给帝国带来麻烦，甚至那些从事海外贸易的中国人也被统治者所厌恶。乾隆皇帝即位后的第五年，发生了荷兰人屠杀巴达维亚（今印尼雅加达）华侨的“红溪事件”，荷兰士兵和暴徒开始疯狂屠杀和洗劫巴达维亚华侨，纵火焚毁华侨住宅，屠杀持续了半个多月，一万多名无辜华侨的鲜血染红了巴城的溪流，故人们称这次惨绝人寰的事件为“红溪之役”。

翌年，福建巡抚将此事奏闻于朝廷。皇帝宣布：“内地违旨不听召回，甘心久住之辈，在天朝本应正法之人，其在外洋生事被害，孽由自取。”就是说，这些华侨本来是在国内不安分之人，违法私自出洋，被屠杀是自找倒霉。

在这种观念和知识水平下，清王朝高层对于自己的外贸发展水平，外贸国的数目，外贸商品的变化一概漠不关心，因此也一无所知。

· 6 ·

外商在中国居住，生活上的委屈与侮辱是显而易见的。法国人拉佩鲁斯1787年曾在广东短暂停留，后来他写道：“人们在欧洲喝的每一杯茶无不渗透着在广东购茶的商人蒙受的羞辱……”马戛尔尼也表达了同样的沮丧心情：“我们在广东的代理商生活在一种屈从的状态下，与这个所谓的文明国度不相称。”

不过这不是主要问题。虽然所受的待遇如此苛刻，可是外国人还是对中国之行乐此不疲。原因很简单，利润。举一个简单的例子，从中国进口一磅茶叶，只要2个多先令，而在英国市面上，却可以卖到14个先令以上。为了利润，老外可以把自己禁锢在十三行内，忍受寂寞，足不出户；可以抑制性欲，做苦行僧。天朝上国的所有这些关于生活起居的规定，他们都可以一闭眼，忍了。

可是，还有比这些更难以让他们忍受的：

因为对外贸易全部由广州十三行垄断，十三行就成了一个半官半商、不伦不类的机构。他们一手遮天，任意定价。他们充当着外国人与清政府的中间人，在中国官员面前奴颜婢膝，唯唯诺诺，但对洋人却耀武扬威、风光无限。外商居住广州，一举一动都要接受他们的监督和管理。不明白缘由的洋人，尊称他们为“官”。海关官员每年都会向十三行索要大批贿赂，而这些都如数转嫁到外商头上。这是让洪仁辉们憋气的原因之一。

而更让他们痛苦的，则是中国官员们的勒索压榨。

清政府不屑于与外商发生关系，这是体制所决定。不过，中国官员对外商带来的银子却无一例外非常感兴趣。广州海关是众所周知的肥缺，由于缺乏制约机制，他们拥有极为广泛的权力和毫无节制的贪欲。腰里装满银子又无法与正常中国社会发生联系的外商，在中国官员眼中就是一个个待宰的肥羊，无论他们怎么样痛宰，外国人都无法发出声音。广州海关的贪污腐败，在全国几乎是公开的秘密。历史上中国海关的关税水平一直不高，然而名目繁多的“计划外税收”却让外商难以承受。中国官员在贸易过程中，随意制定各种“陋规”，其数量远远超过了“正税”。各项明里暗里的费用加在一起，有时高达进口货物的20%。

根据尤拔世《粤海关改正归公规例册》记载，雍正年间到广州经商的洋船，每条船送给粤海关衙门的陋规多达68种名目，总计1950两白银。

乾隆二十四年（1759年）九月初四，奉旨查办广州海关的新柱在奏折中向皇帝列举了粤海关对外商收的种种“陋规”。

外商船舶到达中国后，要想上岸，要给各级官员交纳以下礼金：

丈量洋船收火足雇船银三十二两；

官礼银六百两（法兰西加一百两，苏喇减一百两）；

通事礼银一百两；

管事家人丈量开舱礼银四十八两，小包四两；

库房规礼银一百二十两，贴写十两，小包四两；

稿房规礼银一百一十二两，掌按贴写四两，小包二两八钱（内八钱掌按小包）；

单房规礼银二十四两，贴写二两，小包一两；

船房丈量规礼银二十四两，小包一两；

总巡馆丈量楼梯银六钱，又规银一两；

东炮台口收银二两八钱八分，小包七钱二分；

西炮台口收银二两八钱八分，小包七钱二分；

黄埔口收银五两，小包七钱二分；

虎门口收银五两，小包一两三钱二分；

押船家人银八两；

四班头役银八两三钱二分；

库房照钞银每两收银一钱；

算房照钞银每两收银二分。

在中国采购货物，想要离港，要交纳：

管事家人收验舱放关礼银四十八两，小包四两；

库房收礼银一百二十两，贴写二十四两，小包四两；

稿房收礼银一百一十二两，贴写二十四小两，小包二两；

稿房收领牌银一两，小包二钱；

承发房收礼银四十两，小包一两四钱四分；

单房收礼银二十四两，贴写八两，小包一两；

船房收礼银二十四两，贴写八两，小包一两；

票房收礼银二十四两，贴写六两，小包一两；

算房收礼银一两，小包五钱；

柬房收礼银十六两，贴写一两五钱，小包七钱二分；

签押官收礼银四两，小包二钱；

押船家人收银八两；

总巡馆水手收银一两；

虎门口收银五两，小包一两三钱二分；

东炮台口收银二两八钱八分，小包七钱二分；

西炮台口收银二两八钱八分，小包七钱二分；

黄埔口收银五两，小包七钱二分。（《新柱等奏各关口规礼名色请删改载于则例内折》

这张清单是新柱简单调查后所列，而实际所收的，远比这些还要多。

·7·

广州海关之所以可以如此明目张胆地勒索外商，原因很简单，一是他们有垄断权，外商必须通过广州一地进行贸易；二是外商没有申诉权。中国政府规定外商不得直接与中国政府发生关系，只能通过十三行代转，这实际上就取消了外国人反映问题的权利。

数十年来，英国一直在想办法突破十三行的控制。

事实上，前两年，一贯敢于冒险的英国人曾经尝试过到中国别的地方开展贸易。

康熙年间，大清王朝结束海禁，开放对外贸易，在广州黄埔、福建厦门、浙江宁波和江苏云台山设立了四个外贸口岸。不过，外国人还是按明末惯例，只在广州贸易。宁波等港口作为开放港之一，很少有外国商船登陆的纪录，直到乾隆二十年（1755年），英国东印度公司实在受不了广州海关和十三行的种种限制克扣，壮着胆子，北上宁波直接采购茶叶和丝绸。

多年没见到外国人的宁波官员和商人对洪仁辉等人很热情，采购进行得很顺利。“洪仁辉船长和他的水手们抵达宁波，并受到热烈欢迎。回国时，洪仁辉船长带回了满舱的中国货物。”在宁波采购的茶叶比在广州买到的要便宜很多，而且船上的英国货在宁波也很受欢迎。在这个成功的开始后，英国商人来宁波越来越频繁。

然而两年过后，风云突变。“在1757年（乾隆二十二年），当他（洪仁辉）再次到达宁波时，中国人先让他等着，然后没收了他半船的货物，并不做任何解释就收缴了船上的所有火炮。”（佩雷菲特《停滞的帝国——两个世界的撞击》）

原来，频繁到达的英国船只让地方官很不安。他们上报了皇帝。

乾隆皇帝立刻警惕起来。

乾隆皇帝治理天下的秘诀就是收紧缰绳，强化控制。在他眼里，任何民间的自发性和主动性都是危险的。整个社会的每一个分子，都要归拢到政权的罗网之内。大清王朝的千秋万代，固若金汤，是他考虑一切问题的根本出发点。虽然重新启用宁波等港口，会给浙江经济带来推动，但是却给帝国的管理增加了不必要的麻烦。多开一个通商口岸，就让百姓多了一个里通外国的窗口。所以经过权衡，皇帝向地方官员下达谕旨：

> 向来洋船进口，俱由广东之澳门等处，其至浙江之宁波者甚少……于此复又多一市场，恐积久留居内者益众。海滨要地，殊非防微杜渐之道……盖本地牙行及通事人等，因夷商入口得从中取利，往往有私为招致者。此辈因缘觅利无有已时；即巡逻兵役人等，亦乐于夷船进口抽肥获利。在此时固不过小人逐利之常，然不加禁止，诚恐别滋事端，尤当时加体察。（《清高宗实录》）

皇帝发出谕旨，规定对外贸易依旧只能在广州进行。

刚刚从直接贸易中尝到甜头的英国人却不想再回头，对于英国人来说，这个好不容易取得的突破对他们实在太重要了。

1733 年，也就是乾隆即位的前两年，英国人发明了飞梭，揭开了工业革命的序幕。1764 年，也就是乾隆二十九年，英国人又发明了新式纺车，纺织业异军突起，带领整个工业进入了一个全新时代。机器的大量采用，促使格拉斯哥大学的技师詹姆斯·瓦特开始改进纽科门的蒸汽机，使人类有史以来第一次摆脱了对畜力、风力和水力由来已久的依赖。而在这一年，乾隆进行了第三次南巡。

工业革命使英国迅速强大起来，英国人需要全世界的商品，更需要把自己制造出来的大量产品卖到全世界。从 1698 年至 1775 年，英国的进口商品和出口商品都增长到 500%至 600%。因为国民的普遍富裕，英国人从来没有像现在这样需要大量的中国茶叶。而英国人也从来没有像现在这样急于把自己生产的纺织品、钢铁产品及其他工业制成品卖到中国。(《全球通史》)

由于十三行的限制，多年来中英贸易处于严重不平衡状态。茶叶越来越成为欧洲人餐桌上必不可少的物品，但问题是，贸易的本质是交换。用什么来换取中国的茶叶？这是一个让英国人极为头痛的问题。英国本土出产的商品，很少能通过十三行在中国打开销路。从 1786 年到 1829 年，英国人八次把棉纺织品运到广州，结果都销路不佳。1821 年那次英国商人带来英花呢 4509 匹，剪绒与天鹅绒 416 匹，在广州市场上拍卖脱手，结果赔本 60%。(《林则徐"禁烟运动"新评》)

英国可以为中国皇室提供一些奢侈品，但市场需要量毕竟很少。除了在苏、浙一带棉花歉收时卖一点印度棉花外，英国人竟然找不到能卖给中国的东西。因此，英国人只能用现银来买中国茶叶。当时来广东的英国商船，船上只有 10% 是货物，另外 90% 以上都是现银。所以在中英贸易中，英国是连年绝对的逆差。从 18 世纪中叶起，白银一直占英国东印度公司对华输出货值的 90%。这样巨大的贸易赤字他们实在承受不了。他们急切地想绕开十三行，亲自深入中国市场，了解中国老百姓到底需要什么。他们不相信，在全世界都受欢迎的"英国制造"，在中国会打不开销路。

因此，在宁波贸易的尝试被阻止后，生性不那么驯服的英国人实在忍不住了。他们选择了派洪仁辉向中国皇帝控诉他们的"委屈"，并直接提出多口通商这个铤而走险的要求。他们认为，中国皇帝是通情达理的，只不过多年来一直被广州海关所欺骗，不了解中外贸易中的种种实情。如果他们找到渠道把真实情况反映到皇帝那里，皇帝派人一调查，一切都会真相大白，因为广州海关的贪腐几乎是公开的秘密。英明的中国皇帝也许因此而彻底改革这种无论从哪个角度来看都十分不合理的外贸体制。

在天津等了 7 天，直到 7 月 28 日晚 6 时，洪仁辉终于等来了一名官员。他告诉洪仁辉，乾隆皇帝已经读了他的状子。并且要他返回广州，听候皇帝派的专员在广州审理此事。

英国人的目的似乎达到了。读了这道状子，乾隆大为光火。在与外国人的交往中，政治永远压倒经济，天朝上国的体面是第一位的。如今海关官员贪污腐败到逼得外国人沿海直抵京畿，闹嚷嚷来告御状，这是中国历史上从没有过的事情。

皇帝批示，涉外事件，必须高度重视。“事涉外夷，关系国体，务须彻底根究，以彰天朝宪典。”

为了彻查此事，皇帝命福建将军新柱、两广总督李侍尧审理此案。

洪仁辉暗自得意。中英贸易中积累了几十年的问题，终于有机会解决了。他将要成为英国外贸界的英雄人物。

两广总督李侍尧向以“能员”“干练”闻名。他的最大特点是能洞悉皇帝旨意中每一个字背后的意义。

此案事实清楚，并不需要太复杂的调查取证过程。广州海关的贪污事实很快被送达皇帝面前。据1759年新柱、李侍尧向皇帝汇报说，外商所述基本属实：“外洋番船进口，自官礼银起，至书吏、家人、通事、头役止，其规礼：火足、开舱、押船、丈量、贴写、小包等名色共三十八条。头绪紊如，实属冗难。”

李侍尧很快就做出了判决：

一是惩处腐败。以“失察”为名，将粤海关监督李永标革职查办；参与贪污勒索的粤海关役吏“杖流科罚”。

二是免除部分陋规。但是由于大部分陋规实际上是政府的半合法收入，故此将这部分合法化。“规礼名目，一概删除，合并核算。”

三是同意英国人提出的一个小小要求，就是带来的自己消费的食品和生活日用品免税。“番商食用所需，已征进口，所有出口税银，准予豁免。”

这三点都是英国人的要求。

接下来的判决，就大出英国人的意料了：

一是英国商人提出多口自由通商等从根本上改革中国外贸制度的要求被斩钉截铁地驳回，告以中华体制，不可变更。

二是处理“汉奸”。在派遣新柱、李侍尧处理此案时，皇帝就提出了一个问题：天朝向来严格控制外国人在中国的活动，以防他们对中国内政有所了解。如今外国人直接闯到天津大沽来告御状，显然是有中国人在背后给出主意，至少也是顾问。要不然，外国人怎么会对告御状这么门儿清？此事必须查清楚。

因此，李侍尧在调查广州海关的同时，倒将更多的精力用于调查到底哪些中国人在英国人告状过程中提供了帮助。

经过细致调查，两个人物被确认与此事件有关，一是执笔请愿书的四川人刘亚匾，一是与洪仁辉有密切交易关系的安徽商人汪圣仪父子。

皇帝命令，将替英国人写状子的刘亚匾砍头。汪圣仪依照“交结外夷罪”，被处以杖六十、徒一年的刑罚，以为其他敢于交通外国人的华人戒。

三是将敢于北上告御状的英国人洪仁辉抓起来，以“勾结内地奸民，代为列款，希图违例别通海口”的罪名，“在澳门圈禁三年，期满后驱逐出境”。

· 8 ·

中国历朝历代，官府处理民众上访，一直是这样的思路：一方面，惩戒不法官员；另一方面，对于上访者也绝不给好脸子，以免鼓励这种歪风。所有带头上访者，不管有理没理，最后很少有好下场。

出了这样的事，皇帝认为是对外国人管理不严所致，他命令两广总督重新研究制定对外国人的管理办法。李侍尧精心制定了《防范夷商规条》，上报皇帝，立刻得到了批准。

这些规定有的是新订，有的是重申，具体内容如下：

按清政府的规定，外商只能在每年五月份到十月份间这个贸易期内可以在中国广州停留进行贸易，其他时间必须回国，或者居于澳门，绝不许在广州过冬。

在广州期间，他们不许到外面租房住。所有已租房屋，必须退回。“十三行街”两边都要派人严守，禁止外国人随意出入。外国人只能在每月初八、十八、二十八三次，由中国商人组织，外出到指定地方参观学习一次。

外商不得任意与中国人交往，中国人也不许为外商提供信息。以前外商经常雇用中国人到浙江等地打听各种物价高低，民间俗称为“千里马”。中国政府得知后严厉禁止，一旦发现，则严拿究治。

外商除了“通事”和“买办”外，不得雇用其他中国人为他们服务。英国人说“他们只能在地方官员佯作不知情的情况下才能雇用仆役”。

外商无事不许出门闲游，不能到广州城内观光，不得在江中划船取乐。

外商不得在中国进行板球、足球等体育活动。

外商出门，只能步行，不许坐轿。

外商不得学习汉语。刘亚匾被处死的罪名之一，就是教授夷人读书。（直至嘉庆年间的1807年，英籍教士马礼逊到广州学习汉语，还要遮住房间灯光，以保护他的中文教师。）

规定还重申，外商不许带老婆来中国。因为番妇袒胸露臂，有伤风化。另外，中国政府一贯不欢迎外国人在中国久住。如果携带妻儿老小一同住在中国，很容易乐不思蜀，欢送不走，平添不安定因素。

洪仁辉做梦也没想到，他自以为将留为后世传奇的上访就落得了这样的下场。外国商人的受约束状态进一步加剧，而他自己更是被关在澳门的囚牢里，苦苦熬了三年。天朝声威不可挑战，东印度公司的同仁们想尽了办法，也无济于事，只好任他一个人在中国人的监管下受苦。洪仁辉在写给英国同行的信中说：“我被关在一幢像笼子似的四间小房子里，全部门和窗都上锁，每晚七时，敲过锣和竹筒四五声后，即行上锁。早晨六时才开启，有两个人睡在室内，防我逃走。”

在另一封信里，他可怜巴巴地说：“我的脚浮肿很厉害，我不得不穿一

双大鞋，在脚跟的三四英寸以上有色肿纹，在伸脚时非常疼痛，希望医生给一些药物治疗……”（《东印度公司对华贸易编年史》）

这就是中国和英国第一次交往的结果。

· 9 ·

经过这次挫折，英国政府决定，必须派出使团，直接与中国政府建立联系，否则中英间的贸易问题永远无法解决。因此才有了开头的那篇禀文。

事实上，早在明朝万历十一年（1583年），英国伊丽莎白女王就怀抱着种种梦想，给中国皇帝写过一封小心翼翼的信，派遣商人纽伯莱送往中国，不幸的是，这封信在中途被葡萄牙人截获。

英国人无可奈何。那时的英国还是欧洲二流小国，只能任凭葡萄牙的欺负。

如今是今非昔比了。从万历十一年到乾隆五十七年（1792年），在二百多年的时间里，英国已经从一个无名小国崛起成为头号强国。1588年，英国击败西班牙无敌舰队，迈出了崛起的第一步。其后的英国革命结出了宪政之果，使英国率先在人类社会建立起了三权分立的宪政体制。宪政制度调动起了英国全国的活力。1652年到1674年，英国连续多次打败了荷兰，将今天的美国彻底划入其殖民圈。1756年到1763年，通过七年战争，英国又彻底打败法国，将印度和加拿大归于自己的统治，成为海上霸主。此时的英国早已称雄欧洲，海外殖民地遍及全球。他们称自己为“世上最强大的国家”。虽然一个是小小三岛，另一个是世界上面积最大的国家，一个人口只有八百万，另一个人口多达三亿，但国势蒸蒸日上的英国人却认为他们有充分的底气来与东方巨人握握手了。

使团的团长是国王的亲戚、著名外交家马戛尔尼勋爵。这个使团规模十分庞大，成员多达七百人，这些人包括了外交官、学者、医师、画家、乐师、技师和仆役，当然还有水手和士兵。这个使团不但是到那时为止的英国历史上规模最庞大的，甚至也创下了欧洲历史的纪录。

使团的使命是与中国建立有史以来第一个正式的外交关系。英国人希望在中国设立大使馆，与中国互派大使。希望与中国签订一个外交条约，建立稳定的外交关系。

当然，英国最迫切的目标是促使中国政府改革外贸体制，允许英国商人自由贸易，以减轻中国官员对外商的剥削和刁难。除此之外，他们还有更大的胃口，他们还打算劝说中国开辟新的、更方便的港口来进行贸易，比如宁波和天津。如果一切顺利，他们还打算提出一个他们自己也感觉有点过分的要求：给英国人提供一个小岛，让英国商人堆放货物，并长年居住。此外，还有一个不是最重要的，却为全体欧洲人所关心的任务："在不引起中国人怀疑的条件下，使团应该什么都看看，并对中国的实力做出准确的估计。"（佩雷菲特《停滞的帝国——两个世界的撞击》）

· 10 ·

1792 年，也就是乾隆五十七年九月二十六日上午，马戛尔尼使团分乘安装了六十四门火炮的战舰"狮子"号、巨大的三桅船"印度斯坦"号和一艘小型护卫舰"豺狼"号，从英国南部的朴茨茅斯港乘早潮出发了。

为了敲开中国的大门，英国人确实动足了脑筋。

多年来与中国官员打交道，使他们深知中国政府的骄傲自大和刚愎自用。他们知道，如果以外交谈判的架势前往中国，很可能被拒之门外。所以他们找了一个非常冠冕堂皇的借口——向乾隆皇帝祝寿。当官不打送礼的，给皇帝拜寿，应该会受到皇帝的亲自接见吧。

因此，刚刚接到任命通知后，马戛尔尼就向英国外交大臣提出："不要使北京朝廷感到意外，要先行通知特使行将到来，特别要发出声明，保证此行的目的不是强求改正过去所受的委屈，只是代表国王参加向皇帝祝贺八十大寿的庆典，并附带谈一下两国以后贸易的互利问题。”

对于使团的规模和座舰，英国人也是精心考虑。马戛尔尼认为，要使中国对英国重视起来，必须使使团的外表令人注目。“对付一个如此骄傲的朝廷，它对西方国家的力量与重要性无知，而坚持东方式的妄自尊大，就必须给予皇帝及其大臣以庄严华丽的印象。”（《东印度公司对华贸易编年史》）所以，他特意安排以兵舰作为大使座舰，并派轻装步兵和野战炮上船以作检阅之用，以直接展示英国军力。

在准备礼品过程中，他们更是费尽了苦心。他们知道，乾隆皇帝是一个喜欢西洋物品的人。他们也知道，其他欧洲国家的天主教士已经向中国传播了一些欧洲的科技产品。不过那都是一百年前的技术了。“天主教传教士未能把我们最现代的机器展示给中国人。把我们最新的发明，如蒸汽机、棉纺机、梳理机、织布机介绍给中国人，准会让这个好奇而灵巧的民族高兴的。”（佩雷菲特《停滞的帝国——两个世界的撞击》）

他们要选择那些最能体现欧洲技术进步的产品，准备让中国人大吃一惊。

他们带上了他们所能想到的所有好东西：天体运行仪、地球仪、赫歇耳望远镜、帕克透镜、气压计等科学仪器；还有蒸汽机、棉纺机、梳理机和织布机等工业机器；也有吊灯、座钟、机织布料、韦奇伍德瓷器、带有减震装置的马车、用特种钢制作的刀剑等生活用品；也还有榴弹炮、迫击炮、卡宾枪、步枪、连发手枪等先进武器和装备有一百一十门火炮的巨型战舰“君王”号舰艇模型；另外还准备进行机械和光学示范以及热气球和复滑车表演，也准备进行陆军、炮兵表演和铜管乐队的演奏。

他们甚至还带去了一个热气球驾驶员，如果皇帝感兴趣，可以坐着英国的热气球到天上转一圈。那样，他就成为东半球第一个飞上天空的人。英国人充分相信，这些全人类文明的最新成果一定会让中国皇帝大开眼界，对欧洲人刮目相看。因为他们通过贸易深知，中国的工业还停留在中世纪时代，与英国的差距实在是不可以道里计。

· 11 ·

英国人判断得很准。乾隆皇帝被这些还没有到来的礼品吊足了胃口。早在英国人到来前几个月，皇帝就已经降旨给直隶、山东、江苏、浙江、福建等沿海几省最高长官，命他们无论何时遇到英国船只，都要马上稳妥地护送进京，不得迟误："海洋风帆无定，或于浙闽江苏山东等处近海口岸收泊，亦未可知。该督抚等如遇该国贡船到口，即将该贡使及贡物等项派委要员迅速护送进京，毋得稍有迟误。"

对于使团船只到天津之后的搬运问题，皇帝想得也很周到。他提前吩咐："该贡船到达天津时，若大船难于进（海）口，著穆腾额预备小船，即将贡物拨运起岸，并派员同贡使先行进京。不可因大船难以进口，守候需时，致有耽延也。将此传谕各督抚知之。"

皇帝的心急火燎一目了然。

经过九个月的行驶，英国使团终于抵达了中国。1793 年 7 月 26 日，他们抵达天津大沽口外。两位中国官员登上了"狮子"号。寒暄过后，他们开门见山地询问起"贡品"情况："中国官员对于特使携带的礼品更是关心，正式请求先将礼品单送呈皇帝阅览。这项请求自始至终是中国方面所最关心的问题。所有同使节团沿途接触过的中国官员以及在广州同东印度公司代理人方面接触的中国驻广东官员无不提出这一个问题，足见他们对携带的礼品是如何的重视。"（斯当东《英使谒见乾隆纪实》）

并不是他们重视，而是他们知道皇帝心急。

如他们所愿，英国人提交了"贡品"名单和详细的说明。它们被迅速转交给了皇帝。

英国人到达北京时，皇帝正在承德。他的八十三岁生日将在这里举行。皇帝命人将运到北京的英国礼品画出图样，飞马送到承德供他观览。由于一些礼品太大，运输到承德可能损坏，皇帝特意指示，比较大的八件礼品在北京安装，其余那些，随“贡使”一起运到承德，让他先睹为快。

皇帝在承德等了几天，礼品图样一直没有送到，这引来性急的老皇帝一通训斥：

> 贡使于十七日到园，距今已有六日。今日本报到来，朕以金简等必将如何装饰，及西洋人并首领太监在旁观看，是否得其安装方法，大概情形分晰附本报具奏，乃竟无一言奏及，殊为不解！……金简、伊龄阿、徵俱著传旨申饬……仍著金简遵照昨降谕旨，逐一开具尺寸清单，一并迅速具奏，勿再迟延干咎。（《乾隆上谕档》）

皇帝对礼品的关注显然是一个鼓舞人心的消息，英国人把这个理解成对英帝国的重视。与此同时，皇帝在使团北上的一路上又下达了大量指示，指示地方官员对英国人给予最高标准的礼遇。这使英国人认为，这意味着中国人充分认识到了英国在世界上的分量。使团很有可能顺利完成使命，开辟中英贸易的坦途。

两个国家彼此的柔情蜜意一直持续到使团到达承德。

就是在这里，双方发生了第一次不愉快。原因是中国官员提出，马戛尔尼觐见皇帝时，必须行三跪九叩之礼。这让“世界上最强大的国家”的使节大吃一惊，他立马拒绝了这一要求。

误会从一开始就产生了。英国人采取了祝贺生日的伪装，而这很容易被中国人理解为称臣纳贡。而有中国特色的翻译环节，加重了这个误会。

传统中国对翻译的要求不仅仅是“准确”，那些对皇帝心思揣摩得十分透彻的中国翻译深知怎么样才能得到皇帝的欢心。所以在翻译时，他们往往将外国来文的语气加工得十分“恭顺”。前面提到的那篇皇帝读后认为情词极为恭顺的“虔叩天地保佑天朝大人福寿绵长”的呈文，其实原文并不怎么恭顺，翻译们却在汉文中添加了“谨呈天朝大人，恭请钧安”，“虔叩天地保佑天朝大人福寿绵长”等原文中根本没有的“惯用语”。同样，英国国书经过中国翻译加工后，也味道大变。

国书的原文是这样的：

英王陛下奉天承运，事事以仁慈为怀，践祚以后，除随时注意保障自己本土的和平和安全，促进自己臣民的幸福、智慧和道德而外，并在可能范围内设法促使全人类同受其惠。在这种崇高精神的指导下，英国的军事威力虽然远及世界各方，但在取得胜利之后，英王陛下对于战败的敌人也在最公平的条件下给以同享和平的幸福。除了在一切方面超越前代增进自己臣民的繁荣幸福外，陛下也曾几次派遣本国最优秀学者组织远航旅行，作地理上的发现和探讨。此种举动绝非谋求扩充本国已经足以满足一切需要的非常广大的领土，亦非谋求获取国外财富，甚至并非谋求有益本国臣民的对外商业。陛下志在研究世界各地的出产，向落后地方交流技术及生活福利的知识，增进整个人类世界的知识水平。

改头换面之下，就成了如下内容：

英吉利国王热沃尔日敬奏中国大皇帝万万岁。热沃尔日第三世蒙天主恩，英吉利国大红毛及佛部西依拜尔呢雅国王海主恭惟大皇帝万万岁，应该坐殿万万年。本国知道中国地方甚大，管的百姓甚多，大皇帝的心里常把天下的事情、各处的人民时时照管，不但中国的地方，连外国的地方都要保护他，他们又都心里悦服，内外安宁。各国所有各样学问各样技艺，大皇帝恩典都照管他们，叫他们尽心出力，又能长进生发、变通精妙。本国早有心要差人来，皆因本境周围地方俱不平安，耽搁多时。如今把四面的仇敌都平服了，本境平安，造了多少大船，差了多少明白的人漂洋到各处，并不是要想添自己的国土，自己的国土也够了；也不是为贪图买卖便宜，但为着要见识普天下各地方有多少处，各处事情物件可以彼此通融，别国的好处我们能得着，我们的好处别国也能行着。恐各处地方我们有知道不全的，也有全不知道的，从前的想头要知道，如今蒙天主的恩可办成了。要把各处禽兽草木土物各件都要知道，要把四方十界的物件各国互相交易，大家都得便宜。是以常想着要将各国的风俗礼法明白了。如今闻得各处只有中国大皇帝管的地方风俗礼法比别处更高，至精至妙，实在是头一处，各处也都赞美心服的，故此越发想念着来向化输诚。

翻译们自作主张，让英国国王在信中欢呼中国“大皇帝万万岁，应该坐殿万万年”，又删去信中英王说他自己“仁慈为怀”，关注臣民与全人类的幸福，及其军事威力强大，“远及世界各方”，对战败的敌人，“在最公平的条件下，给以同享和平的幸福”等语，反而把这样内容加在乾隆身上，改写成英王赞扬乾隆“大皇帝心里常把天下的事情、各处的人民时时照管”，不论中国人或外国人，大皇帝“恩典”，“都要保护”。

读了这样的译文，能不认为英国人是前来进贡的吗？

“平等精神”和“等级观念”，这是英国人和中国人的矛盾焦点所在。在英国人眼里，他们对中国进行的是一次平等的友好访问。而在中国人眼里，国际关系中根本没有“平等”二字。凡是到中国来者，都是向中国表达顺从。中国人处理国内事务时，以等级制度为原则来获得秩序。他们处理外交事务时，也依然如此。朝贡体系的核心精神是等级制度，是基于文明不平等而产生的政治不平等。

而马戛尔尼的头脑中，文明国家的外交是平等的。英国人是以英国绅士的姿态，挺着腰板来到中国的。航行几万里，只为了给中国皇帝磕个头，这对英国人来说是不可想象的。马戛尔尼使团的目的是“为了使整个东方向英国开放贸易，并使英中关系建立在条约的基础上”。那个时代英国人头脑里装着的是欧洲社会流行的启蒙运动的信念，那就是外交是为经济利益服务的，而扩大国际贸易对全世界都有益。欧洲人的贸易理论认为，自由贸易可以扩大生产，互通有无，提高就业水平，改善人类整体的福利。在起程之前，马戛尔尼说过这样慷慨激昂的话：“要使人类的知识更趋完善，不顾我们天性里的缺陷去建设一个幸福的社会，这就不光需要我们同中华帝国间建立起自由的、不受限制的关系。”这是典型的启蒙时代的话语。

因此，英国人说：“在地球上我们必须渴求的唯一东西是贸易自由。我们比地球上其他商业国家拥有更多的工业、更多的首创精神和更多的资本，除了开拓市场我们别无所求，让我们忠实地与对手开展竞争吧。”正是在这种信念下，马戛尔尼被授权向乾隆表述说“大英帝国除了为了全人类的利益外别无所求”。（《中英通使二百周年学术讨论会论文集》）

然而，在乾隆时代，这是中国人根本无法理解的观点。中国人的财富观是静态的，他们不相信贸易会增加整个人类的财富。在西方人眼中，利润是压倒一切的。而中国对外部世界的利润从来不屑一顾。在中国人眼里，天朝的尊严是至高无上的。英国人不太理解中国人为什么如此在乎那个三跪九叩之礼，而中国人也实在不能理解英国人为什么拒绝做这个并不难学会的动作。两个民族的思维，实在是大相径庭。

英国人拒绝行礼的消息震动了整个中国朝野。中国朝廷的脸色立刻由晴转阴。

英国人记述道，他们会见和珅谈判觐见礼仪时，遇到了一副阴沉的脸色：“和中堂接见公使的时候坐在正中一个铺着绸的高椅上，两旁有四个大臣。”“他们见了我们也不起立，态度冷漠，语气傲慢专横。”英国人感觉和珅故意摆出一副高高在上的架势："为了表示国家的尊严，他们似乎决心避免以平等的精神回答特使的敬意。"（斯当东《英使谒见乾隆纪实》）

关于在此之后的争执的记载，已经汗牛充栋，没有必要在此罗列。事情的结局众所周知：因为英国人拒绝行礼，整个中华帝国都极为不悦。最后双方各退一步，英国人同意单膝跪地，随众俯首，中国人也不再勉强他们非要把头碰在地上。晋见因此勉强得以举行。

不过从此之后，中国人对英国人的态度发生了巨大变化。他们餐桌上的菜少了三分之二，剩下的也不再可口。其他丰富的供给也减量一半，甚至英国人所住的宾馆档次也降低了一格。中国官员的脸色冷淡下去。一切都表明，这个帝国感觉自己受到了侮辱。

· 12 ·

但是，不论是中国人还是英国人，都是实力论者。他们都十分清楚，国家的实力主要建立在军事及物质基础之上。因此，英国人对于此行还抱有希望。他们认为，皇帝看到那些代表英国国力的礼品后，会改变对英国人的态度。

确实，英国人的倨傲并没有影响皇帝对英国礼品的关注。

皇帝首先看到的是运到承德的体积较小的礼品，内容如下：

二百匹呢料，两台大望远镜，两支气枪，两支漂亮的猎枪，其中一支嵌金，另一支嵌银；二对加长了像步枪的马枪（可一次连射八发子弹）；两箱爱尔兰特产波纹绢，每箱装七匹；两箱高级英国手制华贵地毯。还有一大批英国贵族和名人的肖像。

皇帝细细观看了这些"贡物"，不过略感失望。皇帝期望的是看到"自行人""机器狗"那样匪夷所思、巧夺天工的玩具。他并不需要呢料，在他的印象中，英国的呢子除了做帽子外别无用处，而他并不需要那么多帽子。至于枪械他也应有尽有。老人恋旧，虽然这些英国枪支做工很别致，但他用不太习惯，况且大生日的舞刀弄枪不太适合，所以他也没有试用。至于“千里镜”，在康熙年间就传到过中国。这两架大的望远镜他看了半天，除了别的望远镜是从正面看，这是从旁边看，似乎没有什么本质上的区别。事实上，只有专业人员才能明白赫歇耳望远镜与普通望远镜的本质区别，而中国并无这样的人才。英国人在写礼品清单时，十分强调这架望远镜的特殊之处，还特意强调了它是大科学家牛顿所发明。可是英国人的一片苦心白费了。在翻译时，翻译图省事，语焉不详，而且漏掉了牛顿的名字。

这些东西让皇帝兴趣索然。

真正让皇帝感兴趣的是其中的印刷品，喜欢绘画的皇帝承认这批画作确实十分精美。留在圆明园没有北上的巴罗写道：“（这批印刷品）主要是英国贵族和名人的肖像。为了易于接受，用黄色的摩洛哥革装订成三册。皇帝对这批肖像极其欢喜，派飞骑来到圆明园，（向英国画家）索要每一个人的姓名、爵位和官衔，并将其译成满文和中文。”

看过之后，皇帝命人把这些贡品摆在澹泊敬诚殿前，供中国百官观赏。

虽然对这些小件礼品有些失望，不过对于那些留在北京的大件，皇帝还是充满期待。毕竟，这些东西用了三千人才运到，光安装调试花了二十多天的时间，其新奇巧妙，应该可想而知。

为了早点见到这批礼品，皇帝取消了每年生日之后都要举行的狩猎活动，提前返回北京。回到北京后，皇帝没有进城，而是直接去圆明园看贡品。因为马戛尔尼不愿在他面前下跪，所以他没法叫马氏陪同讲解。“皇帝一到圆明园，便前来观看礼品——这是当时在场的丁维提告诉我们的。他宁愿表现出这一合乎情理的好奇姿态，因为他知道马戛尔尼不会来向他夸耀这些‘贡品’。特使只是在第二天才获悉皇帝参观的事。”

然而皇帝的反应大出英国人的意料之外。英国人对“天体运行仪”寄予了很大希望。它向中国人立体而清晰地展示了太阳系的全貌。中国人的宇宙观还停留在天圆地方阶段，而英国人已经通过仪器，直观地告诉了中国人地球是如何围绕太阳运动的。“该仪器准确地模仿地球的各种运动，月球绕地球的运行；从仪器上还可看到太阳的轨道，带四颗卫星的木星，带光圈及卫星的土星等……它所设计的天体运行情况可适用一千多年。”

然而在翻译过来的清单中，这个仪器被称为“天文地理大表”，中国人认为，它是用来测算节气的。甚至认为它和那种被称为“八音盒”的音乐装置类似。

皇帝也没有兴趣弄明白这架奇怪的大表到底是做什么用的。他关心的是里面的机关消息是不是与以前见过的钟表有什么不同。然而，据中国匠人汇报，并无新奇之处：据派出学习之西洋人及首领太监、匠役等佥称，连日留心看得大表内轮齿枢纽运转之法，并无奇巧，与京师现有钟表做法相同。

皇帝因此对它就没了兴趣。

至于地球仪，皇帝更看不上眼。因为这东西康熙的时候就传到中国来了。宁寿宫、乐寿堂里的地球仪已经放了上百年了。英国人想要通过地球仪展示的是他们的地理知识和航海成果。“该地球仪标有受英王陛下之命在世界各地远航所发现的新地方，并画出所有这些远征的航海路线。”而这些奇怪的地名和符号，皇帝根本看不懂。况且翻译也没有提到什么新航线的问题，只翻成：“天下万国四州山河海岛，都画在球内。亦有海洋路道，及画出红毛船只。”

对于那架“地理运转架”，皇帝和中国官员只注意到了其座架花纹一般，不如宫中旧藏：“地理运转架一件……座架上装饰花纹尚不及景福宫仪器精好。”

唯一引起皇帝兴趣的是帕克透镜。英国天文学家在皇帝面前卖力地做着各种示范。他将一块金属放在透镜前面，一会儿工夫，金属熔化了。皇帝十分惊奇，由此得出了结论：“无论透光镜或望远镜的原料都是玻璃，同一种东西通过欧洲人的技巧而做出不同功能的仪器来。”

这真是典型的中国人的思维方式。

不过皇帝并不以为奇。西洋人的长处就在于制造这些淫技奇巧而已，于人生日用并无大的裨益。试想，谁会用这样笨重的家伙来点火呢？只有和珅表现出了漫不经心的兴趣和一定程度的敏锐。“和珅用它来点他的烟斗——似乎这个仪器只是个‘笨重的打火机’——并提了几个问题：‘是否可以用这透镜去火攻敌方的城市？阴天时它们如何起作用？’但他并不听回答。”

帕克透镜的表演以哄堂大笑结束：“一个冒失的太监伸出手指被烧痛了，匆忙把手缩了回来，这引起了哄堂大笑。示范表演就到此为止。这太可怜了。”

皇帝又看了一眼气压计，确定了他的失望。“他看了一眼气泵，临走时冒出这么一句话：‘这些东西只配给儿童玩。’”

在礼品中，英国人最希望中国人重视的是“君王”号的缩小模型，这是一艘装备着一百一十门大炮的战列舰，是英国舰队中最出色的战船。如英国人所愿，皇帝被它吸引了片刻。但是他提的问题却遇到了翻译上的困难。

皇帝扫兴地走了。不过基于他不同寻常的英明伟大以及他的军事素养，他后来还是补看了一下英国火炮的演练。不过很不幸，他们没有用英国炮手。“来了一名官员，他要求把炮弹即刻送到圆明园去试射。但中国人自以为技术熟练，没有要用我们的炮手。”

这次没有英国人目击的演练效果如何，不得而知。不过从此之后，这些欧洲的最先进的迫击炮就再也没有被搬出来用过。总的来说，皇帝认为英国人是一个爱吹牛的民族，开始所称的极大极好的贡物，只不过是“张大其词”，很多甚至比不上中国人自制的“精巧高大”。

皇帝总结说：

> 现今内府所制仪器，精巧高大者，尽有此类……至其所称奇异之物，只觉视等平常耳。

· 13 ·

英国使团还有一样撒手锏。这虽然不是什么高精尖产品，但使团成员几乎个个认为它会在中国打开销路，这就是英国马车。

中国马车几千年来一直没有大的变化。由于车轮是木制的，座位位于轮轴上方，人正好坐在重心上，又没有弹簧等减震设备，因此乘客饱受颠簸之苦。坐上几十里路，往往困顿不可言状。

英国人马上注意到了这一点。他们发现，甚至皇帝坐的马车也是一样的不舒服："皇帝轿后有一辆二轮马车，式样笨重，又无弹簧座位，同中国的普通马车相差无几……同英国赠送的舒适、轻便、华丽的马车比较起来，上下悬殊简直无法比拟。"（斯当东《英使谒见乾隆纪实》）

而中国人乘坐英国马车的感受也让他们信心大增。斯当东写道："特使在这段路上乘坐从英国带来的马车。从北京到鞑靼区这条路上，这样规模的大马车，大概首次遇到。特使有时约请几位同行的中国官员进到车来同坐一起。中国官员最初怕车身太高，容易倾覆，特使告诉他们绝对安全。他们坐在车上，看到各种灵巧设计，尝试到舒服的弹簧座位，可以随意开关的玻璃窗和百叶窗，车子走得又稳又快，他们乐不可支。"

如果说皇帝的科技知识缺陷使他无法理解英国科技仪器的过人之处，那么他的屁股总能感受到西洋马车的舒服吧？

他们因此判断，这将成为英国人用来交换茶叶的有力武器："中国人的民族感情总无法否认和抵抗舒服方便的实际感觉。如同钟表和布匹一样，将来英国马车在中国也将是一大宗商品。"

不料，事实证明这又是一个可笑的一厢情愿。英国人"进贡"的两辆有弹簧减震设备的马车，根本没有被乾隆看见。因为车子的形制不合中国规矩：

> 所有礼物当中，那辆哈切特制作的漂亮马车最叫中国人伤脑筋了。京城从来没见过这种东西。光是车上哪一部分是供皇帝乘坐的就让他们争执不休了。那辆冬天用的马车驭座篷罩带有漂亮的花边，装饰着玫瑰垂饰。它华丽的外表和高耸的位置让大多数人立即认定这是皇帝的座位。但是车厢之内该由谁坐就难以判断了。他们检视了窗户、百叶帘、帷幔，最终得出了结论，那只能是给他的嫔妃坐的了。那个老太监跑来问我，听说那个漂亮的高座是给车夫坐的，皇帝的座位在车厢里面，他面带讥笑地问道，难道我认为大皇帝会容忍有人坐得比他还高、把背冲向他吗？他想知道，我们是不是有办法把那个驭座拆下来，移到车厢的后面去。（《我看乾隆盛世》）

原来，西式马车车夫的座位位居车厢的前面且高高在上，车夫背对皇帝，不合中国的礼制，只好将这辆车“束之高阁”。

这件事很容易让人想到乾隆的重孙子媳妇慈禧的另一件事：1898 年，外国人送给太后一辆德国杜依尔汽车公司生产的第一代奔驰轿车。从普通人角度分析，这大奔至少要比马拉的轿车减震性能好，也要比人抬的凤辇减少颠簸感。然而，史料记载慈禧对这辆大奔并不满意。因为这辆车里，司机坐在太后的前面，这让慈禧很扫兴。因而仅仅坐了一次，这辆豪华的大奔就被慈禧弃而不用了。从那时起，这辆大奔就一直停在颐和园内。

· 14 ·

对礼品的失望加重了皇帝对英国人的反感。他认为自己受了“张大其词”的英国人的骗了。

而马戛尔尼偏偏选择了这个时候通过和珅向皇帝提出了英国的几项主要要求。他认为，皇帝认真观看了英国礼品后，应该对英国有所敬畏了。

见到马戛尔尼的这封信，皇帝才明白了英国使团的主要目的，并非是庆祝他的生日，而是想提出这些过分的要求。

即使是心情良好，皇帝也绝对不会考虑同意英国人要求中的任何一条。为大清王朝确定一系列永不变更的制度，是皇帝在位几十年一直致力的事情。因为一个小小的岛国几件不合胃口的礼品，就改变天朝定制，是不可想象的。

皇帝给英国人下了一道长谕，逐条驳回了英国人的请求：

关于英国人想与中国互派使节，皇帝说：

至尔国王表内恳请派一尔国之人住居天朝，照管尔国买卖一节，此则与天朝体制不合，断不可行。向来西洋各国有愿来天朝当差之人，原准其来京，但既来之后，即遵用天朝服色，安置堂内，永远不准复回本国。此系天朝定制，想尔国王亦所知悉。今尔国王欲求派一尔国之人住居京城，既不能若来京当差之西洋人在京居住不归本国，又不可听其往来常通信息，实为无益之事。且天朝所管地方至为广远，凡外藩使臣到京，驿馆供给，行止出入，俱有一定体制，从无听其自便之例。今尔国若留人在京，言语不通，服饰殊制，无地可以安置。若必似来京当差之西洋人，令其一例改易服饰，天朝亦从不肯加人以所难。设天朝欲差人常住尔国，亦岂尔国所能遵行？况西洋诸国甚多，非止尔一国。若俱似尔国王恳请派人留京，岂能一一听许？是此事断断难行。岂能因尔国王一人之请，以致更张天朝百余年法度？

关于开放珠山、宁波、天津，皇帝说：

向来西洋各国，前赴天朝地方贸易，俱在澳门，设有洋行收发各货，由来已久，尔国亦一律遵行，多年并无异语，其浙江、宁波、直隶、天津等海口均未设有洋行，尔国船只到彼，亦无所销卖货物，况该处并无通事，不晓语尔国语言，诸多未便，除广东、澳门地方仍照旧交易外，所有尔使臣请向浙江、宁波、珠山及直隶、天津地方船泊贸易之处，皆不可行。

对在北京设一洋行，皇帝说：

京城为万方拱宸之区，体制森严，法令整肃，从无外藩人等在京城开设货行之事……天朝疆界严明，从不许外藩人等稍有越境掺杂。是尔国欲在京城立行之事，必不可行。

关于英国人想"获得"一个岛，放置货物，皇帝说：

尔国欲在珠山海岛地方居住，原为发卖货物而起。今珠山地方既无洋行，又无通事，尔国船只已不在彼停泊，尔国要此海岛地方，亦属无用。天朝尺土皆归版籍，疆址森然，即岛屿沙洲，亦必画界分疆，各有专属，况外夷向化天朝交易货物者，亦不仅尔英吉利一国。若别国纷纷效尤，恳请赏给地方居住买卖之人，岂能各应所求。且天朝亦无此体制，此事尤不便准行。

至于让生活在广州的英国人获得更大的自由度这个小小的要求，皇帝同样断然拒绝。英国人希望能住到省城之内，并且恳求说，他们在广州期间，应该有骑马、从事他们喜爱的体育运动和为健康而进行锻炼的自由。英国人还保证说，他们将注意在得到准许后将不打扰中国人的生活。但皇帝认为，这个问题过去早有过定制，不容更改。他说：

向来西洋各国夷商居住澳门贸易，画定住址地界，不得逾越尺寸。其赴洋行发货夷商，亦不得擅入省城，原以杜民夷之争论，立中外之大防。今欲于附近省城地方另拨一处给尔国夷商居住，已非西洋夷商历来在澳门定例。况西洋各国在广东贸易多年，获利丰厚，来者日众，岂能一一拨给地方分住耶。至于夷商等出入往来，悉由地方官督率洋行商人随时稽查，若竟毫无限制，恐内地民人与尔国夷人间有争论，转非体恤之意。核之事理，自应仍照定例，在澳门居住方为妥善。

关于改革广州贸易体制并公开关税，皇帝则说：

粤海关征收船科，向有定例……毋庸另行晓谕。

总之，马戛尔尼的所有要求，一字不落，全部被否定。在结尾处，皇帝总结说：

以上所谕各条，原因尔使臣之妄说，尔国王或未能深悉天朝体制，并非有意妄干。朕于入贡诸邦诚心向化者，无不加之体恤，用示怀柔。如有恳求之事，若于体制无妨，无不曲从所请。况尔国正僻处重洋，输诚纳贡，朕之赐予优嘉倍于他国。今尔使臣所恳各条，不但于天朝法制攸关，即为尔国代谋，亦俱无益难行之事。兹再明白晓谕尔国王，当仰体朕心，永远遵奉共享太平之福。若经此次详谕后，尔国王或误听尔臣下之言，任从夷商将货船驶至浙江、天津地方欲求上岸交易，天朝法制森严，各处守土文武恪遵功令。尔国船只到彼，该处文武必不肯令其停留，定当立时驱逐出洋，未免尔国夷商徒劳往返。勿谓言之不豫也。其凛遵毋忽。

· 15 ·

乾隆的这道谕旨，向世界宣告了通过和平方式打开中国大门的不可能。

乾隆不知道，他错过了世界留给中国的最后一个机会。

在地理大发现之前，中国对外部世界一直是怀抱着相当兴趣的。汉武帝多次派人外出探险，与欧洲遥通声息。唐代开始，中国对外贸易已经相当繁荣，“自伊吾以西，波斯以东，商旅相继，职员不绝”。各色人种的商人聚集长安，一直是大唐开放气派的一个标志性证明。两宋海外贸易更为繁荣，数代皇帝对外贸都十分重视。北宋神宗曾说：“东南利国之大，舶商亦居其一焉。”因而他要求臣下“创法讲求”，以“岁获厚利”。南宋偏居东南一隅，对海外贸易的依赖性更强。宋高宗说：“市舶之利最厚，若错置合宜，所得动以百万计”，“市舶之利，颇助国用。宜循旧法，以招徕远人，阜通货贿。”南宋外贸收入在国家财政中占据了相当大的比重。大元王朝的开放直接导致了《马可·波罗游记》的诞生。马可·波罗记载当时刺桐港（泉州）繁荣的盛况：

> 船舶往来如织，装载着各种商品……这里胡椒出口量非常大，但其中运往亚历山大港以供应西方各地所需的数量却不到百分之一。大批商人云集于此，货物堆积如山，买卖的盛况令人难以想象。虽然贸易关税和运费加在一起占到了货物价值的一半以上，但剩余的一半仍有很大的利润。

15世纪末、16世纪初的地理大发现使人类社会出现了前所未有的大变局。从16世纪起，西方国家以葡萄牙为先锋跨越重重大洋终于来到神往已久的东方海面。它们在东南亚及中国大陆东南海域的岛屿建立贸易据点，展开激烈的贸易霸权争夺。全球化过程从此开始，任何国家闭关自守，已经不可能。而恰恰从此时开始，中国开始转向闭关锁国。

当西方人出现在东方海面之际，中国恰逢改朝换代。在农民出身的明太祖朱元璋看来，海外贸易除了进口些用不着的奢侈品，以及带来危险的海外势力外，不能给国家带来任何好处。所以他下诏厉行海禁，“片板不许下海”，不仅海外贸易，连近海内贸都在禁止之列。虽然明成祖时期郑和七下西洋，但是其目的仅仅是招徕朝贡国以及追踪建文帝。明成祖去世后，这种赔本买卖很快停止了。虽然明朝中后期部分开放海禁，允许小规模海外贸易，但仍然禁令重重。嘉靖年间，明世宗规定：“不许制造双桅以上大船，并将一切违禁大船，尽数毁之。”明初郑和宝船有 9 桅之多，船的吨位也大至 1500 吨左右，而双桅船的载重量则只能在 500 石以下。这一禁令影响持续了 300 余年，直到 1820 年，中国驶往东南亚的海船仍限制在两桅。

清朝建立后，由于台湾郑氏势力的存在，一度宣布禁海。康熙二十二年（1683 年）六月，清朝收复台湾，同年十月，开放海禁。这是中国赶上世界的最后一个机会。从内外条件来讲，中国都处于有利地位。从内在条件看，康乾时代，中国的制造业在整个世界经济中具有特殊重要的地位，绸缎、生丝、瓷器、茶叶等独步世界的商品不仅销往南洋、日本、中亚等传统国家和地区，而且远销俄国和欧美。一直到乾隆辞世的 18 世纪末，中国在世界制造业总产量所占的份额仍超过整个欧洲 5 个百分点，大约相当于英国的 8 倍，俄国的 6 倍，日本的 9 倍。中国 GDP 在世界总份额中占到将近 1/3，比今天美国在世界经济中所占份额还要高。贡德・弗兰克说：“作为中央之国的中国，不仅是东亚纳贡贸易体系的中心，而且在整个世界经济中即使不是中心，也占据支配地位。”（《白银资本》）当时中国的海外贸易，无论对东洋还是南洋，都是大量出超，处在非常有利的地位。

从外部环境看，17 世纪后半期，葡萄牙和西班牙的海上霸权已经衰落，后起的荷兰也进入衰落的过程中。英国还未走出革命后的内政困扰，其向东亚的大规模扩张是 18 世纪中期以后的事情。从 17 世纪后半期到 18 世纪前半期，可以说是东南亚海上力量的空白期。甚至从马戛尔尼访华到英国有能力直接攻击中国，还有几十年的时间。如果乾隆能通过马戛尔尼访华敏锐地感觉到迫在眉睫的威胁，并抓住这最后的时机积极经略海上，加强中外海上交流，并非没有可能获得大量最新西方军事及科技成果，迅速赶上世界水平。（《16 世纪至 19 世纪鸦片战争前的中国海外贸易政策述评》）

可惜，这仅仅是一个假设。中国文化并没有提供这个可能。中国人从这次交往中所获甚微。

在马戛尔尼离开中国后，乾隆皇帝得出结论说：

> 该国夷人虽能谙悉海道，善于驾驶，然便于水而不便于陆，且海船在大洋，亦不能进内洋也，果口岸防守严密，主客异势，亦断不能施其伎俩。

“便于水而不便于陆”，在后来的鸦片战争时期，中国官员得出的结论仍然与此毫无二致。

马戛尔尼使团的到来对中国重大的后果只不过是在天朝的朝贡国名单中多了一个名叫“英吉利”的海外番国。在嘉庆十六年（1811 年）开始重修的清代第三部一统志中就增加了“英吉利”一条。

· 16 ·

虽然英国人拒绝下跪，惹得乾隆生了一肚子气，但精明过人的皇帝仍然不愿意放过利用这次英国人来访标榜自己的统治的机会。英国人送来的大批衣料，被他赏给了大臣们，让他们看看新鲜，并且特意说明这是英国人万里远来进贡的东西，以使“内外大臣共知声教覃敷之盛”。不过，有一些大臣头脑不够灵光，收到赏赐后的谢恩折中未说明是收到了英国所进之物。皇帝对此深为不满。乾隆五十八年（1793年）特意因此而降旨说：“本年英吉利国遣使赴京，祝禧纳赆。朕因系远夷所进方物，特命分赏，俾内外大臣共知声教覃敷之盛。督抚等接奉后，谢恩折内自应将所赏物件系英吉利国呈进之处叙明。昨朱圭奏到折内即将此意叙入，乃本日蒋兆奎谢恩之折，止称奉到恩赏哔叽褂料一件，而于英吉利国所进并未一字提及，竟系无故而特加赏赉。所奏殊不明晰。”虽然英国人的进贡过程闹得很不愉快，但清王朝上下仍然毫不费力地将此事归纳为圣朝光荣伟大的证明。长芦盐政徵瑞在奏折中就这样写道：“圣主至德如天，外夷闻风向化，吉祥好事甚多。”直隶总督梁肯堂在奏折中亦说：“英吉利遣使入贡，实为圣朝吉祥盛事。”

那几样最大、最精美的礼品，比如那个“大表”，被皇帝当成了装饰品，分别陈列在了圆明园及大内。至于小件礼品，大都随意处置了。英国人礼品中有一批金属工具，这些“钢铁制成品”，是“为了皇帝陛下可以同中国同样物品做一比较”，目的是展示英国金属加工工业的发展水平。斯当东乐观地认为：“将来东印度公司的船假如能开到天津，英国伯明翰和谢菲尔德的货品（五金器具）只在北京一个地方就可以销很多”。而皇帝是怎么处理的呢？档案记载，当年十月二十九日，皇帝把它们当成“铁家伙”赏给了造办处的工匠们使用。“十月二十九日，库掌舒兴、催长恒善来说，太临监鄂鲁里交西洋铁家伙一件，英吉利国进，传旨，著赏给造办处匠役用。钦此。”

那些代表了当时最高水平的军火还有那驾没法被皇帝看见的马车则被锁进仓库，再也没有人关心过。1860年英国人抢劫圆明园时，又找到了六十年前他们进贡来的东西。“在金库旁边，就有一座较大的库房，里面放着马车和大量的器物，这些器物都是成套的，几乎不是镀金，就是镀银，非常精美。蒙托邦将军一眼看出，这是一个车马库，存放的都是欧洲货，有公元1793年英使马戛尔尼代表英王乔治三世，敬送给八十三岁高龄的乾隆皇帝的豪华大马车，还有公元1792年在英国伍尔维奇皇家军事学院制造的杀伤力极高、制作精致的榴弹炮以及炮弹、炮架和牵引马车等全套装备，还有马戛尔尼私人敬送的礼品。令众人惊讶的是，这些进献之物，竟然全都原封未动，丝毫没有碰过的，上面落满了灰尘”。(《故宫国宝宫外流失秘笈》)

英国人很奇怪中国人为什么放着这么好的武器不用，而一直以自己那笨重过时的火绳枪与他们较量。

二 英国人眼中的“康乾盛世”

·1·

出使中国这一年，马戛尔尼勋爵五十五岁。从二十七岁作为特使被国王派往俄罗斯起，他已经从事外交二十八年了，历任爱尔兰事务大臣、格林纳达总督和马德拉斯总督，早已经是外交界骨灰级人物。漫长的外交生涯已经使他厌倦。“后来政府委他做孟加拉总督，他辞不就任。就权力和报酬而论，孟加拉总督是大臣所能推荐的最高职位了。”(《英使谒见乾隆纪实》)

不过出使中国这个任命，却令宦性已淡的他一下子兴奋起来。“到北京访问这个工作对一个热心追求新鲜事物的人来说是太有吸引力了。因此当政府刚一向他示意，他立刻欣然表示接受。”(《英使谒见乾隆纪实》)

原来，马戛尔尼勋爵是一个“中国迷”。事实上，那个时代的欧洲，每一个贵族沙龙里都会有一两个中国迷。

从罗马时期开始，欧洲人就对中国怀抱着浓厚的好奇心。通过越洋而来的丝绸，他们对这个古老国家已经展开了无穷的想象。对欧洲人来说，中国似乎是另一个星球上的国度，中国的一切，似乎都是那么神秘。人们传说，在遥远的东方丝国，人们从一种奇特的树皮中抽取丝线，织出美丽的丝绸。(《世界的中国观》)

直到马可·波罗时代，西方人才真切地触摸到了中国。1275 年，二十一岁的威尼斯商人马可·波罗穿越欧亚大陆到达开平府，在这里见到了令世界震撼的蒙古大汗忽必烈。他向欧洲人汇报说，中国幅员广阔、物产众多、黄金遍地，人人都身穿绫罗绸缎。

1522年，麦哲伦打通了从大西洋到太平洋的航线。从那时起，一批又一批身怀传教热情的传教士抵达中国。他们向欧洲寄回大量书信，汇报他们的惊人发现。传教士们说，中国几千年来一直由孔夫子的思想所指导，由开明君主们所统治，社会富庶而和平，百姓勤劳而礼貌。这些说法令刚从中世纪蒙昧中觉醒过来的欧洲人眼界大开。一股“中国崇拜”的热潮迅速燃遍欧洲。欧洲许多的大学者都对中国文化如醉如痴，他们认为中国的一切，从制度到道德，都比欧洲优越。伏尔泰在他的小礼堂中供奉上了孔子画像，并且向欧洲人宣称：“世界历史始于中国。”莱布尼茨被称为“狂热的中国崇拜者”，他认为中国拥有“人类最高度的文化和最发达的技术文明”。他的学生沃尔夫则认为中国就是现世的乌托邦。

马戛尔尼就是在这样的文化氛围下成长起来的中国迷。他已经走遍了世界各大洲，从加勒比海到印度，但神秘的中国对他来讲仍然是一个谜，一个让他魂牵梦绕的谜。在并不知道自己将要出使中国的1786年，他已经在诗句中这样表达了对中国的向往：

> 仿佛我游览中国幸福的海滨，
> 攀登她无比自豪的杰作万里长城。
> 眺望她波涛汹涌的江河，
> 她的都市与平原，她的高山岩石和森林。
> 越过北方疆界，探研鞑靼旷野，
> 不列颠冒险家从未到过的地方。（《中英通使二百周年学术讨论会论文集》）

他曾经在梦中游历了这个世界上最神奇的国家，如今居然有机会让梦成真，他怎么会不激动万分呢？

·2·

马戛尔尼时代的欧洲正处于启蒙时代。与现在的“欧洲优越论”相反，那个时代的欧洲在中华文明面前怀有深深的自卑心理。在当时的欧洲著作中，我们能找到很多“当中国已经……时，欧洲还……”句式的表述。比如伏尔泰说：“当迦勒底人还只是在粗糙的砖坯上刻字时，中国人已在轻便的竹简上刻字。”就像今天我们动不动用“西方”来比照“中国”一样，那个时代的欧洲知识分子正是用“中国”来批判“欧洲”。（《西方的中国形象史研究：问题与领域》）

罗马帝国崩溃后，欧洲陷入了漫长的“黑暗的中世纪”。粗鄙而教条的宗教信念笼罩着欧洲的一切。“中世纪的精神状况是愚昧无知地拜倒在教会的偶像——教条、权威和烦琐哲学之前。”（《意大利文艺复兴史》）

启蒙运动意味着从蒙昧的宗教迷信中清醒过来，中国在这个过程中给了欧洲人许多启示。欧洲人惊讶地发现，没有教会的中国似乎处处比欧洲优越。与四分五裂的欧洲比起来，中国几千年来一直是一个统一的、安定的国度。欧洲任用贵族来管理国家，而中国则通过严格的考试制度，一视同仁地选拔文官。欧洲各国沉迷于狭隘的宗教教派之争，而中国各教之间则相互宽容。欧洲人把全部希望都寄托于缥缈的来世，中国的儒家学说因为不语怪力乱神而更显理性。从 17 世纪中叶到 18 世纪中叶，中国人的世俗精神启发了启蒙思想家们高举理性主义大旗，猛烈抨击中世纪的神学教条。传教士的书简成了最热门的读物，精英阶层的客厅里，人人谈论孔夫子的学说、中华帝国的悠久历史，甚至还有圣明的康熙大帝的生平。

传教士们说，中国的政治体制之所以合乎理性，是因为它建立在父权这个神圣的自然法则之上，法律与伦理道德融为一体。贤明的君主、良好的法律、健全的行政机构，构成了中国这样一个全新的道德世界。这令一直激烈谴责天主教会的伏尔泰如同发现新大陆一样兴奋。他赞扬中华文明伟大的奥秘在于其贯穿了理性与道德的原则。他说，中国人“具有完备的道德学，它居于各科学的首位”。他在《哲学辞典》的“光荣”条目下赞扬中国是“举世最优美、最古老、最广大、人口最多和治理最好的国家”。

像今天的西化大潮一样，当时的许多学者号召欧洲向中国取经。伏尔泰说：“在道德上欧洲人应当成为中国人的徒弟。”莱布尼茨甚至这样建议：“在我看来，我们目前已处于道德沦落难以自拔之境，我甚至认为必须请中国派遣人员，前来教导我们关于自然神学的目的和实践。”

当然，关于中国的声音并不是一边倒的，也有人对传教士的书简做出了另一种解读。启蒙时代热爱自由的欧洲人对任何一点专制的信息都极为敏感，不幸传教士书简中有许多这方面的暗示。孟德斯鸠就得出结论说，中国的千年不变和社会稳定是专制控制的结果。

百科全书派主持人狄德罗和伏尔泰一样，十分推崇孔子的理性和务实精神，不过却对中国人的父权原则提出质疑。他认为，对父辈的盲目服从，只能产生纵容父辈错误、剥夺儿辈自由的恶果。

另一位著名的启蒙思想家卢梭从另一个角度提出了对中国文化优越性的疑问：如果中国文化果然这么辉煌，何以一再被异族统治呢？“如果无论大臣们的见识或者法律所号称的睿智，或者那个广大帝国的众多居民，都不能保障他们免于愚昧而粗野的鞑靼人的羁轭的话，那么他们的那些文人学士又有什么用呢？他们所堆砌的那些荣誉又能得出什么结果呢？结果不就是住满了奴隶和为非作歹的人吗？”（《西方的中国形象史研究：问题与领域》《17—18世纪西欧启蒙思想家的中国文化观探略》《世界的中国观》）

对同一个国家，人们的判断和评价如此两极，让人莫衷一是，也让马戛尔尼使团的成员们迷惑不已。中国到底是天堂还是地狱？再过几个月，一切都将真相大白。

·3·

经过九个月的行驶，英国使团终于抵达了中国海面。

乾隆盛世是中国史上的登峰造极，一直为后世所艳称。为了向远人展示帝国的富庶繁荣，皇帝更是精心准备，一掷千金。那么，这样一个空前绝后的传统盛世，在英国人眼中是什么样子呢?

英国人首先注意到的是这个东方大国的人口众多和市井生活的繁荣。从马可·波罗时代起，这一点就一直为欧洲人所惊叹。关于中国的人口，长期以来在欧洲是一个谜。马可·波罗说，汗八里城（元代蒙古人对大都的称呼，即今北京市）的“人数之多……是世人想不到的”。（《马可·波罗游记》）这已经让欧洲人产生怀疑，明清时传教士的说法更令人难以相信：全人类人口的三分之一会集中在一个国家之内，而这个国家的面积虽然广大，也不过是整个陆地面积的十二分之一。不过英国人的访问为欧洲得出了定论：“人们给予这个国家人口数量的上限不仅是可能的，甚至是真实的。”（《英使谒见乾隆纪实》）

人口众多的最有力证明是自然资源的稀缺。英国人刚刚抵达中国就感觉到了这一点。

1793 年 7 月初，英国舰队抵达第一片中国领土舟山群岛。由于遇到落潮，“克拉伦斯”号只得在一个叫六横岛的小岛边抛锚稍停。英国人想“利用等候潮水的时间上岸对中国领土进行第一次的观光”，于是他们爬上了六横岛。爬过海边陡峭的石壁后，他们在山下发现了一块人工填海填出来的小平原。很显然，为了造出这块小平原，本地的居民们没少费力气。“为了防止海水的冲洗，前面筑了一条三十呎高的土堤。但这块平原的面积并不大，我们怀疑花费这样大的力气搞出这么小的一块土地来是否合算。平原上种的是稻米，耕作得很精细。”（《英使谒见乾隆纪实》）

这就是展现在英国人面前的典型中国国情：土地稀缺，人口密布。这有点出乎英国人的预料。在他们的印象中，中国固然人口众多，但同时疆土也极其辽阔。他们完全没有预料到这个东方大国的人口压力已经到了难以承受的地步。

随着后面行程对中国的深入，他们越来越体会到土地对中国人的珍贵：

> 中国的全部土地，只有极少数例外，主要是种植人吃的粮食。中国没有大的牧场，也没有种植专为牲口吃的燕麦、豆类和芜菁等等。除了皇帝的御花园外，全国很少公园和其他公共娱乐游玩地带。中国交通主要依靠水路，公路既少又窄。全国没有公地。大地主们也不肯划出大块土地来不事生产而改作娱乐或者运动的场所。所有耕地从不休耕。（《英使谒见乾隆纪实》）

确实，传统中国似乎从来没有“公园”和“休耕”的概念。土地在我们眼中，唯一的使命就是生产粮食，养活更多的人口。

历史学家们认为，乾隆五十八年（1793 年）实际的人口数比政府统计的还要多。乾隆晚年中国人均耕地的乐观估计是 3.5 亩，而同时期的英国，人均占有耕地 10 亩，是中国的 3 倍。此外，当时英国还有 800 万英亩（1 英亩合 6 亩左右）荒地，也就是说，全英国每人尚能拥有 1 英亩的土地储备。整个欧洲情况与英国相似，“欧洲是一个遍布草原、休耕地和森林的地区，它从来不缺少可耕地”。（《中国社会史》）了解了这个事实，我们就能理解为什么英国人对中国的耕地紧张状况如此惊讶了。

从上岸的第一天起，英国人就开始持续不断地惊叹中国的人口众多。使团总管巴罗说：“要说有什么令人惊叹的话，那就是人口之众多。自到达之日起，男男女女，老老少少，每天都蜂拥到岸边来。”（《我看乾隆盛世》）每到一处，大路边总是站满了看客。根据一路上的见闻，副使斯当东判断，中国的人口密度比欧洲人口密度最大的国家还要多 1/3。也就是说，马戛尔尼到中国时，中国人口估计在 3.5 亿左右。

· 4 ·

英国人的第二印象是中国社会生活的紧张繁忙和商业的兴旺发达。

到达舟山群岛后，不熟悉中国海况的英国人在浙江海岸停留了几天，为的是等中国官员为他们寻找到北上的领航员。

利用这个时间，他们来到一里地之外的一个小县城——定海观光。

他们主要关注的还是中国人的日常生活。定海在他们眼里是一个小而繁荣的城市。“定海非常近似威尼斯，不过较小一点……城内服装店、食品店和家具店很多，陈列布置得相当讲究……整个城市充满了活泼生动的气氛。为了生存的需要，人人都必须做工。事实上人人都在劳动，无人过着寄生的生活。我们看到男人们忙碌地走在街上，女人们在商店里购货。”（《英使谒见乾隆纪实》）

一群金发碧眼的怪物出现在东方小城的街头，我们可以想见其轰动的程度。“无数好奇群众争先恐后地把我们包围起来……我们最后走到一个庙宇里去躲避群众。”巴罗的描写总是更生动：“人人都想把头伸到轿窗前来满足一下好奇心，咧着嘴笑嘻嘻地喊一声：红毛！”（《我看乾隆盛世》）这些睁大眼睛好奇地盯着英国人的定海百姓哪里能想到40多年后将要来临的灾难。

一个普普通通的小小县城已经令英国人对中国商业的高度繁荣和中国人在人口压力下的紧张生活有所了解，后来中国的其他城市，特别是最大的城市北京给他们的印象当然更为深刻。

在浙江海岸稍作停留后，使团船只继续北上，抵达大沽口。在这里，他们换乘吃水浅的中国小船，沿白河前往北京。

来到北京，英国人马上被迎面而来的商业气息拍了个跟头。副使斯当东说：“（北京东郊）铺石的街道上挤满了人。商店、作坊和顾客之多，处处表示出兴盛繁荣的气象。”“街道上的房子绝大部分是商店，外面油漆装潢近似通州府商店，但要大得多……商店门外挂着角灯、纱灯、丝灯或者纸灯，极精巧之能事。商店内外充满了各种货物。”（《英使谒见乾隆纪实》）

巴罗的记载则更加详细生动：

> 穿过城门走上那种大路之后，我们眼前马上就展现了一种非常奇特的景象。大路两旁各是一溜屋宇，全为商铺和货栈，门前展示着各自的独特货物。商铺前一般都竖着大木柱。柱顶高过屋檐，柱身刻着镏金大字，标明所售货物以及店主的诚信名声。
>
> ……流动的匠作如补锅匠、剃头匠、鞋匠和铁匠，卖茶、水果、米饭和其他吃食的摊贩，以及商铺门前展示的货物，把一条宽阔的大路挤得只剩中央一线。
>
> ……一切都在移动。大路两侧也塞满了巨大的人流。或买或卖，或以货易货，各取所需。众声喧哗，既有小贩的吆喝，也有其他的争吵……捧货筐的小贩、演杂技的、变戏法的、算命的、走方郎中和江湖医生、说相声的和卖唱的，挤成一堆。（《我看乾隆盛世》）

中国人是有着商业天才的民族，自古以来一直如此。虽然英国是商业大国，但乾隆时代中国国内商业的繁盛仍然令英国人大开眼界。虽然中国历史上一直实行轻商主义，但中国人的商业本能从来没有被熄灭过。事实上，每当天下太平之后不久，中国各地的商业都会迅速勃兴。乾隆时期的商业繁盛在中国历史上并非首次，不过由于其巨大的人口基数和财富基数，却肯定是规模最大的一次。从这个意义上说，英国人目睹并见证了乾隆盛世的一个侧面。

·5·

马可·波罗惊叹中国是“尘世可以想见的最繁华的地方”。18世纪末来到中国的英国人却惊讶地发现，与黄金遍地的传说相反，中国的大部分普通人都生活在穷困之中。

如前所述，使团一路上享受的是皇帝最慷慨的礼遇。刚到大沽口，两名中国官员带着大量作为礼物的食品在此迎候，其数量之多令英国人惊讶，以至于使团副使斯当东认真地记下了礼品的内容。这个见面礼出乎英国人意料。按西方外交惯例，除特邀外，一般使团的出访费用是自理的。但到了中国后，他们却意外地享受到免费而且极为丰盛的供应。过于丰盛的礼物似乎证明了马可·波罗笔下中国超级富庶的记载。然而，运送食物的中国船只载着那两名官员刚刚离开不久，一个意想不到的场面就彻底改变了英国人的估计：因为中国人送来的食物过多，并且“有些猪和家禽已经在路上碰撞而死”，所以英国人把一些死猪死鸡从“狮子”号上扔下了大海。岸上看热闹的中国人一见，争先恐后跳下海，去捞这些英国人的弃物。“但中国人马上把它们捞起来，洗干净后腌在盐里。”（《我看乾隆盛世》）

官员贯彻皇帝旨意，在一切环节中全力展示帝国的富强。但这一旨意毕竟没有被每一位普通百姓所领会。他们关心自己的胃更甚于国家的尊严。这个细节一下子暴露了中国的尴尬。

事实上，在登陆中国后，英国使团一再震惊的，是这个外表繁荣富庶的处于盛世中的大国难以想象的贫穷。

他们首次注意到中国人吃狗肉。当然，不只是狗肉，只要是肉，中国人就吃：“狗肉是他们惯用的食物。生活在水上的悲惨中国人一向处于半饥半饱的状态，乐于以任何食物为食，即使是腐烂了的也不放过。”

更令他们惊讶的是随处可见的弃婴。道路两旁、河道中央、垃圾堆上，随时都有可能露出一只苍白的小手。弃婴在基督教国家中是不可饶恕的大罪，但是中国人却视为平常。巴罗说："在京城一地每年就有近9000弃婴……我曾经看见过一个死婴的尸体，身上没有系葫芦，漂流在珠江的船只当中。人们对此熟视无睹，仿佛那只是一条狗的尸体。而事实上如果真的是一条狗的话，也许更能吸引他们的注意。"

很明显，这是人口压力和贫困所致。"极端的贫穷，无助的困苦，连年不断的饥馑，以及由此而引发的悲惨景象，恐怕更有可能影响到那些感情脆弱的人，并导致这一为习俗所鼓励，又不为法律所禁止的惨无人道的罪行。"

中国人从来都是十分勤劳的。马戛尔尼说："在整个路途上，我没有见到一块土地不是用无限的辛劳来加以耕作，来生产它能够生长的每一种粮食和蔬菜。""中国人一定是世界上最好的农民。"（《中英通使二百周年学术讨论会论文集》）为了获得更大的收获，农民们挤在一块狭小的平地上，密集地进行劳动，精心选种育苗，进行精耕细作。事实上，乾隆年间的农业已经发展到了相当高的水平，巴罗则估计粮食的收获率高于英国，他写道："在中国麦子的收获率为15:1，而在欧洲居首位的英国为10:1。"

然而，人口的过度增长使乾隆盛世不可避免地成为一个饥饿的盛世。英国使团的来访有力击破了马可·波罗以来一直流行在欧洲的中国富强说，西方对中国经济的判断从此发生了一百八十度的大转弯。马尔萨斯后来在《人口论》中用中国作为典型例子来论证人口无限制增长的可怕后果：

> 在一些国家，人口似乎受迫，人们习惯了靠尽可能少的食品生存。在这样的国家一定曾有这样一些时期：人口不断增长，而生活资料却毫无增加。中国看起来符合这种描述。假如我们所得到的对它的描述可信的话，那么下层阶级的人民习惯于靠尽可能少的食物生存，并乐于食用欧洲工人宁死也不愿意吃的泛滥垃圾……这种境况下的国家必然会面临饥荒。

· 6 ·

比经济上的贫困更令英国人惊讶的，是中国政治上的贫困。

斯当东和巴罗都注意到：“中国官员对于吃饭真是过于奢侈了。他们每天吃几顿饭，每顿都有荤菜许多道。”与底层的普遍贫困强烈对照的，则是上层社会生活的豪奢。虽然底层社会中很少发现脸色红润的人，但中国政府高官中有许多胖子，这些达官贵人们生活中的主要内容就是吃。

斯当东说，他在中国所见到的房子，只有两种，一种是大富之家，一种是贫寒人家。“所经过的地方以及河的两岸，大多数房子都是土墙草顶的草舍。也有很少一些高大、油漆装饰的房子，可能是富有者的住所。很少看到中等人家的房子。在其他国家里，富有者和赤贫之间，还有着许多不同等级的中等人家。”

对于社会的强烈两极分化，中国人几千年来已经习惯了。但是地球上其他国家并不都是这样。斯当东得出的结论是，中国的贫富差距之大，是他们见过的国家中最厉害的。“中国有一句名言‘富者甲第连云，贫者无立锥之地’……但这句话在其他国家并不适用。”

18 世纪欧洲社会的一个重要变化就是中产阶级迅速兴起与壮大。中产阶级的兴起，是人类社会进步的一个重要推动力：“近代世界的许多变革，如英国的清教徒革命、法国大革命与 19 世纪的民主改革等，都与中产阶级的要求密切相关。”随着他们力量的壮大，国王和贵族都不得不向他们低头。

巴罗说：“中国没有中间阶层——这个阶层的人，因拥有财富和独立的观念，在自己的国度里举足轻重；他们的影响力和利益是不可能被朝廷视而不见的。实际上，中国只有统治者和被统治者。”

英国人很容易地了解到，在中国，所有的富人几乎同时都是权力的所有者。也就是说，中国人的财富积累主要是靠权力来豪夺。中国的专制是超经济的，经济永远屈居于政治之下，也就是说，财富永远受权力的支配，一旦没有权力做靠山，财富也很容易化为乌有。“在中国，穷而无告的人处在官吏的淫威之下，他们没有任何诉苦申冤的机会。”（斯当东《英使谒见乾隆纪实》）所以，对于中国人来说，“做官便譬如他的宗教”。

而对于英国人来说，“实业”是他们致富的基本手段，经济地位的上升就自然而然能带来政治地位的上升。当然，这一过程需要对个人财产权的绝对尊重。而对个人财产权的保护是英国法律的重要内容。英国人认识到，个人财产权是人类文明的基本要素，也是自由社会的基石。洛克就说，财产权与个人的自由有着直接的关系。财产权不是一种物的关系，而是一种道德的关系，一种与因果关系相联系的涉及预期的稳定性的社会关系。没有它们，人们在社会生活中的预期是不可能的。

在中国法律中，个人财产权却屈居政治权力之下。巴罗研究了中国法律后得出结论说：

> 中国所有的有关财产的法律确实都不足以给人们那种安全感和稳定感，而恰恰只有这种安全感和稳定感才能使人乐于聚积财产。对权势的贪欲也许使他们对那些小康视而不见，但是那些大富却实难逃脱他人的巧取豪夺……执法机构和执法方式如此不合理，以至于执法官员有权凌驾于法律之上，使得对善与恶的评判在很大程度上取决于执法官员的个人道德品质。

马戛尔尼的结论与巴罗相似。他说，是专制主义摧毁了中国人的财产安全，从而摧毁了所有刺激中国进步的因素。进步只有当一个人确信不受干扰地享有自己的劳动果实时才能发生。但是，在中国“首先考虑的总是皇帝的利益”，因为“任何财产违反了他的主张是得不到保障的”。马戛尔尼不否认中国存在着大土地产业，但他认为它们是通过不正当的手段如“高利盘削和官职馈礼”所获取的。它们是贸易或侵吞的短暂的积聚，而不是土地贵族或绅士的产业。他写道："在中国确切地讲没有世袭贵族。"

· 7 ·

在那些推崇中国政治的欧洲学者的著作中，中国社会的和平、稳定、井井有条一直是他们赞美的重点。他们认为，这说明中国是民权、人道所主宰的理性王国。"人类智慧不能想出比中国政治还要优良的组织"。(郑鸣谦《法国启蒙运动中的"儒学"镜像》)

与传说中一样的是，英国人看到的中华帝国的政治秩序确实十分井然。

整个中华帝国的整齐划一令英国人惊叹不已："自进入中国境内以来，在这样大的地面上，一切事物这样整齐划一，这在全世界是无与伦比的。"(斯当东《英使谒见乾隆纪实》)"这样多的人口，这样广袤的地面上，遵守着一个统一的政治制度和法律，有共同的语言文字和生活方式，俯首帖耳于君主一人的绝对统治之下。"(约翰·巴罗《我看乾隆盛世》)

英国人认为，中国社会治安的良好和政治效率之高胜于欧洲：

"皇权的铁掌威慑着一切不守秩序、破坏法纪的行为，全体使节团成员感到绝对的保障。"(斯当东《英使谒见乾隆纪实》)权力的威严使北京城内秩序井然。"北京人口虽然这样多，但秩序良好，犯法的事很少。"(约翰·巴罗《我看乾隆盛世》)

中华帝国的组织能力和政治效率也令人印象极深。英国人原来担心自己带来的数量众多、体积巨大的礼品在陆地运输过程中一定会损坏几件。然而，在清帝国官员的有力组织协调下，整个运输任务完成得非常漂亮："我们的包裹总共有六百多件，形状大小不一，尽管有多次装卸、转驳，到达京城时却没有丢失或者损坏一件。""的确，这儿一切似乎只要朝廷一声令下就都能办成，最费力的事也能随时得到执行，甚至是兴高采烈地执行。"(约翰·巴罗《我看乾隆盛世》)

然而，与中国官员的交往，让他们看清了这个帝国维持秩序的基本手段。

在北上天津的途中，英国人在山东登州府短暂停留。登州知府闻讯前来拜访，“知府带来了许多随从人员，其中有一个人在知府问到他话的时候，立刻跪下来回答，这给英国人一个很大惊异。知府安然接受这种礼貌，似乎他们之间一向是这样讲话，这给英国人更大的惊异”。（斯当东《英使谒见乾隆纪实》）

更让英国人无法接受的是中国官场的另一项规矩：在任何场合，上级都可能打下级的板子。

被扒掉裤子当众打屁股，对英国绅士来讲，是无法想象也无法容忍的耻辱。然而英国人却发现，中国人对此却司空见惯。

巴罗说：“在任何场合，只要他们（中国官员）认为恰当，就以父权的名义，立即用板子处罚，无须预审或调查。”

这让视个人尊严和荣誉为生命的英国人无法理解并且非常气愤：“一个朝廷官员伸开四肢趴在地上挨板子，下令打他的人仅比他官高一级，这样的情景对外国人来说也许显得荒谬。这种卑劣的顺从，这种人类灵魂的堕落，在任何场合都毫无怨言地将自己置于一个奴才或者普通士兵的手下，任其施以恶意的体罚，而后还不顾加倍的廉耻与羞辱，居然去亲吻那根教训过自己的板子，目睹这一切，你无论如何也压抑不住胸中燃烧起来的愤慨之火。”（约翰·巴罗《我看乾隆盛世》）

与欧洲截然不同的政治制度也造就了与欧洲人截然不同的中国百姓。

在英国人到过中国以前，中国人在世界上的形象基本上是正面的。中国人被认为是“全世界最聪明、最礼貌的一个民族”。莱布尼茨说：“他们服从长上，尊敬老人，无论子女如何长大，其尊敬两亲犹如宗教，从不作粗暴语，尤其使我们惊奇的，中国农夫与婢仆之辈，日常谈话或隔日会面之时，彼此非常客气，其殷勤程度胜过欧洲所有贵族……”歌德说：“在他们那里一切都比我们这里更明朗、更纯洁也更道德。”伏尔泰通过《中国孤儿》这样表达他对中国人的看法："我们的国朝是建立在父权与伦常的信义之上的，是建立在正义、荣誉和守约的信义之上的。孝顺忠信礼义廉耻是我们立国的大本。"（周宁《西方的中国形象史研究：问题与领域》）

英国人发现在暴力威胁下生活的中国人的道德品质与传教士所描述的大相径庭。那些伺候他们的中国人给英国人留下了这种印象："撒谎、奸诈，偷得快，悔过得也快，而且毫不脸红。""他们一有机会就偷，但一经别人指出就马上说出窝藏赃物的地方。有一次吃饭时，我们的厨师就曾想厚颜无耻地欺骗我们。他给我们上两只鸡，每只鸡都少一条腿。当我们向他指出一只鸡应有两条腿时，他便笑着把少的鸡腿送来了。"（佩雷菲特《停滞的帝国——两个世界的撞击》）

英国人注意到，在没有官员的场合，中国人的表情十分正常。一旦有官员出现，中国人的神情立刻就变了：

> 中国普通老百姓外表非常拘谨，这是他们长期处在铁的政权统治之下自然产生出来的。在他们私下生活中，他们也是非常活泼愉快的。但一见了官，就马上变成另一个人。（约翰·巴罗《我看乾隆盛世》）

巴罗说："这些事例再清楚不过地昭示了中国人自夸的道德品格中的巨大缺陷。不过就像我先前说过的，其错当在于政治制度，而不在于民族的天性或者气质。""就现政权（清廷）而言，有充足的证据表明，其高压手段完全驯服了这个民族，并按自己的模式塑造了这个民族的性格。他们的道德观念和行为完全由朝廷的意识形态所左右，几乎完全处在朝廷的控制之下。""中国朝廷有的是闲暇和精力，按自己的意愿来塑造国民。这样的实践足以证明，中国朝廷在这方面有着丰富的经验。""……灌输清心寡欲的思想，摧毁相互的信任，培养人们的冷漠，使他们对自己的邻居猜忌和怀疑，凡此种种朝廷煞费苦心做出的努力，不能不使人们终止社会交往……（中国人）满足于在朝廷中没有任何发言权，他们甚至从来没有想过他们是否有任何权利。”

巴罗认为，中国人缺乏自尊心，是因为政府从来没有把百姓当成成年人来看待，而是当成了儿童和奴隶。“在这样的国度里，人人都有可能变成奴隶，人人都有可能因官府中最低级官员的一点头而挨板子，还要被迫亲吻打他的板子、鞭子或类似的玩意，跪倒在地上，为麻烦了官府来教育自己而谢罪。于是荣誉观和尊严感就无处可寻了……人的尊严的概念巧妙地消灭于无形。”

马戛尔尼对清政权的结论更广为人知：“这个政府正如它目前的存在状况，严格地说是一小撮鞑靼人对亿万汉人的专制统治。”这种专制统治有着灾难性的影响。“自从北方或满洲鞑靼征服以来，至少在过去的一百年里没有改善，没有前进，或者更确切地说反而倒退了；当我们每天都在艺术和科学领域前进时，他们实际上正在成为半野蛮人。”（佩雷菲特《停滞的帝国——两个世界的撞击》）

·8·

英国人对中国的造访，迅速打破了传教士们在欧洲建造起来的中国神话。马戛尔尼使团虽然没有完成他们的使命，但它却将大量的关于中国的情况带回了英国。英使团为后代留下了厚厚的文字记录。马戛尔尼写下了大量的公文报告、书信与出使日记，副使乔治·斯当东和约翰·巴罗，甚至一位仆从和一位列兵都出版了他们的随行纪实，使团的画家托马斯·希基和制图员威廉·亚历山大还带回了大量的中国风物画与素描。

全世界第一次真正撩开了这个神秘国度的面纱。“这个使团最为重要的收获，大概就在于它导致了有关中国知识的激增”，“从这个意义上来说，它明确地标志着英中关系一个新时代的开始”。

回国之后，英国副使斯当东编辑的《英使谒见乾隆纪实》以及使团随行人员发表的各种报告在欧洲引起了巨大反响。西方人的中国观念发生了根本性的转变：中国从天上掉到地下，从文明变成野蛮，从光明变为阴暗。欧洲人发现，“中国人不是无神论者，而是更为原始的多神论者。中国不是开明的君主专制，而是依靠棍棒进行恐怖统治的东方专制主义暴政的典型。中国不是富裕的国度，而是一片贫困的土地；不是社会靠农业发展，而是社会停滞于农业”。（周宁《西方的中国形象史研究：问题与领域》）

作为一个严肃的学者，黑格尔仔细阅读了当时他所搜集到的全部有关中国的文字，包括翻译到欧洲的《通鉴纲目》和传教士们的《中国丛刊》等。不过，马戛尔尼等人的游记显然给了他最大的震动。

黑格尔认为，人类文化的发展是分阶段的。他认为，中亚文化代表了人类文化的少年时期，人类文明最早在那里发源。希腊文化则是青年，表现出生机勃勃的活力。罗马文化是壮年，而日耳曼文化是成熟理性的老年。

那么，中国文明是什么呢？黑格尔说，是幼年。中国人在官府面前的逆来顺受给了黑格尔极深的印象。黑格尔认为，造成中国落后的原因是中国人内在精神的黑暗，中国是一片还没有被人类精神之光照亮的土地，在那里，理性与自由的太阳还没有升起，人还没有摆脱原始的、自然的愚昧状态。“凡是属于精神的东西……都离它很远。”

很显然，黑格尔的许多结论直接来自马戛尔尼使团成员的记载和判断。比如他说，在欧洲，鞭笞是“加在荣誉上的一种侮辱”，“在中国就不同了。荣誉感还没有发达，一顿笞打原是极易忘怀的，但是对于有荣誉感的人，这是最严厉的刑罚”。西方人对这种侮辱十分敏感，而“中国人就不一样，他们认不出一种荣誉的主观性，他们所受的刑罚，就像我们的儿童所受的教训”。

黑格尔也认为弃婴反映了中国人对生命权利的漠视：“自杀……和弃婴，是经常性的，几乎天天发生，显示了他们对自己个人的不尊重，在总体上也是对人类不尊重。”

在《历史哲学》中黑格尔得出这样的结论，中国是彻底的、奇特的、最具东方性的东方国家。“中国纯粹建筑在这一种道德的结合上，国家的特性便是客观的‘家庭孝敬’。中国人把自己看作是属于他们家庭的，而同时又是国家的儿女。在家庭之内，他们不是人格，因为他们在里面生活的那个团结的单位，乃是血统关系和天然义务。在国家之内，他们一样缺少独立人格；因为国家内大家长的关系最为显著，皇帝犹如严父，为政府的基础，治理国家的一切部门。”因此，中国是一个只属于空间的帝国，“中国的历史从本质上看是没有历史的；它只是君主覆灭的一再重复而已。任何进步都不可能从中产生”。千百年来在广阔的土地上“重复庄严的毁灭”，而又在本质上毫无变化。

黑格尔的思考不乏理性的因素。在黑格尔之后，对中国的轻蔑成了欧洲声音的主流。在马戛尔尼造访中国前，对于中国与西方交往中的高高在上与轻慢侮蔑，欧洲人虽然心怀不满但一直竭力隐忍。遵从强者逻辑的西方人知道，他们的祖先还生活在树上的时候，中国人就已经发明了纸张。这个伟大而强盛的帝国在他们心目中各方面都是远远优越于自己的，他们有骄傲自大的资本。然而，马戛尔尼的访问使他们发现，多年来他们居然一直屈服于一个半开化的野蛮国家，这个国家“沉沦在‘卑鄙的暴政下’，皇帝昏庸暴虐，官吏贪赃枉法，百姓生活在棍棒竹板的恐惧中，他们禁闭妇女，残杀婴儿，奸诈、残酷、胆怯、肮脏，对技术与科学一窍不通，对世界一无所知。一切都愚蠢透顶”。这让他们感到奇耻大辱。“欧洲人好像大梦初醒。‘现在该是让中国人名声扫地的时候了！’批判贬低中国是一种报复。对自己受骗上当的经历痛心疾首、恼羞成怒的欧洲人从一个极端到另一个极端”。（周宁《野蛮与文明：中华帝国的“东方性”黑暗中心》）

妖魔化中国的大门从此打开。而这种妖魔化是为了适应帝国主义的种族征服性意识形态。从马戛尔尼一回国，以武力教训中国的声音就开始在欧洲响起。马戛尔尼的出使使欧洲得出了这样的结论：如果不用武力，就无法打开中国的大门。因为礼貌和沟通对中国人来说不起任何作用。既然把中国人定义为半野蛮人，那就意味着中国需要用西方的炮火之光加以照亮。虽然并不主张马上武力攻打中国，但马戛尔尼也认为中国政府是应该被推翻的。马戛尔尼认为："如果中国现政府由一个会保证其居民财产安全的政府所取代，那么亚洲农民和工匠的技术与进取心以及亚洲商人的商业敏感就会激励起来。从随之而来的财富增长中，欧洲贸易将会获益，世界将会在互惠的商业中联合起来。"

这种进步主义神话为后来的鸦片战争准备了思想武器。德昆西在《1840年中英鸦片问题》中为鸦片战争所作的辩护是一种极为典型的说辞，他说，国家冲突可以以和平的方式解决，但是，那只是在文明国家之间。而中国是个邪恶的、半野蛮的东方帝国，不用武力征服，就无法使顽固僵化的中国人开化。他强词夺理地说："(鸦片战争) 标志着文明推进的进程，知识与科学之光将穿透阴霾，照亮地球上这片最暗的地方。"

持有这种观点的当然并非德昆西一人。卫三畏也说，中国人的顽固态度除了武力之外无法打破。中国人"在同外国人的一切来往中，保持着一种傲慢的、不公平的和轻视的态度，这种态度使得外国人除了从中国海岸撤退或者屈服外，别无其他办法，而这种屈服是那些稍有独立地位的人所无法忍受的"。"这种妄自尊大的想法，以及对于这种想法确实自以为是的印象，是他们周围的一道高墙。这道高墙比北京以北的万里长城还要高些。武力似乎是这道障壁的唯一有效的摧毁者。""从这个观点来看，这个战争 (鸦片战争) 可以说是必要的，它迫使中国政府以平等地位来对待西方国家。"(《外国资产阶级是怎么看待中国历史的》)

而丹涅特则直接认为，正是乾隆皇帝强迫马戛尔尼叩头导致了后来的鸦片战争："战争的原因是叩头！——是中国妄自尊大的主张：它不要在相互平等的条件上，而要在君臣之间那种侮辱和卑贱的形式上维持和其余人类的商业交往。"(《外国资产阶级是怎么看待中国历史的》)

这当然是强盗逻辑。事实上，教训中国的声音之所以如此响亮，另一个更为重要的原因是马戛尔尼对欧洲报告说，以武力教训中国轻而易举。

·9·

对这次英国人的来访，乾隆皇帝不但在接待工作上做了精心准备，而且还在武力炫耀方面连篇累牍地做了多次指示。皇帝通告各地军方，凡英国人经过之处，都要全副武装，列队迎接，向英国人展示天朝强大的武力，让他们开开眼，对天朝的强大有所敬畏。

乾隆五十八年（1793年）正月，即英国人到来前半年，皇帝指示各省长官："著传谕各该督抚等，如遇该国贡船进口时，务先期派委大员多带员弁兵丁，列营站队，务须旗帜鲜明，甲仗精淬。"

在皇帝的设想里，一连串的军事检阅一定会向英国人证明中国军队的军纪严明，装备良好，操练有素。大清军队在乾隆漫长的统治期间取得了无数辉煌的胜利，这样一支战无不胜的队伍会让英国人肃然起敬的。各地官员十分深入地理解领会了皇帝的指示，英国人每到一地，他们都派出最好的军队，进行列队迎接。那么，他们给英国人留下的印象是什么呢？

抵达天津后，英国人发现在城外迎接的不止有直隶总督，还有一队中国士兵。他们有弓箭手、火绳枪火和大刀手。他们一个个挺胸叠肚，全力展示东方人的武勇。然而副使斯当东却注意到了士兵手中的扇子："有几个士兵的手里除了武器之外，还拿着扇子……列队兵士手里拿着扇子，是一个奇怪现象。"中国军队的分列式表演没有使英国人感到敬畏，他们发现，世界已经进入火器时代，而中国军队仍然停留在冷热兵器混用的时代。而其战阵战法和精神面貌，则停留于中世纪。

巴罗这样描绘他见到的中国军队：

在一些地方，士兵列队出来迎接英国特使。如果天暖，他们手中操练的会是蒲扇而不是火枪。在另一些地方，我们看到士兵单列成队，非常自如地双膝跪地迎接特使，在他们的长官下令起立之前，他们都保持这种姿势。如果我们的到访是出其不意，他们总是一片慌乱，匆忙从营房中拿出节日礼服。他们穿上这些服装后，与其说像战场武士还不如说是跑龙套的演员。他们的绣花背心，缎面靴子和蒲扇看起来笨拙不堪又女气十足，与军人气质格格不入。

对于中国的武备，英国人极为轻蔑：

他们的大炮为数很少，仅有的几门炮都破旧不堪。我都怀疑这些炮是向葡萄牙人借来的，因为那些火绳枪便是。

这种军事展示在英国人眼里成了一个笑话。回到英国后，马戛尔尼的话迅速传遍了世界：

中华帝国只是一艘破败不堪的旧船，只是幸运地有了几位谨慎的船长才使它没有沉没。它那巨大的躯壳使周围的邻国见了害怕。假如来了个无能之辈掌舵，那船上的纪律与安全就都完了。

只需几艘三桅战舰就能摧毁其海岸舰队。

可以说，英国人在军事方面收获巨大。除了对中国军队的整体评估外，他们还对中国的具体防务进行了考察。马戛尔尼初步探明了从宁波到天津大沽口以及从大沽口到通州的航道，对北京、通州、定海等中国城市的防卫设施进行了细致观察，为西方人后来入侵北京提供了大量的军事资料。比如他们曾这样向英国军方汇报定海的防卫设施：

城墙高三十呎，高过城内所有房子，整个城好似一所大的监狱……除了城门口有几个破旧的熟铁炮而外，全城没有其他火力武器。城门是双层的。城门以内有一岗哨房，里面住着一些军队，四壁挂着弓箭、长矛和火绳枪，这就是他们使用的武器。

斯当东的这些记载，是否对英军选择定海为攻打的第一座中国城市有所影响呢？反正在那次战争中，定海军民虽然竭尽全力，毫不退让，最终也不堪一击。

· 10 ·

鸦片战争的直接导火索当然是鸦片，这与乾隆皇帝也并非毫无关系。

“鸦片”是英语 opium 一词的音译。若追根寻源，此词则是由拉丁语“汁液”一词演变而来。而鸦片的另一个中文名称“阿芙蓉”，则源于阿拉伯语“afyun”。正像两个词所表明的那样，鸦片最早出现在中东和欧洲。在《圣经》与荷马的《奥德修纪》里，鸦片就已经被描述成为“忘忧药”。

事实上，早在唐代，中国人就已经接触到这种药物。当时中国高僧义净赴印度取经，取回了真经的同时也带回了“药烟”(鸦片)。到了宋代，用鸦片煎茶已经是士大夫的一种时尚，故苏轼诗中有“道人劝饮鸡苏水，童子能煎莺粟汤”之句。

不过，在清代中期以前，鸦片从来没有成为人类之害，因为截至那时，人们吃鸦片只有两种方式，一是整个儿吞食，如服金丹；二是掺上其他药品，煎汤喝掉。这两种方法都不容易使人上瘾。

鸦片成为一种令人难于抗拒的毒品，是从爪哇、苏门答腊一带发明用枪管灼火吸食鸦片的方法开始的。清代初年，荷兰人把这种吸法传入中国。从此，鸦片在中国蔓延速度明显加快。

早在雍正年间，鸦片成瘾就已经引起了皇帝的注意。雍正年间，鸦片烟馆已经出现在北京，吸食鸦片已经成为一种风气。雍正皇帝在1729年颁布圣旨，禁止这种毒品：“兴贩鸦片烟者……枷号一月，发近边充军；私开鸦片烟馆引诱良家子弟者，照邪教惑众律，拟绞监候。”（李圭《鸦片事略》）不过，由于中国本土种植鸦片极少，加以直至雍正末年中国每年只进口鸦片300箱，没有成为一个严重的社会问题。

鸦片真正成为中国的威胁，是在乾隆年间。

如前所述，在中英贸易中，英国人只能用白银换取中国的茶叶。从18世纪中叶起，白银占英国东印度公司对华输出货值的90%。因此中国在中英贸易中的顺差是惊人的。1765—1766年，英国东印度公司从中国输入的商品是对华出口商品值的302%。在1775—1776年间，这一比值是256%。连年不断的巨大顺差使得白银源源不断地流入中国。据统计，在1700—1840年间，从欧洲和美国运往中国的白银约17000万两。（《茶叶、白银和鸦片：1750—1840年中西贸易结构》）

然而，世界上白银产量毕竟是有限的。英国人运到中国的白银主要产自西属美洲的上秘鲁（Upper Peru，现玻利维亚）和新西班牙（现墨西哥）。对华贸易不断增长，而银矿的产量却十分有限。中国对白银的惊人胃口导致美洲很多银矿面临枯竭。白银的短缺使其他欧洲国家逐渐退出对华贸易。英国人也心急如焚，急于找到打开中国市场大门的办法。

病急乱投医，他们想到了鸦片。

史载英国商人第一次向中国输入鸦片，正是在乾隆初年。东印度公司员工偷偷把印度的鸦片运到广州，头次尝试让他们惊喜交集。每箱鸦片在印度的购价不过250印币，而运到中国，售价竟高达1600印币，一翻就是6倍多。很显然，这是换取中国茶叶的最有力武器。

在利润的驱动下，英国东印度公司的高级职员华生上校（Colonel Watson）正式提出了在印度大面积种植鸦片，然后卖给中国人，用来交换中国茶叶的计划。1773 年，也就是乾隆三十八年，这项计划得到批准并开始实施。当然，乾隆对此一无所知。（《茶叶、白银和鸦片：1750—1840 年中西贸易结构》）

不过，中国政府还是感觉到了鸦片贸易的不正常发展。乾隆十三年（1748 年），鸦片出口仅占英国货物的 1/8，到乾隆后期，鸦片输入量已占输入货物的 1/2 了。中国社会上，吸食鸦片者的数量大大增长。乾隆四十五年（1780 年），皇帝不得不重申雍正年间的禁令，并且禁止烟具的输入和贩卖。

但是，与乾隆晚年的许多其他禁令一样，这道禁令也成了一纸空文。“在中国，很少有花钱做不到的事情。”（《鸦片战争前中英通商史》）这是外国商人的经验之谈。英国商人轻易地用行贿手段打破了海关的封锁。事实是，朝廷越禁，走私越欢。因为禁令为海关关员提供了巨大的灰色收入空间。英国人后来记载道：“禁烟法令甚严，但送给主管官员金钱后，鸦片买卖却可公开进行。”（《中华帝国对外关系史》）

因此，乾隆晚年，鸦片在中国上流社会已经成了一种公害。英国使团成员到了中国不久就发现了这一点。巴罗在书中这样描述乾隆晚年中国社会上鸦片的流行程度：

> 上流社会的人在家里沉溺于抽鸦片。尽管当局采取了一切措施禁止进口，还是有相当数量的这种毒品被走私进入这个国家……大多数孟加拉去中国的船都运载鸦片；但是土耳其出产、由伦敦出发的中国船只所载的更受欢迎，价钱也卖得比其他的高一倍。广州道台在他最近颁布的一份公告中指出了吸食鸦片的种种害处……可是，这位广州道台每天都从容不迫地吸食他的一份鸦片。

当然，对这种坑人的买卖，英国人也心存忐忑。一开始，他们把这桩罪恶的生意当成病急乱投医的救急措施，并没有打算长期进行下去。他们还是寄希望于中英高层接触，使中国打开市场，这样他们就可以不必依赖这种非法的勾当。但是马戛尔尼出使的失败使他们的希望破灭了。东印度公司一不做二不休，又进一步垄断了鸦片的制造权，扩大了在印度的鸦片种植面积。为了在华扩大鸦片销售，他们甚至对中国吸食者的嗜好专门做了精心调查，力求鸦片的制造更适合中国吸食者的口味。马戛尔尼使团失败后，鸦片贸易数量迅速上升。据统计，1775—1797 年，中国平均每年进口鸦片 1814 箱。而 1798—1799 年，平均每年增至 4113 箱，到 1800 年，则达到 4570 箱。

正是在乾隆年间兴起的鸦片走私在几十年后导致了中国财政的濒临破产。鸦片走私打破了中国对外贸易方面的长期优势，中国从以前的顺差一下子变成了逆差，白银大量外流。到 1807 年，英属印度总督指示孟买、马德拉斯、槟榔屿英国殖民地首脑，原先各地准备运往中国的白银都改运加尔各答，因为公司广州监委会已有足够财力应付交易。当年，从广州运抵加尔各答的白银有 243 万余两。

1821 年以后，鸦片走私激增，银荒已从沿海省份蔓延到全国各地。而到鸦片战争前夕，中国每年的白银流出量至少达 1000 万两，接近清政府每年总收入的 1/4。鸦片战争因此变得不可避免。

· 11 ·

在英国发动鸦片战争的过程中，有一个人起了决定性的作用。他的名字叫小斯当东。

1840 年 4 月 7 日，英国的下院进行了一场激烈的辩论，辩论的议题是：要不要向中国派遣远征军。漫长的辩论过程中，一位叫小斯当东的议员的发言引起了大家的特殊重视。在他发言的时候，全场鸦雀无声，人们听得异常认真。小斯当东以果断的口吻说，通过他对中国统治者性格的了解，他认为战争不可避免：

当然在开始流血之前，我们可以建议中国进行谈判。但我很了解这个民族的性格，很了解对这个民族进行专制统治的阶级的性格，我肯定：如果我们想获得某种结果，谈判的同时还要使用武力炫耀。

他认为，对中国的武力征服是必须的。

如果我们在中国不受人尊敬，那么在印度我们也会很快不受人尊敬，并且渐渐地在全世界都会如此！正在准备中的战争是一场世界性的战争。它的结局会产生不可估量的影响。根据胜负，这些影响又将是截然相反的。如果我们要输掉这场战争，我们就无权进行；但如果我们必须打赢它，我们就无权加以放弃。

小斯当东的发言对议员们的选择影响是至关重要的。发言结束后，下院里响起了长时间的掌声。在后来进行的投票中，主战派 271 票，反战派 262 票，9 票之差。也就是说，如果再多 5 张反对票，鸦片战争就不会在那时爆发。

大部分议员都十分相信小斯当东，因为他 13 岁就到过中国，而且还曾经与乾隆皇帝亲切交谈，得到乾隆的特殊关注与喜爱。

原来，小斯当东正是当年马戛尔尼使团副使斯当东的儿子。马戛尔尼访华时，13 岁的他被作为“见习侍童”带到中国。乾隆五十八年（1793 年）八月初十，马戛尔尼觐见乾隆皇帝，小斯当东因负责为特使提斗篷的后沿，也得以见到天颜。

在驶往中国的漫漫旅途中，小斯当东闲来无事，向翻译们学起了中文。小孩子的接受能力是极强的，何况斯当东爵士的儿子智商很高。很快他就掌握了许多日常对话。在觐见的时候，和珅向皇帝介绍，说这个小鬼子会说中国话。

刻板严格的程序被打破了，皇帝微笑着命孩子跪得再近一些，“让他讲中国话。或许是因为孩子的谦逊，或许由于他讲话的漂亮用词使皇帝十分高兴，后者欣然从自己的腰带上解下一个槟榔荷包亲自赐予该童”。

英国人没感觉有什么大不了的，他们认为这不过是一个手工绣成的钱包。但是在中国人看来，这却是了不得的恩典。“赐给自己身上的荷包可说是一种特殊恩惠：东方人把皇帝身上带过的任何一件物品都视为无价之宝。”小斯当东自己也感到很荣幸，这个荷包后来他一直保存着。（佩雷菲特《停滞的帝国——两个世界的撞击》）

回到英国后，小托马斯·斯当东并没有浪费他此行打下的中文基础。中国之行激发了他的兴趣，他继续刻苦学习中文。

中文特长奠定了他一生事业的基础。5 年后，也就是 1798 年他被聘为东印度公司广州分公司的书记官，长驻广州，几年后就任总管专员，居留中国 18 年。嘉庆年间的 1816 年，他又参加了英国另一次对中国不成功的出使。这次出使彻底断了英国人通过和平手段与中国建立外交关系的念头。1817 年后，他返回英国南汉普顿，成为下院议员。

中国经历在他心底结下了浓浓的中国情结。他终生喜欢中国事物。他在城里修了一个中国式的亭园，起名为“古亭莱园”，其中的标志性建筑是一座仿中国样式的灯塔状古亭。古亭莱园的书房中藏有大量中国书籍。他用 10 年的时间翻译了《大清律例》，这是第一本直接从中文译成英文的著作。除此之外，他还著有《中英商业往来札记》《1816 年英国使团访京纪实》《论中英关系及其改善之进言》《英中商务考察》以及译著《异域录》等。1823 年他与亨利·托马斯·科尔布鲁克（Henry Thomas Colebrooke）共同创建英国皇家亚洲学会。这使他成为英国汉学史上一位知名的汉学家。（《英国汉学史》）

这样一个人当然在中英关系中最有发言权。浓厚的中国情结并没有妨碍他向英国人建议进攻中国。乾隆皇帝的荷包也于事无补。事实上，中国之行令年少气盛的他深感屈辱，从中国回来后，他就一再告诉英国人，对中国必须采取强硬手段，想通过和平手段让中国人尊敬英国是不可能的。

· 12 ·

从中国回来后，马戛尔尼预言，一旦中国这艘巨舰受到攻击，“它将永远不能修复”。亚洲及世界各地的贸易将受到扰乱……各国的冒险家都将来到中国，企图利用中国人的衰败来建立自己的威望，而“在他们之间将展开无情的斗争”。在这种对抗中，富的愈富，穷的愈穷。“英国靠着它的创业精神已成为世界上航海、贸易和政治的第一强国；从这样的急剧变革中，它将获得最大的利益，并将加强它的霸权地位。”

这是惊人准确的预言。

英国人在 1793 年跪求乾隆而没有得到的东西，在 1842 年通过战争一条不少地得到了。《南京条约》的五点核心内容，与马戛尔尼跪求乾隆皇帝的内容几乎完全一致。

1793 年马戛尔尼提出，扩大英国在华的通商口岸，增加舟山、宁波、天津等处；1842 年的《南京条约》第二条则规定，开放上海、宁波、福州、厦门、广州等处为通商口岸。

马戛尔尼要求：“英国水手须受约束，不宜与华人来往，恳求给予靠近广州的一块地段或一小岛，以资使用，作为水手商人栖息养病之地，为英商之居留地。”他所指的所谓小岛，是曾经经过彼地、而且做了认真描述的香港岛。《南京条约》第三条则规定，中国将香港岛割让给英国，“常远主掌，任便立法治理”。

马戛尔尼要求结束公行垄断，而《南京条约》第五条取消公行，任由英国人自由贸易：“在粤省贸易，向例全归额设商行亦称公行者承办，今大皇帝准其嗣后不必仍照向例，凡有英商等赴各该口贸易者，勿论与何商交易，均听其便。”

马戛尔尼要求中国公开固定的关税税率，按照中国宣布的关税税率切实上税，不在税率之外另行征收。“并请将中国所定税率录赐一份，以便遵行。”而《南京条约》规定:“应纳进口出口货税、饷费，均宜秉公议定则例，由部颁发晓示，以便英商按例交纳。”

当然，《南京条约》在马戛尔尼的要求之外，还有所“格外施恩”。其中就包括恩允英国人以后来中国可以携带妻子。如果说其他各条都是在英国人的炮舰威胁下应允，对中国百害而无一利的话，只有这一条被中国官员认为对中国很有好处。负责谈判的中国官员耆英对皇帝解释说，鸦片战争以前，清政府严禁外国人携家眷居住广州，“立法本严”，但现在看来，这一规定也有弊端。因为外夷之所以难于控驭，正在于外国人在中国无所系恋，性压抑使他们脾气暴躁。现今允许外国人带老婆住在中国，那么他们就会听话得多，因为“英夷重女轻男，夫制于妇，是俯顺其请，即以暗柔其性”。英国都是女人说了算，用妇女的温柔改变英国人的性格，以后就好打交道了。

这番高论令乾隆的孙子道光连连叫绝，立马批准。

三 帝国的遗传基因

·1·

虽然古代统治者对外国人的来访有种种险恶的估计，但从乾隆时代起，老百姓们就天真地认为他们是被中华文化所吸引而来，向中国的统治者致敬的。英国人记载说，“下至中国的兵士和水手们都对客人彬彬有礼，不是出于责任而是出自招待热诚。整个使人感到我们是受欢迎的客人。他们知道这些外国人是从很远地方来向他们的皇帝致敬的。因此，他们的地位虽然如此低下，而仍然感到了民族应有的喜悦情绪”。(约翰·巴罗《我看乾隆盛世》)

他们会遇到一样铺张的招待。

虽然对外国人可能心怀猜忌，但中国统治者对他们的招待从来都是超级热情的。在中国统治者看来，这首先是一个国家形象问题，或者说，是一个大局问题。外交无小事，内外有别，是中华帝国一贯的外交方针。因此，不管百姓如何贫困，财政如何困难，招待外国人总是不遗余力的。对于中国统治者，这绝不是难事。葛剑雄先生说："由于历来的统一政权一般都国地辽阔、人口众多，所以即使人民生活水准很低，但把可以搜括到的人力财力集中起来，数目仍然是相当庞大的，这就造成了中国'富厚'的假象。"

当英国使团刚刚出发时，乾隆皇帝就已经做好了隆重接待的准备。在清朝上下看来，接待一个首次来到中国的使团，是一个向世界传播中华文化，宣传中国治理的伟大成就的重大"政治任务"。必须算政治账，而不能只算经济账。乾隆前后连续多次下达详细的谕旨，亲自认真安排这次对外宾的接待工作。

为了更好地接待英国人，皇帝特意任命长芦盐运徵瑞为钦差大臣，专门负责此次接待工作。为此还特别为他加恩晋爵，赏戴花翎。

英国人刚刚出发不久，皇帝就命令军机处拟定了一套详细的接待方案，包括朝见、赏赐、宴请、看戏、游览等活动。这个方案记录在清宫档案的《上谕档》册中。

在估计贡使不久可到的乾隆五十八年（1793年）六月，皇帝对接待的原则做了具体指示："应付外夷事宜，必须丰俭适中，方足以符体制……此次英吉利使到后，一切款待固不可踵事增华。但该贡使航海远来，初次观光上国，非缅甸、安南等处频年入贡者可比。（直隶总督）梁肯堂、（长芦盐政）徵瑞务宜妥为照料，不可过于简略，致为远人所轻。"

皇帝确定的接待工作方针是，一要隆重热烈，照顾好外国友人的衣食住行，保证他们的心情愉快；二是利用这个机会，充分展示中国的富庶强大。

因此，当使团的船队到达大沽口外时，他们发现两名朝廷命官携带着大量作为礼物的食品，在此迎候。使团副使斯当东认真地记下了礼品的数量：牛二十头，羊一百二十头，猪一百二十头，鸡一百只，鸭一百只，一百六十袋面粉，十四箱面包，一百六十包大米，十箱红米，十箱白米，十箱小米，十箱茶叶，二十二大篓桃脯，二十二大篓蜜饯，二十二箱李子和苹果，二十二大篓蔬菜，四十篮黄瓜，一千个南瓜，四十大包莴苣，四十大包豌豆，一千个西瓜，三千个甜瓜还有许多瓶酒，十箱蜡烛，三大篓瓷器。由于数量太多，船上无法容纳，只能收下一部分，“将其余的璧谢”。“以后不须提出请求，大批免费供应的物资源源不断送去。”（斯当东《英使谒见乾隆纪实》）

这仅仅是一个见面礼。在后来的行程中，中国人的慷慨一直让他们吃惊。使团的总管巴罗说：“我们至此所经历的款待、重视和尊敬，是陌生人只有在世界的东方才能遇到的。”而副使斯当东则说：“大量丰富的日用品不但供应到全体团员，而且普遍供应到使节团的所有技匠、卫队和仆人。看来中国方面不吝惜任何花费以求尽到对于使节团的豪华供应。”

皇帝的指示得到了充分的贯彻。“动员了这么多的官员，这么多的厮役，这么多的船只，来做招待工作。这些参加招待工作的官员和厮役据说都得到了例外的加薪，借以鼓励他们做好这项工作。沿途岸上有列队欢迎的兵士，有搭起来的彩牌楼和特别准备的表演。所有以上一切费用俱由皇帝一人担任起来。”

“皇帝陛下的这个意旨被所有参加招待工作的官员严格遵守。一位使节团员有一次偶然表示要买一件微小的衣物，承办招待的官员立刻买来，但无论如何不肯收钱。他说，一切费用都记在皇帝的账上了。”

在其后的赏赐环节，英国人更为惊讶。英国人一路上所受到的热情接待经过英国商人之口先行传回了伦敦，整个英国欢欣鼓舞。

· 2 ·

英国使团的出使任务虽然失败了，但这次出使也并非没有收获。甚至，如果单纯从经济方面衡量，英国人的收获是巨大的。

在回去的船只上，装满了中国皇帝赏赐给他们的礼物。

自从听说英国人要来后，皇帝就开始为他们准备礼品。在英国船只到达天津后，皇帝派人询问的第一件事是贡品名单，第二件事则是使团名单。这是为了有针对性地准备给英国人的礼品。皇帝的心很细，他的赏赐不仅限于官员，每一个英国人，从正使直到黑人仆从，人人有份。留在船上的士兵水手 650 人也每人备有奖赏。对于这个前所未知的国家，他准备大大施恩，让这些地处偏僻的远夷对天朝留下深刻的印象。按惯例，外国进贡，皇帝只赏赐其国王及正使等正赏一次。而此次英国来朝，皇帝前后赏赐了他们 37 次之多。

即使在英国人的桀骜不驯和妄加请求令皇帝十分生气之后，那些原来准备好的礼品仍然一样不差地发给了英国人。据后来的史学家统计，赏赐的礼品共 130 种，3000 余件。数量之大，品种之多，次数之频，前所未有。皇帝一贯乐于展示他的大方。生气归生气，天朝上国的体面不能丢。在给英国国王的国书上，皇帝也特意提及这一点："尔国王僻处重洋，输诚纳贡，朕之赐予优嘉倍于他国。"(《乾隆皇帝与马戛尔尼》)

虽然中间因为礼仪问题一度降低了饮食标准，但宽厚的皇帝仍然命令，回程路上给予英国人高规格的照顾："公平而论，中国朝廷和他指派来照料使团的众人，自始至终表现了做主人的慷慨大方，照顾无微不至，态度真诚友好。至少对我们这一行人是如此。"这是巴罗的话。

在路上，已经与英国人无话不谈的"王大人"向英国人谈了这次招待的花费："王大人告诉我，为了支付接待我们使团的开销，他们受命从我们所经过的各省银库，每天提取 5000 两白银(合今天币值 78 万元人民币)，也就是 1600 磅标准纯银。在北京是每天从户部领取 1500 两。"

巴罗由此估算，他们一行，使北京花费了 51.9 万两白银，即 17.3 万磅白银。折成今天的币值，约 8100 万元人民币。这其中当然不包括皇帝赏赐的礼品，这些礼品价值要远远高于此数。

“王大人告诉我，为我们服务的一般不少于 1000 人，很多时候大大超过 1000 人。我相信他没有夸大其词。”

巴罗算了一下账，说他们这次出使，英国本身所花费的，不过 8 万磅白银。“对大不列颠这样的国家来说实在是微不足道，还不到人们通常想象的数额的 1/4。”（《我看乾隆盛世》）

那么英国人都从中国运走了些什么东西呢？以下是档案资料中的几次赏赐的部分礼品：

第一次给英国人的见面礼是：

特赐国王玉如意一，龙缎三，蟒缎二，妆缎七，百花妆缎六，倭缎三，片金缎二，闪缎、袍缎、蓝缎、彩缎、青花缎、衣素缎、线缎、帽缎各四，绫、纺丝各二十二，罗十三，杭绸七，玉双解瓶一，战图一盒，红雕漆桃式盒九，朱漆葡瓣盘四，绢笺、蜡笺各五十，挂灯四对，绣锦香袋八盒，绣香袋、连三香袋各四盒，宫扇十三扇，百香饼四盒，普洱茶团四十，茶膏、柿霜各五盒，哈密瓜干、香瓜干各一盒，武彝茶、六安茶各十瓶，藕粉、莲子粉四盒；正使龙缎、妆缎、蓝缎、酱色缎、素缎各二，倭缎八，丝、缎各一，绫、杭绸、纺丝各四，瓷碗六，瓷盘八，霁青白里瓷盘六，扇二十，普洱茶团六，六安茶六瓶，茶膏二盒，哈密瓜干二盒；副使龙缎、妆缎、倭缎、蓝缎、酱色缎、素缎各一，绫、杭绸、纺丝各二，瓷碗二，瓷盘八，霁青白里瓷盘四，扇十，普洱茶团四，六安茶四瓶，茶膏、哈密瓜干各一盒；副使之子龙缎、妆缎、素缎八，丝缎、锦、漳绒、羽缎、绫各一，花缎、纺丝各二，瓷碗、瓷盘各四十，锦扇十，普洱茶团四，六安茶四瓶，茶膏、冰糖各一盒，雕漆盘一，大荷包二，小荷包四；代笔官、总后官二员，每员闪缎、妆缎、倭缎、蓝缎、绫各一，瓷碗、瓷盘各二十，锦扇十，普洱茶团二，六安茶二瓶，茶膏、哈密瓜干各一盒，大荷包二，小荷包二；副总兵官、管兵官、听事官、管船官等七员，每员妆缎、闪缎、蓝缎各一，瓷碗、瓷盘各二，扇二盒，普洱茶团二，大荷包二，小荷包二。

八月十三日生日当天：

赏正使大卷八丝缎、锦缎各二，瓷茶桶、瓷碗、瓷盘各二，宜兴器一；副使大卷八丝缎三，锦一，瓷茶桶、瓷碗各二，瓷盘一；副使之子八丝缎二，锦一，瓷茶桶、瓷碗各二，瓷盘一；副使之子绘画呈览，赏大荷包二；通事、总兵等官九员，每员八丝缎二，瓷碗二。

八月十四日：

于清音阁赏正使御笔书画册页一，玉杯一，瓷盘、瓷瓶、漆桃盒、葫芦瓶各二；副使玉杯一，瓷器、漆桃盒、葫芦瓶各二，小荷包一；副使之子瓷器四，漆桃盒二，瓷瓶一，小荷包一；通事、总兵等官九员，每员漆桃盒二，瓷器四。

最后一次正式赏赐，礼品清单是：

二十九日，于太和门颁给敕书。赐该国王百花蟒缎二，袍缎、线缎各四，紫檀彩漆铜掐丝珐琅龙舟仙台一，玉器八，玛瑙盂盘一，瓷器二百有二十，漆器三十七，葫芦器十四，文竹挂格、棕竹漆心炕格各二，花卉册页二，画绢二十，洒金五色字绢笺纸、白露纸、高丽纸各二十，墨六匣，各样扇四十，普洱茶团八，六安茶八瓶，武彝茶四瓶，茶膏、柿霜四盒，哈密瓜干、香瓜干各四盒，藕粉、莲子各二盒，藏糖三盒。又，随敕书赐国王龙缎三，蟒缎二，妆缎七，百花妆缎六，倭缎三，片金缎二，闪缎、袍缎、蓝缎、彩缎、青花缎、衣素缎、线缎、帽缎各四，绫、纺丝各二十二，罗十三，杭绸七，画绢、白露纸各百，洒金五色绢五十，五角笺纸、高丽纸各二百，宫扇十三，十锦扇百，连三香袋四盒，十锦香袋八盒，锦香袋四盒，香饼四盒，普洱茶团四十，茶膏、柿霜各五盒，哈密瓜干、香瓜干二盒，武彝茶、六安茶各十瓶，藕粉、莲子各三盒，文竹炕桌二，雕漆炕桌二，挂灯十二，墨二十匣；正使龙缎、帽缎各一，妆缎、倭缎各二，蓝缎、青花缎、彩缎、杭绸各三，绫、纺丝各六，茶叶二瓶，茶膏二盒，砖茶二块，大普洱茶团二，刮膘吉庆一架，青玉全枝葵花洗一，玛瑙葵花碗一，玛瑙葵花碟一，藏糖二匣；副使龙缎、帽缎各一，妆缎、蓝缎、倭缎、青花缎、彩缎、绉绸各二，绫、纺丝各四，茶叶四瓶，茶膏一盒，砖茶二块，女儿茶十，白玉全枝葵花洗一，花玛瑙菊花瓣碗一，葫芦器藏糖二匣；副使之子龙缎、妆缎、倭缎、青缎、蓝缎、锦、漳绒、帽绒各一，绫、纺丝各三，绉绸二，茶叶二瓶，砖茶二块，茶膏一盒，女儿茶八，藏糖一匣；总兵官、副总兵官二员，每员龙缎、妆缎、倭缎、蓝缎、青花缎、帽缎、锦各一，绫、纺丝各三，绉绸二，茶叶三瓶，砖茶二块，茶膏一盒，女儿茶八，藏糖一匣；通事、管兵等官四员，每员龙缎、妆缎、漳绒、锦、蓝缎、彩缎各一，绫、纺丝各二，茶叶二瓶，砖茶二块；代笔、医生等官九员，每员龙缎、妆缎、锦、漳绒、蓝缎、彭缎、绫、纺丝各一，茶叶二瓶，砖茶二块；贡使从人七名，每名绫、绸各二，布四，银十两；吹乐、匠作、兵役等六十七名，每名绫、绸各二，布四，银十两；内地护送官二员，大缎各二；

贡船留存管船官五名，每名回子布、高丽布、波罗麻、兼丝葛各二；留存贡船兵役水手共六百十五名，各高丽布、回子布、小增城葛、波罗麻各一……

这些礼品，大部分取自内务府六库贮藏多年的精品，有不少更是专供皇帝、皇后使用的极品。（《乾隆皇帝与马戛尔尼》）

除了这些礼品，英国人更大的收获是两样，一样是对中国军事防卫情况的调查，另一样是取得蚕种和茶树苗。

在访华的整个行程中，英国人时时刻刻能感觉到中国人的防范心理。对他们参观的要求，中国官员经常拒绝。在使团船只泊岸时，中国官员禁止使团人员上岸散步，避免他们探听中国情况。

这种防范甚至到了极端的程度。

里通外国自古以来就是可以加给中国人的最重的罪名之一。马戛尔尼肯定想不到，他这次来访，差一点给一个普通中国百姓带来灭顶之灾。

此人名叫郭杰观，浙江宁波人。他已经去世的父亲郭端早年曾在广州与英国人做过生意，会说些简单的洋泾浜英语（没有受过正规英语教育的人说的蹩脚英语）。乾隆十九年（1754年），英国人北上宁波，郭端也曾在这里与英国人达成过交易。郭杰观小时候听见父亲说英语感觉很好玩，就学了几句，用他自己的话说："我因幼时听见我父亲说话，我也跟着学了几句，不过如吃烟、吃茶等话，此外言语我并不能通晓。"乾隆三十八年（1773年），郭端去世，郭家渐渐败落。郭杰观靠当私塾老师为生，从来没与英国人打过交道，这几句英语也自然没了用处。

没想到，这几句英语给他惹来了大麻烦。

英国使团到达中国，登陆的第一个城市就是宁波附近的定海。为什么偏偏选择这个地方呢，是不是这里有什么汉奸？这让浙江地方官大惑不解。他们于是在定海和宁波查找与外国人打过交道的人家，正在给小孩子上课的郭杰观于是被抓到了官府。虽然严刑拷打，可是郭杰观还是交代不出他与英国人的关系，于是他又被送到北京。在北京挨了几顿好打之后，军机大臣们终于确信“郭杰观只系训蒙穷苦乡愚，所供尚无狡饰”。他的父亲同夷人确实有过联系，不过那是 40 年前的事。现在怀疑消除了。不过大学士们仍然觉得他那几句英语万分危险，令地方官“随时留心查察，勿令滋事”。

但奇怪的是，如此严密的防范居然没有妨碍英国人做他们最想做的事：测绘中国沿海以及城市防卫情况和弄到蚕种、茶树苗。

印度总督康华里勋爵曾希望把蚕丝和茶叶的生产引入孟加拉。马戛尔尼在中国顺利地弄到了蚕卵，也把蚕和生产过程的一些情报送到了印度。他在茶叶方面取得更大的成功。

1794 年 2 月 28 日，马戛尔尼从澳门写信给康华里勋爵：“如有可能，我想弄几株优质茶树的树苗。多亏广州新任总督的好意——我与他一起穿越了中国最好的茶叶种植区——我得以观察和提取优质样品。我责成丁维提博士把这些树苗带到加尔各答。他将搭乘‘豺狼’号前往。”在经过一片精心种植着漆树、马桕和茶树的平原时，马戛尔尼的确顺利地叫人挖掘了这些树苗：中国的陪同人员这一次未加干涉。佩雷菲特说：“把优质树苗引入印度，光这一项也就不枉此行了，而且在下个世纪将要百倍地偿还这次出使的费用。”（《停滞的帝国——两个世界的碰撞》）

第九章

烈日余晖

一个叱咤风云的英明君主，晚年对农民起义无可奈何，独自念咒、意欲制敌于死地，这种行为典型地反映出一个意志昏瞀的孤独老翁的心理状态，别人几乎不能理解他。

一　权力平稳交接

·1·

老皇帝又一次在凌晨三点多就醒了。贴身太监早就料到这一点，老皇帝轻微的鼾声一停，他就从地上站起来，开始给乾隆一件件穿好衣服。然后，老皇帝就垂衣静坐在御榻之上，耐心地等待三个小时后的阳光。

这已经是近年来的常态了。《清高宗实录》记载，乾隆五十年（1785年）之后，皇帝睡眠即开始减少，“年高少寐，每当丑寅之际，即垂衣待旦，是以为常”。

更何况今天的日子是多么特殊。就在三小时前的交子时分，大清帝国使用了六十年的乾隆年号永远地成为了历史。今天已经是大清嘉庆元年（1796年）正月初一。乾隆比平常更早醒了近一个小时，就是因为心中惦记着今天的“禅位大典”。生性周密的他心中把所有的环节又盘算了一遍，再一次确认，万无一失。

·2·

从乾隆中期开始，接班人问题就成了全大清帝国关心的焦点。

处处争第一的乾隆在子女数量上没有超过他的祖父。康熙共有过三十二子二十女，而乾隆一生共育有二十七个子女。其中十七男十女。其中五子五女早殇，因此长大成人的是十七人。

在十七个儿子当中，乾隆最喜欢的，无疑是孝贤皇后所生的两个嫡子了。

在立志事事超越前人的乾隆看来，大清王朝建立以来的最大遗憾是没有一个皇帝是以嫡长继位的，所以即位之初他就暗下决心，“必欲以嫡子承统，行先人所未曾行之事，邀先人所不能获之福”。

但无奈两个嫡子都早夭，连丧两个嫡子后，二十多年间，皇帝没有再提立储的事。

皇帝不提，臣民却不能不想。对于那些以天下为己任的读书人来说，“储位空虚”是国家之大危险。皇帝一旦有故，则天下必然动荡。乾隆四十三年（1778年）皇帝东巡沈阳时，一个锦州生员金从善就拦路呈词，要求皇帝尽快明立太子，并说：“大清不宜立太子，岂以不正之运自待耶？”（唐文基《乾隆传》）

皇帝闻言大怒，看来天下人竟然已经普遍认为自己不立储君，是因为“贪恋宝位”了。最好面子的乾隆怎么能容忍这样的攻击？于是在杀了金从善之后，皇帝向全国颁布“明发谕旨”，向天下公布了自己的计划。皇帝说，自己绝不是贪恋权位之人，早在刚刚登上皇位之际，他就已经向上天默誓，只当六十年皇帝，而把在位时间最长的纪录留给祖父康熙。

> 天下人也许会窃窃议论我贪恋宝位，不肯立储。岂不知我登基之初，就曾焚香祷告上天说：我皇祖在位六十一年，我不敢相比，如果我能统治六十年，一定会在八十有五岁时传位皇子，自己退休下台。（《清高宗实录》）

皇帝还告诉天下，早在乾隆三十八年（1773年）冬，他就已经秘密立储。不过此事他只告诉了几个军机大臣，所以天下人才会产生这样的误会。

此谕一出，关于谁是继承人的猜想在民间进行得更热烈了。对于市井小民来说，猜猜哪个阿哥将成为下任皇帝也是极好的谈资。

·3·

其实，这个谜说难则难，说简单也很简单。

乾隆三十八年之时，十七个儿子中，大阿哥、二阿哥、三阿哥、五阿哥、七阿哥、九阿哥、十阿哥、十三阿哥、十四阿哥和十六阿哥都相继亡故。

其中大阿哥的亡故，就与立储有关。

想立嫡子不成，皇帝却把气撒在庶子身上。皇帝对儿子和女儿的态度是不一样的。他在女儿面前是个和蔼可亲的慈父，高兴时甚至可以俯首甘为孺子牛，在儿子面前却一直板着面孔。他对阿哥们的态度，完全是从政治角度出发的。为了压制他们的政治野心，防止历代争储故事重演，乾隆对皇子们管束极为严厉。直至乾隆三十一年（1766年）前，除皇四子、皇六子因出继为宗室亲王之子而获爵位外，其他皇子一律没有爵位，不论年龄多大，结没结婚，都只能规规矩矩待在宫内成天读书，不得与外界任意交往，犹如高级囚徒。对于有了爵位的那两位皇子，也严格限制其器用，不许使用亲王服制，规定“一应服用，仍应照皇子之例”。（《清高宗实录》）皇子的限制之严，待遇之低，超过了中国历史上任何一个时期。有时候，他对儿子的提防到了神经过敏的程度。

孝贤皇后去世时，庶出的皇长子永璜二十一岁，皇三子永璋十七岁。接连两个嫡子去世，显然使他们两个继承储位的概率大增，因此虽然他们在皇后的丧礼中行礼如仪，中规中矩，皇帝却怎么看着都不顺眼。皇帝怎么看他们，怎么觉得他们的悲痛是装出来的。大行皇后的梓宫（梓木做的棺材）刚运到通州，皇帝就没头没脑地下了一道严旨，指责大阿哥在丧礼中举止茫无所措，于“孝道礼仪未克尽处甚多”。皇后丧期刚满百日，皇帝又当着满洲王公大臣的面痛责大阿哥对嫡母之死“并无哀慕之愧”，三阿哥“于人子之道毫不能尽”。皇帝的口气非常严厉：

> 试看大阿哥年已二十一岁，此次于皇后大事，伊一切举动尚堪入目乎？父母同幸山东，惟父一人回銮至京，稍具人子之心，当如何哀痛，乃大阿哥全不介意，只如照常当差，并无哀慕之忱……今看三阿哥亦不满意，年已十四岁，全无知识。此次皇后之事，伊于人子之道，毫不能尽……伊等俱系朕所生之子，似此不识大体，朕但深引愧而已，尚有何说！

在专制时代，不孝是极大的罪过。而皇帝意犹未尽，又杀气腾腾地挑明说，大阿哥、三阿哥对母后之死幸灾乐祸，有觊觎神器的野心。因此，这二人绝不能成为太子人选：“大阿哥、三阿哥如此不孝，朕以父子之情，不忍把他们诛杀。但朕百年之后，皇统则二人断不能承继！大阿哥、三阿哥日后若心怀不满，必至弟兄相杀而后止，与其让他们兄弟相杀，不如朕在之日杀了吧！”怒气冲冲的皇帝转过脸来又告诫满洲大臣，今后如有人奏请立皇太子，“朕必将他立行正法，断不宽贷”！（《清史稿》）

其实大家都看得清清楚楚，这两个皇子的表现并无太大不妥。皇帝的这些激烈言辞不过是他在孝贤皇后之丧中的失常举动之一，然而两个儿子却难以承受这样猛烈的打击。因为这一番惊吓，大阿哥永璜竟患了重病，并于乾隆十五年（1750年）忧惧而死，上距严厉的廷训不过一年零九个月。

闻听大阿哥惊惧成疾，从皇后之丧中清醒过来的皇帝也十分后悔。弥留之际，皇帝亲临皇子寝处视疾，素幔中的大阿哥眼泪汪汪地对亲临视疾的皇帝说：“儿不孝，不能送皇父了！”

皇帝痛悔不已。

为弥补心灵上的不安，皇帝追赠永璜为定安亲王，使他成为诸子中第一个得封亲王爵者，并且其名号由永璜长子绵德继承。绵德因此成为乾隆诸孙中第一个未降等袭封亲王的。皇帝并破例让绵德即于皇长子所居别室治丧，不必迁移外所。终其一生，皇帝对皇长子一支都给予了特殊的关爱。

虽然因为防范过甚痛失亲子，皇帝此后并不在防范子孙方面有丝毫放松。乾隆四十一年（1776年），皇长孙绵德与礼部郎中秦雄褒私下“相见送礼”。按理说，皇孙与京城官员见个面，接受个小礼物，不算什么大不了的事，然而在皇帝眼里却是无法原谅的。老皇帝严厉处分，革退了绵德的王爵，废为庶人，罚他去守泰陵。并将秦雄褒发遣伊犁，连绵德的师傅也受到处分。同年七月，一个山西小吏向出继出去的四阿哥投信，被凌迟处死，四阿哥也因背了个黑锅，于几个月后忧惧而死。乾隆四十五年（1780年），山西巡抚喀宁阿风闻六阿哥和皇次孙建储有望，就向六阿哥永瑢及绵恩呈递请安片子，并“送鱼数尾”。绵恩等鉴于前事，惧不敢受，将其事奏报给皇帝。皇帝因此褒奖绵恩，喀宁阿受到传谕申饬。正是由于皇帝的严厉果断，使诸子诸孙十分注意约束自身的言行，终乾隆一朝未发生争储之事。

· 4 ·

除了死去的那些阿哥外，十二阿哥因为生母那拉皇后为皇帝所厌恶，根本没资格列为皇储人选。四阿哥和六阿哥早已分别过继给履亲王允裪和慎郡王允禧为孙，因而也被排除掉了立为皇储的可能。皇帝真的要决定立储大事，就只能在八、十一、十五和十七阿哥这狭小的范围中做一抉择。

八阿哥永璇是皇帝身边最年长者，他文才不错，书法赵孟頫，妩媚可爱，也能画平远山水，但为人轻躁，做事颠倒。有一次皇帝分派诸皇子去西郊黑龙潭祈雨，八阿哥本当值班，却遍寻不见。一问才知道他带着亲随侍从忙中偷闲到城里玩去了。在严峻苛刻的皇帝看来，这无疑是不能容忍的重大过错。加以他又有脚病，仪表欠佳，皇帝对他不抱期望，乾隆四十四年（1779

年）封个仪郡王了事。

十一子成王永瑆更具文艺天分。他的诗文精洁，尤工书法，早年学欧阳询、赵孟頫，出入王羲之、王献之笔法，临摹唐宋各家名帖，均造极诣，独创所谓“拨镫法”，名重一时，论者以为清朝自王若霖以下，成王一人而已。同时代享有盛名的书法巨擘还有铁保、翁方纲、刘墉，与成王被后人并称清四家。乾隆是个风雅天子，每每临幸成王府第，观赏他的书画佳作。不过，对十一阿哥的寄情翰墨，皇帝也并非一味赞同。乾隆三十一年（1766年）五月的一天，皇帝见十五阿哥永琰手持扇上有题画诗名，落款为“兄镜泉”三字，一问才知“镜泉”是年方十四五岁的十一阿哥别号，皇帝以为天家子弟不当如此效仿汉人陋习，所以下旨斥责，不许宗室贵族取号，因为过于文弱，难免丢掉满洲的勇武，并说这些细节“所关国运人心，良非浅鲜”。皇帝对十一阿哥的不满尚不止于此，这位阿哥柔而无断，而且随着年龄的增长，怪脾气越来越多，越来越吝啬。据说一次乘的马死了，即命烹马肉代膳，当天王府即不举炊。传出去，成了整个朝廷的笑话。这样的人，显然也无人君之相。

至于十七阿哥永璘恐怕是兄弟几个中最不成器的。这个老儿子从小就不喜欢读书，性情也轻佻浮躁。年纪稍长，就常常溜出宫禁，一身便服去外城狭路曲巷寻花问柳。乾隆五十四年（1789年）皇帝八旬万寿庆典前大封诸子，六阿哥、十一阿哥、十五阿哥都封了王爵，永璘只封个贝勒，从此对皇位彻底死了心。他曾对亲近的人说：“即使皇帝多如雨落，也不会有一个雨珠儿滴我身上。将来哪位哥哥当了皇帝，能把和珅府邸赐给我，也就心满意足了。”和珅败后，他的同胞兄长嘉庆皇帝果然将为王公大臣垂涎的和府赐予永璘一半，从此，永璘燕居邸中，唯以声色自娱而已。

唯一还不让皇帝失望的，只有十五阿哥了。

·5·

和其他三个皇子比起来，皇十五子永琰不是最聪明的一个，却是缺点最少的一个。

十五阿哥在乾隆三十八年（1773年）被密立为太子时年仅十三岁。他的生母魏氏，是汉人出身，系内务府包衣，外祖父为内管领清泰，身份并不高贵。

但这个孩子有其他几个不及的优点，“以勤学闻名”。他自认为天赋平常，所以学起习来异常用功，三九寒冬，深更半夜，还经常手不释卷。史载他“以不学为戒，故三冬甲夜，孜孜于退食之时，游情于圣贤之籍”。在他的诗集中每有这样的诗句：“夜读挑灯座右移，每因嗜学下重帏。”“更深何物可浇书，不用香醅用苦茗。”

另一个突出之点是他的孝顺与“端淳”。在乾隆的严厉督责下长大的永琰，品格端方，为人勤勉，生活俭朴，待人宽厚。他最大的长处就是能克制自己，不为任何声色所诱惑，不做任何出格过分的事情。正史笔记，绝少关于他的负面记载。

虽然有清一代，严禁皇子与大臣交接，然而通过皇子师傅这一渠道，朝野上下对这几个皇子也并非毫不了解。据说，在四个皇子中，年仅十三岁的皇十五子是最懂事、最勤奋的一个。当时出使天朝的朝鲜使臣回国后，向他们的国王汇报见闻时多次说：“第十五子嘉亲王永琰，聪明力学，颇有人望”，“皇子见存四人，八王、十一王、十七王俱无令名，唯十五王饬躬读书，刚明有戒，长于禁中，声誉颇多”。（《朝鲜李朝实录》）

岁月不待人，年过花甲的乾隆必须做出决定。他在传位密诏中小心翼翼地写下了永琰的名字，不过放下笔后，他一直不能驱走心中的忐忑。毕竟，十三岁这个年龄对于一个继承人来说，是太小了，这棵看起来不错的幼苗能否长成参天大树，谁也不能确定。乾隆三十八年冬至，六十三岁的老皇帝到天坛祭天，跪在圜丘中心，默默向苍天祷告：“我已经秘密立永琰为皇储，然而此子年仅十三，性情未定。如果永琰有能力继承国家洪业，则祀求上天保佑他诸事有成。如果他并非贤能之人，愿上天让他短命而死，使他不能继承大统。我并非不爱自己的儿子，只是为祖宗江山计，不得不如此。”（《清高宗实录》）

虽然感情丰富，然而在这个政治超人心中，儿女之情与帝王的责任感比起来，恰如鸿毛之于泰山。

好在上天似乎对永琰也比较满意，从乾隆三十八年（1773年）到六十年（1795年），永琰一直身体健康，他的表现，也越来越得到乾隆的肯定。到了举行传位大典的这一刻，在乾隆心中，为这个接班人打了八十分。

让皇帝满意的有四点：

第一，从性格上看，皇十五子少年老成。他性格中最大的特点是自制力强，富于恒心和毅力。他生活有常，举止有度，学习勤奋，办事认真，从不逾规矩一步。这是最让乾隆欣赏的。

第二，此人品质“端淳”，待人真挚，善于为他人着想。他富于同情心，十分重感情。他时时处处克己忍让，生活俭朴，从不追求自己的个人享受。最为难得的是，这个皇子修养极佳，为人谦逊，很少发火，待人从无疾言厉色。

第三，从学业上看，经历了二十多年严格、系统、高质量的帝王教育，永琰的成绩非常突出。永琰对儒家天理人心之学，颇有心得。他的修养是建立在学养的基础之上，因此根基牢固。另外，此子武功骑射成绩虽然比不上他的父亲和曾祖父，在兄弟当中也是首屈一指。

第四，从外表看，嘉庆皇帝是清朝历代皇帝中长得最端正、最上相的一位。嘉庆皇帝的外表，可以说几乎没有任何缺点：他中等身材，不高不矮，不胖不瘦。他皮肤白皙，五官端正，骨肉匀停，一副雍容华贵的相貌。脸型介于方脸和圆脸之间，显示出他性格的平衡和理智。经过从小就开始的仪表训练，他在出席大的场合时，总是举止高贵，镇定自如。

·6·

在帝位授受的那一刻，太上皇由衷地觉得，上天对自己一直是厚待的。你看，如今接受帝位的这个孩子，今年年龄三十六岁。这个年龄，既精力充沛，又富于经验。生命由青春期的青涩，青年期的热烈，转为中年前期的稳健有力，正是主掌一个庞大帝国的最佳年龄。

配合乾隆的好心情，嘉庆元年（1796年）正月初一举行的这个典礼仪式盛大华美，气氛祥和安宁，连天气都是如此晴朗灿烂。上午九点整，头戴玄狐暖帽，身穿黄色龙袍衮服，外罩紫貂端罩的乾隆，坐上了太和殿宝座。老皇帝那双慈祥中透着威严的炯炯有神的眼睛缓缓扫向殿前广场，殿前广场上，翎顶辉煌、朝服斑斓的上千名王公大臣在庄重的“中和韶乐”中，如潮水一般拜兴起跪。九时三十二分，随着坐在宝座上的乾隆把手中那颗宽三寸九分、厚一寸的青玉大印“皇帝之宝”微笑着递到跪在他面前的嘉庆皇帝手中，一个空前的纪录诞生了：中国历史上最平稳的权力交接顺利完成。

权力交接一直是中国专制政治制度中最易迸发的疮口。最高权力终身制的一个最显著弊端即是权力更替的不确定性和不稳定性。在任期制下，权力交接有着规范的时间和程序，授与受者都有充分的准备时间。然而在专制制度中，你无法准确预知老一代统治者何时去世，权力更替的时间因而不能确定。在任期制下，权力授受双方通常都是在健康状态下，这保证了权力交接棒顺畅自然。然而，在世袭制下，权力交接必然出现在统治者病危或者死亡之时，临终者的手已经无力有效挥动手中的权柄，在交接棒过程中十分容易出现意外：或者是权力大棒被斜刺里冲出来的冒险者夺走，或者老一代统治者被迫不及待担心夜长梦多的继承人提前推出跑道，或者是在老皇帝去世后，权杖落地，出现一段充满危机的权力真空期。所以，中国历代以来权力交接之际，不是血雨腥风、诛族灭门，就是杯弓蛇影、疑云重重。

为了解决这一问题，历代皇帝都绞尽脑汁，想尽了一切办法。最常见的是预立太子，然而熟悉中国历史的人都知道，太子不是容易做的。从古至今，一帆风顺的太子屈指可数，担惊受怕，险象环生，几上几下，身陷囹圄，甚至身首异处的比比皆是。这样的例子实在不胜枚举，就以大唐王朝的太子们为例吧：

第一个太子李建成死于弟弟李世民之手。李世民的太子李承乾也与父亲反目成仇，谋反被废，幽禁致死；唐高宗和武则天所立的前三个太子李忠、李贤、李弘，都被武则天杀掉。唐玄宗的太子李瑛先是被废为庶人，随即赐死；自宪宗以后，皇帝生前所立太子几乎无一能即位，大抵老皇帝一死，太子就被宦官杀害……

有清一代的权力交接，虽然不如唐代一样血腥，也同样问题多多。史上最为失败的立太子事件，无疑发生在乾隆的爷爷康熙时期。为了解决接班问题，康熙早早立了太子，其间废而复立，折腾了数十年时间，最终的权力交接还是闹得腥风血雨，不明不白。

只有乾隆皇帝，在这个问题上顺风顺水。赖父亲创立的秘密立储制，他当初的即位相当顺利；如今他要再上一层楼，在自己活着的时候，就解决继承问题，把权力交接的震动降到最低，使大清王朝的稳定不受任何威胁。

可以说，在尧舜之后的中国统治者中，只有乾隆一个人真正成功地实行了“禅让”。自从三代之后，“禅让”就成了中国专制政治中一个美丽的梦想，成了统治者“成圣成神”的标志。可惜，所有的效仿者都画虎不成反类犬。公元前 318 年，燕王哙效仿尧舜，主动禅位与子之。可是这次禅让并没有带给燕国任何的好处。三年后，“燕国大乱，百姓恫怨”，齐国几乎灭燕。在此之后出现的“禅让”，更是一代不如一代：不是老皇帝被逼无奈被小皇帝夺了权的代名词，比如唐玄宗与唐肃宗；就是权臣篡位的遮羞布，比如曹魏代汉。唯一一次自愿的禅位发生在宋高宗时期，不过那是因为宋高宗外惕强敌，内耽逸豫，不足挂齿。

这一时刻，不啻是中国专制政治史上最辉煌、最伟大的一个瞬间。历代王朝权力交接之际的血腥、紧张、冲突都被乾隆巧妙化解。在中国历史上，这确实是一个空前绝后的创举，是专制时代权力平稳交接的一个完美典范。历史学家对乾隆的这一举动一致高度评价，其中以清代史学家赵翼所言最有代表性：

> 惟我高宗纯皇帝当大一统之运，临御六十年，亲传宝位。犹时勤训政，享年到八十有九；今上自受禅后，极尊养之，诚，无一日不亲承色笑，视宋孝宗之一月四朝，曾不足比数焉。然则两宫授受，慈孝兼隆，福德大备，真开辟以来所未见，岂不盛哉！

二　“千古第一全人”

·1·

对于禅让之举，乾隆非常看重。他把这一举动，当作自己生命中最后一件大事，当成了六十年统治的完美压轴。

乾隆认为，这一举动，标志着他成了全人类历史上最伟大的统治者，成了人类历史上第一个“全人”。

如前所述，乾隆皇帝是史上雄心最炽、最自负的君主，他时时处处，要超越历史，创造纪录，把自己大大地写在历史上。

因此，越到晚年，他就越看重自己在历史排行榜上的位置。他乐此不疲地把自己和历代帝王比较，一而再、再而三地证明自己确实是伟大得无与伦比。开始是比疆域，比人口，后来是比政治安定，比军事成就。在这些都比无可比之后，他开始和历代帝王比年龄、比在位时间、比儿孙数目。这项工作给他带来了极大的快乐。

在乾隆四十五年（1780年），乾隆作《古稀说》。之所以对七十这个岁数如此重视，一方面是因为这个年龄对中国人来说，是一个重要分水岭；另一方面，因为乾隆是大清开国以来六位君主中第一个活到了七十岁的人。在他之前，努尔哈赤寿六十八，皇太极五十一，顺治二十四，康熙六十九，雍正五十八。太祖和圣祖都接近了古稀的门槛，只有乾隆成功地跨过去了。在功业上，他早已经成为第一，如今在年龄上，他又成了第一。

在《古稀说》中乾隆与史上的六位长寿帝王进行了比较。他确信自己已经超越了其中四位，另两位元世祖和明太祖，勉强可以和自己比肩，因为他们毕竟是创业之主，而他只是继承之君。没能亲手开创王朝，这是他无法弥补的遗憾。不过继承之君也有继承之君的好处，那就是福大运大，不用栉风沐雨，九死一生，而是平安顺遂登上帝位。中国人对人生境界的向往包括三个终极目标——多福，多寿，多子孙。第一条他已经无可挑剔居于历史最前列了。第二条他的排名也越来越靠前，而第三条他则有可能开创一个历史纪录。

乾隆四十九年（1784年）年初，皇帝下了一道不同寻常的诏书，封自己的长孙绵德为固山贝子。如前所述，绵德因为私下与官员交往，前些年被革为庶人，如今突然获得荣封，是因为他立了什么特殊功勋吗？其实不是，绵德的晋封只是因为他的府内将要诞生一个婴儿。虽然得了孙子孙女，这在早婚的皇室并非什么大事，但绵德府中将要降生的这个婴儿可非同寻常。如果出生的是一个男孩，那么他将是乾隆皇帝的第一个玄孙。也就是说，他的出生，标志着乾隆将要五代同堂。这在人均寿命不长的古代，是极大的喜事。

闰三月初八，一骑快马把一个激动人心的消息传到了皇帝所巡幸的江宁。皇元孙诞生，五世同堂的愿望实现了。群臣额手称庆，皇帝大摆宴席，款待所有大臣。皇帝的高兴可以想见，他立刻写了一首诗：

飞章报喜达行轩，欢动中朝及外藩。

曾以古稀数六帝，何期今复抱元孙……

原来在这一刻，皇帝首先想到的是他在皇帝吉尼斯排行榜上又有了新的纪录：他成了古往今来第一个五世同堂的皇帝。元世祖和明太祖在这一点上也没法与他相比，在福气之大上，他已经被确认为古今第一。

· 2 ·

乾隆五十年（1785 年），皇帝又发现了另一个历史第一：他成了上述六位超过七十岁的皇帝中纪年最长的皇帝之一。他因此作诗一首："七旬登寿凡六帝，五十纪年惟一人。汉武却非所景仰，宋宗高孝更非伦。"大意就是，七十多岁的皇帝有六个，但在位五十年的人就我一个，我很得意。

乾隆五十五年（1790 年）和乾隆六十年（1795 年），六十寿辰和在位周甲，乾隆皇帝更是来了个年龄、儿孙和在位年代综合比较，结果更是证明自己的历史第一地位不可动摇。他在乾隆五十五年中所作的诗篇中说：

八旬开袠春秋永，五代同堂今古稀。

古稀六帝三登八，所鄙宋梁所慕元。

惟至元称一代杰，逊乾隆看五世孙。

这首诗的意思也简单，年过古稀的皇帝有六个，只有三个活到八十岁了，这三个里，宋高宗和梁武帝是废物，不值得一提，元世祖忽必烈虽然武功赫赫，但却没有我乾隆那样五世同堂。

乾隆五十七年（1792 年）十月，因为廓尔喀求和，乾隆亲撰《十全武功记》，将即位以来的十次战争拼凑为十全武功，包括两次平定准噶尔之役，平定大小和卓之乱，两次金川之役，镇压台湾林爽文起义，缅甸之役，安南之役及两次抗击廓尔喀之役。

实际上，这十全拼凑得十分勉强。十次战争中，有三次是一分为二出来，即把一次战争分成两次。十次中有四次是失败的，而且对金川之战胜得尤其不光彩。

因为这个不严谨的十全武功，乾隆自称“十全老人”。并且精选和田玉，镌“十全老人”之宝。自得自满之态，不能自掩。并御书“宝说”，全面回顾了自己一生的功劳，说：“十全本以纪武功，而十全老人之宝，则不啻此也。何言之，武功不过为君之一事”。

如今，这个传位大典的成功举行，意义显然更为重大。因为这是比尧舜都伟大的举动。在举行传位大典之前，乾隆皇帝终于得意扬扬地说出了他的心里话：秦始皇以后，禅让都是徒有虚名。三代之时，虽然有过尧舜禹禅让的盛事，但是授受者都是异姓，充其量可称为“外禅”。只有他举行的禅位大典，是空前绝后的“内禅”，“不但三代以下所未有，以视尧舜，不啻过之”。这正是他超越三代的标志性行动。他已经成为中国历史上，不，世界历史上，最最伟大、最最光荣、最最有福气的皇帝，是古今中外独一无二的完人。

三 太上皇

·1·

传位之前，老皇帝担心的只有一点，那就是凡事有利必有弊。十五阿哥性格过于老实端方，似乎就缺了那么一点机智圆滑，或者说缺了一点就通的那么一点“灵犀”。比如，在当上了“皇帝”之后，是否知道如何处理与他这个“太上皇”的关系，乾隆就不是十分有把握。

虽然已经准备了六十年，但是在禅让大典举行之际，乾隆心中还是不免时时浮现出隐忧："禅让"之名虽然如此风光盛大，但毕竟不是没有风险。自古及今，还没有一个太上皇是幸福的：唐高祖李渊还没当够皇帝，就被儿子李世民用刀逼下了皇位，当了九年寂寞的太上皇之后，悄无声息地死去。唐玄宗成了太上皇后，日日在儿子的猜忌中胆战心惊地生活，身边的大臣和朋友一个个被流放，最终自己被儿子软禁，郁郁而终。中国历史上的另几个太上皇，比如宋徽宗、宋高宗、明英宗，也无一不是悲剧人物，下场都十分悲惨。

因此，在举行禅让大典的同时，乾隆皇帝已经为了保证自己不落入囚徒境地，做了无数准备：

在退位之前，他就明确宣布，自己只将那些接待、开会、祭祀、礼仪之类的日常工作交给皇帝，至于"军国大事及用人行政诸大端"，他"岂能置之不问，仍当躬亲指教，嗣皇帝朝夕听我训导，将来知所遵循，不至错误，岂非天下之福哉"。

在退位之后接待朝鲜使臣的时候，他又明确向各国宣称："朕虽然归政，大事还是我办。"

他规定，退位之后，他仍称朕，他的旨意称"敕旨"，文武大臣进京陛见及高级官员赴任前都要请示他的恩训……

虽然在退位前花费巨资修建了宁寿宫，可是真正退位之后，他并没有从象征着皇权的养心殿搬出来，用他的话说："予即位以来，居养心殿六十余载，最为安吉。今既训政如常，自当仍居养心殿，诸事咸宜也。"

一句话，虽然退了位，他还是处处昭示自己仍然是一国之主。

握了一辈子权柄的老皇帝对权力爱如自己的眼睛，防卫过度，眷恋到了近乎失态的程度。

事实证明，老皇帝过虑了。直到真正禅让了皇位之后，乾隆才发现他选的这个接班人其实是应该打满分的。

正当盛年、血气方刚的嗣皇帝比他想象的要聪明，十分清楚自己的地位和角色。他十分恭谨地做着大清国的皇帝，每天早睡早起，勤勤恳恳地阅读所有奏折，准时上下班，认真出席每一个他应该出席的活动，却从来不做任何决定，不发任何命令，不判断任何事情。他十分得体地把自己定位为老皇帝的贴身秘书，所有的事情，他都是一个原则："听皇爷处分。"

朝鲜使臣的记述里，把嘉庆韬光养晦的状貌描绘得跃然纸上："(嘉庆帝)状貌和平洒落，终日宴戏，初不游目，侍坐太上皇，上皇喜则亦喜，笑则亦笑。于此亦有可知者矣。"赐宴之时，嘉庆"侍坐上皇之侧，只视上皇之动静，而一不转瞩"。《清史稿·仁宗本纪》也记道："初逢训政，恭谨无违。"

人们常说，老年意味着智慧和达练，老年其实更意味着身体和精神上的不可逆转的退化。不论多么英明伟大的人，都不能避免老化给自己的智力和人格带来的伤害。乾隆皇帝一生刚毅精明，到了晚年，却像任何一个平庸的老人一样，分外怕死。或者说，他比一般的老人更怕死。年轻时的好大喜功，到了暮年演变成了只喜欢听吉祥话。他尤其畏惧与死亡有关的字眼、器物和消息，认为这些会带来晦气和不吉祥。嘉庆二年(1797年)二月，嘉庆的结发妻子、皇后喜塔腊氏病故。嘉庆帝十分悲伤。嘉庆和喜塔腊氏结婚二十多年，感情很好，一旦断绝，那种痛苦是可以想见的。

然而嗣皇帝十分清楚太上皇的心理。即位后，他第一次单独做了一个决定：他命令礼部，皇后的葬礼按最简单迅速的方式处理，虽处大丧，皇帝只辍朝五天，素服七日。皇帝还特别命令大臣们，因为"朕日侍圣慈(我日夜侍奉在太上皇身边)"，"朝夕承次，诸取吉祥(凡事都尽量营造吉祥氛围)"，凡在大丧的七日之内，来见太上皇的大臣们，不可着丧服，只要穿普通的素服就可以了。

时人记载说，国丧的七天之内，嘉庆皇上从不走乾清宫一路，以防把丧事的晦气带到太上皇日常经过的地方。皇帝去皇后灵堂时，俱出入苍震门，不走花园门。去奠酒时，他一直走到永思殿，才换上素服，一回宫，立即换回常服，随从太监也穿着天清褂子，不带一点丧气。"且皇上其能以义制情，并不过于伤感，御容一如平常。”

太上皇有意无意间，会把和珅叫过来，问问他皇帝的心情怎么样，有没有因为妻子去世而耽误国事？听过和珅的汇报，太上皇闭上眼睛，微微地点点头。

儿子如此“懂事”，乾隆的心很快放了下来。他一如既往地继续着他六十年的柄政生涯，生活几乎没有任何变化。整个大清朝也很快明白，所谓“嘉庆元年”，不过就是“乾隆六十一年”。

· 2 ·

当然，遗憾是永远存在的。在生命的最后阶段，乾隆最大的遗憾是陷入了一场没能取胜的战争。那就是平定白莲教起义之战。

陕西、四川、湖北的交界处，有一片著名的原始森林，称南巴老林。此地山高林密，“高山长林绵亘千数百里，弥望蓊郁，竟日不见人烟”。（《三省边防备览》）本非宜人类所居。但是，乾隆中叶起，大批流民涌入这片森林，伐树造屋，开荒种地。这些流民来源极广，不但有四川、陕西、湖北三省，还有广东、湖南、安徽、江西等地方迁过来的百姓。“携带家室，认地开荒，络绎不绝。”对这些移民的估计，保守的是十余万，有人说有百余万。（《三省边防备览》）

大批移民的出现，说明了乾隆中叶人口压力的严重程度。当时尚残留的山区本不宜耕种，因为这些深山老林地势险峻，土地贫瘠，且无法保持水土，地力耗损很快，劳动与收获不成比例。在老林中生活是极为艰难的：“伐木支椽，上覆茅草，仅蔽风雨。借杂粮数石作种，数年有收，典当山地，方渐次筑土屋数板，否则仍徙他处，故统谓之棚民。”（《三省山内风土杂识》）

虽然艰难如此，人们仍然乐此不疲。这说明大清王朝社会体制内的潜力挖掘到极限，仍然无法解决人口问题。又一场大规模的农民起义迫在眉睫了。

流民杂居之地，向来是民间宗教的温床。在其他地方被乾隆严厉打击的白莲教迅速在这里滋生起来。“习教之人，入彼党伙，不携货粮，穿衣喫饭，不分尔我。”（《三省边防备览》）这种廉价的乌托邦，对于缺衣乏食的穷苦移民，有着巨大的吸引力。

因果报应，分毫不爽。乾隆刚刚完成禅位大典，宣布自己成为了“千古完人”，嘉庆元年（1796年）正月初七，就爆发了白莲教起义。起义在陕西、四川、湖北的交界处爆发，迅速蔓延到川、陕、鄂、豫、甘五省，共涉及府、州、县、厅、卫等二百零四个。

当太上皇这几年，乾隆的全部残存精力都用在了镇压起义上。仅三年时间，动用的军队已经有十万，花掉饷银已经有七千万两。虽然“犹日孜孜”，一日不停地调兵遣将，起义的烈火却越烧越旺。

掌握权力六十多年来，乾隆还是头一次这样一筹莫展。野史记载，一日早朝已罢，嘉庆帝和和珅入见。“珅至，则上皇（指乾隆太上皇）南面坐，仁宗（指嘉庆帝）西向坐一小机（每日召见臣工皆如此）。珅跪良久，上皇闭目若熟寐然，口中喃喃有所语，上（嘉庆帝）极力谛听，终不能解一字。久之，忽启目曰：‘其人何姓名？’珅应声对曰：‘高天德、苟文明（皆白莲教首领姓名）。’上皇复闭目诵不辍。移时，始麾之出，不更问讯一语。上大骇愕。他日，密召珅问曰：‘汝前日召对，上皇作何语？汝所对六字，又作何解？’珅对曰：‘上皇所诵者，西域秘密咒也。诵此咒则所恶之人，虽在数千里外，亦当无疾而死，或有奇祸。奴才闻上皇持此咒，知所欲咒者必为教匪悍酋，故竟以此二人名对也。’”（《春冰室野乘》）

戴逸先生点评说：“一个叱咤风云的英明君主，晚年对农民起义无可奈何，独自念咒、意欲制敌于死地，这种行为典型地反映出一个意志昏瞀的孤独老翁的心理状态，别人几乎不能理解他。”（《论乾隆》）

事实上，镇压这次起义最后耗费了清王朝白银二万万两，相当于当时清政府五年的财政收入；使清军损失一、二品的高级将领二十多人，副将、参将以下的军官四百多人。可以说，正是这次起义，彻底撕掉了“盛世”的最后一层面纱，宣告了乾隆盛世的结束。大清王朝在这场战争中元气丧尽，从此一蹶不振，再也没有了往日的荣光。

正是在战争中，太上皇的生命一天天走向终点。

进入嘉庆三年（1798年）以来，太上皇的身体并未见有什么异常。嘉庆三年腊月底，八十九岁的太上皇得了轻微的感冒。新年将至，朝野上下，谁也没有在意。嘉庆四年（1799年）正月初一，皇帝和诸王贝勒及二品以上大臣依惯例来给太上皇拜年，上皇还能如常御座受礼。不料，初二，病情转剧，身体各器官出现衰竭征兆，陷入昏迷。

嘉庆四年（1799年）正月初三上午七时，太上皇帝走完了他八十九年漫长的人生旅途。

在去世前一天，他还做了“望捷”一诗，期盼平定白莲教的捷报早日到来。在遗诏中，他仍然念念不忘这最后的未了之事：“近因剿捕川省教匪，筹笔勤劳，日殷盼捷，已将起事首逆紧要各犯，骈连就获，其奔窜伙党，亦可计日成擒，蒇功在即。”

跋

乾隆皇帝的外表、性格及传说

外表

·1·

皇帝真是一种奇怪的动物，因为他们长得都差不多。从汉代到清代，都是“貌奇伟”“龙睛凤颈”“日角龙颜”“天日之表”，脸上从来不会长麻子、粉刺或者老年斑。

原因是，描写皇帝的外表很难。因为理论上皇帝应该长得很神奇，而实际上绝大多数皇帝长相平庸得掉渣。为了不犯错误，史官们不求有功但求无过，以“龙颜天表”“凤姿日章”之类搪塞。

《清史稿》关于乾隆皇帝的外表只战战兢兢地写了四个字：隆准颀身。而《清高宗实录》则说他“生而神灵，天挺奇表。殊庭方广，隆准颀身，发音铿洪，举步岳重，规度恢远，嶷然拔萃”。

据考证，乾隆身材并不高大。英国使臣马戛尔尼目测说，乾隆帝身高约五英尺二英寸，约一米六。这是八十三岁时的身高，估计年轻时比这要高一些。根据现存的乾隆夏天所穿的十二章朝袍的长度，可以大致推测乾隆身高在一米六六至一米六八之间。

好在乾隆皇帝酷爱画像，至今留下的画像不下百张。由于西洋画法的引进，那个时代的肖像画纤毫毕现。这让我们对他的外表有了二维的认识。戴逸先生这样描述肖像中的乾隆：“身材匀称，丰腴而略矮，身高约一点六公尺。脸庞呈长方同字形，两腮稍削，皮肤白皙，微带红润，眼睛黑而明亮，炯炯有神，鼻稍下钩，体态文雅，外表平和。青年时代是一位英俊潇洒的翩翩佳公子，老年时代，则显示出尊严、和蔼和慈祥。”（《论乾隆》）

画像虽然传神，毕竟是静态的，无法全面传达一个有血有肉的立体形象。朝中大臣天天陪王伴驾，却不敢留下关于皇帝外表的一个字。好在乾隆时期，机缘巧合，一些外国及中国边远地区的使者都见过皇帝并写过回忆录。这些人大脑的格式化程度远低于朝中大臣，因此留下了一系列相当生动传神的皇帝印象。因此，乾隆皇帝是中国古代史上极为罕见的留下过大量可信的音容笑貌细节记载的帝王。

· 2 ·

在外国人中，朝鲜人与中国接触可以说最多。作为最忠实的藩属国，朝鲜每年冬至、正月、圣节、千秋等时节都要派使臣去北京朝贺。

1780 年，也就是乾隆四十五年，朝鲜人朴趾源随朝贺乾隆皇帝七十大寿的使团前往承德。他记载当年八月十一日见到乾隆皇帝的情景说：

> 皇帝出自正门……肃然无哗。先令回子太子进前，未数语而退。次命（朝鲜）使臣及三通事进前，皆进前长跪……皇帝问：“国王平安？”使臣谨对曰：“平安。”皇帝又问：“有能满洲话者乎？”上通事尹甲宗以满话对曰：“略解。”皇帝顾视左右而喜笑。皇帝方面白皙而微带黄气，须髯半白，貌若六十岁，蔼然有春风和气。

对于乾隆皇帝，朝鲜人的评价总的来讲还是比较高的。乾隆皇帝的和蔼可亲善于交往，使使臣们对他的个人印象都不错。

每次回国后，朝鲜小朝廷君臣都要关起门来，好好聊聊这次中原之行。

使臣往往要给国王介绍些小道消息、奇闻逸事。君臣在深宫之内对天朝上国大皇帝可以肆无忌惮地品头论足，因此留下了一些相当真实的评价。比如对继位初年的乾隆，一位使臣做出这样的评论："政令无大疵，或以柔弱为病"，"政令皆出要誉"。另一位则说："雍正有苛刻之名，而乾隆行宽大之政。以求言诏观之，不以论寡躬缺失，大臣是非，至于罪台谏，可谓贤君矣。"（《朝鲜李朝实录》）这些史料，显然因其情境的特殊而具有与中国史料不一样的价值。

· 3 ·

丹津班珠尔出身于十八世纪西藏最为出名的贵族家庭多仁家族。他身为首席噶伦，由于在 1788 年至 1792 年间西藏与廓尔喀的冲突中处理不力，被乾隆召到京城予以处罚。在《多仁家族史》中，他对这次朝见"文殊师利大皇帝"的经历进行了描述。

1792 年，也就是乾隆五十七年秋天，他们一行四人经过长途跋涉来到北京。9 月 22 日晚上，理藩院衙门的两位侍卫前来通知明早觐见。

东方发白之时，丹津班珠尔被带到皇宫中门过道上等候。太阳升起时，大皇帝及随从驾到。丹津班珠尔记述道："皇帝高高坐在外裹黄毡的八人大轿上。抬轿的八人同上述徒步人员的装束一样。皇上身着一件黑貂皮大氅，华丽而珠光宝气。尊容很像普觉寺的上师强巴的样子：长脸，一副威严状，一见就会让人情不自禁地充满敬意。"

皇帝的轿子到了他们附近时，稍稍停了一会儿，和他们做了简短的谈话。皇帝问丹津班珠尔说："你是不是班第达之子？"接着问扎西顿珠，"你这胖子是不是班第达之子的同事？当噶伦的？"然后，又问两个汉人是不是四川成都府人氏。最后，皇帝特地召丹津班珠尔到跟前来问道："你会不会汉话和蒙古话？"他回禀说："汉话只会几个词，拼成句就不懂意思了，而蒙古话说得不太好。”皇帝在轿上摆摆手，用蒙语说道：“可怜可怜，来来，到这儿来。”于是，他走近轿子跪下。

乾隆皇帝对丹津班珠尔在藏廓冲突中的经历深表同情，表明丹津班珠尔的罪责将会予以赦免，但是他不宜继续担任噶伦之职。皇帝又说，你等藏人可暂时合住黄寺，由朝廷内库拨给薪俸，等新年盛宴之后再回西藏。

对乾隆皇帝的宽宏大量，丹津班珠尔深表谢意。大皇帝面展笑容，点了点头。

这是藏文资料中关于乾隆皇帝音容状貌最详细的一则。

· 4 ·

所有关于乾隆皇帝外表的记载中，英国人所作的是最详细传神的。

大约在丹津班珠尔到达北京的同时，马戛尔尼使团也正从英国出发。

乾隆五十八年（1793年）七月底，英国使团抵达承德，在这里觐见了八十三岁的乾隆皇帝。

这一天英国人半夜两点就起床了，梳洗穿衣。在万树园边上的一个小帐篷里，他们等了两个多小时。直到太阳出来，园中响起了音乐声。那位欧洲人心目中非常神秘的东方大君主终于要出现了。“太阳刚刚出来，从远处传来音乐声和人的吆喊声，说明皇帝快要驾到了。不久以后，皇帝从一个周围有树耸立的高山背后，好似一个神圣森严的丛林中出来。”

英国人描述说：“皇帝坐在一个无盖的肩舆中，由十六个人抬着走，舆后有警卫执事多人手执旗伞和乐器。皇帝衣服系暗色不绣花的丝绸长褂，头戴天鹅绒帽，形状同苏格兰军帽有些相似，帽前缀一巨珠，这是他衣饰上所带的唯一珠宝。”

皇帝所过之处，所有人都纷纷下跪。英国人也没有机会仔细打量这位亚洲的主人。匆忙中扫了一眼，唯一的感觉是皇帝精神矍铄，远远比他的年龄年轻。赫脱南说他只有“五十来岁，动作敏捷”，“风度翩翩”。

皇帝在万树园中的大幄前下舆，缓步走入大幄。英国使臣随即进入，跪在宝座之侧。借这样近距离接触的机会，英国人终于得以观察这位地球上统治着最多人口的君主。马戛尔尼的回忆录，虽然经刘半农翻译成半文半白，读起来不太畅快，但仍然可以看出乾隆的风貌：“余静观其人，实一老成长者。形状与吾英老年绅士相若，精神亦颇壮健，八十老翁，望之犹如六十许人也。”

巴罗的记述更为传神：“八十三岁的乾隆毫无一丝龙钟老态。有着一个身体健壮、精神矍铄的六十岁人的外表。他的眼睛漆黑，目光锐利，鼻子鹰钩，即使在如此高龄，面色仍相当红润。我估计他身高约五英尺九寸，腰板极其挺拔。虽然八十三岁的他既不算肥胖也不算强壮，但不难看出他曾经有过一副强壮的体魄。他的精力充沛，一生的操劳都没能令其衰弱。像所有的满族鞑靼人一样，他热爱狩猎，从不错过每年夏季举行的操练。”（《我看乾隆盛世》）

乾隆皇帝情商很高，善于与人打交道，虽然在为人行政中常有暴烈苛刻之举，但礼仪性接触中极少会给人留下不良的印象。副使斯当东回忆觐见皇帝的一刻说：“自始至终皇帝看来非常愉快自如，绝不像外间描写那样阴郁沉闷。他的态度很开朗，眼睛光亮有神。至少在接见特使的整个时间，他的表现如此。”（《英使谒见乾隆纪实》）

礼节性拜会后，宴会就开始了。三位英国人以及他们的翻译被邀请坐在“皇帝左手一张桌子前的坐垫上”。英国人注意到，“皇帝进餐时候，意态非常舒适，表现胃口极好”。“皇帝在整个典礼中对英国客人的照顾心情始终未减。在饮宴时，皇帝命执事官从自己桌上取下盛馔数色送至特使桌，宴会完毕，皇帝命人召特使等至御座前，各亲赐温酒一杯，有些近似马德拉的次等酒。皇帝问及英王陛下的岁数，特使据实回答。皇帝说，他今年八十三岁了，身体仍然很健康，希望英王陛下也能同他一样长寿。他看上去确是很健康，不像已经统治国事五十七年之久的样子。典礼结束后，皇帝精神矍铄地从宝座上走下，健步走上肩舆，毫无衰老状态。”（《英使谒见乾隆纪实》）

虽然这次出使惨败而归，但是奇怪的是，英国使团的成员们无一例外地对乾隆印象良好。通过与中国官员的大量交谈，他们这样总结他的性格：“他头脑的活力和思维的敏捷也不逊于他的身体。他心思缜密，行事果断，所以似乎无往不胜。他善良爱民，就像在所有面对臣民的场合所显示的那样。他在灾荒时期减免赋税，救济饥民，同时对他的敌人睚眦必报，残酷无情。急躁而固执，有时候使他断事偏颇，处罚过严。”（《我看乾隆盛世》）

这一总结，考诸中国史料，应该说相当准确而深刻。

·5·

乾隆时代，宫中仍然生活着许多万里远来的传教士。除了对红毛人的体味有点讨厌外，皇帝对西洋人的诚实、认真、不慕名利十分欣赏。和康熙皇帝一样，他对那些身怀异能的西洋人总是很尊重，教士王致诚回忆说：在给皇帝画像的时候，“天气很热。他（皇帝）发了慈悲，让王致诚脱了帽子坐着作画”。不要以为这是不值一提的细节，因为在通常情况下，“在皇上面前只能跪着或者站着，即使工作也不例外”。

传教士们对皇帝的印象也大抵很好。汪宏达说：“皇上高大英俊，而且和善，又令人肃然起敬。如果说他对臣民很严肃，我认为那不是他的性格所致，那是因为对于中国这样幅员广阔的帝国，他无法以其他方式来维持他的统治，尽他的责任。因此大官们在他面前都要发抖。而每次他和我说话都态度和蔼，使我产生一种信任感……他是一个伟大的君主，他亲自过问一切，不管冬夏，天一亮，他就上朝，开始处理政务。我不明白他怎么能够做得那么细致……从他的性格来看，他无所不为而且都能成功。他无所畏惧，思路敏捷，能随机应变处理突发事件。”（《传教士眼中的中国朝廷》）

总体来讲，乾隆皇帝是一个外表精彩，风度翩翩，充满自信，富于精神活力的人。他擅长与人相处，知道怎么样恰到好处地表现他的威严和善意。对于接触不多，特别是第一次见面的人，他是迷人的，富于魅力的。但是，那些常伴身边的大臣近侍们却清楚地知道，这不过是皇帝性格的冰山一角，水下的部分远比这复杂。

性格

·1·

没有哪个民族像中国人这样生活在浓重的历史感中。相对于生命的短暂，中国人更重视的是声名的久远。所谓“人生自古谁无死，留取丹心照汗青”，相当准确地表达了中国人重视身后名甚于生前乐的价值观。

可是，很多时候，历史人物的身后声名与他的真实面貌相差甚远。比如那个雄才大略的曹操，在历史上只留下了一个白脸奸臣的形象。六战六败的二流军事家诸葛亮，却成了战无不胜的战神。

乾隆皇帝肯定是历史上自我评价最高的皇帝，他自称为“千古第一全人”。也就是说，全人类历史上，他是最伟大的帝王。

·2·

乾隆皇帝虽然自我评价甚高，然而和他那位不幸的父亲一样，民间野史中的乾隆皇帝与历史真实同样离题万里。在老百姓眼中，乾隆是一个出身不正、热衷享受、沉迷酒色、糊里糊涂的皇帝。

老百姓解读历史，自有他们的一套价值标准。第一条原则是离奇。所以，乾隆的出身就被乐于捕风捉影的老百姓毫无来由地蒙上了层层迷雾。

一个流传极广的传说是说乾隆乃是汉人的后代。据说康熙年间，海宁陈氏一家连续出了许多大官。陈元龙、陈世倌、陈诜、陈论父子叔侄，多人位极人臣，因此与雍亲王府过往甚密。有一年，陈氏之妻与雍正之妃同时生育，陈氏产男，雍正之妃产女。抱子心切的雍正遂以女易男，换来了日后的乾隆作为自己的儿子。

这个传说有鼻子有眼，还有许多旁证。据说，乾隆当了皇帝后，知道了自己的身世，于是借六次南巡之机四次临幸海宁陈家，并以孩子对父母的口气为陈家写了爱日堂、春晖堂等匾额。

这个传说当然不值一驳。雍正的生育能力早有证明，乾隆帝出生之时，他正在壮年，且已经连得四子，绝对没有必要采取这个做法。再说，即使万般无奈，满汉分界极严的雍正也不会要一个汉族孩子。乾隆四次临幸陈家是事实，不过为陈家书写宅匾的是康熙皇帝，而并非乾隆。陈氏的极盛，在康熙一朝，而并非乾隆时期。

事实上，乾隆皇帝是清代皇帝中满族血统较占优势的帝王。清代第一、第二代皇帝努尔哈赤和皇太极都是血统纯正的满族人，第三代皇帝顺治的生母是蒙古人，博尔济吉特氏，也就是史上著名的庄妃。所以顺治身上，满蒙血统各半。康熙的母亲佟佳氏本是汉军旗人，姓佟，贵为太后之后才被抬入满洲镶黄旗，并改姓佟佳。经史学家考证，其祖佟氏一族确系汉族。这样，清代皇帝血统中就羼入了汉族血统，满族血统降为 25%。及至雍正、乾隆的生母皆为纯正的满族人，满族血统才连续上升。乾隆皇帝身上有 81.25% 的满族血统，6.25% 的蒙古族血统和 12.5% 的汉族血统。

老百姓编撰历史的第二条规律是投射原理。在物质享受极为贫乏的老百姓印象中，“皇帝”这两个字就意味着可以无节制地享受，无节制地吃“猪肉炖粉条”。所以，太平天子乾隆，成了老百姓投射他们对享受的想象力的主要方向。他们羡慕他阅尽人间春色，享尽了人间之福。小说家、戏曲家极尽演绎编撰之能事，将他塑造成一个处处留情的风流天子形象。

传说中，乾隆皇帝日日笙歌宴饮，十分好酒，到处私访，处处题诗。人们传说，乾隆的皇后富察氏，就是因为皇帝南巡途中到处留情，甚至与皇后的嫂子私通，一气之下，投河自尽。

还有一个著名的传说，说乾隆的妃子香妃是在乾隆平定回部之乱的时候俘虏来的。香妃与乾隆既是敌人，誓死不从，怀揣利刃要刺杀乾隆。皇太后察觉之后，命香妃自尽，才免了乾隆的横祸。

· 3 ·

其实，乾隆皇帝性格中一个最突出的特点是自制力强。他一生生活都特别有节制，不喜饮酒。他一生写了几万首诗，从不以“酒”字入诗，也从不暴饮暴食。即使举行庆节贺宴，也日落而止，从不举行夜宴，“凡曲宴廷臣，率不过未申时”。他处事很有条理，不躁不乱，很有涵养。他自己说：“事烦心不乱，食少病无侵，此二语为予养心养身良方，原别无求养生之术也。”（转引自《论乾隆》）朝鲜人这样描述乾隆皇帝的生活起居：“皇帝寝食起居，自御极后，无论四时，卯时而起，进早膳后，先览中外庶政，次引见公卿大臣与之议决，至午而罢，晚膳后，更理未了公事，间或看书、制诗、书字，夜分乃寝。平生不饮酒，不嗜异味，朝夕进食，不过数匙，气力康旺不衰。”（《朝鲜李朝实录》）

乾隆是一个相当重礼法，感情也比较专一的皇帝。乾隆时代的后宫，管理非常严格，没有任何妃子敢于恃宠而骄，胡作非为。事实上，香妃是归顺朝廷的回族贵族之女，乾隆二十五年（1760年）被选入宫，初封贵人，病逝于乾隆五十三年（1788年），享年54岁，正史记载得明明白白。

当然，关于乾隆的传说中，最为人们所津津乐道的当然是刘墉刘罗锅的故事。据说刘墉是皇太后的干儿子，乾隆的干兄弟。所以他连皇帝都敢捉弄。在老百姓的设计下，乾隆皇帝对这个精明狡黠又一身正气的刘罗锅又爱又恨，被他耍得团团转却又无可奈何。这些传说，寄托了老百姓反抗政治权威、消解政治威严的心理需要。然而，把这个传说安排在乾隆时期，特别不合理。因为乾隆是中国历史上最为精明、苛刻的皇帝之一，他极力推崇皇权的威严，乾隆朝纪纲至为严肃，君臣相隔如天地。乾隆朝的大臣，即使贵为军机大臣，见了皇帝也如同老鼠见了猫，大气都不敢出，谁还敢起意戏弄皇帝！

· 4 ·

乾隆皇帝拥有多重角色。他既是卓越的政治家，高明的军事家，又是资深收藏家，涉猎广泛的学者，同时还是作品最多、水平不高的诗人，平庸却自负的书法家，伟大的旅行家，出色的射手和猎人。他的真实形象，与野史传说实在风马牛不相及。

他的性格非常复杂。他情商很高，风度翩翩，很善于讨取别人的欢心，常使人感觉“蔼然有春风和气”；他又高己卑人，内心深处很少有瞧得起的人物，施政过程中经常峻烈严酷，刻薄寡恩。他为人节制，平生饮酒不过数杯，他又穷奢极欲，花起钱来如沙似海。他富于同情心，常常因民生困苦而潸然落泪；他有时又像野兽一样野蛮，制造了一起起惨绝人寰的文字狱，甚至在战争中进行种族灭绝。他早年富于自知之明，谦虚谨慎，把盛世推上了顶峰；晚年却刚愎自用，自我膨胀，听不进任何意见，亲手毁了这个盛世……

历史上很少有人像他这样有如此多的侧面。

对母亲，他是一个极为孝顺的儿子。戴逸先生在《乾隆帝及其时代》中说：“乾隆对他的母亲，感情深挚，发自天性。故礼敬有加，始终不渝。”

对嫡妻，他是一个深情而专一的丈夫。他 17 岁与出身名门的富察氏结为夫妇，两人感情极好。皇后不幸于乾隆十三年（1748 年）去世后，他悲痛欲绝，追念终生，写下百十首感情真挚的悼亡之诗，见证了他是一个深情重义的男人。

对女儿，他慈祥可亲，甚至俯首甘为孺子牛。

对儿子，他却一直板着面孔。为防止历代争储故事重演，乾隆对皇子们管束极为严厉。限制之严，待遇之低，超过了中国历史上任何一个时期。他的长子因为在嫡母的丧礼上表现得不够悲痛而受到他的严厉斥责，并因此惊惧而死。

对大臣，他早年彬彬有礼，宽大仁慈。乾隆十三年后，他却一反常态，颐指气使，任意挫辱，比雍正还要残忍苛刻。乾隆时期是清代诛杀大臣最多的时期。

对“顺民”，他“爱民如子”，经常为民间疾苦而动容落泪。他慷慨地普免天下钱粮，豁免穷困百姓的税赋，在灾荒之时，不遗余力放赈救灾。

对敢于反抗的“刁民”，他却蛮不讲理。老百姓无论被贪官污吏如何压榨剥削，走投无路，也只能听天由命，不得“越级上访”。对于群众聚众抗议，维护自己的权利，他总是视如大敌，一再强调要“严加处置”，甚至“不分首从，即行正法”。

对知识分子，他前期宽容大度，为雍正时期的几起文字狱翻案，增开特科、恩科，增加入学名额，一时让人感觉春风拂面。后期他却成了中国历史上最残忍、最疯狂的文字狱制造者。许多精神病患者在发病之际随手乱画几个不知所云的字，也会被乾隆定性为大逆不道，本人凌迟，亲人连坐……

当然，不管乾隆的性格多么复杂，不离两个背景：一个，他是在尊荣至极的环境下成长起来的天潢贵胄，一生顺遂，在天资和智力上很少遇到对手，因此自视极高，高己卑人是他注定无法避免的缺陷。另一个，虽然身份多重，乾隆的本质却是彻头彻尾的政治动物。他一生为人行事，一举一动，都是围绕着“政治利益最大化”，围绕着“建立大清王朝万代永固之基”这个大局出发。为了这个大局，他可以柔如丝，也可以坚如钢；可以最仁慈，也可以最残忍。他是一个高明的演员，许多时候，他的性格变化，完全是基于政治需要。

最有福气的统治者

乾隆皇帝晚年精选和田玉，镌“十全老人”之宝。在归政时，他说自己“今明足授受，为千古第一全人，不特三代以下所未有，以视尧舜，不啻过之”。也就是说，全人类历史上，他是最伟大的帝王。

确实，乾隆统治下的中国，纵向比，是中国几千年历史中人口最多、国力最盛的时期。横向比，是当时世界上最强大、最富庶的国家。称之为中国历史上最大的盛世，毫不为过。乾隆朝人自己评价说：“觐光扬烈，继祖宗未经之宏规；轹古凌今，觐史册罕逢之盛世。”（《素余堂集》）《清史稿》这样评价乾隆：“运际郅隆，励精图治，开疆拓宇，四征不庭，揆文奋武，于斯为盛。享祚之久，同符圣祖，而寿考则逾之。自三代以后，未尝有也。惟耄期倦勤，蔽于权幸，上累日月之明，为之叹息焉。”戴逸先生说：“传统观点认为汉、唐是真正的盛世，无论国力还是文化等诸多方面都达到极盛，而清朝已经开始衰落，不如汉唐。我则以为，康雍乾盛世是中国历史上发展程度最高、最兴旺繁荣的盛世。”

在把国家推向历史最高点的同时，他个人也创造了许多纪录：

第一，他是世界上统治时间最长的君王。

乾隆皇帝二十五岁登基，八十六岁禅位后又做了三年掌握实际权力的太上皇，在位时间六十四年，其长度居世界统治者之首。

有人说，统治纪录的创造者应该归为法国“太阳王”路易十四，因为此人在位七十二年之久。然而众所周知，太阳王五岁登基，一介童蒙并不懂得什么叫作“统治”。事实上，他二十二岁才对统治国家产生兴趣。他的实际掌权时间不过五十年。

伊朗国王沙普尔二世与此相似。沙普尔二世是霍尔米兹德二世的遗腹子。他还未出生时，贵族们在他的母亲肚子上放上王冠。他统治时间虽然长达七十年，亲自理政年限不超过六十年。

维多利亚女王是英国历史上在位时间最长的君主，在位时间长达六十三年，与乾隆皇帝相当，不过那时的英国已经进入虚君时代，君主的权力与中国帝王根本无法同日而语。

第二，他是世界上最长寿的君王之一。

从公元前22世纪到1911年，从夏禹开始到末代皇帝溥仪为止，中国历代君王近五百名，其中活到七十岁以上的仅有九人，分别是汉武帝、梁武帝、唐高祖、武则天、唐明皇、宋高宗、忽必烈、朱元璋和乾隆皇帝。其中，又只有梁武帝、武则天、宋高宗、乾隆活到了八十岁，乾隆以八十九岁高龄在这四个人中又拔得头筹。更何况梁武帝被饿死，武则天被逼退位，宋高宗也被迫提早二十多年禅位给宋孝宗，唯有乾隆直到最后一刻仍然有力地掌握着权力。

不过，要是放到全世界来说的话，他就要排第二了，因为古埃及法老拉美西斯二世活了整整九十岁。

第三，他是世界上运气最好的君王之一。

乾隆天赋极好。他天生身体底子就好，加上娴于骑射，武功高强，一生没有遇到大灾大病。他智商奇高，读书过目不忘。他不但是中国帝王中传统文化素养最高的帝王之一，而且是唯一懂得5种语言的皇帝。他具有超一流的政治家和军事家素质，为人理智，反应敏捷，处理问题果断迅速，自制力在历代帝王中更是无与伦比。

由于雍正成功的秘密立储及英年早逝，乾隆得以在二十五岁、最年富力强的时候继位。与他的祖先们不同，他获得最高权力的过程既无血腥，也无阴谋，毫无波折。在统治六十年之后，他又成功地举行了禅位大典，既博得了禅让的美名，又做到了终生保持权力。古今中外，权力交接如乾隆这样平稳顺利的专制者并不多见。

他在一个恰到好处的历史节点登上帝位，顺理成章地把大清盛世推上了顶峰。在此之前，两位伟大的皇帝——康熙和雍正经过七十多年的统治，已经给他打下了史上最好的统治基础。他即位之时，政治安定，经济平稳，既无内忧，又无外患，舞台的所有布景都布置妥当，只等他上演最辉煌的统治之剧。

中国人的人生最高境界是“多福多寿多子孙”，乾隆皇帝在多子孙这一点上也是独占鳌头。乾隆一生育有二十七个子女，孙辈一百多人，重孙玄孙不计其数。特别是历代帝王之中，身亲七代，得见玄孙者，他是独一无二者，即以全体中国人来看，历代有文字记载者也只有唐朝钱朗到明代文徵明等六人见到过玄孙。

第四，他是世界上最会享受的君王之一。

在专注政治的同时，他也从来没有忘了犒劳自己。他不但拥有世界上最大的权势和最丰厚的财富，还拥有世界上最敏感的味蕾和最挑剔的眼睛。他食不厌精，脍不厌细，专门派人测量了天下诸泉的轻重优劣，喝水非“天下第一泉”玉泉山玉泉之水不饮。就连他的餐具，也是历代皇帝中最讲究的。他的穷奢极欲，在古今帝王中，罕有其比。

从文的方面来说，他兼具学者、诗人、艺术家气质，诗词、曲赋、书法、绘画、音乐都有很深的造诣。他还是古往今来搜罗最富的收藏家和鉴赏家，几乎所有中国历代古画古帖的极品都经他寓目，盖有他的鉴赏印和题跋。他精通音律，可以设计唱腔、戏中串戏；他对园林艺术的热爱，更直接促成了集天下建筑大成的圆明园的完成。

从武的方面来说，他继承了先祖们终生征战锻炼出来的良好身体素质和武勇精神，爱好骑马、射箭、围猎、冰嬉、摔跤，乐此不疲。他还是中国历史上最出名的旅行家之一，生性好动，被称为马上朝廷，六次南巡，四次东巡，还有无数其他巡幸，领略了中华大地各处奇景。他这一生，可谓每一分钟都没有虚度。

因此，称他是世界上最有福气的千古一帝，确实名副其实。

只不过，他的福气在生前都已经被透支净尽，没有丝毫存留，在创造了一个个历史纪录的同时，他也埋下了太多隐患。他绝对不会想到，在他的时代之后，大清王朝就滑向了万劫不复的深渊，落后挨打，其惨状也创了历史之冠。他自己，也在百年之后遭遇坟墓被炸、尸骨无存的惨剧，给后人留下“十全天子骨难全”的慨叹。